"十四五"新工科应用型教材建设项目成果
21世纪技能创新型人才培养系列教材
汽车系列

U0853800

汽车发动机电控技术

（第三版）

主　编◎杨洪庆　孙宝明

中国人民大学出版社
·北京·

图书在版编目（CIP）数据

汽车发动机电控技术 / 杨洪庆，孙宝明主编. -- 3 版. -- 北京：中国人民大学出版社，2023.5
21 世纪技能创新型人才培养系列教材. 汽车系列
ISBN 978-7-300-31683-3

Ⅰ.①汽… Ⅱ.①杨… ②孙… Ⅲ.①汽车－发动机－电子系统－控制系统－教材 Ⅳ.①U464

中国国家版本馆 CIP 数据核字（2023）第 079669 号

"十四五"新工科应用型教材建设项目成果
21 世纪技能创新型人才培养系列教材·汽车系列
汽车发动机电控技术（第三版）
主编 杨洪庆 孙宝明
Qiche Fadongji Diankong Jishu

出版发行	中国人民大学出版社		
社　　址	北京中关村大街 31 号	**邮政编码**	100080
电　　话	010－62511242（总编室）		010－62511770（质管部）
	010－82501766（邮购部）		010－62514148（门市部）
	010－62515195（发行公司）		010－62515275（盗版举报）
网　　址	http://www.crup.com.cn		
经　　销	新华书店		
印　　刷	北京七色印务有限公司	**版　　次**	2009 年 5 月第 1 版
开　　本	787 mm×1092 mm　1/16		2023 年 5 月第 3 版
印　　张	17	**印　　次**	2023 年 5 月第 1 次印刷
字　　数	336 000	**定　　价**	49.00 元

前言
PREFACE

随着汽车电子技术的发展和日趋完善，汽车发动机电控技术已达到相当高的水平，这使得汽车维修行业及其从业人员面临一次新的技术挑战。传统的维修理念和维修方法已无法适应现代电子化汽车的维修，这就要求汽车维修人员必须掌握新型汽车电控系统的维修技术和方法。

党的二十大报告指出："教育、科技、人才是全面建设社会主义现代化国家的基础性、战略性支撑。"教育是国之大计、党之大计。职业教育是我国教育体系的重要组成部分，肩负着"为党育人、为国育才"的神圣使命。在习近平新时代中国特色社会主义思想指导下，切实加强教材建设，编写质量可靠、切合职业教育特点的优质教材，是贯彻落实党的二十大精神，实施科教兴国战略的重要体现。

本书充分考虑了目前国内高职1+X教育特点，从生产一线人员对专业知识、能力的需要出发，本着理论知识够用的原则，重点对发动机电控系统主要元件的结构和工作原理、常见故障诊断和检修方法进行了详细介绍，内容丰富，条理清晰，易于理解和掌握。

本书是理实一体化教材，第一版、第二版经过多次印刷后，收到了很多师生的反馈信息和宝贵建议，经过专家组认真研讨后，决定再次修订本书。第三版中明确指出学生应知应会的理论知识；替换掉陈旧车型，删掉了过时的内容，并增加了汽车新知识，如发动机直喷、宽带氧传感器、电子节气门等内容。在教学过程中，教师可以根据实际情况设置故障，然后由学生独立完成任务，再让学生把实训时的实际资料和信息填写在实训工单中。通过学习本书，学生可以较好地掌握汽车发动机电控系统方面的故障诊断与维修方法。为了方便教师教学与学生学习，本书提供大量的电子资料，包括课件、题库答案、电子教案、动画或视频、维修手册及1+X证书考核参考资料等。申请免费资料请发送邮件至电子邮箱：502135950@qq.com。

本书由杨洪庆、孙宝明任主编，由明光星、李晗任副主编，参与编写的人员有白凤鹏、刘映凯、张凤云、倪旭宏、仲琳琳、明阳、马吉松、汪涛、尚丽等。本书在编写过程中参考了许多有关文献资料，在此向各位作者表示诚挚的感谢。

由于编者水平所限，书中不当甚至错误在所难免，恳请读者批评指正。

编者

目 录

CONTENTS

项目一

发动机电控技术概述

目标及要求

教学目标	能力要求
（1）了解汽车电控技术的发展； （2）掌握汽车发动机电控系统的控制内容、组成及控制方式； （3）了解汽车发动机常见故障及原因。	能对照实物说出发动机电控形式及基本组成。

项目概述

汽车从诞生到现在已有100多年了，由最初的以内燃机为动力，具有简单非承载车身结构的四轮汽车，发展成集电子技术于一体的电子化汽车。了解汽车电控技术的发展，有助于学习汽车的专业知识。本项目设置三个学习任务，任务内容如下：

发动机电控技术概述
- 发动机电控系统概述
- 发动机电控系统常用检测设备
- 电控发动机常见故障

任务一 发动机电控系统概述

一、任务描述

随着汽车技术和电子技术的发展，汽车电控技术也得到了迅速发展，它已成为一个国家汽车工业发展水平的标志。20世纪90年代以来，汽车已进入一个电子化时代。汽车电控技术的发展经历了哪些变革？电控技术在汽车上的应用，对发动机性能有哪些影响？要了解这些知识，应掌握下面的相关知识及技能。

二、相关知识及技能

（一）汽车电控技术的发展阶段

从 20 世纪 60 年代至今，汽车电控技术的发展可分为三个阶段，如图 1－1 所示。第Ⅰ阶段：从 20 世纪 60 年代中期到 70 年代中期，主要以硅二极管整流的交流发电机和电子调节器的应用为代表；第Ⅱ阶段：从 20 世纪 70 年代末期到 90 年代中期，主要以电控汽油喷射系统、防抱死制动系统和电控点火系统的应用为代表；第Ⅲ阶段：20 世纪 90 年代中期以后，电控技术在汽车上的应用越来越普遍，包括电控车身高度和悬架刚度、定速巡航电控系统、电控空调系统、电控安全气囊系统、电控门窗系统等很多方面。因此，现代汽车电控技术的发展具备安全、环保和节能三大特点。

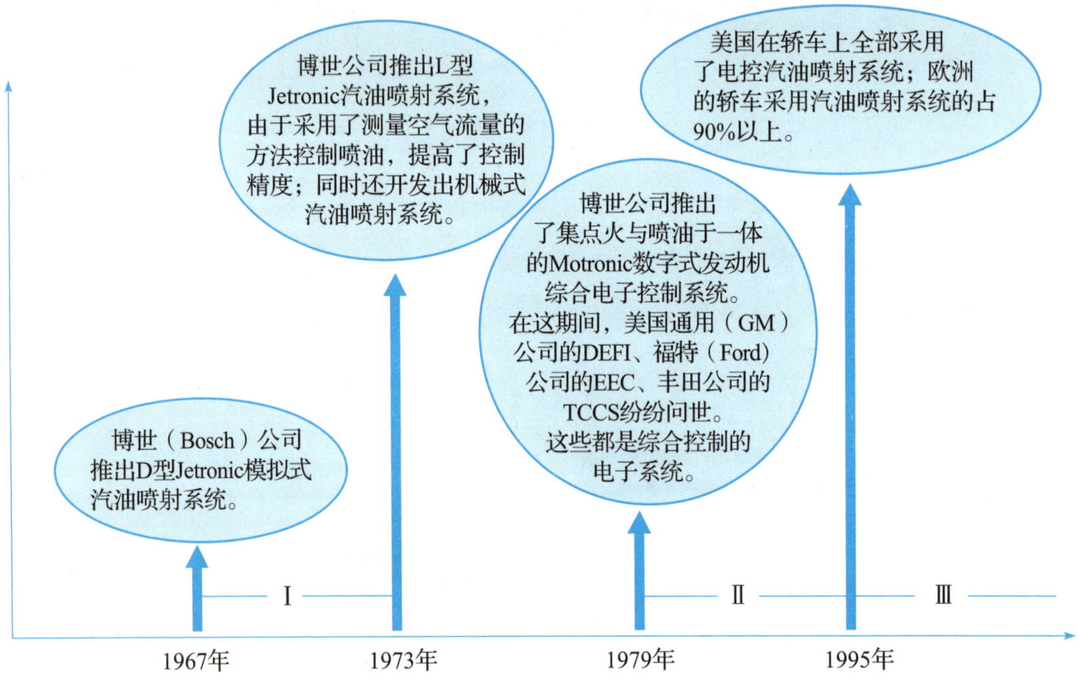

图 1－1　汽车电控技术的发展阶段

（二）电控技术对发动机性能的影响

不论在动力性、经济性方面，还是在舒适环保等方面，电控技术对现代汽车都有着很重要的影响，主要表现在以下几点：

（1）提高了发动机的动力性。

对于电控发动机，电控燃油喷射系统的应用使进气阻力减小，进气控制系统的应用使充气效率提高，从而使进入气缸的空气得到充分利用，提高了发动机的动力性。

（2）提高了发动机的经济性。

在各种运行工况和运行环境下，电控系统均能精确控制发动机工作所需的混合气浓度，使燃烧更完全，燃油利用更充分，从而提高了发动机的燃油经济性。

（3）降低了排放污染。

电控系统对发动机在各种运行工况和运行环境下进行优化控制，提高了燃烧质量，同时各种排放控制系统在汽车上的应用，都使发动机的排放污染大大降低。

（4）改善了发动机的加速和减速性能。

在加速或减速运行的过渡工况下，电子控制单元的高速处理功能使控制系统能够迅速响应，从而使汽车加速或减速反应更灵敏。

（5）改善了发动机的起动性能。

在发动机起动和暖机过程中，控制系统能根据发动机温度变化，对进气量和供油量进行精确控制，从而保证发动机顺利起动和平稳经过暖机过程，明显改善发动机的低温起动性能和热机运转性能。

此外，电控系统对发动机各种运行工况的优化控制和电控系统的不断完善，使发动机的故障发生率大大降低。自我诊断与报警系统的应用，提高了故障诊断的速度和准确性，缩短了汽车因发动机故障而停驶的时间，具有良好的社会效益和经济效益。

（三）发动机电控系统的控制内容

1. 电控燃油喷射系统

在电控燃油喷射（EFI）系统中，电子控制单元（ECU）主要根据进气量确定基本的喷油量，再根据其他传感器（如冷却液温度传感器、节气门位置传感器等）信号对喷油量进行修正，使发动机在各种运行工况下均能获得最佳浓度的混合气，从而提高发动机的动力性、经济性和排放性。除喷油量控制功能外，电控燃油喷射系统还具有喷油正时控制、断油控制和燃油泵控制等功能。

2. 电控点火系统

电控点火系统（ESA）的功能是控制点火提前角。该系统根据各相关传感器信号，判断发动机的运行工况和运行条件，选择最理想的点火提前角点燃混合气，从而改善发动机的燃烧过程，以达到提高发动机动力性、经济性和降低排放污染的目的。此外，电控点火系统还具有通电时间控制和爆燃控制功能。

3. 怠速控制系统

怠速控制（ISC）系统是发动机的辅助控制系统，其功能是在发动机怠速工况下，根据发动机冷却液温度、空调压缩机是否工作、变速器是否挂入挡位等，通过怠速控制阀或电子节气门对发动机的进气量进行控制，使发动机随时以最佳怠速转速运转。

4. 排放控制系统

排放控制系统的功能主要是对发动机排放控制装置的工作实行电子控制。排放控制的项目主要包括排气再循环（EGR）控制、活性炭罐电磁阀控制、氧传感器和空燃比闭环控制、二次空气喷射控制等。

5. 进气控制系统

进气控制系统的功能是根据发动机转速和负荷的变化，对发动机的进气进行控制，以提高发动机的充气效率，从而改善发动机的动力性。

6. 增压控制系统

增压控制系统的功能是对发动机进气增压装置的工作进行控制。在装有废气涡轮增压装置的汽车上，电子控制单元（ECU）根据检测到的进气管压力，对增压装置进行控制，从而控制进气增压的强度。

7. 巡航控制系统

巡航控制系统是指驾驶员设定巡航控制模式后，ECU 根据汽车运行工况和运行环境信息，自动控制发动机工作，使汽车自动维持一定车速行驶。

8. 警告提示系统

警告提示系统中由 ECU 控制各种指示和报警装置，一旦控制系统出现故障，该系统能及时发出信号以警告提示，如氧传感器失效、油箱油温过高等。

9. 自诊断与报警系统

在发动机控制系统中，电子控制单元（ECU）都设有自诊断系统，对控制系统各部分的工作情况进行监测。ECU 检测到来自传感器或输送给执行元件的故障信号时，会立即点亮仪表盘上的发动机故障指示灯或发动机尾气排放指示灯，以提示驾驶员发动机有故障；同时，系统将故障信息以设定的数码（故障码）形式储存在存储器中，以便帮助维修人员确定故障类型和范围。对车辆进行维修时，维修人员可通过特定的操作程序（有些需借助专用设备）调取故障码。故障排除后，必须通过特定的操作程序清除故障码，以免与新的故障信息混淆，给故障诊断带来困难。

10. 失效保护及应急备用系统

失效保护系统的功能主要是当传感器或传感器线路发生故障时，控制系统自动按 ECU 中预先设定的参考信号值工作，以便发动机能继续运转。如：冷却液温度传感器电路有故障时，可能会向 ECU 输入低于－50℃或高于 139℃的冷却液温度信号，此时失效保护系统将自动按设定的标准冷却液温度信号（80℃）控制发动机工作，否则会引起混合气过浓或过稀，导致发动机不能工作。当 ECU 收不到点火控制器返回的点火确认信号时，失效保护系统立即停止燃油喷射，以防大量燃油进入气缸而不能点火工作。

应急备用系统的功能是当控制系统 ECU 发生故障时，自动启用备用系统（备用集成电路），按设定的信号控制发动机转入强制运转状态，以防车辆在路途中停驶。应急备用系统只能维持发动机运转的基本功能，但不能保证发动机性能。

（四）发动机电控系统的控制方式

1. 开环控制

在控制系统中，输出端与输入端之间不存在反馈回路，输出量对系统的控制作用没有影响，该系统称为开环控制系统，如图 1－2 所示。发动机电控系统的开环控制是指 ECU 只根据各传感器信号对执行元件进行控制，而控制的结果是否达到预期目标，对其控制过程没有影响。开环控制方式比较简单，但系统出现扰动时，控制精度会降低。

图 1－2　开环控制过程

2. 闭环控制

在控制系统中，输出端与输入端之间存在反馈回路，输出量对系统的控制作用有直接影响的系统，称为闭环控制系统，如图 1－3 所示。发动机电控系统的闭环控制系统除具有开环控制的功能外，还可对控制结果进行检测，并将检测结果（即反馈信号）输入 ECU，ECU 则根据反馈信号对控制误差进行修正，所以闭环控制系统的控制精度比开环控制系统高。

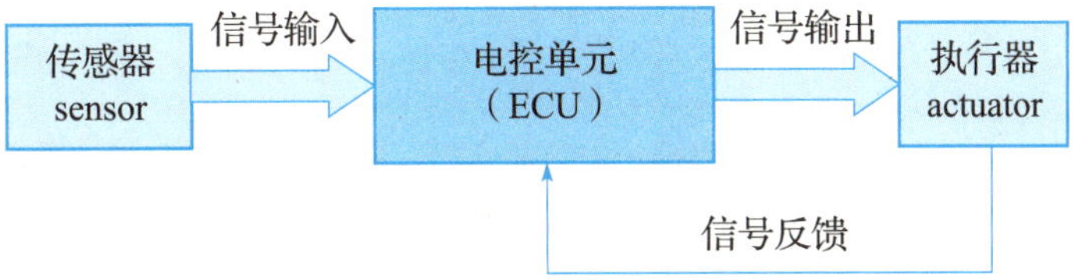

图 1－3　闭环控制过程

在发动机电控系统中，空燃比反馈控制、爆燃控制、排气再循环控制及点火提前角反馈控制等都采用了闭环控制。

（五）发动机电控系统基本组成

发动机电控系统主要由传感器、电控单元和执行器三大部分组成。不同的发动机，其电控系统包含的部件也不同。

1. 传感器

传感器（sensor）是电控系统中的信号输入装置，其功能是采集控制系统所需的信息，并将其转换成电信号通过线路输送给 ECU。常见传感器见表 1－1。

表 1－1　常见传感器

序号	类型	缩写	主要功能
1	空气流量传感器	MAFS	在 L 型电控燃油喷射系统中，由空气流量传感器测量发动机的进气量，并将信号输入 ECU，作为燃油喷射和点火控制的主控制信号。
2	进气管绝对压力传感器	MAPS	在 D 型电控燃油喷射系统中，由进气管绝对压力传感器测量进气管内气体的绝对压力，并将该信号输入 ECU，作为燃油喷射和点火控制的主控制信号。
3	节气门位置传感器	TPS	检测节气门的开度及开度变化，如全关（怠速）、全开及节气门开闭的速率（单位时间内开闭的角度）信号，此信号输入 ECU，用于燃油喷射控制及其他辅助控制。
4	凸轮轴位置传感器	CMPS	给 ECU 提供曲轴转角基准位置信号（G 信号），作为喷油正时控制和点火正时控制的主控制信号。
5	曲轴位置传感器（转速传感器）	CKPS	用来检测曲轴转角位移，给 ECU 提供发动机转速信号和曲轴转角信号，作为喷油正时控制和点火正时控制的主控制信号。
6	进气温度传感器	IATS	给 ECU 提供进气温度信号，作为燃油喷射控制和点火控制的修正信号。
7	冷却液温度传感器	ECTS	给 ECU 提供发动机冷却液温度信号，作为燃油喷射控制和点火控制的修正信号。冷却液温度传感器信号也是其他控制系统（如怠速控制系统和排气再循环控制系统等）的控制信号。
8	车速传感器	VSS	检测汽车的行驶速度，给 ECU 提供车速信号（SPD 信号），用于巡航控制和限速断油控制，该信号也是自动变速器的主控制信号。
9	氧传感器	O_2S	检测排气中的氧含量，向 ECU 输送空燃比的反馈信号，进行喷油量的闭环控制。
10	爆燃传感器	KS	检测汽油机是否爆燃及爆燃强度，将此信号输入 ECU，作为点火正时控制的修正（反馈）信号。
11	起动开关	STA	给 ECU 提供一个起动信号，作为燃油喷射控制和点火控制的修正信号。
12	空调开关	A/C	当空调开关打开，空调压缩机工作，发动机负荷加大时，由空调开关向 ECU 输入信号，作为燃油喷射控制和点火控制的修正信号。
13	挡位开关	P/N	由 P/N 挡位挂入其他挡位时，挡位开关向 ECU 输入信号，作为燃油喷射控制和点火控制的修正信号。当挂入 P 或 N 挡位时，空挡位置开关向 ECU 提供 P/N 挡位信号，防止发动机误起动。

续表

序号	类型	缩写	主要功能
14	制动灯开关	BLS	在制动时，由制动灯开关向 ECU 提供制动信号，作为燃油喷射控制和点火控制的修正信号。
15	动力转向开关	EPS	当转向盘由中间位置向左右转动时，动力转向开关向 ECU 输入信号，作为燃油喷射控制和点火控制的修正信号。
16	蓄电池电压信号	U_{BAT}	向 ECU 提供电压信号，作为燃油喷射控制的修正信号。

2. 电控单元

电控单元（electronic control unit）简称 ECU，是一种综合控制电子装置，其功能是储存该车型的特征参数和运算中所需的有关数据信息，给各传感器提供参考（基准）电压，接收传感器或其他装置输入的电信号，并对所接收的信号进行存储、计算和分析处理，根据计算和分析的结果向执行元件发出指令，或根据指令输出自身已存储的信息。除此之外，ECU 还具有自我修正功能等。

3. 执行器

执行器（actuator）是电控系统中的执行机构，其功能是接收电控单元的指令，完成具体的控制动作。常见执行器见表 1－2。

表 1－2　常见执行器

序号	类型	缩写	主要功能
1	喷油器	INJ	根据 ECU 的喷油脉冲信号，精确计量燃油喷射量。
2	点火控制器	ICM	根据 ECU 脉冲信号，控制火花塞点火。
3	怠速控制阀	ISCV	控制发动机的怠速转速。
4	巡航控制电磁阀	CCSV	根据 ECU 控制巡航系统。
5	节气门控制电动机	TC	根据 ECU 控制节气门的开度。
6	排气再循环阀	EGRV	根据 ECU 控制排气再循环量。
7	进气控制阀	IACV	根据 ECU 控制进气系统工作。
8	二次空气喷射阀	SAIV	根据 ECU 脉冲信号控制二次空气喷射量。
9	活性炭罐电磁阀	ACCV	根据 ECU 的控制指令信号，回收发动机内部的燃油蒸汽，以减少污染。
10	电动燃油泵	FP	供给燃油喷射系统规定压力的燃油。
11	真空电磁阀	VSV	根据 ECU 控制真空管路通断。
12	压缩机电磁离合器	ACU	根据 ECU 控制空调系统工作。

任务二 发动机电控系统常用检测设备

一、任务描述

发动机电控系统很复杂，若出现故障，仅靠维修人员的工作经验难以准确诊断和排除故障，只有采用先进的故障诊断工具和仪器，才能快速而准确地进行故障诊断和检修，因此，汽车故障诊断仪器和维修工具在汽车维修中具有很大的作用。在本学习任务中主要介绍数字万用表、故障诊断仪及汽车专用示波器的使用方法。

二、相关知识及技能

（一）数字万用表的使用

目前用于诊断和检测发动机电路故障的数字万用表类型很多，但功能基本相同。下面以 FLUKE 数字万用表为例，介绍其主要功能和使用方法，如图 1－4 所示。

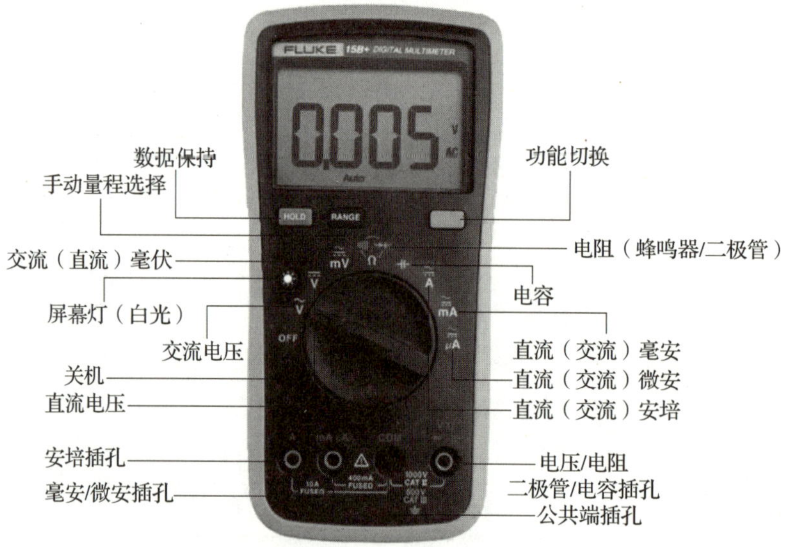

图 1－4　数字万用表

1. 主要功能

（1）交流（直流）电压测量。

1）根据电压的大小选择适当的电压测量量程，如图 1－5 所示。

2）检测时红表笔的一端插入“V/Ω”插孔。

3）黑表笔接触电路“地”端，红表笔接触电路中待测点。

（2）直流电流测量。

1）根据测量电流的大小选择适当的电流测量量程，如图 1-6 所示。

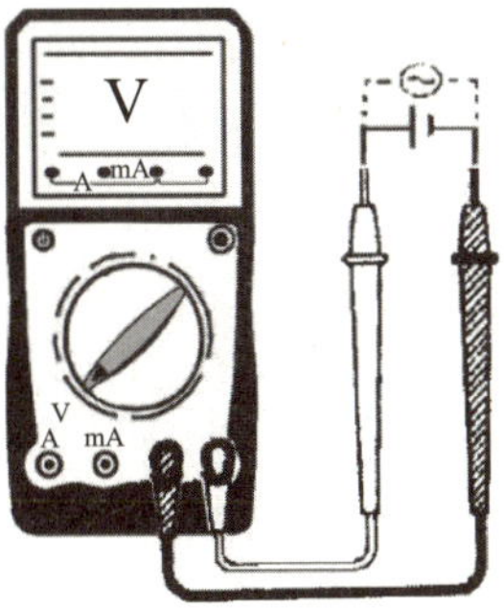

图 1-5 交流（直流）电压测量

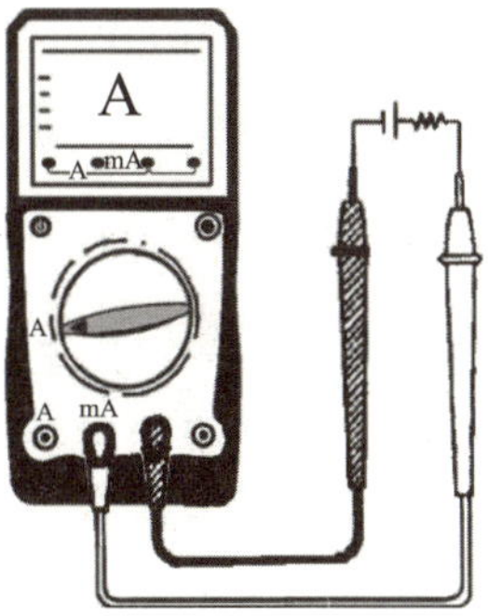

图 1-6 直流电流测量

2）将红表笔的一端插入“mA”或“A”插孔。

3）红表笔接触电压高的一端，黑表笔接触电压低的一端。

（3）电阻测量。

1）应先把电路的电源关断，以免引起读数抖动。

2）根据电阻的大小选择适当的电阻测量量程，如图 1-7 所示。

3）将红表笔的一端插入“V/Ω”插孔。

4）红、黑两表笔分别接触电阻两端，观察读数即可。

（4）二极管测量。

1）将红表笔一端接万用表内部正电源，黑表笔一端接万用表内部负电源。

2）红、黑两表笔分别接触二极管两端，观察读数，如图 1-8 所示。

3）假若显示“000”，则说明二极管击穿，电路短路；假若显示“1”，则说明二极管正向不通。

（5）电路通断测量。

1）将红、黑表笔分别插入相应插孔，如图 1-9 所示。

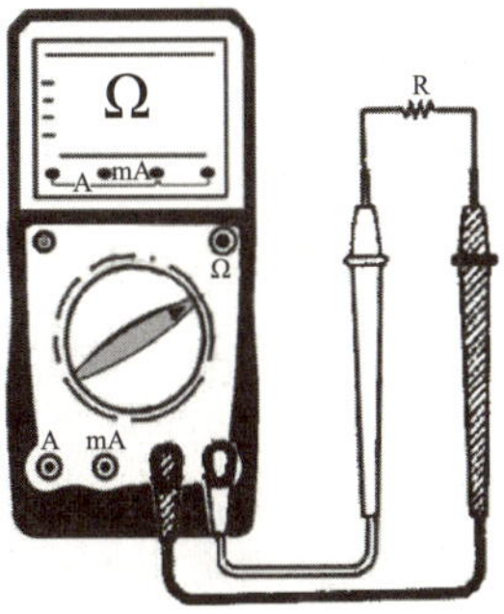

图 1-7 电阻测量

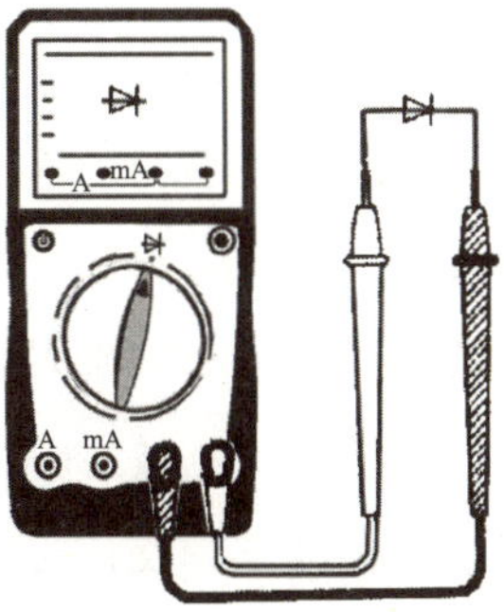

图 1-8 二极管测量

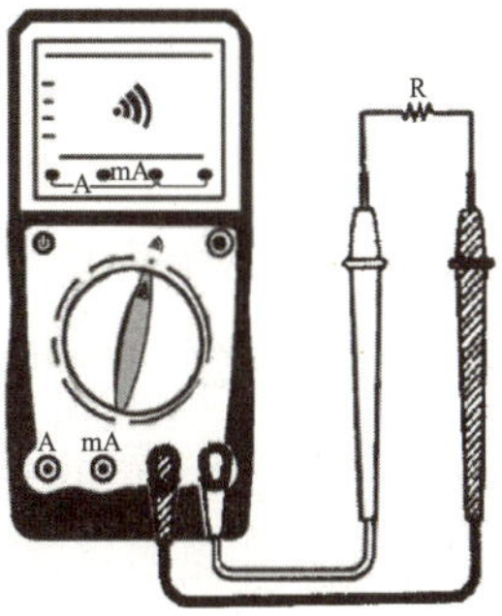

图 1-9 电路通断测量

2）将功能、量程开关转到“·))”位置。

3）两表笔分别接触测试点，若有蜂鸣器响，说明短路，否则正常。

（6）数据保持（HOLD）。

当检测数据基本稳定后，可以按下 HOLD 键，将检测数据保持，然后读取。

2. 万用表的应用

（1）电器元件性能检测。

用万用表检测熔断器的性能。方法是：将万用表调整到欧姆挡，检查熔断器是否断路，如图 1－10 所示。显示 0Ω 时，说明熔断器正常；显示∞时，说明熔断器损坏。

用万用表检测继电器的性能，方法是：先将一个电源连接继电器的 85 端子和 86 端子，再用万用表测量继电器 30 端子和 87 端子，如图 1－11 所示。显示 0Ω 时，说明继电器正常；显示∞时，说明继电器损坏。

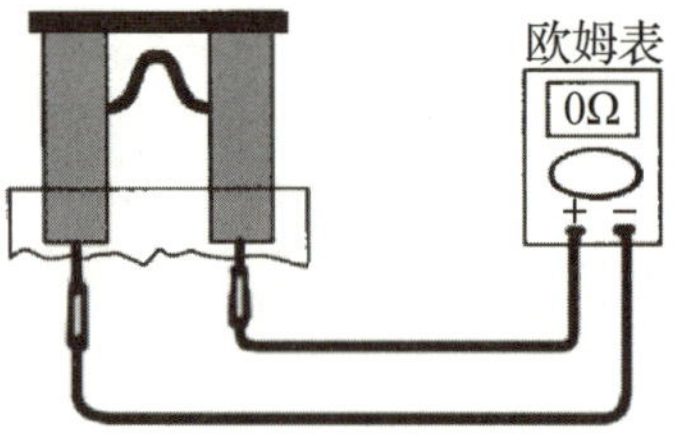

图 1－10　熔断器检查

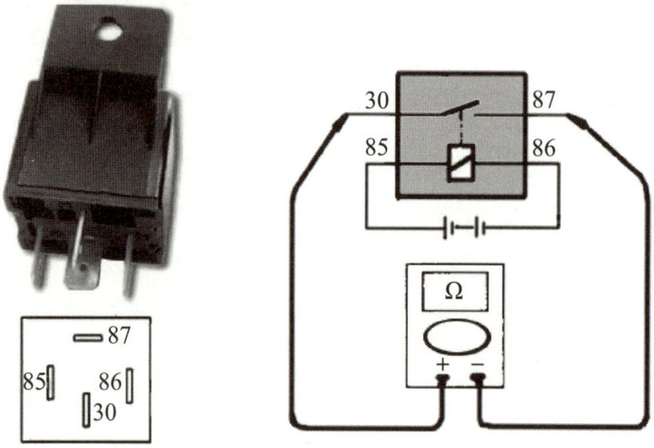

图 1－11　起动继电器检查

（2）电路电压的检测。

用万用表测量电路中的电压，如图 1－12 所示，电路由点火开关、SW1、SW2、继电器（常闭式）、电磁阀、保险丝组成。万用表负极接地，正极依次测量电路中 A、B、C 三点电压。方法是：将点火开关打开时，A 点有电压；将点火开关打开和 SW1 闭合时，B 点有电压；将点火开关打开、SW1 闭合、继电器触点闭合时，C 点有电压。

3. 万用表检测电路时的注意事项

（1）用电流挡检测时，如果不清楚要测量的电流大小，为了万用表的安全，应先用最大的量程来测量，然后再逐渐减小量程来精确测量。

（2）禁止用电阻挡测量电流或电压（特别是交流 220V 电压）或带电测量电阻，否则容易损坏万用表。

（3）万用表测量二极管时，万用表显示二极管的正向导通电压，单位是 mV。通常正

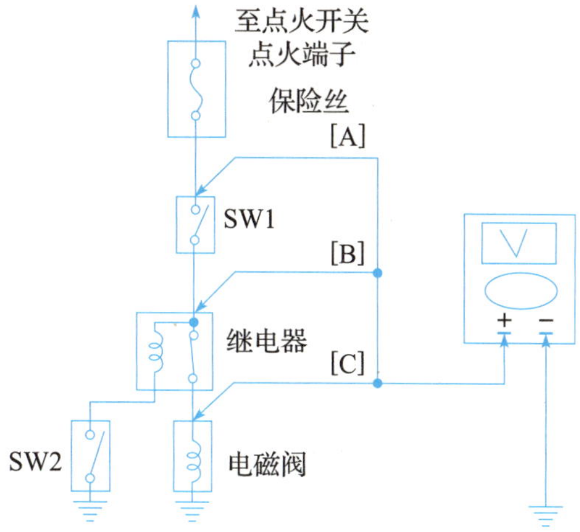

图 1-12 电路电压检查

常的硅二极管正向导通电压应为 500mV～800mV，正常的锗二极管正向导通电压应为 200mV～300mV。

（4）用万用表测量时，注意不要将表笔连接线靠近发动机旋转件，以防发生事故。

（二）故障诊断仪的使用

目前汽车电控系统的故障检测和诊断，必须借助故障诊断仪，否则维修人员是无从下手的，也很难快速准确找出故障原因。汽车故障诊断仪类型很多，由于原理不同，其测试方法也不同，但基本测试功能相似。根据功能范围不同故障诊断仪有专用型和通用型；根据体积大小，可分为台式计算机分析仪、便携式计算机分析仪和袖珍型计算机分析仪。国外还推出多种 PC 计算机诊断仪以及掌上计算机和无线诊断的检测仪器等。专用诊断仪器中使用最广泛的是便携式发动机计算机分析仪。采用专用诊断仪器可以大大提高对电子控制系统的诊断效率，但成本一般较高。

1. 测试功能

远征 X-431 诊断仪由主机单元、测试主线及诊断接头等组成，如图 1-13 所示。其基本功能见表 1-3。

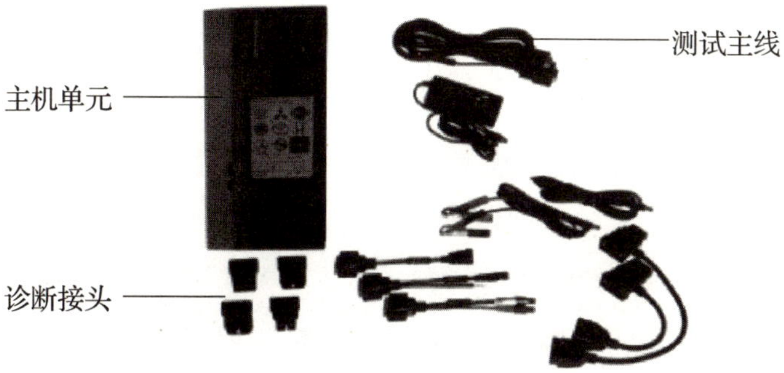

图 1-13 远征 X-431 诊断仪

表 1-3　远征 X-431 诊断仪基本功能

<table>
<tr><td rowspan="15">诊断功能</td><td rowspan="11">控制模块</td><td>读取故障码</td></tr>
<tr><td>清除故障码</td></tr>
<tr><td>执行元件诊断</td></tr>
<tr><td>系统基本调整</td></tr>
<tr><td>读测量数据流</td></tr>
<tr><td>读独立通道数据</td></tr>
<tr><td>通道调整匹配</td></tr>
<tr><td>控制单元编码</td></tr>
<tr><td>系统登录</td></tr>
<tr><td>传送底盘号</td></tr>
<tr><td>查电控单元型号</td></tr>
<tr><td colspan="2">保养/机油灯归零</td></tr>
<tr><td colspan="2">服务站代码设置</td></tr>
<tr><td colspan="2">OBD-Ⅱ诊断功能</td></tr>
<tr><td colspan="2">诊断座位置说明</td></tr>
<tr><td colspan="2" rowspan="4">PDA 功能</td><td>系统信息</td></tr>
<tr><td>个人信息管理</td></tr>
<tr><td>控制面板</td></tr>
<tr><td>系统功能</td></tr>
</table>

（1）读取故障码。

诊断仪功能菜单中，点击【查询故障码】选项，读取 ECU 确认的故障码及相关内容。

在装备 OBD-Ⅱ系统的车辆上，所有的故障码（DTC）都以英文字母开头，后面跟随 4 个数字，如 P0101、C1234、B2236 等。DTC 开头的字母表示被监测到故障的系统：P 为动力系统、B 为车身系统、C 为底盘系统、U 为网络或数据通信传输系统；字母后的第一个数字是通用码（对所有的车辆制造商都适用），或是制造商专用码，如：0 指通用码，1 指制造商专用码；第二个数字指出了受影响的故障系统类型：1 为燃油及空气计量系统，2 为燃油及空气计量系统（特指喷射系统回路功能不良），3 为点火系统或缺缸监测系统，4 为辅助排放系统，5 为车速控制和怠速控制系统，6 为计算机输出线路系统，7 为变速箱。

（2）读测量数据流。

读测量数据流就是读取 ECU 的运行数据参数。大众/奥迪车系是以数据组的形式显示，其他车系数据流的读取方式则是以选择菜单的形式列出。如 OBD-Ⅱ诊断程序，在功能菜单中，点击【读数据流】选项，屏幕显示所测试车型数据流项菜单，点击想看的数据流项，并点击【确定】按钮，可查看数据流的动态数据。

(3) 系统基本调整。

在汽车维修和保养后必须进行【系统基本调整】。所谓系统基本调整，是通过数据通道将一些数据写入控制单元，将数据调整到生产厂家指定的基本值，或将某些元器件参数写入控制单元，从而使汽车达到最佳运行状态。根据国家、地区和车辆使用的发动机、变速器及其他配置输入适当的设定号，点击相应的数字即可输入通道号。对某些系统，在维修或保养后，必须进行基本调整。如节气门体匹配，自动变速器维修后对离合器进行设置等。

(4) 执行元件诊断。

功能菜单中，点击【执行元件诊断】选项，屏幕显示驱动的执行元件，可按照屏幕提示逐一执行元件测试。该功能可以对发动机电控系统及底盘电控系统执行元件，如喷油器进行驱动，还可以对仪表系统执行元件，如发动机转速表、车速表、燃油表等进行驱动。

(5) 电控单元编码。

当车辆的代码没有显示或电控单元已更换，则必须给电控单元进行编码。一个电控单元有时能够适应多种车型，这由电控单元内部所存储的不同程序来决定，电控单元的一个编码代表了其中的一个程序，所以，在更换电控单元时，一般要先查看原车所用的电控单元的编码。错误的编码轻者可导致车辆的性能不良，重者则会给车辆带来严重的故障。

⚠ **注意：**如果控制器编码不正确会造成排放值升高、油耗增加、发动机工作不佳、换挡冲击等故障。严重的情况不着车，甚至损坏元件。

(6) 保养/机油灯归零。

保养提示灯在里程表的显示窗内，当车辆需要进行某一项保养操作时，相应的保养提示灯就会点亮。

(7) OBD-Ⅱ诊断功能。

对于符合 OBD-Ⅱ标准的汽车，在测试车系菜单中选择 OBD-Ⅱ诊断程序进入功能菜单，可用 OBD-Ⅱ诊断程序进行冻结帧测试。冻结帧测试是指当与汽车发动机排放相关的故障产生时，OBD-Ⅱ系统不仅设置一个故障码，而且还记录了此故障发生瞬间与此故障相关的系统运行参数，将这一组数据称为冻结帧数据。冻结帧数据包括发动机转速、车速、空气流量、发动机负荷、燃油压力、燃油修正值、发动机冷却液温度、进气歧管压力以及开闭环状态等。

2. 故障诊断仪的应用

故障诊断仪诊断汽车故障时，首先在车上找到诊断座并连接，然后根据车型，进入相应诊断系统。通用型诊断仪与车辆诊断接口连接如图 1 - 14 所示。通过诊断仪可以完成

表1－3中所列各个测试功能，下面以测试执行元件功能为例介绍测试过程。

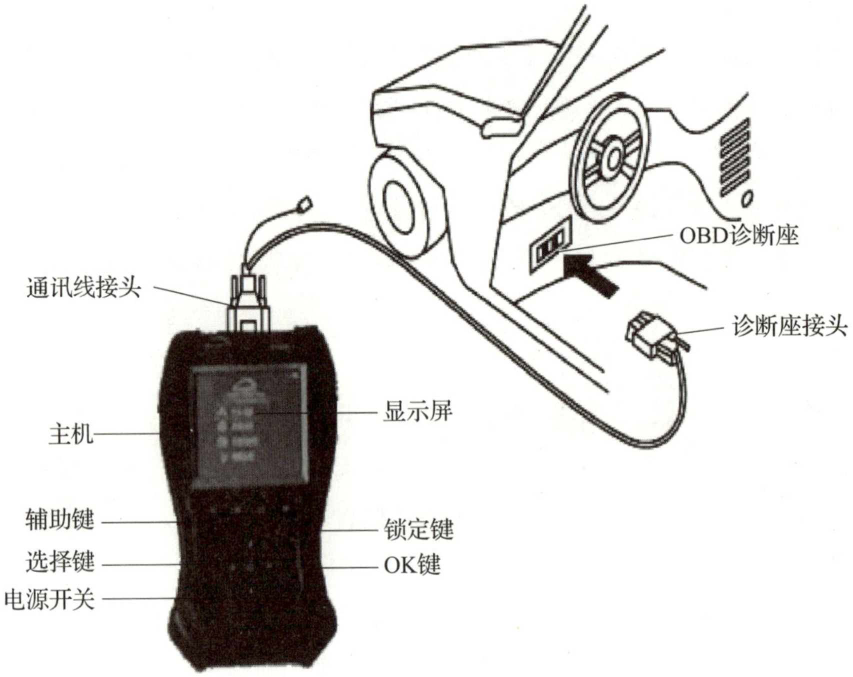

图1－14　诊断仪与汽车诊断座连接

（1）测试喷油器触发过程。

1）燃油泵必须运转，并在燃油压力调节器处能听到回油流动声。若燃油泵不运转，检查触发状况，检查燃油泵。

2）踩下加速踏板，怠速开关打开，1缸喷油器应咔嗒5次。

3）每按一次"→"键，就切换到下一个喷油器（如对某个喷油器不进行检测，也可照此切换），按此方法依次检查所有的喷油器。如某个喷油器未被触发（无咔嗒声），应检测喷油器电气性能及相关控制线路。（电路检测请参阅维修手册）

可触发的执行元件包括：1缸的喷油器N30→2缸的喷油器N31→3缸的喷油器N32→4缸的喷油器N33→活性炭罐滤清器系统的电磁阀N80→增压压力控制电磁阀N75。

（2）测试活性炭罐电磁阀触发过程。

按"→"键，活性炭罐电磁阀必须一直发出咔嗒声，直到通过按"→"键切换到下一个执行元件。如电磁阀不发出咔嗒声，从电磁阀上拔下插头，将发光二极管接到拔下的插头上，二极管闪亮则关闭点火开关，更换电磁阀；二极管不闪亮，按电路图检查电磁阀与ECU之间是否断路，导线电阻最大1.5Ω。另外检查线路是否对地短路，如未查出导线故障应检查发动机ECU。

目前维修行业常见的发动机综合分析仪，如VAS5051/5052、EA3000、FSA740等

（如图 1－15、图 1－16 所示），用来进行各缸功率平衡分析、各缸压缩压力平衡分析以及进行点火波形、进气管真空波形、柴油机高压油路波形、电控系统各信号波形等测试。其与废气分析仪连接，还可以进行尾气排放与发动机工作情况的分析。

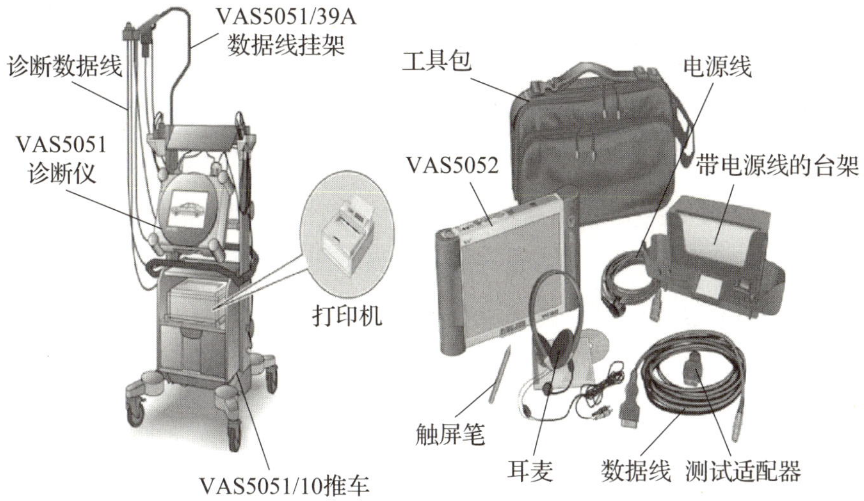

图 1－15　VAS5051/5052 发动机综合分析仪

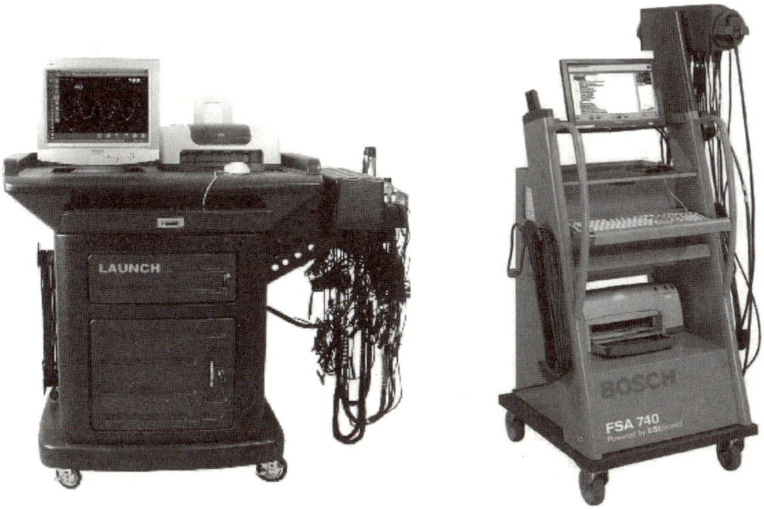

图 1－16　EA3000 和 FSA740 发动机综合分析仪

（三）汽车专用示波器的使用

汽车专用示波器从开始的单通道，发展为多通道，从结构和功能上分有多种类型，如图 1－17、图 1－18 所示。汽车维修行业对汽车专用示波器的要求越来越高，不但在性能上要求带宽高、采样速度快、存储容量大，而且型式上要求小型化、便携式、数字化等。

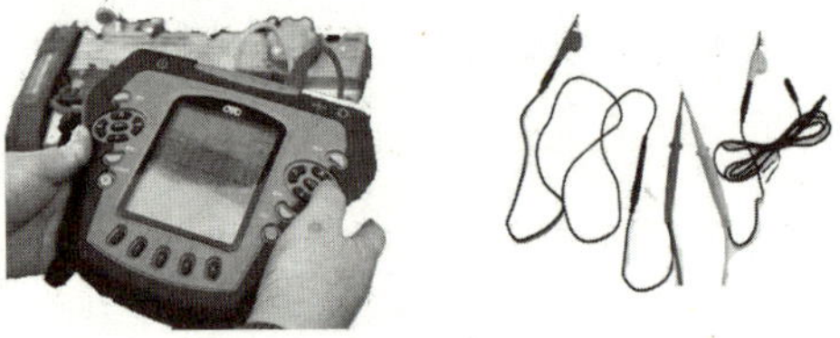

图 1－17　斯必克 OTC3840C 汽车专用示波器

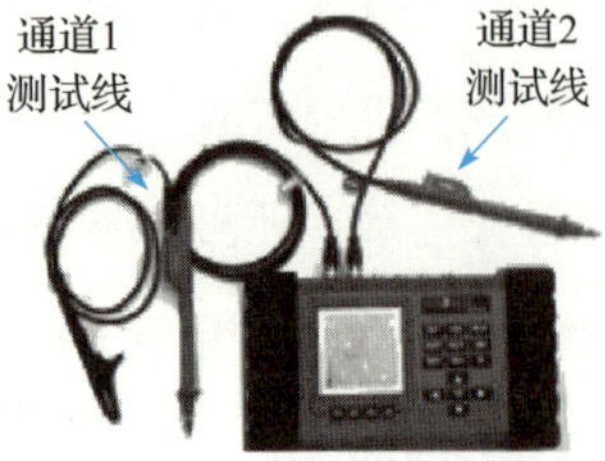

图 1－18　MT3500 汽车专用示波器

1. 调整电压比例

电压比例值决定了信号波形的高度，即幅度，V/格是指屏幕垂直方向上显示的每个格子所对应的实际电压值。对于同一信号，当选择不同的电压比例时，波形显示不同，如图 1－19 所示。设定电压值越低，显示的波形就越高。

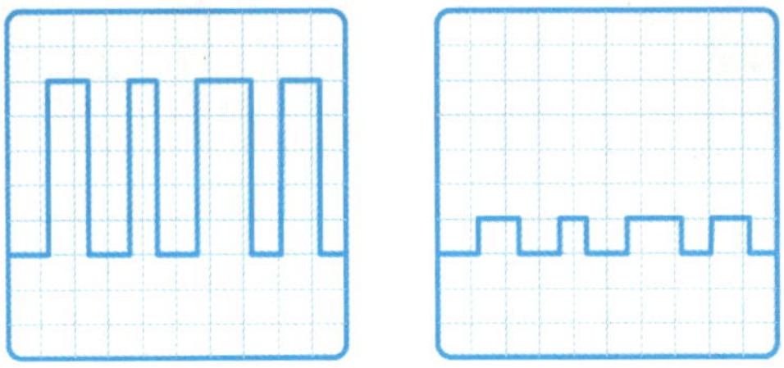

（a）1V/格时的显示　（b）5V/格时的显示

图 1－19　电压比例调整

2. 调整时基

时基的选择决定了重复性信号在屏幕上显示的频数，s/格是指屏幕水平方向上显示的每个格子所对应的实际时间值。对于同一信号，当选择不同的时基时，波形显示不同，如图 1－20 所示。设定时基值越高，显示的频数就越多。

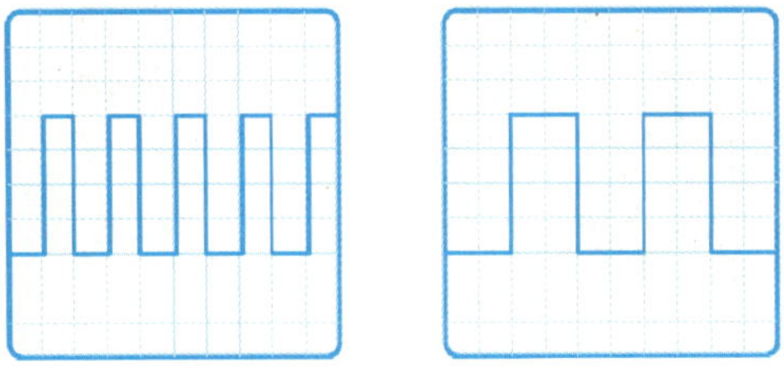

（a）时基2ms/格　（b）时基1ms/格

图 1－20　时基调整

3. 调整触发

触发电平用于调节波形的起始显示电压值。当设定的触发电平超出了信号的电平范围，示波器无法确定显示的起始位置，因此显示的波形左右晃动，无法锁定，如图 1－21（a）所示。当设定的触发电平在正常信号的电平范围，示波器可以准确地锁定波形，如图 1－21（b）所示。因此触发参数的调整是使信号能在屏幕上稳定显示。

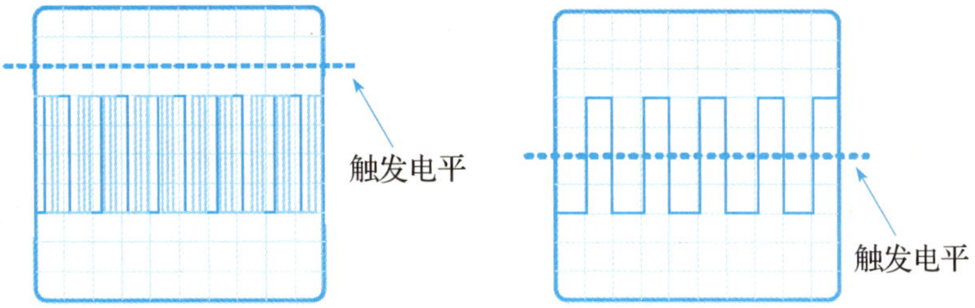

（a）触发参数设定超出范围　　（b）触发参数设定合适

图 1－21　触发参数调整

触发沿的设定用于确定显示的波形，是以大于触发电平（正触发）的电压作为起始显示点，或是以小于触发电平（负触发）的电压作为起始显示点。当触发选择不同时，得到的波形也不同；当触发选择正确时，才有完整的波形显示。

4. 自动触发

在 MT3500 中设置了自动触发功能的选项。在测量过程中，如果无法确定如何适当地设定触发参数时，可以启用这一功能，系统将会自动分析信号的特性，自动地设置触发电平、触发沿等参数。

5. 峰值捕捉

在测量中，如果碰到一些间歇性的故障信号，峰值捕捉功能会根据用户设定的触发条件，等待故障信号再次出现。一旦捕捉到符合设定条件的故障信号，MT3500 就会发出蜂鸣声进行提示，并自动冻结画面的显示。

6. 屏幕冻结功能

使用【HOLD】按钮可冻结显示的波形。波形被冻结后，屏幕右上角将显示“屏幕显示冻结图标”。再次按下【HOLD】按钮将取消显示冻结。

7. 保存波形

要保存屏幕上显示的波形，可在菜单中选择【保存波形】选项或直接按下【SAVE】按钮。系统会自动为即将存储的文件起一个文件名，如果需要自定义文件名，可按下【YES】按钮更改文件名。确定文件的名称后，可按下【F1】按钮保存文件，或是按下【F2】按钮取消文件的保存操作。

8. 分析测试波形

启动仪器，根据要测试的内容选择适当的量程和时基。连接测试导线到被测元件，红表笔接信号线，黑表笔接地。此时屏幕上所显示的波形即为被测元件的波形，将其与标准波形相对照，来分析波形是否正常。

提示：（1）仪器及测试连线要远离汽车发动机的运动件，例如：传动皮带、风扇及齿轮等。

（2）不要用导电物体短路电池的正负电极。进行各项测试前，应连接好搭铁线。

（3）防止仪器被冷却液、水、油或其他液体弄湿。

（4）应在安装防滑护套的情况下使用仪器，仪器输入端电压不要超过 500V。

三、实训内容

1. 实训准备

（1）准备好实训用万用表、故障诊断仪、示波器及其他常用工具。

（2）掌握本次实训课所用仪器及设备的使用方法。

（3）强调实训中的安全注意事项。

2. 实训流程

（1）正确掌握万用表的使用方法。

（2）正确掌握故障诊断仪的使用方法。

（3）正确掌握示波器的使用方法。

由实训教师根据实际情况，就车选定测试元件，由学生选择合适的仪器，独立进行操作。检查学生是否能正确使用仪器，能否准确完成教师设定的任务。

3. 实训记录

实训工单见附录Ⅱ中实训任务 1－2。

任务三　电控发动机常见故障

一、任务描述

汽车维修人员常遇到发动机方面的故障，如发动机不能起动、怠速不良或加速不良等。维修人员首先要按照导致故障的逻辑关系进行逐步检查和分析，找出引起故障的所有可能原因，这样才能准确找出故障原因及故障部位，否则就会出现遗漏或进行重复性的工作，甚至无法排除发动机故障。

二、相关知识及技能

（一）发动机常见故障逻辑关系

1. 发动机起动困难

发动机起动困难的主要征兆有：发动机有着火征兆，但不能起动；起动发动机时，发动机无着火征兆。发动机起动困难的逻辑关系如图 1－22 所示。

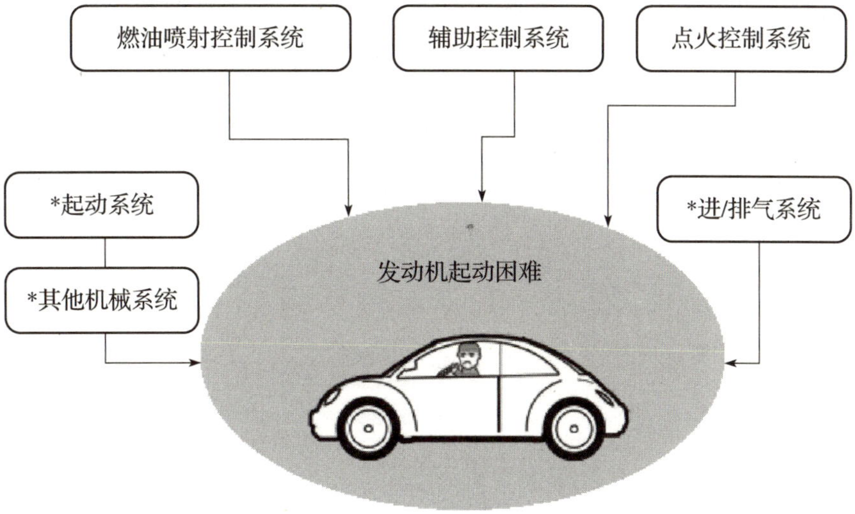

图 1－22 发动机起动困难的逻辑关系

2. 发动机怠速不良

发动机怠速不良的主要征兆有：怠速不稳易熄火，指发动机能正常起动，但怠速不稳定、发抖甚至熄火；发动机怠速转速过高，指发动机起动后，发动机转速高于正常怠速转速。发动机怠速不良的逻辑关系如图 1－23 所示。

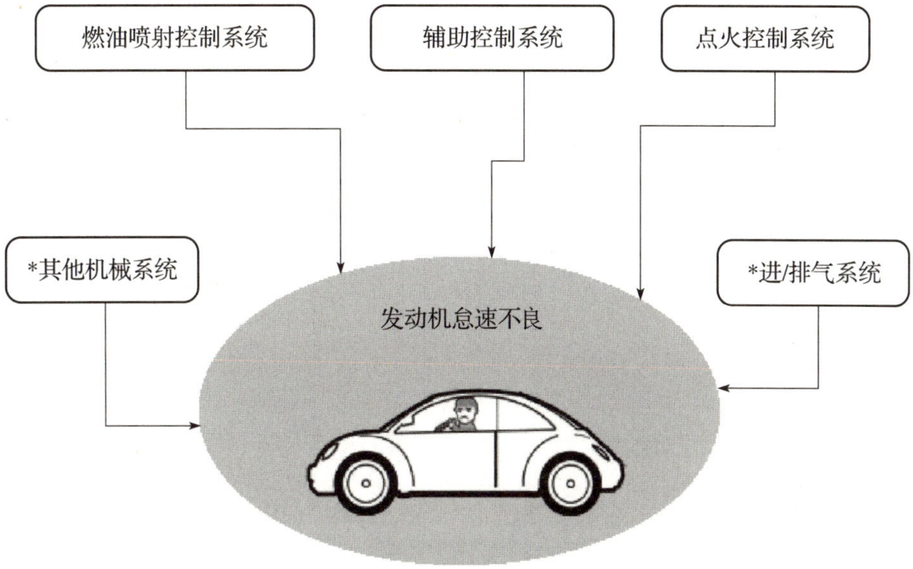

图 1－23 发动机怠速不良的逻辑关系

3. 发动机加速不良

发动机加速不良的主要征兆有：排气冒黑烟或进气管回火，伴随发动机加速无力，发动机故障灯亮起；发动机电控系统、点火系统正常，但发动机加速无力；加速时伴随失火顿车，或引起发动机敲缸，伴随发动机加速无力等。发动机加速不良的逻辑关系如图 1-24 所示。

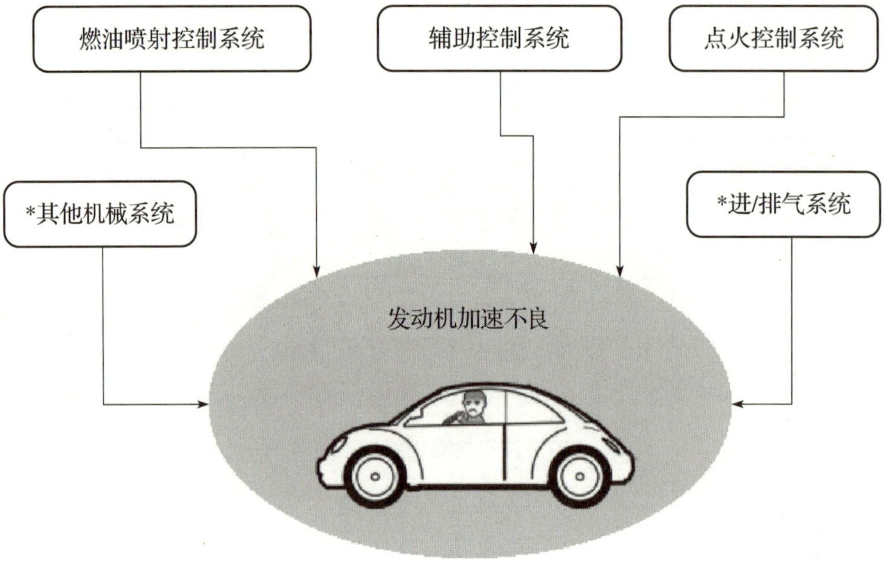

图 1-24　发动机加速不良的逻辑关系

4. 发动机高温

发动机高温是指当发动机冷却液充足时，在正常运行过程中出现发动机水温过高现象。发动机高温故障的逻辑关系如图 1-25 所示。

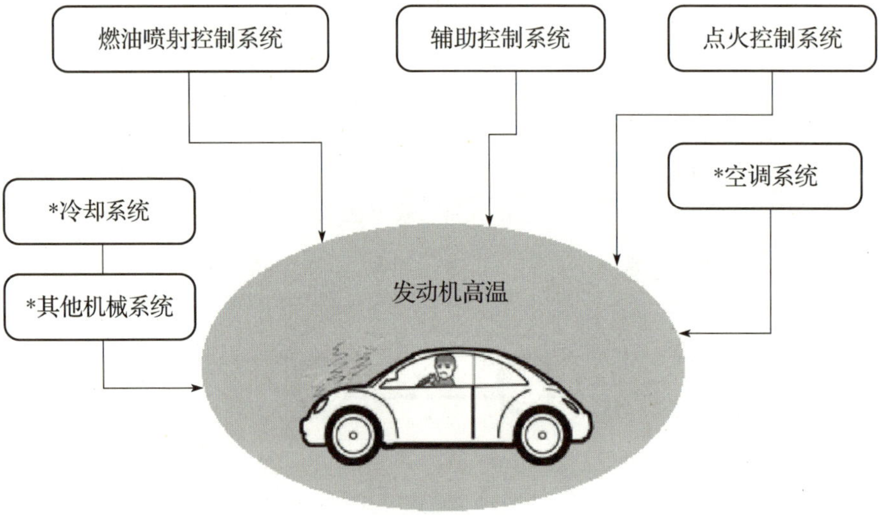

图 1-25　发动机高温的逻辑关系

5. 发动机排放异常

发动机排放异常是指当汽油发动机正常工作时，排放的尾气出现蓝烟、黑烟或者异味，或排气声音异常，或废气排放量异常等。发动机排放异常的逻辑关系如图 1－26 所示。

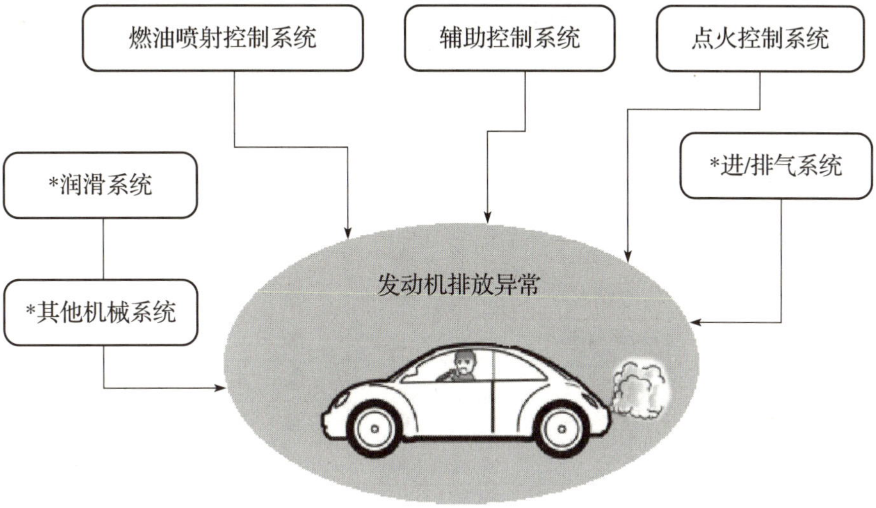

图 1－26　发动机排放异常的逻辑关系

（二）发动机故障原因及故障诊断点

根据发动机出现的故障现象，对发动机的结构组成及工作原理进行深入研究分析，找出引起发动机故障的可能原因及故障诊断点。为了方便学习，现对引起汽油发动机常见故障的部位及主要的故障诊断点进行整理，见表 1－4。具体检测方法和分析过程将在后面的任务中学习。

表 1－4　引起汽油发动机常见故障的部位及主要的故障诊断点

故障部位		故障现象				
		起动困难	怠速不良	加速不良	排放异常	发动机高温
燃油喷射控制系统	空气流量传感器/进气压力传感器		●	●	●	
	节气门/加速踏板位置传感器	●	●	●	●	
	进气温度传感器	●	●	●		
	冷却液温度传感器	●	●	●	●	●
	曲轴/凸轮轴位置传感器	●				
	氧传感器		●	●	●	●
	发动机电控单元	●	●	●	●	●
	喷油器	●	●	●	●	
	电动燃油泵	●	●	●		
	燃油压力调节器	●	●	●	●	
	供油管路	●	●	●		
	* 脉动阻尼器	●	●	●		
	* 燃油滤清器	●	●	●		

续表

故障部位		故障现象				
		起动困难	怠速不良	加速不良	排放异常	发动机高温
点火控制系统	爆燃传感器		●	●	●	●
	火花塞	●	●	●	●	
	分电器	●	●	●	●	
	高压线	●	●	●		
	点火控制器	●	●	●	●	
辅助控制系统	怠速控制阀	●	●		●	
	进气控制系统		●	●	●	●
	排放控制系统		●	●	●	
	涡轮增压控制系统	●	●	●	●	
*其他系统及机械部分		●	●	●	●	●

*注：此部分涉及的系统及部件原理等内容，不在此书中出现。

三、实训内容

1. 实训准备

（1）准备好实训用万用表、故障诊断仪、示波器及其他常用工具。

（2）掌握本次实训课所用仪器及设备的使用方法。

（3）强调实训中的安全注意事项。

2. 实训流程

（1）正确掌握万用表的使用方法。

（2）正确掌握故障诊断仪的使用方法。

（3）正确掌握示波器的使用方法。

由实训教师根据实际情况，就车选定测试元件，由学生选择合适的仪器，独立进行操作。检查学生是否能正确使用仪器，能否准确完成教师设定的任务。

3. 实训记录

实训工单见附录Ⅱ中实训任务 1－3。

项目总结

1. 电控技术在发动机上的应用，提高了发动机的动力性、经济性；改善了发动机的加速、减速性能和起动性能；降低了汽车尾气排放污染。

2. 发动机电控系统包括电控燃油喷射系统、电控点火系统、怠速控制系统、排放控制系统、进气控制系统、巡航控制系统、警告提示系统、自诊断与报警系统、失效保护及应急备用系统等。

3. 发动机电控系统由传感器、电控单元和执行器三部分组成。控制方式有开环控制和闭环控制两种。

4. 发动机电控系统故障诊断工具有万用表、故障诊断仪、示波器等。

5. 发动机常见故障现象有发动机起动困难、发动机怠速不良、发动机加速不良、发动机高温、发动机排放异常等。

思考与练习

1. 单选题

(1) 下列控制系统中，不属于发动机电控系统的是（　　）。

A. 电控燃油喷射系统　　B. 电控车身系统

C. 排放控制系统　　D. 自诊断与报警系统

(2) 现代汽车电控技术的发展具备（　　）特点。

A. 安全　　B. 安全和环保

C. 环保和节能　　D. 安全、环保和节能

(3) 下列不属于发动机电控系统的组成部分的是（　　）。

A. 发动机电控单元　　B. 喷油器

C. 汽油表　　D. 空气流量传感器

(4) 故障诊断仪的常用测试功能是（　　）。

A. 通电时间诊断　　B. 查询故障码

C. 怠速控制　　D. 喷油量控制

(5) 下列不属于电控点火系统的控制功能的是（　　）。

A. 喷油量控制　　B. 点火提前角控制

C. 通电时间控制　　D. 爆燃控制

2. 多选题

(1) 数字万用表有测量（　　）等功能。

A. 直流电流　　B. 二极管阻值　　C. 交/直流电压　　D. 电阻和温度

(2) 发动机电控系统按控制方式不同有（　　）。

A. 信号输入控制　　B. 信号输出控制　　C. 开环控制　　D. 闭环控制

(3) 电控技术在发动机上应用后，发动机的（　　）等性能得到了提高。

A. 动力性　　B. 经济性

C. 降低汽车尾气排放污染　　D. 冷起动性

(4) 汽车专用示波器有测试（　　）等电压波形的功能。

A. 点火系统　　B. 执行元件　　C. 各种传感器　　D. 电路

（5）下列属于发动机电控系统的是（　　）。

A. 怠速控制系统　　B. 电控燃油喷射系统

C. 排放控制系统　　D. 电控点火系统

3. 判断题

（1）系统基本调整是指通过数据通道将一些数据写入控制单元，将数据调整到原厂指定的参数，或将某些元器件参数写入控制单元，从而使汽车达到最佳运行状态。（　　）

（2）打开点火开关后，“故障指示灯”点亮，或均匀闪烁几秒钟后熄灭，或发动机起动后熄灭，说明有故障存在。（　　）

（3）硅和锗二极管正向导通电压应为 500mV～800mV。（　　）

（4）MT3500 有自动触发功能，能自动地设置触发电平、触发沿等参数。（　　）

（5）使用过程中断开蓄电池负极后，在计算机中已存的故障信息不会丢失。（　　）

4. 问答题

（1）简述汽车电子技术的发展阶段。

（2）简述电控技术对发动机性能的影响。

（3）简述发动机电控系统控制内容和控制方式。

（4）电控系统常见传感器及执行器有哪些？各有何作用？

（5）简述电控系统的基本组成及功用。

（6）举例说明用万用表测试电路或电器元件的过程。

（7）举例说明用故障诊断仪测试电器元件的过程。

（8）举例说明用示波器测试电器元件波形的过程。

（9）简述发动机常见故障。

（10）简述引起发动机常见故障的原因和故障部位。

项目二

电控燃油喷射系统

2

目标及要求

教学目标	能力要求
（1）掌握汽油机电控燃油喷射系统的组成及类型； （2）掌握空气流量传感器的结构和工作原理； （3）掌握进气压力传感器的结构和工作原理； （4）掌握节气门位置传感器的结构和工作原理； （5）掌握温度传感器的结构和工作原理； （6）掌握曲轴/凸轮轴位置传感器的结构和工作原理； （7）掌握氧传感器的结构和工作原理； （8）掌握电动燃油泵及喷油器的结构和工作原理； （9）掌握燃油压力调节器的结构和工作原理； （10）掌握发动机电控单元的结构和工作原理。	（1）对照实物能描述电控燃油喷射系统的组成及类型； （2）学会用仪器诊断空气流量传感器故障的方法； （3）学会用仪器诊断进气压力传感器故障的方法； （4）学会用仪器诊断节气门位置传感器故障的方法； （5）学会用仪器诊断温度传感器故障的方法； （6）学会用仪器诊断曲轴/凸轮轴位置传感器故障的方法； （7）学会用仪器诊断氧传感器故障的方法； （8）学会用仪器诊断电动燃油泵及喷油器故障的方法； （9）学会用仪器检测燃油系统压力异常故障的方法； （10）学会用仪器检测发动机电控单元故障的方法。

项目概述

随着电子技术的飞速发展，电子技术在汽车上的应用成为各国汽车工业的重要发展方向。电控燃油喷射系统英文全称为 Electronic Fuel Injection，简称 EFI 系统。目前，国内外汽车普遍采用电控燃油喷射系统。电控燃油喷射系统能根据汽车运行工况的变化，精确控制供给气缸的混合气浓度，实现最佳空燃比控制及最佳点火提前角控制，提高发动机的动力性、燃料经济性，降低排放污染。电控燃油喷射系统的主要组成元件的性能检测是学习的重点。本项目设置十个学习任务，任务内容如下：

电控燃油喷射系统

- 电控燃油喷射系统概述
- 空气流量传感器
- 进气压力传感器
- 节气门位置传感器
- 温度传感器
- 曲轴/凸轮轴位置传感器
- 氧传感器
- 电动燃油泵与喷油器
- 燃油压力调节器
- 汽车电子控制单元

任务一　电控燃油喷射系统概述

一、任务描述

电控燃油喷射（EFI）系统以电控单元为控制中心，利用安装在发动机不同部位上的各种传感器，测出发动机的各种参数，按照电控单元中设定的控制程序，通过喷油器精确地控制喷油量，使发动机在各种工况下均能获得合适空燃比的混合气。目前，电控燃油喷射系统在汽车上已广泛使用。在本学习任务中要掌握以下知识：

（1）电控燃油喷射系统的优缺点。

（2）电控燃油喷射系统的组成。

（3）电控燃油喷射系统的类型。

二、相关知识及技能

（一）电控燃油喷射系统的优缺点

1. 优点

（1）能准确控制混合气的质量。实现了发动机混合气的空燃比（14.7∶1）及点火提前角的精确控制，使发动机无论在什么工况下，都能在最佳的状态下运转。

（2）提高了发动机的充气效率。进气系统中，进气管截面大，进气阻力小。同时进气管不需要加热，使进气温度降低，从而提高了发动机的充气效率。

（3）增加了发动机的功率和扭矩。由于进气温度低，不容易爆燃，故可以提高压缩比，即增加了发动机的功率和扭矩，电控燃油喷射发动机的最大功率可提高9%，最大扭矩可提高6.9%。

(4) 使废气排放污染物减少，燃油消耗下降。燃油多点喷射到进气道内形成混合气，使各缸的混合气均匀分配。因此，耗油量有所下降，有害气体的排放可达到目前最严格的法规要求。

2. 缺点

电控燃油喷射系统结构复杂，成本高，一旦出现故障，诊断分析难度大，需要专业人员使用专用诊断仪器来维修。

(二) 电控燃油喷射系统的组成

汽车发动机电控燃油喷射系统由空气供给系统、燃油供给系统和电子控制系统三部分组成。

1. 空气供给系统

空气供给系统的功能是为发动机提供清洁的空气并控制发动机正常工作时的进气量。其主要包括空气流量传感器、进气歧管、节气门体及空气滤清器等，如图2-1所示。

2. 燃油供给系统

燃油供给系统的功能是供给喷油器一定压力的燃油，喷油器则根据ECU指令喷油。其主要由燃油箱、电动燃油泵、燃油滤清器、燃油分配管、燃油压力调节器、喷油器等组成，如图2-2所示。有的车还设有油压脉动缓冲器等。

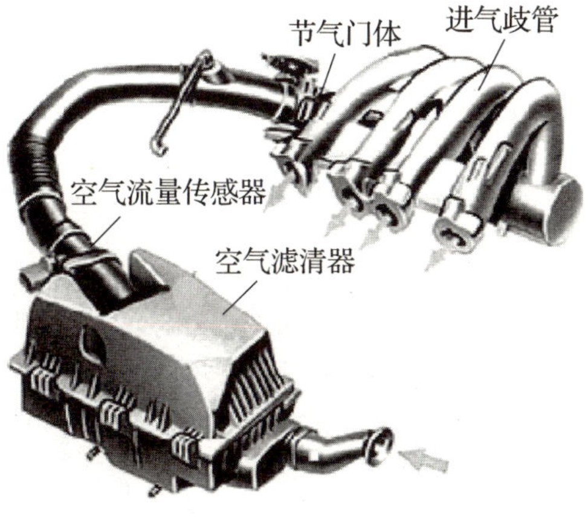

图2-1　空气供给系统

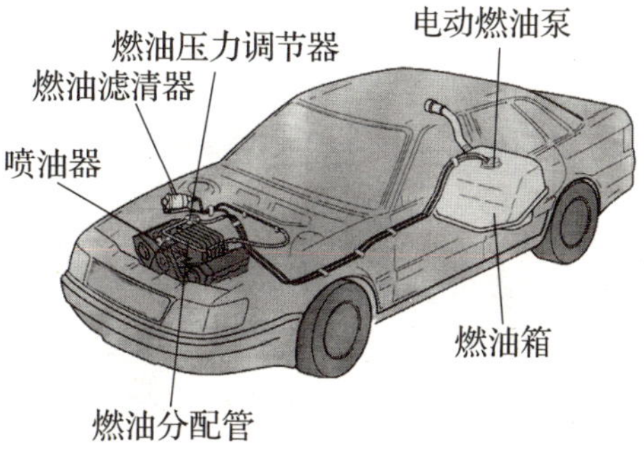

图2-2　燃油供给系统组成

3. 电子控制系统

电子控制系统由传感器、电控单元及执行元件组成。不同车型的燃油喷射系统设置的传感器和执行器数量不同，其基本组成如图2-3所示。

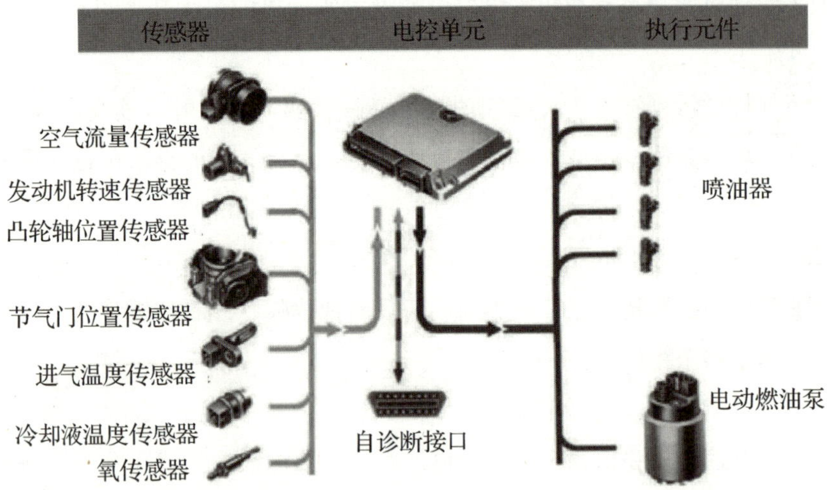

图 2-3　电子控制系统的基本组成

电控单元根据空气流量信号和发动机转速信号确定基本的喷油时间（喷油量），再根据其他传感器（如冷却液温度传感器、节气门位置传感器等）信号对喷油时间进行修正，并按最后确定的总喷油时间向喷油器发出指令，使喷油器喷油（通电）或断油（断电）。电控单元除了控制喷油外，还控制点火、怠速和增压发动机的废气阀等。

（三）电控燃油喷射系统的类型

1. 按喷射位置不同分类

按喷射位置不同，电控燃油喷射系统分为进气道喷射、缸内直接喷射及混合喷射三种类型，如图 2-4 所示。进气道喷射就是燃油喷射在进气道（进气歧管），缸内直接喷射就是将燃油直接喷射进燃烧室内，混合喷射即进气道喷射和缸内直接喷射同时喷射。

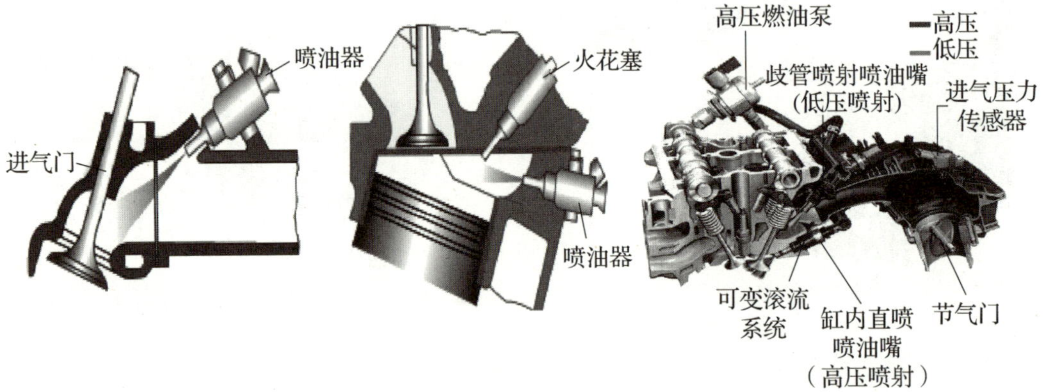

（a）进气道喷射　（b）缸内直接喷射　（c）混合喷射

图 2-4　喷射位置

2. 按测量空气量方式不同分类

按测量空气量方式不同分为D型电控燃油喷射系统、L型电控燃油喷射系统、LH型电控燃油喷射系统和M型电控燃油喷射系统。电控燃油喷射系统基本组成虽然相同，但在结构上有较大的差别，在控制原理及工作过程方面也各具特点。

（1）D型电控燃油喷射系统。

D是德语Druck（压力）的第一个字母。D型电控燃油喷射系统利用绝对压力传感器检测进气管内的绝对压力，ECU根据进气管内的绝对压力和发动机转速推算出发动机的进气量，再根据进气量和发动机转速确定基本喷油量。燃油箱内的燃油被电动燃油泵吸出并加压至0.35MPa左右，经燃油滤清器滤除杂质后被送至燃油分配管。燃油分配管与安装在各缸进气歧管上的喷油器相通。在燃油分配管的末端装有油压调节器，用来调节油压使其保持稳定，多余的燃油经回油管返回燃油箱。D型电控燃油喷射系统的基本组成如图2-5所示。

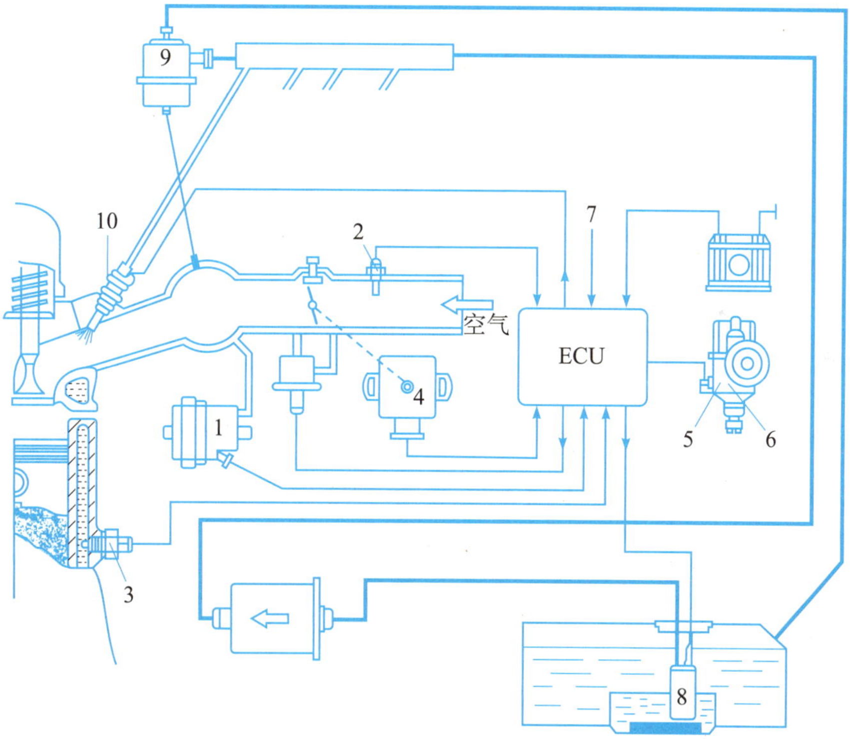

图2-5 D型电控燃油喷射系统

1—进气压力传感器 2—进气温度传感器 3—冷却液温度传感器 4—节气门位置传感器 5—凸轮轴位置传感器 6—转速传感器 7—氧传感器信号 8—电动燃油泵 9—燃油压力调节器 10—喷油器

（2）L型电控燃油喷射系统。

L是德语Luft（空气）的第一个字母。L型电控燃油喷射系统利用空气流量传感器直接测量发动机的进气量，ECU 不必进行推算，即可根据空气流量传感器信号计算与该空气量相对应的喷油量。由于消除了推算进气量的误差，其测量的准确程度高于 D 型，故对混合气浓度的控制更精确。L 型电控燃油喷射系统的基本组成如图 2－6 所示。

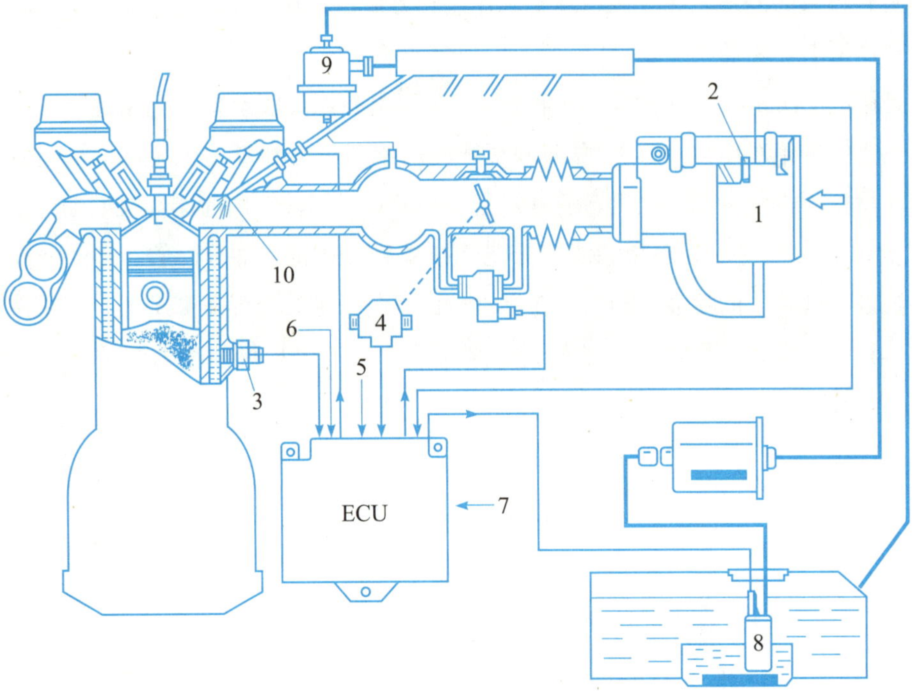

图 2－6　L 型电控燃油喷射系统

1—空气流量传感器　2—进气温度传感器　3—冷却液温度传感器
4—节气门位置传感器　5—凸轮轴位置传感器信号　6—转速传感器信号
7—氧传感器信号　8—电动燃油泵　9—燃油压力调节器　10—喷油器

（3）LH 型电控燃油喷射系统。

LH 型电控燃油喷射系统是 L 型电控燃油喷射系统的变型产品，其采用热线式空气流量传感器，而 L 型采用翼片式空气流量传感器。热线式空气流量传感器无运动部件，进气阻力小，信号反应快，测量精度高。另外，LH 型电控燃油喷射系统的电控装置采用大规模数字集成电路，运算速度快，控制范围广，功能更加完善。LH 型电控燃油喷射系统的基本组成如图 2－7 所示。

（4）M 型电控燃油喷射系统。

M 型电控燃油喷射系统将 L 型电控燃油喷射系统与电子点火系统结合起来，用一个由大规模集成电路组成的数字式微型计算机同时对这两个系统进行控制，从而实现了燃油喷射与点火的最佳配合，改善了发动机的起动性、怠速稳定性、加速性、经济性和排放性。M 型电控燃油喷射系统的基本组成如图 2－8 所示。

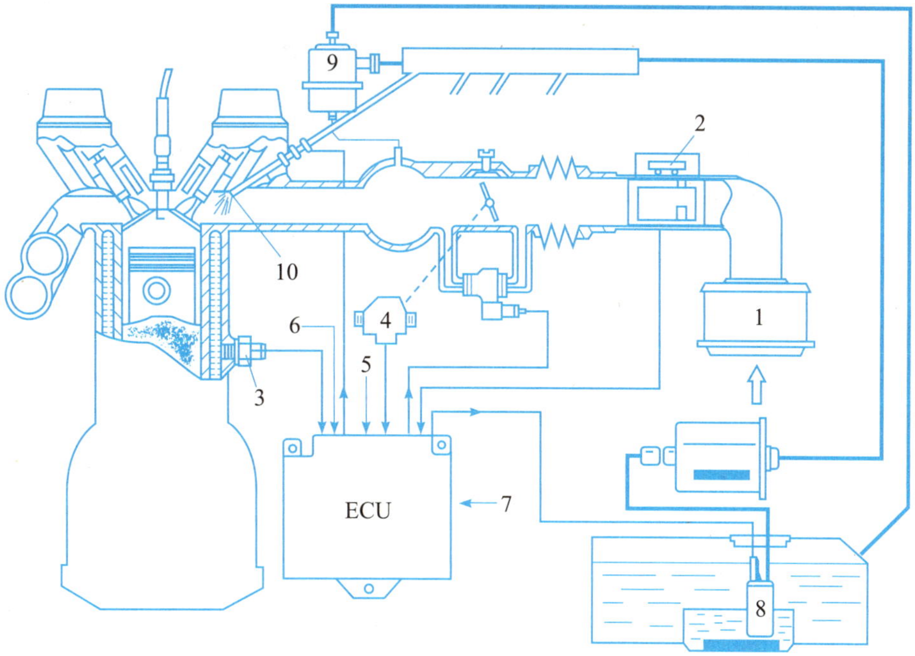

图 2-7　LH 型电控燃油喷射系统

1—空气滤清器　2—热线式空气流量传感器　3—冷却液温度传感器
4—节气门位置传感器　5—凸轮轴位置传感器信号　6—转速传感器信号
7—氧传感器信号　8—电动燃油泵　9—燃油压力调节器　10—喷油器

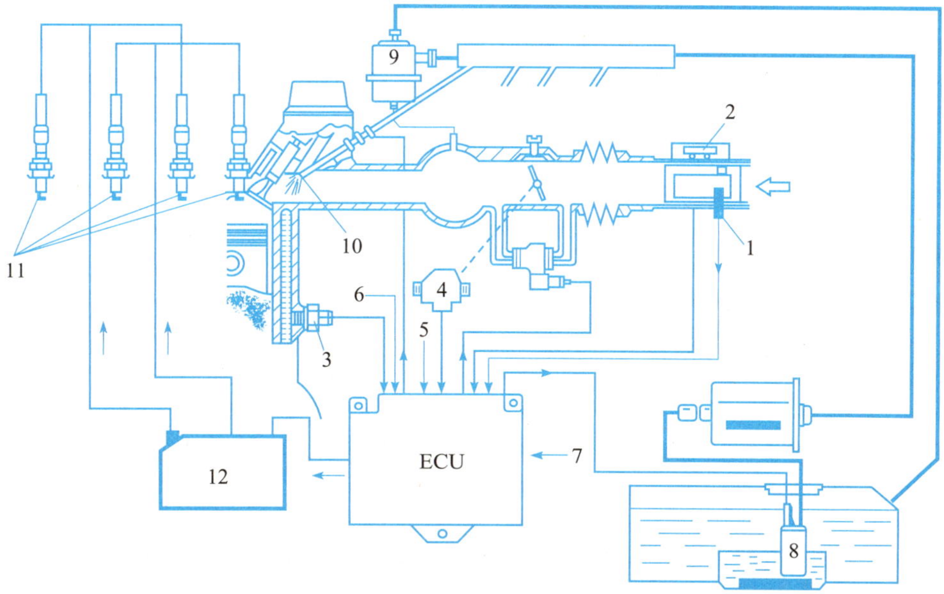

图 2-8　M 型电控燃油喷射系统

1—进气温度传感器　2—热线式空气流量传感器　3—冷却液温度传感器　4—节气门位置传感器
5—凸轮轴位置传感器信号　6—转速传感器信号　7—氧传感器信号　8—电动燃油泵
9—燃油压力调节器　10—喷油器　11—火花塞　12—点火线圈及控制模块

3. 按喷油器数量不同分类

按喷油器数量不同可分为多点喷射系统和单点喷射系统，如图 2－9 所示。

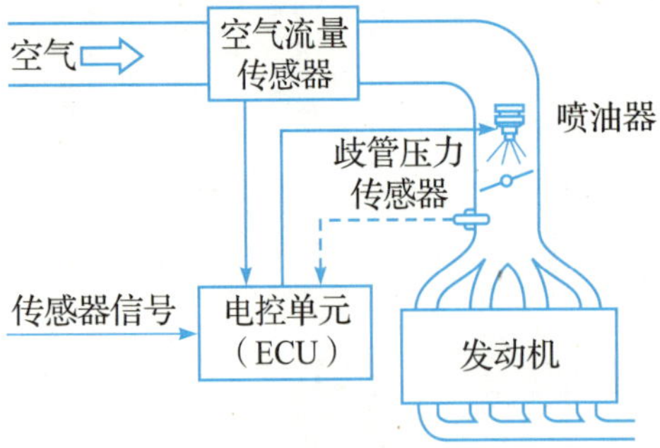

（a）单点喷射系统

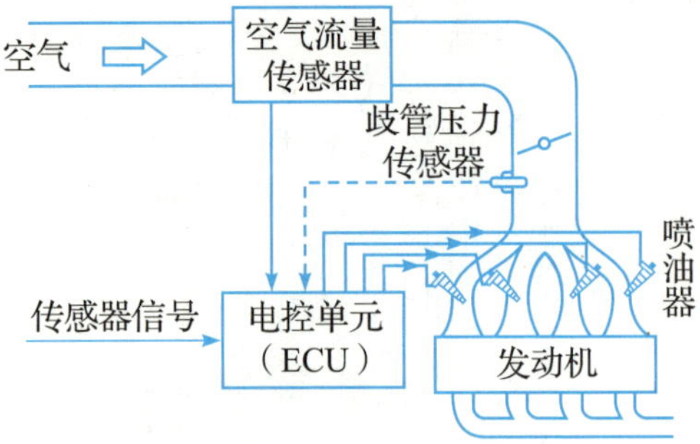

（b）多点喷射系统

图 2－9　喷油器数量

（1）单点喷射系统。

单点喷射系统是在节气门上方装一个中央喷射装置，用 1～2 只喷油器集中喷射。汽油喷入进气流，形成的可燃混合气由进气歧管分配到各气缸中。单点喷射又称为节气门体喷射（TBI）或中央燃油喷射（CFI），如图 2－9（a）所示。

（2）多点喷射系统。

多点喷射系统是在每缸进气门处装有 1 只喷油器，由电子控制单元（ECU）控制喷油，因此多点喷射又称为多气门喷射，如图 2－9（b）所示。多点喷射系统的燃油分配均匀性好，进气管可按最大进气量来设计，而且无论发动机处于冷态或热态，其响应性及燃油经济性都是最佳的；但多点喷射系统的控制模块比较复杂，成本较高，主要应用于对汽车性能要求较高的中、高级轿车。

4. 按喷射顺序不同分类

按各缸喷油器的喷射顺序不同又可分为同时喷射、分组喷射和顺序喷射，如图 2－10 所示。

（1）同时喷射。

同时喷射是将各缸的喷油器并联，在发动机运转期间，所有喷油器由 ECU 的同一个喷油指令控制，同时喷油、同时断油。采用此种喷射方式，对各缸而言，喷油时刻不可能都是最佳的，其性能较差，一般用在部分缸数较少的汽油发动机上，如韩国大宇轿车上装用的四缸发动机电控燃油多点喷射系统等。

采用同时喷射方式的电控燃油喷射系统，一般是曲轴每转一圈各缸同时喷油一次，对每个气缸来说，每一次燃烧所需的供油量需要喷射两次，即曲轴每转一圈喷射所需供油量 1/2 的油量。

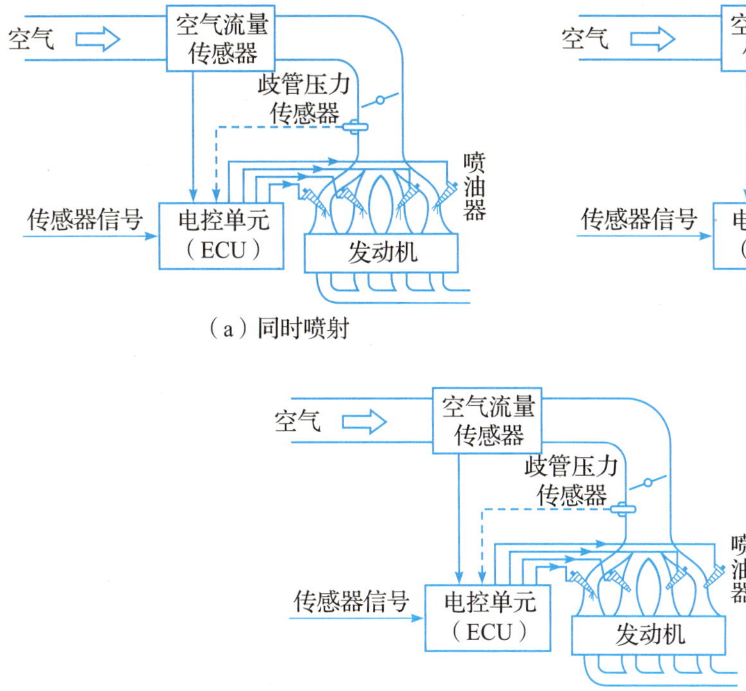

（a）同时喷射　（b）分组喷射　（c）顺序喷射

图 2－10　喷油器的喷射顺序

同时喷射的控制电路如图 2－11 所示，各缸喷油器的电磁线圈由一个公共的驱动电路控制。

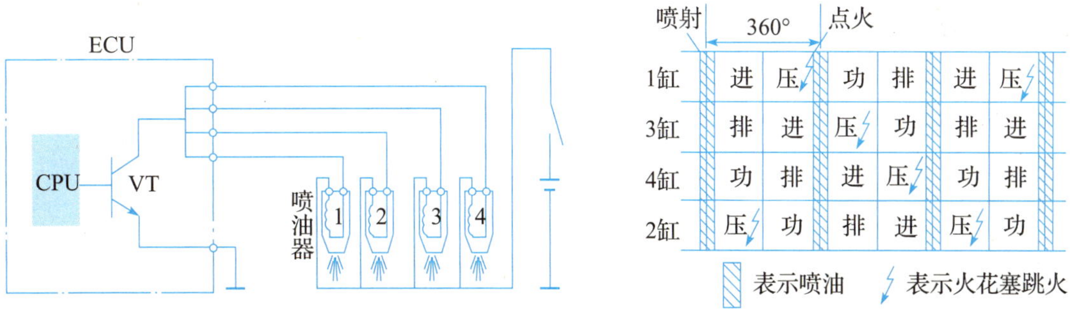

（a）同时喷射控制电路　（b）同时喷射喷油正时

图 2－11　同时喷射

同时喷射控制是以发动机最先进入做功行程的缸为基准，在该缸排气行程上止点前某一位置，ECU 输出指令信号，接通所有喷油器电磁线圈电路，各缸喷油器开始喷油，即在发动机一个工作循环内，各喷油器同时喷油 1～2 次。同时喷射方式驱动回路通用性好，电路结构与软件都比较简单，但各缸喷油时间不可能最佳，可能会导致各缸的混合气浓度不一样。现代汽车很少使用。

（2）分组喷射。

分组喷射是指将各缸的喷油器分成几组，它是同时喷射的变形方式，ECU 向某组喷油器发出喷油或断油指令时，同一组的喷油器同时喷油或断油。一般四缸发动机分成 2 组，六缸发动机分成 3 组，八缸发动机分成 4 组。四缸发动机分组喷射控制电路如图 2-12 所示。

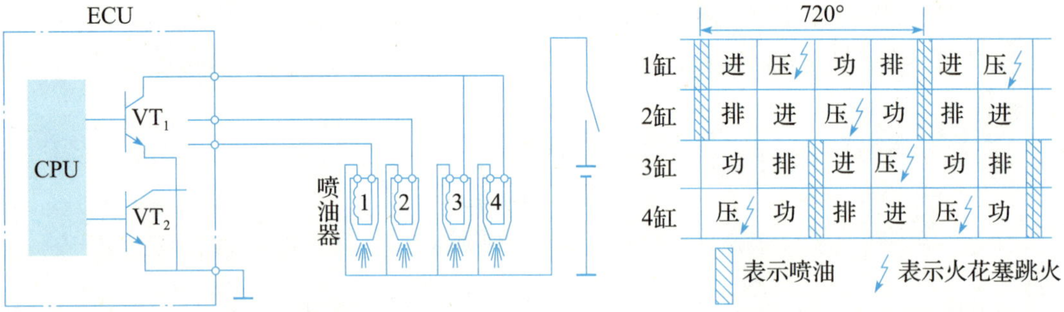

（a）四缸发动机分组喷射控制电路　　（b）四缸发动机分组喷射喷油正时

图 2-12　分组喷射

分组喷射控制是以各组最先进入做功行程的缸为基准，在该缸排气行程上止点前某一位置，ECU 输出指令信号，接通该组喷油器电磁线圈电路，该组喷油器开始喷油，即发动机每转一圈，只有一组喷油器喷油，每组喷油器喷油 1～2 次。分组喷射比同时喷射的混合气雾化质量好。切诺基 2.5L 四缸发动机和夏利 2000 型发动机采用这种喷射方式。

（3）顺序喷射。

顺序喷射是指各喷油器由 ECU 分别控制，按发动机各缸的工作顺序喷油。多缸发动机电控燃油喷射系统采用分组喷射或顺序喷射方式较多。

顺序喷射的控制电路如图 2-13 所示，各缸喷油器的驱动控制电路彼此独立，即各缸喷油器独立喷油。

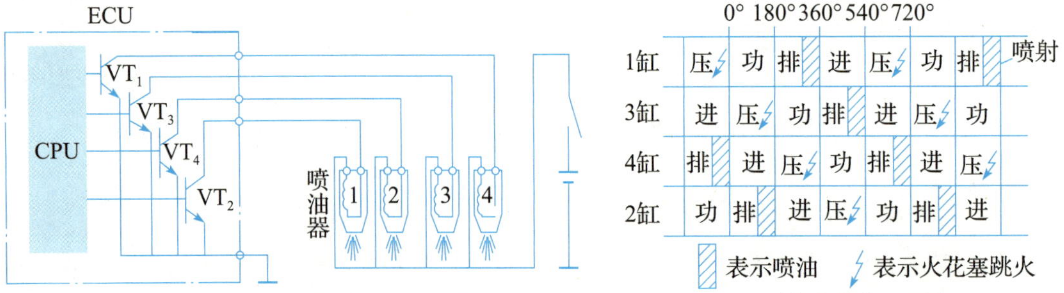

（a）顺序喷射控制电路　　（b）顺序喷射喷油正时

图 2-13　顺序喷射

采用顺序喷射方式的发动机，喷油器驱动回路数与气缸数相等，ECU 根据凸轮轴位置传感器信号（G 信号）、曲轴位置传感器信号（Ne 信号）和发动机的做功顺序，确定各缸工作位置。当确定某缸活塞运行至排气行程上止点前某一位置时，ECU 输出喷油控制信号，接通喷油器电磁线圈电路，该缸开始喷油，喷油顺序与做功顺序一致。现代汽车普遍采用这种控制方式，如大众宝来车、迈腾车等。

5. 按有无反馈信号分类

电控燃油喷射系统按有无反馈信号可分为开环控制系统和闭环控制系统。

（1）开环控制系统（无氧传感器）。

它是将通过实验确定的发动机各工况的最佳供油参数预先存入 ECU，在发动机工作时，ECU 根据系统中各传感器的输入信号，判断自身所处的运行工况，并计算出最佳喷油量，通过对喷油器喷射时间的控制，来控制混合气的浓度，使发动机优化运行。

（2）闭环控制系统（有氧传感器）。

在该系统中，发动机排气管上加装了氧传感器，根据排气中含氧量的变化，判断实际进入气缸的混合气空燃比，再通过 ECU 与设定的目标空燃比值进行比较，根据误差修正喷油器喷油量，使空燃比保持在设定的目标值附近。

目前，发动机电控燃油喷射系统普遍采用开环和闭环相结合的控制方案。

三、实训内容

1. 实训准备

（1）准备好试验用车辆及常用工具。

（2）强调实训中的安全注意事项。

2. 实训流程

（1）认识电控燃油喷射系统各组成件的安装位置。

（2）就车识别电控燃油喷射系统的类型。

3. 实训记录

实训工单见附录Ⅱ中实训任务 2-1。

任务二 空气流量传感器

一、任务描述

空气流量传感器简称 MAF，其作用是测量发动机的进气量，并将进气量转换成电信号输送给 ECU。空气流量传感器一般安装在空气滤清器和节气门体之间。在本学习任务中要掌握以下知识：

（1）空气流量传感器的结构和原理。

（2）空气流量传感器的检测方法。

二、相关知识及技能

（一）空气流量传感器的结构和原理

目前，汽车上常用的空气流量传感器的结构类型有热线式、热膜式和卡门旋涡式等。空气流量传感器外形及安装位置如图 2－14 所示。

图 2－14　空气流量传感器外形及安装位置

1. 热线式空气流量传感器

热线式空气流量传感器有两种：第一种是将热线电阻安装在主进气道中，称为主流测量方式的热线式空气流量传感器；第二种是将热线电阻安装在旁通气道中，称为旁通测量方式的热线式空气流量传感器。热线式空气流量传感器主要由防护网、采样管、热线电阻、温度补偿电阻和控制电路等组成，如图 2－15 所示。

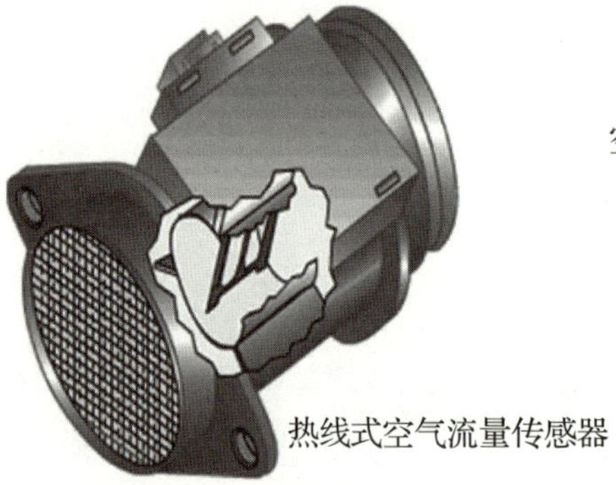

（a）外形

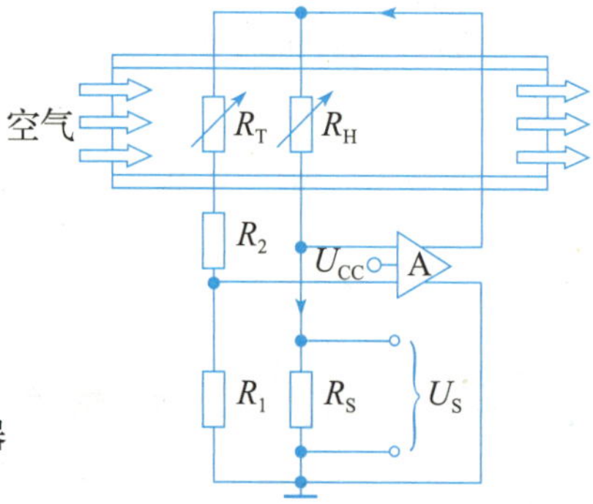

（b）控制电路

图 2－15　热线式空气流量传感器

R_T—温度补偿电阻　R_H—发热元件电阻　R_S—取样电阻　R_1、R_2—精密电阻

U_{CC}—电源电压　U_S—信号电压　A—控制电路

当空气流经发热元件使其冷却时，发热元件温度降低，阻值减小，电桥电压失去平衡，控制电路将增大供给发热元件的电流，使其温度保持高于温度补偿电阻温度12℃。当电桥电流增大时，取样电阻 R_S 上的电压就会升高，从而将空气流量的变化转换为信号电压 U_S 的变化。信号电压输入 ECU 后，ECU 便根据信号的高低计算出空气流量的大小。

当发动机怠速时，空气量少，发热元件受到的冷却程度小，阻值变化小，保持电桥平衡所需的电流小，故取样电阻上的信号电压低；当发动机负荷大时，空气流量增大，发热元件受到的冷却程度增大，阻值变化大，信号电压升高。

温度补偿电阻（进气温度传感器）感知进气温度，其位置如图 2－16 所示。当进气温度低时，发热元件的温度变化增大，使通过发热元件的电流增大，为了保持电桥平衡，温度补偿电阻上的电流也相应增大，以保证发热元件温度与补偿电阻温度之差保持恒定，使测量进气量的精度不会受到进气温度的影响。在一些 MAF 内还装有高温烧熔继电器及相关电路，具有自洁功能。当 ECU 接收到发动机熄火信号时，ECU 将自动接通此电路，将热丝加热到 1 000℃并持续 1s，使沾附在热丝上的尘埃被烧掉。

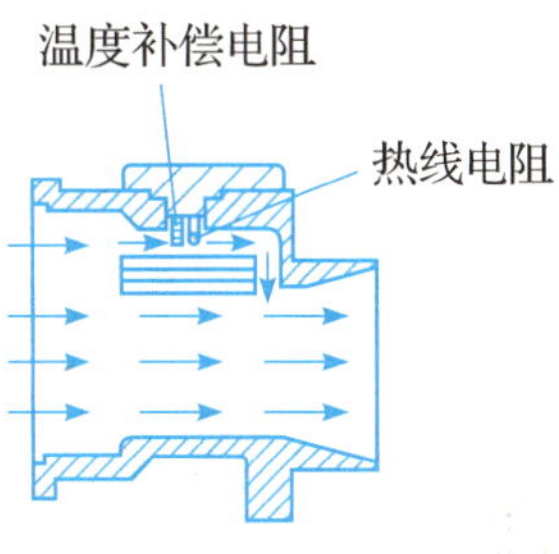

图 2－16　MAF 中温度补偿电阻的位置

2. 热膜式空气流量传感器

热膜式空气流量传感器是热线式空气流量传感器的改进产品，其发热元件采用平面形铂金属膜电阻器，称为热膜电阻。热膜式空气流量传感器的外形及结构如图 2－17 所示。热膜电阻是在氧化铝陶瓷基片上采用蒸发工艺淀积铂金属薄膜，制成梳状图形，在其表面覆盖一层绝缘保护膜，再引出电极而成。在空气流量传感器内部的进气通道上设有一个矩形护套，热膜电阻设在护套中。在护套的空气入口侧设有空气过滤层，用以过滤空气中的污物。

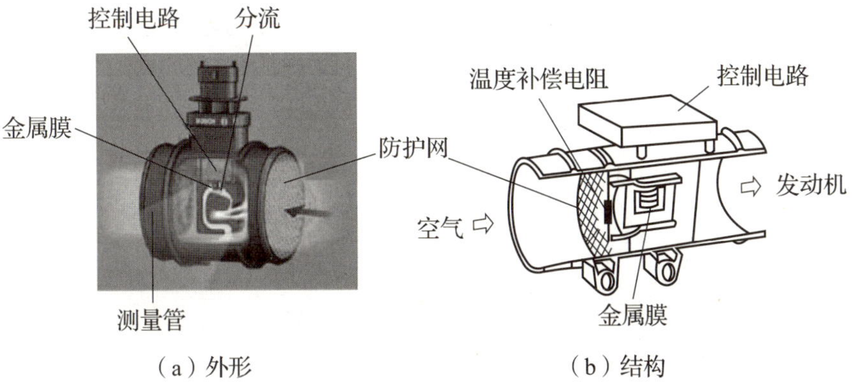

图 2－17　热膜式空气流量传感器

在热膜电阻附近设有温度补偿电阻，温度补偿电阻和热膜电阻组成电桥控制电路，控制电路与线束连接器插座连接。热膜式空气流量传感器的控制原理与热线式空气流量传感器相同。

与热线式空气流量传感器相比，热膜电阻的阻值较大，所以消耗电流较小，使用寿命较长。由于其发热元件表面制有一层绝缘保护薄膜，因此不会因沾有尘埃而影响测量精度，但存在辐射热传导作用，因此响应特性稍差。

3. 卡门旋涡式空气流量传感器

卡门旋涡式空气流量传感器有光电检测旋涡式和超声波检测旋涡式两种类型。

光电检测旋涡式空气流量传感器应用于丰田凌志 LS400 和皇冠 3.0 型轿车上，其外形及结构如图 2－18 所示，主要由涡流发生器、发光二极管、光敏三极管、反光镜、集成电路和进气温度传感器等组成。丰田车用 MAF 控制电路如图 2－19 所示。

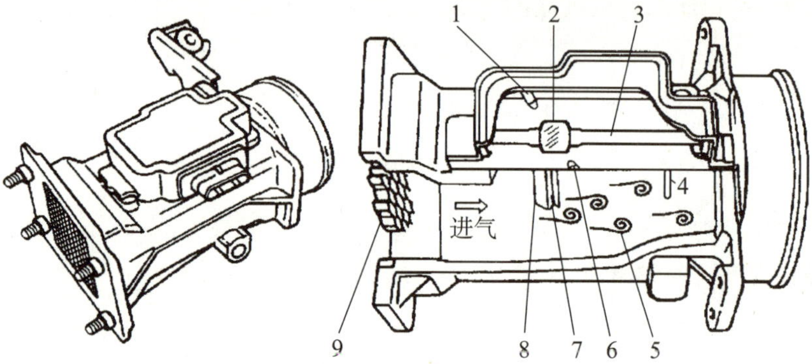

（a）外形　　（b）结构

图 2－18　光电检测旋涡式空气流量传感器

1—发光二极管　2—反光镜　3—张紧带　4—进气温度传感器　5—涡流
6—光敏三极管　7—导压孔　8—涡流发生器　9—整流栅

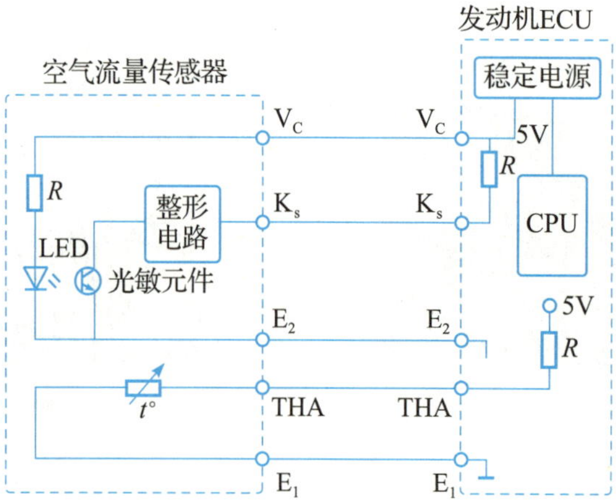

图 2－19　丰田车用 MAF 控制电路

当空气流经涡流发生器时，会在涡流发生器的后部产生有规律的旋涡，从而导致涡流发生器两侧的空气压力发生变化。变化的压力经导压孔引向金属膜制成的反光镜，使反光镜产生振动，其振动频率与涡流发生的频率相同，而涡流发生频率与空气流速成正比。反光镜再将发光二极管投射的光反射给光敏三极管，光敏三极管受到光照射时导通，不受光照射时截止，光敏三极管的导通和截止频率与涡流发生频率成正比。此信号输送给 ECU，ECU 则根据此信号确定发动机的进气量。

超声波检测旋涡式空气流量传感器在三菱和猎豹吉普等车使用，主要由超声波发生器、涡流发生器、超声波接收器和控制电路等组成，其结构如图 2-20 所示。

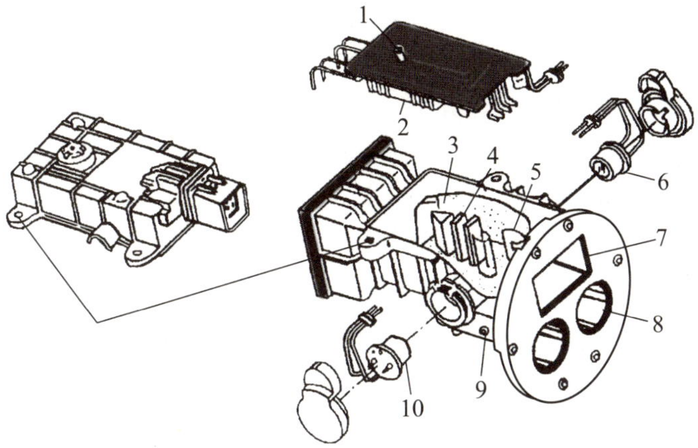

图 2-20　超声波检测旋涡式空气流量传感器结构图

1—温度传感器　2—控制电路　3—涡流发生器　4—涡流稳定板　5—涡流　6—超声波接收器
7—主空气道　8—旁通空气道　9—进气温度传感器　10—超声波发生器

超声波检测旋涡式空气流量传感器的控制电路如图 2-21 所示，发动机工作过程中，当空气流经涡流发生器时，产生有规律的涡流，超声波接收器接收信号并将其转换成机械波，再利用压电效应将机械波转换成电信号（此信号变化频率与涡流发生频率成正比），输送给 ECU，ECU 则根据此信号确定发动机的进气量。

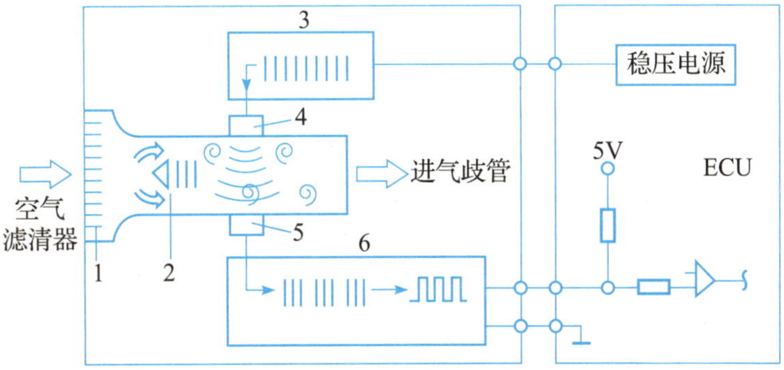

图 2-21　超声波检测旋涡式空气流量传感器控制电路

1—整流栅　2—涡流发生器　3—超声波　4—超声波发生器　5—超声波接收器　6—信号处理电路

（二）空气流量传感器的检测

1. 万用表检测

（1）万用表检测热线式空气流量传感器。

拔下传感器线束插头，接通点火开关，用万用表直流电压挡检测传感器插座上电源端子与搭铁端子之间的电压。测量信号输出端时，用嘴或用电吹风机向空气流量传感器的空气入口吹气，同时测量信号电压。丰田卡罗拉所用的空气流量传感器为热线式，且与进气温度传感器集成在一起，如图 2－22 所示。插接器有五个端子，1 和 2 为进气温度传感器端子，3 为供电端子，4 为搭铁端子，5 为信号端子；空气流量传感器工作电压为 9～14V，信号输出电压为 0.2～4.9V，检测参考数据见表 2－1。热线式空气流量传感器有自洁功能，自动清洁附在热线电阻上的灰尘，方法是：先将线束插头插好，并拆下空气流量传感器空气入口端的进气管；起动发动机并将转速升高到 2 500r/min 以上，再使发动机怠速运转，然后使发动机熄火，同时观察热丝，应在 5s 后红热并持续 1s。

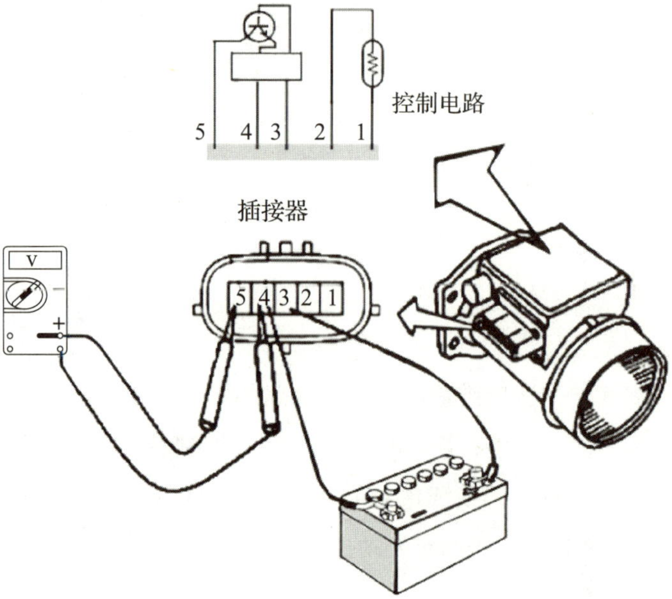

图 2－22　丰田卡罗拉热线式空气流量传感器的检测

表 2－1　热线式空气流量传感器检测参考数据

端子名称	测试条件
端子 4 与 3 之间电压	如图 2－22 所示，将 12V 蓄电池连接在端子 3 和 4 之间，测量端子 4 和 3 之间电压。
端子 4 与 5 之间电压	如图 2－22 所示，将 12V 蓄电池连接在端子 3 和 4 之间，用吹风机向空气入口端吹气，万用表测量端子 4 和 5 之间电压，应为 0.2～4.9V，且随风速增大而变大。

（2）万用表检测热膜式空气流量传感器。

以大众迈腾车用空气流量传感器为例，其安装位置及控制电路如图 2－23 所示，用万用表对空气流量传感器及线束端进行检测，检测参考数据见表 2－2。检测步骤如下：

1）拔下空气流量传感器与线束的连接插头。

2）用万用表测量空气流量传感器的信号端子电压值。

3）用万用表测量空气流量传感器线束端各个端子电压值。

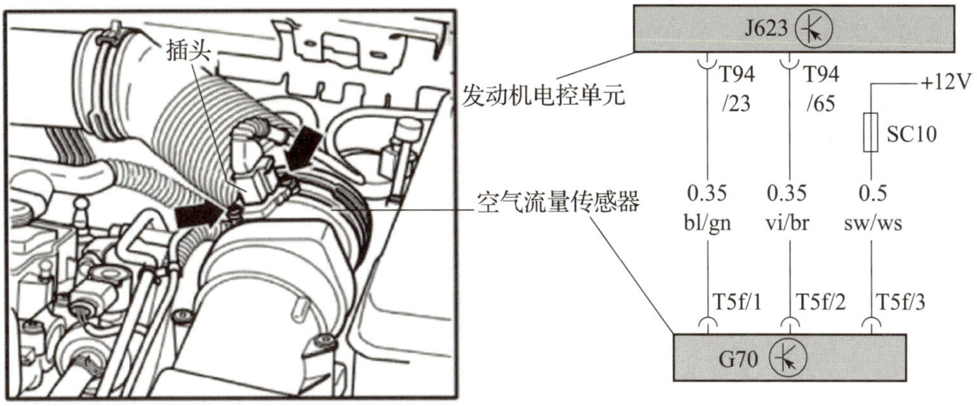

（a）安装位置　　（b）控制电路

图 2－23　迈腾车用空气流量传感器的检测

T5f/1—信号端子　T5f/2—搭铁端子　T5f/3—供电端子

表 2－2　参考数据

测试项目	线束端三个端子的测试	测试条件及结果
线束端的测试	T5f/1 与搭铁	点火开关打开，应约为 5V
	T5f/2 与搭铁	点火开关打开，应为 0V
	15f/3 与搭铁	点火开关打开，应为 12V
空气流量传感器端的测试	给 T5f/3 端子提供 12V 电压，T5f/2 端子搭铁，发动机怠速运转	T5f/1 端子的电压为 0～5V

2. 故障诊断仪检测

以用故障诊断仪 VAS6150D 检测大众迈腾车发动机空气流量传感器为例，读取空气流量传感器的数据。

MAF 数据流是以 g/s 为单位的，当发动机转速增加时，这个数据也逐渐增加。发动机转速不变时，读数应保持不变，否则，检查空气流量传感器及相关电路。方法如下：

（1）接上故障诊断仪 VAS6150D，起动发动机并怠速运转。

（2）选择“发动机电子系统”，并进入“引导型功能”。

（3）读取不同转速下空气流量传感器测量值，见表 2－3。

表 2-3　不同转速下空气流量传感器的数据

发动机不同转速	空气流量
怠速转速 850～950r/min	应在 2.0～4.0g/s 之间
发动机转速提升到 1 500r/min	应在 4.5g/s 左右
发动机转速提升到 2 500r/min	应在 7.0g/s 左右

（4）比较分析测量值。如果显示的数值不在正常范围内，应检查空气流量传感器及供电电压、相关线路等。

3. 示波器检测

空气流量传感器类型不同，其标准波形也不同。空气流量传感器的标准波形有模拟型和频率型两种，如图 2-24 所示。

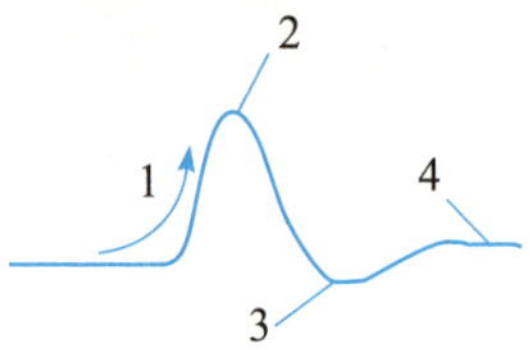

（a）模拟型空气流量传感器波形

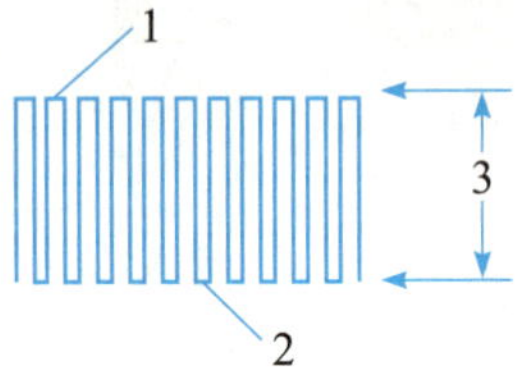

（b）频率型空气流量传感器波形

图 2-24　空气流量传感器标准波形

利用示波器对空气流量传感器进行波形测试时，首先，将示波器的正极接到空气流量传感器的信号端子上，而负极接到接地位置。起动发动机并加速，在示波器的屏幕上应显示一个稳定的电压信号，若出现突变或不稳定的电压信号，则该空气流量传感器有故障。

模拟型空气流量传感器波形如图 2-24（a）所示，1 表示进入进气管的空气流量逐渐增加；2 表示节气门全开并最大加速；3 表示由测量叶片运动而造成的阻尼现象；4 表示由怠速旁通气道补偿来的空气进入了进气管。怠速输出电压约为 1V，节气门全开时应超过 4V，全减速时输出的电压并不是从全加速电压回到怠速电压，而是比怠速时低些。

频率型空气流量传感器波形如图 2-24（b）所示，1 表示上水平线，指信号高电位；2 表示下水平线，指信号低电位；3 表示峰值电压，为信号电压。幅值应为 5V，形状要一致，矩形拐角和垂直下降沿应一致。下水平线几乎为地电位，上水平线应为参考电压。

频率型空气流量传感器波形应是一连串的方波，当发动机转速和进气量增加时，空气流量传感器信号频率应平滑地增加，并且与发动机的转速变化成比例。如果空气流量传感器本身或连线有故障，则信号频率会出现不稳定的变化。

三、实训内容

1. 实训准备

（1）准备好试验用发动机、万用表、故障诊断仪、示波器及其他常用工具。

（2）掌握本次实训课所用仪器及设备的使用方法。

（3）强调实训中的安全注意事项。

2. 实训流程

（1）空气流量传感器外观检查。

（2）检测空气流量传感器各个端子并分析。

（3）用故障诊断仪检测，读取故障码及数据流并分析。

（4）用示波器测试空气流量传感器波形并分析。

实训教师可根据实训条件利用万用表、故障诊断仪等对空气流量传感器进行检测，然后设置一些空气流量传感器的相关故障。在实训教师的监督下，由学生独立完成故障的诊断与排除，或者由实训教师充当客户模拟一个或多个场景，让学生分组完成故障的排除。先进行故障分析，然后进行与空气流量传感器相关的诊断和测试，直至故障现象排除。

3. 实训记录

实训工单见附录Ⅱ中实训任务 2－2。

任务三 进气压力传感器

一、任务描述

在 D 型燃油喷射系统的发动机上，计量进入气缸空气量的装置是进气压力传感器。那么，进气压力传感器是如何计量空气量的？如何检测进气压力传感器？在本学习任务中，要掌握以下知识：

（1）进气压力传感器的作用及类型。

（2）进气压力传感器的结构和原理。

（3）进气压力传感器的检测方法。

二、相关知识

（一）进气压力传感器的结构和原理

进气压力传感器全称为进气管绝对压力传感器，英文为 Manifold Absolute Pressure，简称 MAP，普遍应用于 D 型电控燃油喷射系统，其外形及安装位置如图 2－25 所示。进气压力传感器的作用是测量进气管压力，并将信号输入 ECU，作为燃油喷射和点火控制的主控制信号。其基本结构形式有两种：一种是压敏电阻式，另一种是压敏电容式。

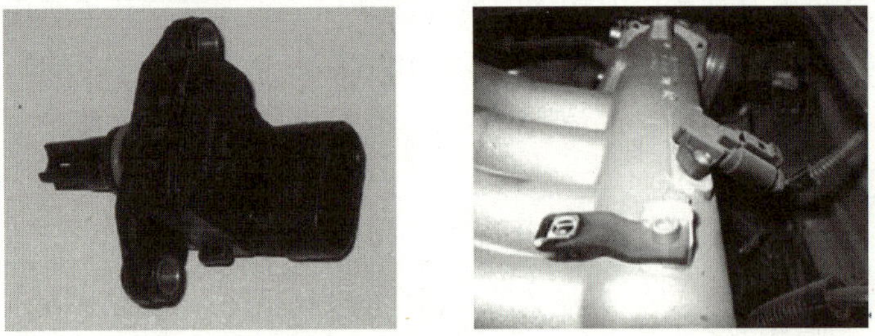

图 2－25　进气管绝对压力传感器外形及安装位置

1. 进气压力传感器的结构和工作原理

（1）压敏电阻式进气压力传感器。

压敏电阻式 MAP 主要由绝对真空室、硅片（膜片）、底座、真空管接头、引线电极和 IC 放大电路等组成，如图 2－26 所示。

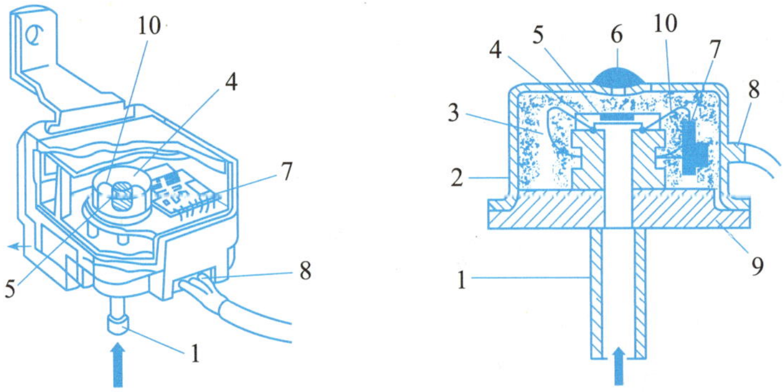

（a）外形　　（b）结构

图 2－26　压敏电阻式进气压力传感器

1—真空管接头　2—壳体　3—空气室　4—绝对真空室　5—硅片　6—封口
7—IC 放大电路　8—线束插接器　9—底座　10—引线电极

硅片的一侧是真空室，压力是固定的，而另一侧与进气歧管相连，压力是变化的。当发动机怠速时，进气歧管内压力小，硅片变形小，产生的信号电压小；当发动机大负荷运转时，硅片的变形量增大，产生的信号电压也增大。因此，硅片是一个压力转换元件（压敏电阻），其电阻值随其变形量而变化，使硅片所处的电桥电路输出电压发生变化，电桥电路输出的电压（很小）经 IC 放大电路放大后输送给 ECU。

（2）压敏电容式进气压力传感器。

压敏电容式 MAP 中，位于传感器壳体内部的弹性膜片用金属制成，弹性膜片上、下两个凹玻璃的表面也均有金属涂层，这样在弹性膜片与两个金属涂层之间形成两个串联的电容，膜片上腔为绝对真空，下腔通进气管，如图 2－27 所示。

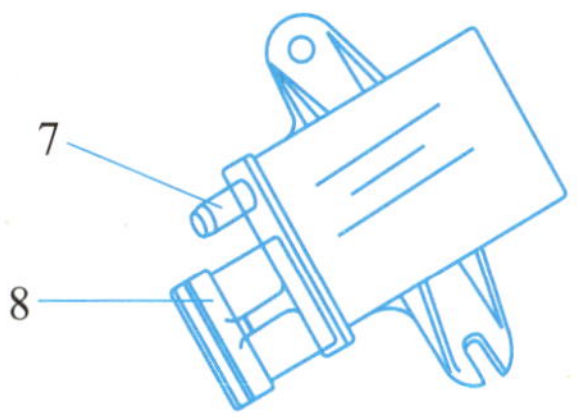

（a）外形

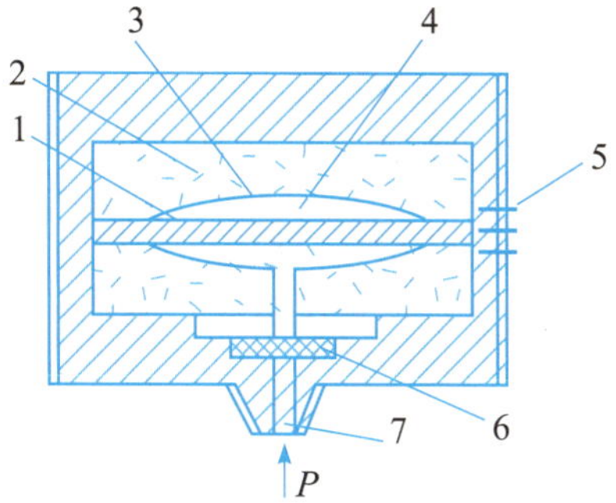

（b）结构

图 2－27　压敏电容式进气压力传感器

1—弹性膜片　2—凹玻璃　3—金属涂层　4—真空室　5—端子
6—滤网　7—真空管　8—线束插接器

当发动机工作时，进气管内的空气压力作用于弹性膜片，使弹性膜片产生位移，弹性膜片与两个金属涂层之间的距离发生变化，这样，两个电容的电容量也发生变化，电容量的变化量与弹性膜片的位移成正比，电容量的变化量再经过测量电路转换成电压信号输送给 ECU。当发动机怠速运转时，下腔压力小，电容的变化量小，产生的信号电压小；当发动机大负荷运转时，下腔压力大，电容的变化量大，产生的信号电压大。

2. 进气压力传感器控制电路

以大众新宝来发动机为例，其进气压力传感器（MAP）与进气温度传感器（IATS）是集成在一起的，简称 GX9。GX9 插头有四个端子，端子 1（搭铁）与端子 2 构成进气温度传感器，端子 1 与端子 3、4 构成进气压力传感器，端子 3 提供 5V 电压，端子 4 给 J623 提供信号。GX9 的外形及控制电路如图 2－28 所示。

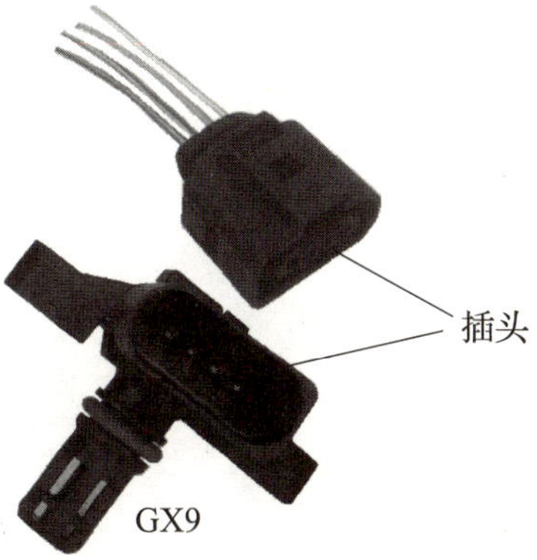

（a）GX9外形

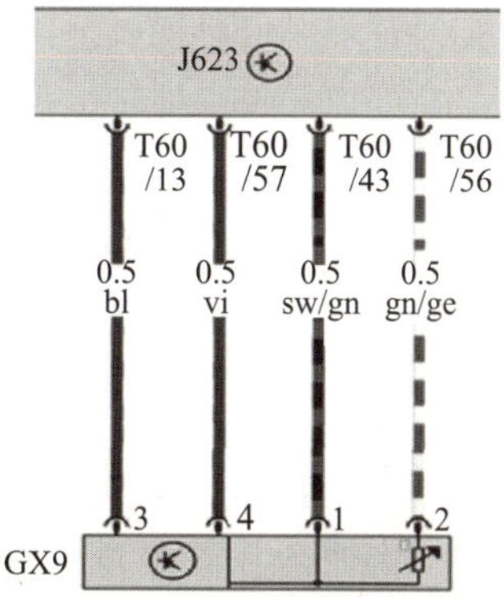

（b）GX9控制电路

图 2－28　GX9

（二）进气压力传感器的检测

1. 万用表检测

用万用表对图 2－28 中的 GX9 进行检测，检测内容有进气压力传感器供电线路测试、元件测试。

（1）供电线路的测试。

1）拔下传感器的插头，打开点火开关，如图 2－29 所示。测量供电端子电压，其值应为 4.5～5V；测量搭铁端子电压，其值应为 0V。否则，应进行 ECU 及相关线路检测。

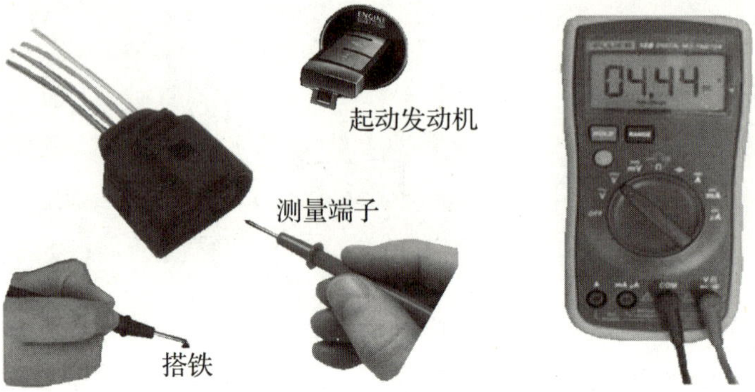

图 2－29　进气压力传感器供电线路的测试

2）将 ECU 端子与传感器端子拆下。

3）测量端子 1 与 T60/43 之间、端子 3 与 T60/13 之间、端子 4 与 T60/57 之间的连接线电阻，其值应小于 2Ω。

4）检查线路绝缘状态，标准值应为无穷大。否则，应更换异常线路。

（2）元件测试。

1）给传感器的供电端子提供 5V 的电压，端子 1 搭铁，如图 2－30 所示。

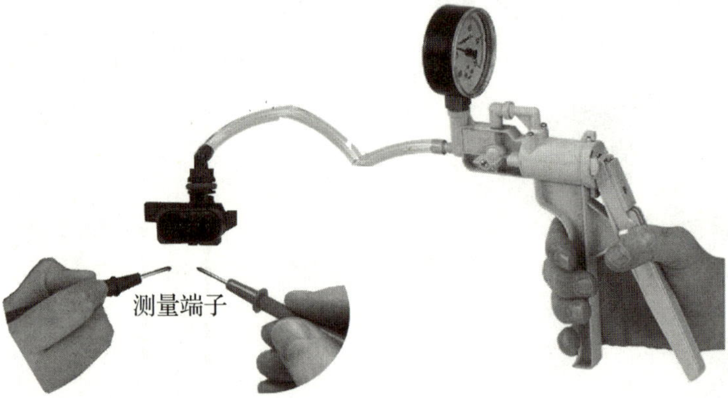

图 2－30　真空作用下的输出电压检测

2）将一个手动真空泵连到传感器上，并施加一个13.3～66.7kPa的负压（真空度）。

3）用万用表测传感器信号端子的电压变化，应符合表2-4所示的变化规律。

表2-4 不同真空度（进气压力）时对应输出的电压值

真空度（kPa）	电压（V）
13.3	0.3～0.5
26.7	0.7～0.9
40	1.1～1.3
53.5	1.5～1.7
66.7	1.9～2.1

2. 故障诊断仪检测

（1）读取故障码。

如果压力传感器或相关电路有故障，可通过故障诊断仪读取相关故障码。

（2）读取数据流。

1）将故障诊断仪连接好，起动发动机。

2）选择诊断仪数据流功能选项；读取发动机不同工况下进气压力传感器的压力值。新宝来轿车进气压力传感器数据流，如表2-5所示，参照标准值进行分析。

表2-5 新宝来轿车进气压力传感器数据流

不同工况	MAP传感器瞬时数据
发动机怠速	27kPa左右
急加速	最大93kPa左右
急减速	最小19kPa左右

提示：为了防止损坏故障诊断仪，在连接或断开故障诊断仪之前一定要将点火开关旋至“LOCK（OFF）”位。

3. 示波器检测

波形测试包括怠速、缓慢加速到节气门全开、保持全开、回到怠速、急加速到节气门全开、回到怠速等方面。测试步骤如下：

（1）将示波器连接到进气压力传感器信号输出端。

（2）起动发动机，使其稳定怠速，观察输出电压的信号波形。

（3）将节气门逐渐打开至全开，然后再逐渐关小节气门至全闭，并保持怠速约2s。

（4）将节气门急加速至节气门全开，然后再迅速关闭节气门，并保持怠速约2s。

（5）锁定波形，对照标准波形进行分析，不同工况下的波形如图2-31所示。不同类型的进气压力传感器波形略有不同。

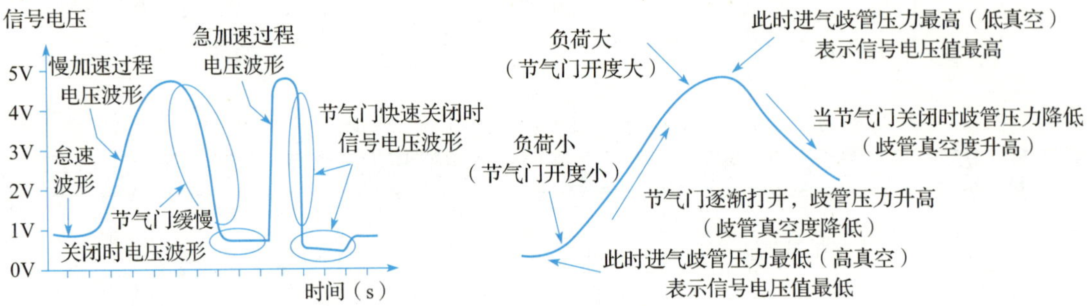

图 2-31　不同工况下的进气压力传感器标准波形

三、实训内容

1. 实训准备

（1）准备好试验用发动机、万用表、真空泵、故障诊断仪、示波器及其他常用工具。

（2）掌握本次实训课所用仪器及设备的使用方法。

（3）强调实训中的安全注意事项。

2. 实训流程

（1）利用万用表对进气压力传感器进行检测。

（2）利用故障诊断仪对进气压力传感器进行检测。

（3）利用示波器对进气压力传感器进行检测。

实训教师可根据实训条件，设置一些进气压力传感器的相关故障，在实训教师的监督下，由学生独立完成故障的诊断与排除；最后由实训教师充当客户模拟一个或多个故障场景，让学生分组扮演维修工对客户进行故障诊断的说明。先进行故障分析，然后进行与进气压力传感器相关的诊断和测试，直至故障现象排除。

3. 实训记录

实训工单见附录Ⅱ中实训任务 2-3。

任务四　节气门位置传感器

一、任务描述

节气门位置传感器应用在机械操纵的节气门上，其作用是检测节气门的开度及开度变化，并转换成电信号，输送给 ECU，ECU 根据节气门位置传感器信号来判断发动机的工况，根据工况不同来控制喷油时间。在本学习任务中要掌握以下知识：

（1）节气门位置传感器的结构和原理。

（2）节气门位置传感器的检测。

二、相关知识及技能

（一）节气门位置传感器的结构和原理

节气门位置传感器英文为 Throttle Position Sensor，简称 TPS，其安装在节气门体上，根据结构和工作原理不同，可分为开关式、可变电阻式和霍尔式三种。

1. 开关式 TPS 结构与工作原理

开关式节气门位置传感器由节气门轴、怠速触点（IDL）、全负荷触点（PSW）、动触点（TL）、凸轮等组成，凸轮随节气门轴转动。该类型传感器是由 ECU 提供 5V 参考电压，当触点闭合时，线路接通，信号参考电压为 0V，ECU 接收到低电位信号“0”；当触点断开时，信号参考电压为 5V，ECU 接收到高电位信号“1”。ECU 根据收到 IDL 和 PSW 输出的不同信号来判断发动机工况；当 ECU 收到“10”信号时，则判定发动机处于怠速工况；当 ECU 收到“01”信号时，则判定发动机处于大负荷工况；当 ECU 收到“00”信号时，则判定发动机处于部分负荷工况。开关式节气门位置传感器的结构及控制电路如图 2－32 所示。

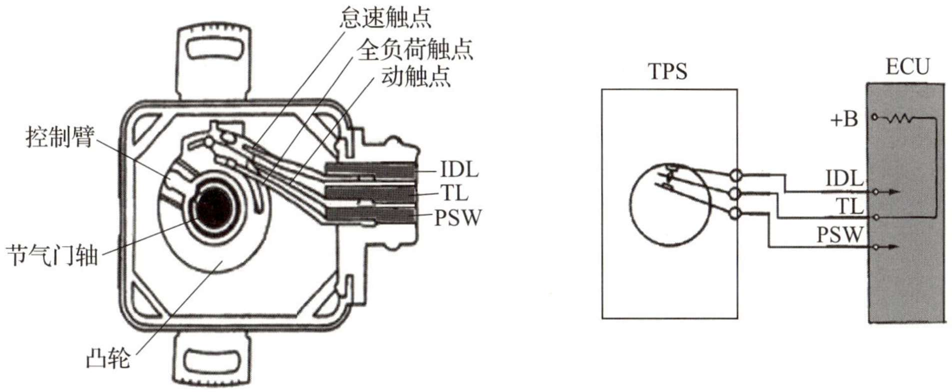

图 2－32　开关式节气门位置传感器的结构及控制电路

2. 可变电阻式 TPS 结构与工作原理

可变电阻式节气门位置传感器由可变电阻、怠速触点、活动触点等组成。可变电阻的滑臂随节气门轴一同转动，并与输出端子 V_{TA} 相连。该类型传感器有四个端子，E_2 端子搭铁；V_C 端子给传感器提供 5V 标准电压；IDL 端子输出怠速触点工作信号，当怠速触点闭合时，IDL 端子输出 0V 电压，当怠速触点断开时，IDL 端子输出 5V 电压；V_{TA} 端子将电压信号输送给 ECU，当节气门开度变化时，V_{TA} 端子输出一个变化的信号电压，且随节气门开度的增大，输出电压升高。可变电阻式节气门位置传感器的结构及控制电路如图 2－33 所示。

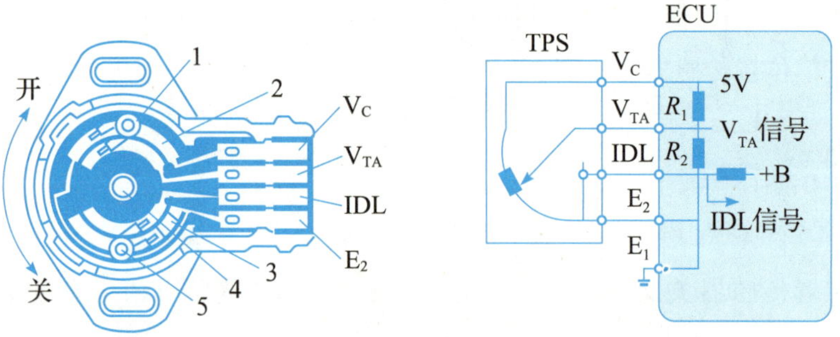

图 2-33 可变电阻式节气门位置传感器的结构及控制电路

1—活动触点 2—可变电阻 3—绝缘部件 4—节气门轴 5—怠速触点

3. 霍尔式 TPS 结构与工作原理

霍尔式节气门位置传感器也称非接触式节气门位置传感器，由霍尔元件（IC）、磁铁等组成，磁极随节气门轴一同转动，当节气门开度发生变化时，传感器将节气门开度转变成电压信号，并输送给 ECU。在实际中，霍尔式节气门位置传感器常应用在电子节气门上，其控制电路如图 2-34 所示。V_C 端子提供 5V 参考电压，E 端子为搭铁，V_{TA1} 和 V_{TA2} 输出信号电压，当节气门开度不同时，测量各个端子的电压，参考值见表 2-6。

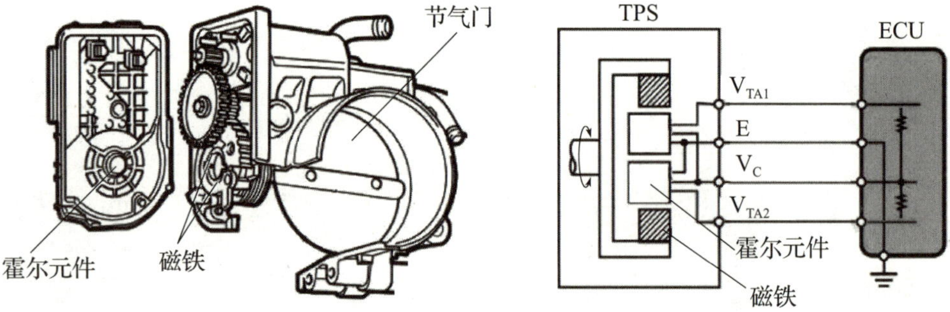

图 2-34 霍尔式节气门位置传感器及控制电路

表 2-6 霍尔式节气门位置传感器各个端子的参考电压

测量端子	参考电压
端子 V_{TA1} 与端子 E	关闭时 0.4～1.0V，全开时 3.2～4.8V，当节气门缓慢打开时，电压连续变化
端子 V_{TA2} 与端子 E	关闭时 2.1～3.1V，全开时 4.5～5.0V，当节气门缓慢打开时，电压连续变化
端子 V_C 与端子 E	4.5～5.0V

（二）节气门位置传感器的检测

1. 万用表检测节气门位置传感器

用万用表检测节气门位置传感器前，应了解该车型的 TPS 类型及 TPS 各端子的含义，参照维修手册提供的标准数据进行检测，如不符合，应更换节气门位置传感器。然后拆开传感器线束插接器，就车检查各端子之间的通断情况。

对于触点式 TPS，检查活动触点端子与怠速触点端子之间的通断情况：节气门接近全关时应导通，节气门在其他位置时应不导通；检查活动触点端子与全开触点端子之间的通断情况：节气门小开度时应不导通，节气门接近全开时应导通。如不符合，说明传感器内部断路或绝缘不良，应更换节气门位置传感器。

2. 故障诊断仪检测节气门位置传感器

（1）读取节气门位置传感器的故障码。

（2）读取节气门位置传感器的数据流。

1）按要求连接故障诊断仪，起动发动机并怠速运转；

2）进入“引导型功能”；

3）读取不同发动机工况下节气门位置传感器的数据流；

4）当测量值与参考值不符时，关闭点火开关，然后检查传感器插头、线路、传感器及电控单元。

3. 示波器检测节气门位置传感器

当怀疑节气门位置传感器出现故障时，可利用示波器测试节气门位置传感器波形，标准波形有模拟型和脉冲型两种，如图 2－35 所示。

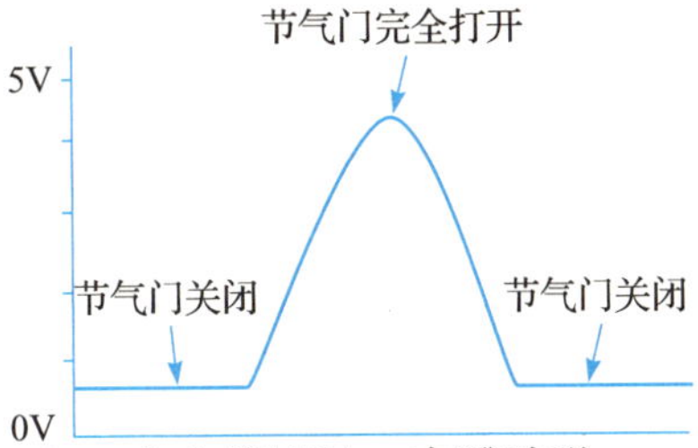

（a）模拟型TPS标准波形

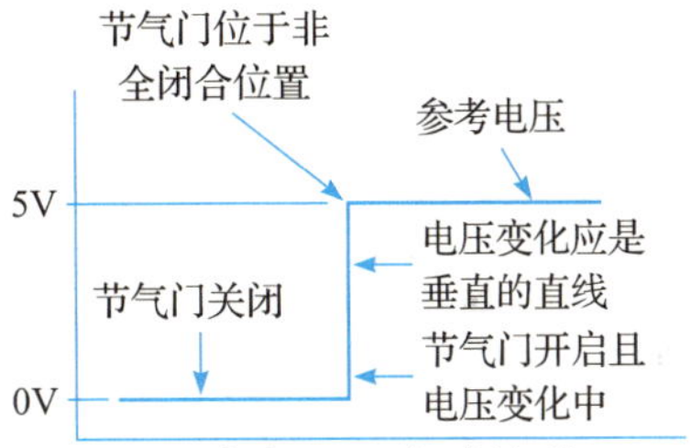

（b）脉冲型TPS标准波形

图 2－35 节气门位置传感器波形

（1）模拟型 TPS 波形。

可变电阻式 TPS 波形为模拟型波形，如图 2－35（a）所示。要求波形上不应有任何断点、对地尖峰或大的波折，特别是在前 1/4 节气门运动中的波形要圆滑，节气门全开时，应接近 5V，节气门关闭时，应低于且接近 1V。若某处出现波形落下的尖峰，则表示该位置是损坏点。

（2）脉冲型 TPS 波形。

触点式 TPS 波形为脉冲型波形，如图 2－35（b）所示。要求节气门关闭时，ECU 收到一个怠速信号，水平下线为 0V，当节气门位于非全闭位置时，水平上线为参考电压。在节气门开启的同时，电压应瞬间以直线上升到参考电压，即使有微小的波动也表示触点接触不良或节气门回位弹簧松弛。

三、实训内容

1. 实训准备

（1）准备好能工作的试验发动机、万用表、故障诊断仪、示波器、清洗剂及其他常用工具。

（2）掌握本次实训课所用仪器及设备的使用方法。

（3）强调实训中的安全注意事项。

2. 实训流程

（1）节气门位置传感器外观检查。

（2）检测节气门位置传感器各个端子并分析。

（3）用故障诊断仪读取故障码及数据流并分析。

（4）用示波器测试节气门位置传感器波形并分析。

实训教师可根据实训条件利用万用表、故障诊断仪、示波器等检测设备对节气门位置传感器进行检测，然后设置一些与节气门位置传感器相关的故障，在实训教师的监督下，由学生独立完成故障的诊断与排除。或者由实训教师充当客户模拟一个或多个场景，让学生分组完成故障的排除。先进行故障分析，再进行与节气门位置传感器相关的诊断和测试，直至故障现象排除。

3. 实训记录

实训工单见附录Ⅱ中实训任务 2-4。

任务五 温度传感器

一、任务描述

温度传感器的常见类型有热敏电阻式、半导体晶体管式和金属丝式等。热敏电阻式又分为正温度系数型（PTC）和负温度系数型（NTC）两种，而汽车上的进气温度传感器和冷却液温度传感器多为负温度系数型（PTC）。进气温度传感器（Intake Air Temperature Tensor，简称 IATS）安装在进气管路中，冷却液温度传感器（Coolant Temperature Sensor，简称 CTS）安装在发动机冷却液出水管上。在本学习任务中要掌握以下知识：

（1）温度传感器的作用及类型。

（2）温度传感器的结构及原理。

（3）典型发动机温度传感器控制电路。

（4）温度传感器的检测方法。

二、相关知识及技能

（一）温度传感器的作用和类型

进气温度传感器和冷却液温度传感器是 EFI 系统中重要的温度传感器，能反映发动机的热负荷状态。进气温度传感器的作用是检测进气温度，并将温度信号转变为电信号，输送给 ECU，作为喷油和点火的修正信号。冷却液温度传感器的作用是检测发动机冷却液的温度，并转变为电信号，输送给 ECU，作为喷油和点火的修正信号。

（二）温度传感器的结构和原理

热敏电阻式温度传感器的外形及结构如图 2 - 36 所示，主要由热敏电阻、金属引线、接线插座和壳体等组成。接线插座有单端子式和双端子式，目前汽车电控系统多采用双端子接线插座。

温度传感器工作原理如图 2 - 37 所示，NTC 型热敏电阻具有温度升高阻值减小、温度降低阻值增大的特性，其阻值与温度呈非线性关系。在 ECU 内部串联一个分压电阻，ECU 向热敏电阻和分压电阻组成的分压电路提供一个稳定的电压，一般为 5V。当被测对象的温度升高时，阻值减小，输出信号电压低；当被测对象的温度降低时，阻值增大，输出信号电压高。ECU 根据接收到的信号电压值，便可计算出对应的温度值，从而进行喷油和点火的修正控制。

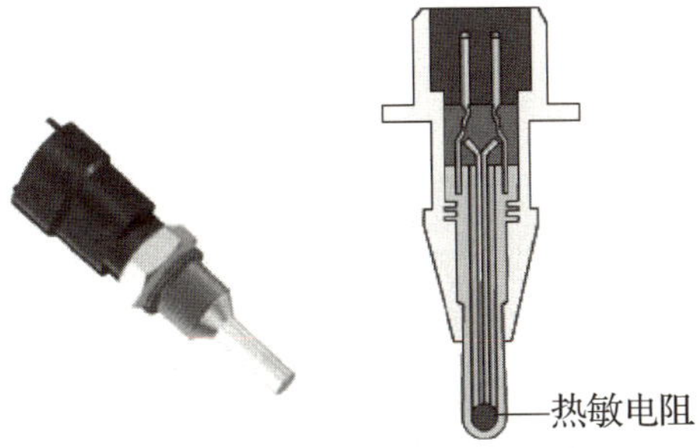

图 2 - 36　热敏电阻式温度传感器

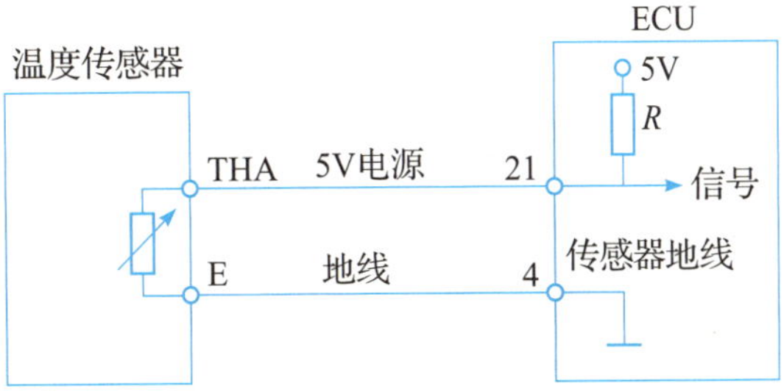

图 2 - 37　温度传感器工作原理

（三）典型发动机温度传感器控制电路

1. 大众新宝来发动机温度传感器控制电路

大众新宝来发动机的进气温度传感器和冷却液温度传感器控制电路如图 2 - 38 所示。大众新宝来发动机的进气温度传感器与进气压力传感器 GX9 集成在一体，GX9 端子 1 为搭铁，GX9 端子 2 向发动机电控单元传递进气温度信号；冷却液温度传感器 G62 为单独部件，由其端子 1 给 J623 发动机电控单元传递冷却液温度信号。

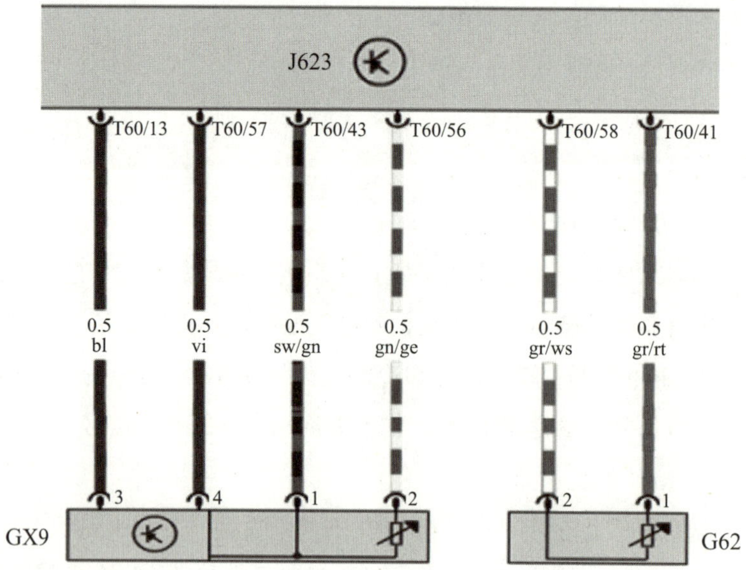

图 2-38　大众新宝来温度传感器控制电路

2. 迈腾发动机温度传感器控制电路

迈腾发动机温度传感器控制电路如图 2-39 所示。J533 为数据总线诊断接口，J623 为发动机电控单元，J285 为仪表电控单元，G83 为散热器出口处温度传感器，G62 为冷却液温度传感器，G42 为进气温度传感器，G266 为机油温度传感器。

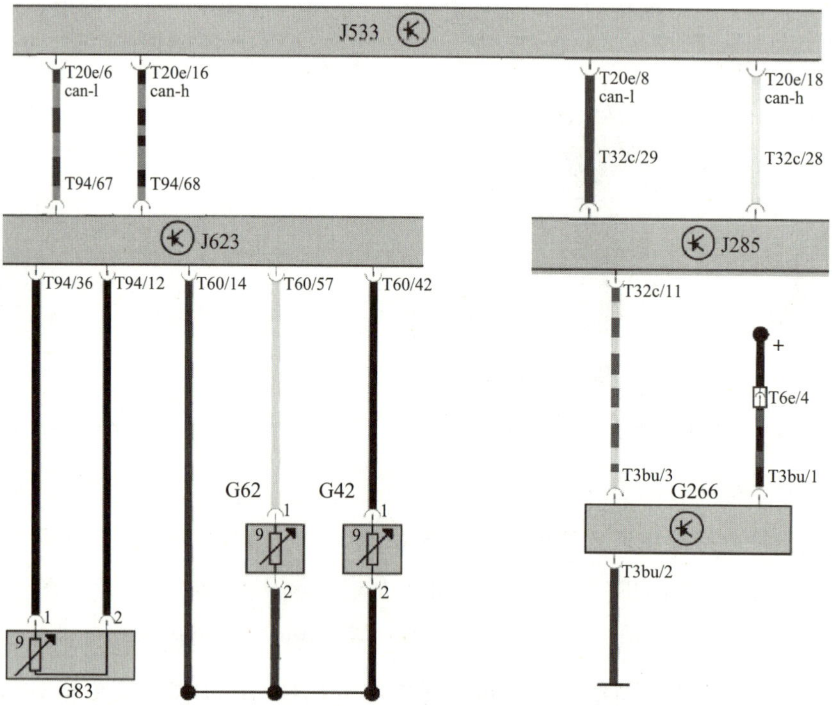

图 2-39　迈腾发动机温度传感器控制电路

迈腾车进气温度传感器 G42 装在进气道上，用以检测进入气缸内的气体温度，并传输给发动机电控单元 J623，当进气温度高时，电控单元会减少喷油脉宽，反之增加喷油脉宽。

传感器 G62 检测发动机出口处冷却液温度，传感器 G83 检测散热器出口处冷却液温度，发动机电控单元 J623 根据 G62 和 G83 传输的信号对喷油脉宽、点火提前角进行修正控制，同时对风扇电控单元传输工作信号，由风扇电控单元控制风扇电机的工作。当传感器 G62 和 G83 中任意一个失效时，为了避免发动机过热，发动机电控单元 J623 均控制风扇以高速运转。

（四）温度传感器的检测

虽然各种类型温度传感器的工作特性各不相同，但是其检测方法基本相同，下面以大众车的进气温度传感器和冷却液温度传感器为例介绍检测方法。当发动机出现冷起动困难、油耗增加、怠速稳定性降低、废气排放量增大等故障现象时，应检查温度传感器及相关电路。

1. 万用表检测温度传感器

（1）温度传感器阻值检测。

各种类型温度传感器的阻值检测方法基本相同，下面以冷却液温度传感器为例介绍检测过程：

1）断开点火开关，拔下温度传感器插头，拆下温度传感器。

2）将温度传感器和温度计放入烧杯或加热容器，如图 2-40 所示。

3）用万用表电阻挡检测温度传感器两端子间不同温度下的电阻值，然后再与标准阻值进行比较。如阻值偏差过大、过小或为无穷大，说明温度传感器失效，应予以更换。冷却液温度传感器不同温度下对应阻值见表 2-7（不同的温度传感器同一温度下对应阻值略有偏差）。

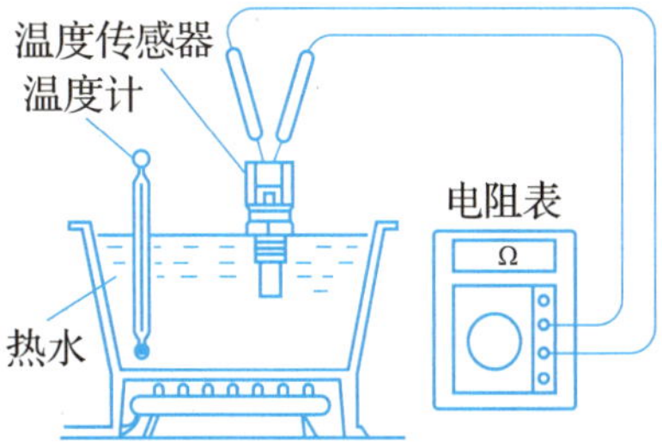

图 2-40 温度传感器检测方法

提示： 检测时，不要用明火直接加热温度传感器，这样会损坏温度传感器。

表 2-7 冷却液温度传感器不同温度下对应阻值

温度值（单位℃）	阻值范围（单位 Ω）	温度值（单位℃）	阻值范围（单位 Ω）
120	110～115	30	1 600～1 800
100	180～190	20	2 300～2 600
90	230～250	10	3 500～4 000

续表

温度值（单位℃）	阻值范围（单位 Ω）	温度值（单位℃）	阻值范围（单位 Ω）
80	310～330	0	5 500～6 500
70	420～450	−10	8 500～10 000
60	570～620	−20	14 000～17 000
50	790～870	−30	23 000～30 000
40	1 120～1 230	−40	40 000～50 000

（2）温度传感器线路检测。

检测时，首先断开冷却液温度传感器线束插接器及发动机 ECU 连接端子，再测量两个端子与发动机 ECU 相应端子之间有无断路，对地有无短路等故障，否则应维修或更换相关线束。常见车型温度传感器线路检测见表 2－8、表 2－9。

表 2－8　常见车型冷却液温度传感器线路检测

大众新宝来 G62（见图 2－38）		大众迈腾 G62（见图 2－39）	
测试端子	标准	测试端子	标准
端子 T60/58 与 G62/2 之间	导通	端子 T60/57 与 G62/1 之间	导通
端子 T60/41 与 G62/1 之间	导通	端子 T60/14 与 G62/2 之间	导通
端子 T60/58、G62/2、T60/41、G62/1 分别接地	不导通	端子 T60/57、G62/2、T60/14、G62/1 分别接地	不导通
G62 的两根导线之间	不导通	G62 的两根导线之间	不导通

表 2－9　常见车型进气温度传感器线路检测

大众新宝来 GX9（见图 2－38）		大众迈腾 G42（见图 2－39）	
测试端子	标准	测试端子	标准
端子 T60/56 与 GX9/2 之间	导通	端子 T60/42 与 G42/1 之间	导通
端子 T60/57 与 GX9/4 之间	导通	端子 T60/14 与 G42/2 之间	导通
端子 T60/56、GX9/2、T60/57、GX9/4 分别接地	不导通	端子 T60/42、G42/1、T60/14、G42/2 分别接地	不导通
GX9 的四根导线之间	不导通	G42 的两根导线之间	不导通

（3）线路电压检测。

1）拔下传感器线束插头，打开点火开关，测量插头上的电压，应为 5V 左右。

2）测量发动机 ECU 端的输出电压，也应为 5V。

3）将线束插头接好，起动发动机，发动机逐渐升温，测量传感器侧两端子之间的电压，应在 0.5～4V 之间变化，温度越低时电压越高，温度越高时电压越低。

2. 故障诊断仪检测温度传感器

（1）读取温度传感器故障码。

（2）读取温度传感器数据流。

1）发动机怠速工况下，故障诊断仪进入“读测量数据流”功能。

2）选择相应显示组。

3）读取冷却液温度传感器和进气温度传感器数据。

4）如果显示数据与实际温度不符，关闭点火开关，检查传感器插头端子和发动机电控单元线束插头间的线路是否有断路或短路，如果线路正常，检查相应温度传感器。

3. 示波器检测温度传感器

用示波器测量冷却液温度传感器及进气温度传感器输出信号电压波形，参照标准波形可判断传感器的技术状况。

（1）冷却液温度传感器标准波形。

冷却液温度传感器标准波形如图 2－41 所示，发动机正常工作时，输出信号电压随着温度的升高而降低，在冷车起动时，初始信号电压较低，在热车起动时，初始信号电压较高。如果进气温度传感器电路对地短路，电压将下降至 0V。

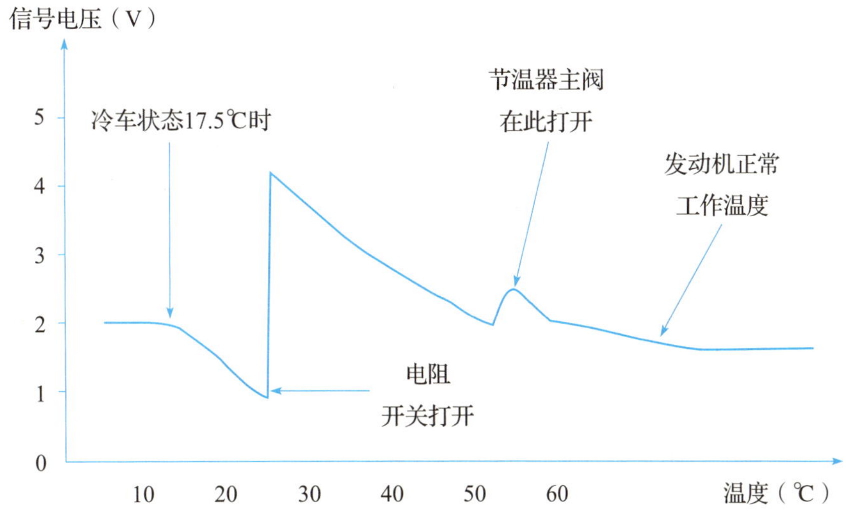

图 2－41　冷却液温度传感器标准波形

（2）进气温度传感器标准波形。

进气温度传感器标准波形如图 2－42 所示，如果进气温度传感器电路断路，电压将升高至 5V；如果进气温度传感器电路对地短路，电压将下降至 0V。

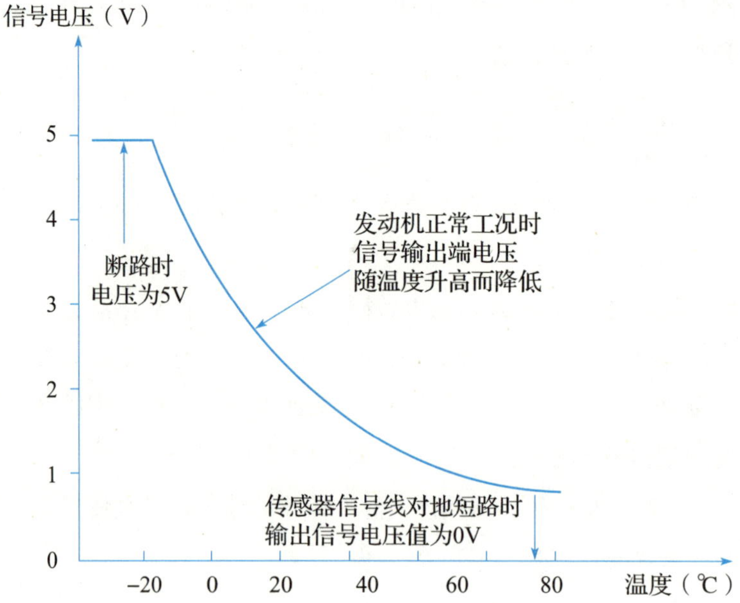

图 2-42　进气温度传感器标准波形

三、实训内容

1. 实训准备

（1）准备能工作的试验发动机以及万用表、故障诊断仪、示波器、烧杯、加热器等。

（2）掌握与实训车型相关的进气温度传感器和冷却液温度传感器的理论知识。

（3）了解本次实训课所用仪器及设备的使用方法。

2. 实训流程

（1）冷却液温度传感器检测。

（2）进气温度传感器检测。

实训教师可根据实训条件利用万用表、故障诊断仪等对温度传感器进行检测，然后设置一些温度传感器的相关故障，在实训教师的监督下，由学生独立完成故障的诊断与排除；或者由实训教师充当客户模拟一个或多个场景，让学生分组完成故障的排除。先进行故障分析，再进行与冷却液温度传感器、进气温度传感器相关的诊断和测试，直至故障现象排除。

3. 实训记录

实训工单见附录Ⅱ中实训任务 2-5。

任务六 曲轴/凸轮轴位置传感器

一、任务描述

曲轴位置传感器和凸轮轴位置传感器通常安装在一起，只是各车型安装位置不同，如安装在曲轴、凸轮轴、飞轮或分电器等处。曲轴位置传感器（Crankshaft Position Sensor）简称 CKP，有时称为发动机转速传感器；凸轮轴位置传感器（Camshaft Position Sensor）简称 CMP。在本学习任务中要掌握以下知识：

（1）曲轴/凸轮轴位置传感器的作用及类型。

（2）曲轴/凸轮轴位置传感器的结构及原理。

（3）曲轴/凸轮轴位置传感器的检测方法。

二、相关知识及技能

（一）曲轴/凸轮轴位置传感器的作用及类型

曲轴/凸轮轴位置传感器根据结构和工作原理不同，可分为磁感应式、霍尔式和光电式三种类型。曲轴位置传感器用来检测曲轴转角和发动机转速信号，并将其输送给 ECU，以便确定燃油喷射时刻和点火控制时刻。凸轮轴位置传感器用来检测凸轮轴位置信号，并将其输送给 ECU，以便于 ECU 确定第一缸压缩上止点，从而进行顺序喷油控制和点火时刻控制；同时，凸轮轴位置传感器还用于发动机起动时识别第一次点火时刻，因此也被称为判缸传感器。曲轴/凸轮轴位置传感器安装位置，如图 2－43 所示。

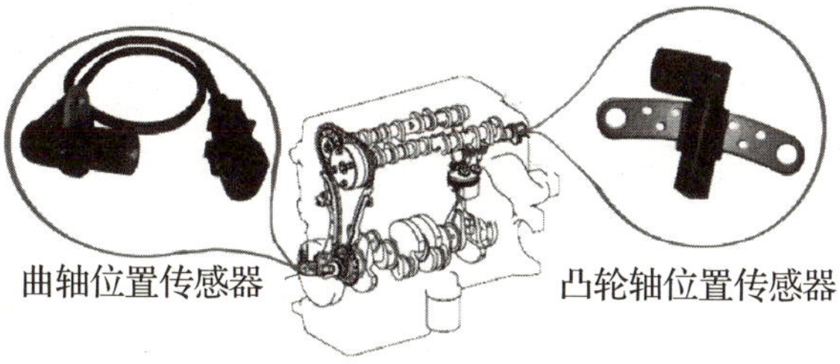

图 2－43 曲轴/凸轮轴位置传感器安装位置

（二）曲轴/凸轮轴位置传感器的结构和原理

1. 磁感应式曲轴/凸轮轴位置传感器

（1）磁感应式凸轮轴位置传感器。

磁感应式凸轮轴位置传感器包括传感器和信号盘两部分，信号盘由信号转子和齿圈组成，传感器由永久磁铁和感应线圈组成，如图 2－44 所示。

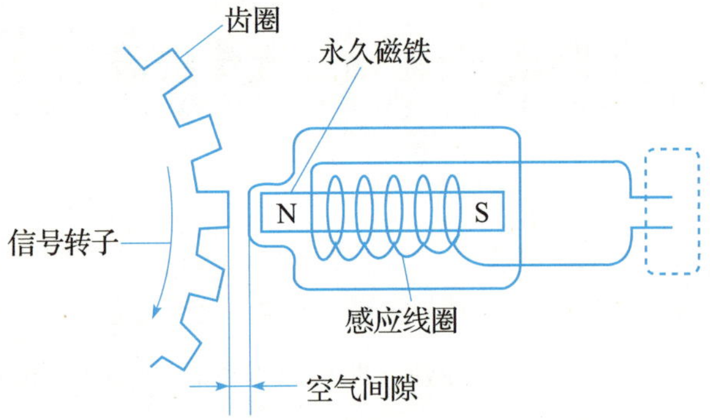

图 2－44　磁感应式凸轮轴位置传感器组成

信号盘安装在凸轮轴上，并随之转动，信号盘上匀制有若干凸齿和齿槽，信号形状决定了信号波形。永久磁铁安装在信号盘的边缘，产生永久磁场，其磁力线穿过信号盘和感应线圈，当磁场发生变化时，感应线圈产生感应电动势。信号盘凸齿与传感器头端有空气间隙，一般小于 2mm。

工作原理：当信号转子旋转时，磁路中的气隙会发生周期性的变化，磁路的磁阻和穿过感应线圈磁头的磁通量随之发生周期性的变化。根据电磁感应原理，线圈中就会感应产生交变电动势，如图 2－45 所示。

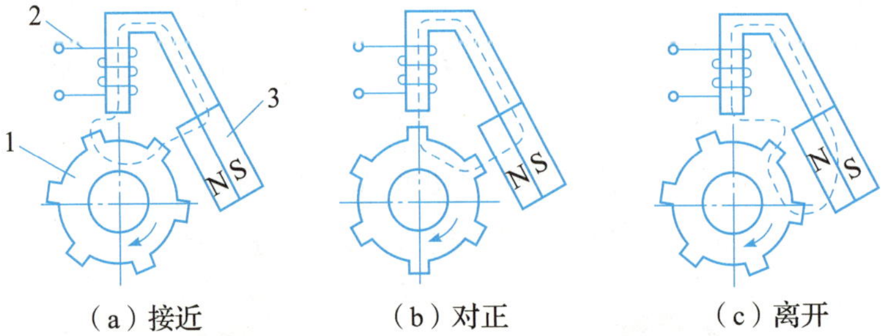

图 2－45　磁感应式凸轮轴位置传感器工作原理

1—信号转子　2—感应线圈　3—永久磁铁

当信号转子按顺时针方向旋转时，转子凸齿与磁头间的气隙减小，磁路磁阻减小，磁通量增多，直到转子凸齿接近磁头边缘时，磁通量急剧增多，感应电动势增加到最大值；当信号转子沿顺时针方向继续旋转，转子凸齿离开磁头时，转子凸齿与磁头间的气隙增大，磁路磁阻增大，磁通量减少，感应电动势为负值；当凸齿转到将要离开磁头边缘时，磁通量急剧减少，感应电动势达到负最大值。因此，信号转子每转过一个凸齿，线圈中就会产生一个周期的交变电动势，即电动势出现一次最大值和一次最小值，线圈也就相应地输出一个交变电压信号。

(2) 磁感应式曲轴位置传感器。

轿车用的磁感应式曲轴位置传感器(CPS)通常安装在曲轴箱内靠近离合器一侧的缸体上，主要由信号发生器和信号转子组成，其结构如图 2-46 所示。信号发生器用螺钉固定在发动机缸体上，由永久磁铁、感应线圈和线束插头组成，永久磁铁带有一个磁头。

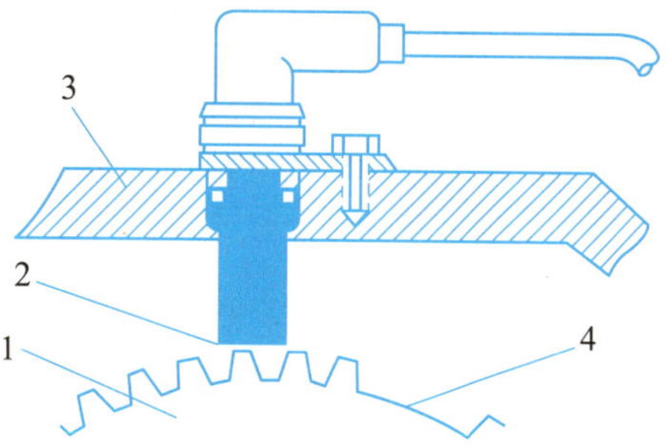

图 2-46　磁感应式曲轴位置传感器结构

1—信号转子　2—传感器磁头

3—缸体　4—大齿缺

信号转子的圆周上均匀地制有 58 个凸齿，其中有 57 个小齿缺和 1 个大齿缺。每个凸齿和小齿缺所占的曲轴转角均为 3°，大齿缺所占的曲轴转角为 15°。信号转子每转过一个凸齿，线圈相应地输出一个交变电压信号，每当信号转子随曲轴转动一圈，线圈就会向 ECU 输送 58 个脉冲信号。因此，ECU 每接收到曲轴位置传感器 58 个信号，就可知发动机曲轴旋转了一圈，这样在一分钟内，ECU 便可计算出曲轴转速。

当大齿缺转过磁头时，信号电压所占的时间较长，即输出信号为一宽脉冲信号，如图 2-47 所示，该信号对应于 1 缸或 4 缸压缩上止点前一定角度。ECU 接收到宽脉冲信号时，便知道 1 缸或 4 缸上止点位置即将到来，再根据曲轴位置传感器输入的信号来确定是 1 缸还是 4 缸上止点位置。由于信号转子上有 58 个凸齿，因此信号转子每转一圈(发动机曲轴转一圈)，感应线圈就会产生 58 个交变电压信号，并将其输入 ECU。

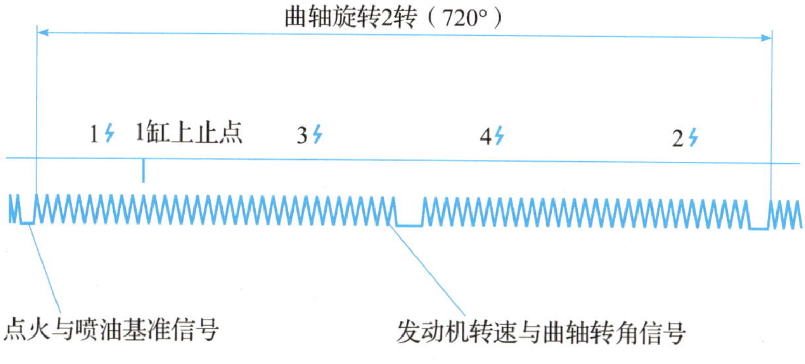

图 2-47　磁感应式曲轴位置传感器输出信号

2. 霍尔效应式曲轴/凸轮轴位置传感器

利用霍尔元件制成的传感器称为霍尔效应式传感器，简称霍尔式传感器。霍尔式传感器输出电压信号近似于方波信号，且与被测物体的转速无关，但工作时需要外加电源。霍尔式传感器主要由触发叶轮、霍尔集成电路与永久磁铁等组成，基本结构如图 2-48 所示。触发叶轮安装在转子轴上，叶轮上制有叶片（叶片数与发动机气缸数相等）。当触发叶轮随转子轴一同转动时，叶片便在霍尔集成电路与永久磁铁之间转动。霍尔集成电路由霍尔元件、放大电路、稳压电路、温度补偿电路、信号变换电路和输出电路等组成。

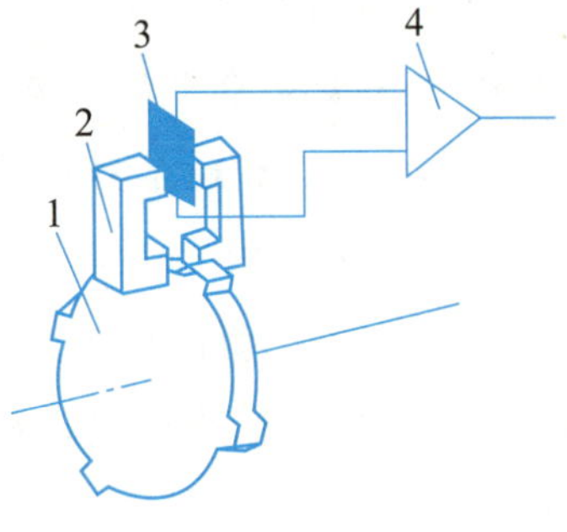

图 2-48 霍尔式传感器的结构
1—触发叶轮 2—永久磁铁 3—霍尔集成电路 4—放大器

工作时，由 ECU 提供电源电流给霍尔元件，当触发叶轮的叶片从霍尔集成电路与永久磁铁之间的气隙中转过时，磁场强度发生改变，霍尔晶体管产生的霍尔电压经放大后输送给 ECU。ECU 根据霍尔电压产生的时刻确定凸轮轴位置，根据霍尔电压产生的次数确定曲轴转角和发动机转速。

当叶片进入气隙时，霍尔集成电路中的磁场被叶片旁路，霍尔元件电压为零，传感器输出的信号电压为高电平；当叶片离开气隙时，永久磁铁的磁通便经霍尔集成电路与导磁钢片构成回路，此时霍尔元件产生电压，传感器输出的信号电压为低电平，如图 2-49 所示。

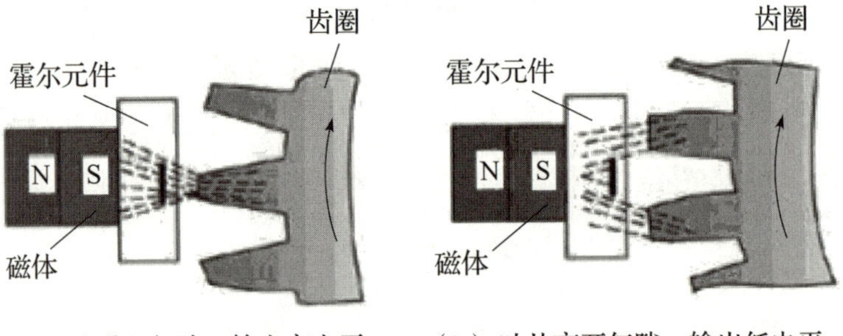

（a）叶片进入气隙，输出高电平 （b）叶片离开气隙，输出低电平

图 2-49 霍尔式传感器的工作过程

（1）霍尔式凸轮轴位置传感器。

霍尔式凸轮轴位置传感器通常安装在发动机进气凸轮轴的一端，主要由霍尔信号发生器和信号转子组成。信号转子又称为触发叶轮，安装在进气凸轮轴上，用定位螺栓和座圈固定，信号转子的隔板又称为叶片，如图 2-50 所示。

当隔板（叶片）进入气隙（即在气隙内）时，霍尔元件不产生电压，传感器输出高电平（5V）信号；当隔板（叶片）离开气隙时，霍尔元件产生电压，传感器输出低电平（0.1V）信号，如图 2-51 所示。发动机曲轴每转两转（720°），信号转子就转一圈（360°），对应产生一个低电平信号和一个高电平信号，其中低电平信号产生于 1 缸压缩上止点前一定角度。

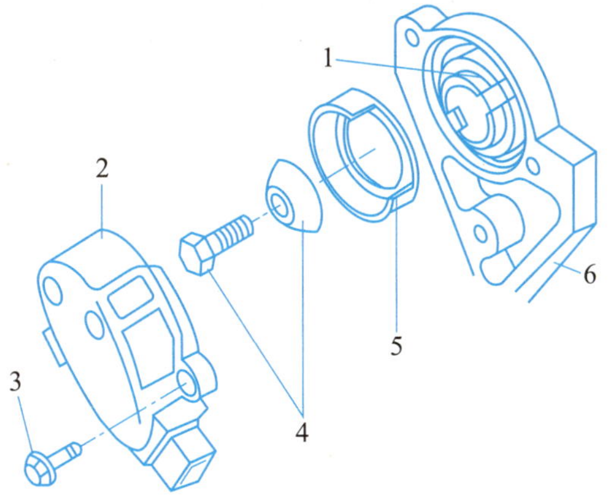

图 2-50　霍尔式凸轮轴位置传感器的结构

1—进气凸轮轴　2—凸轮轴位置传感器　3—传感器固定螺钉　4—定位螺栓和座圈　5—信号转子　6—缸盖

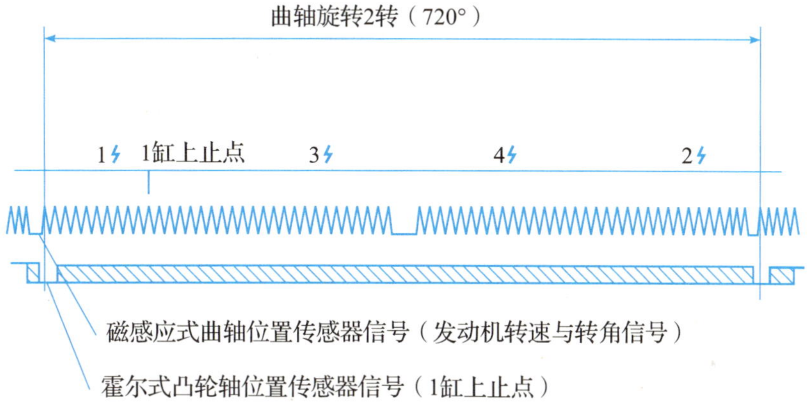

图 2-51　曲轴/凸轮轴位置传感器输出波形的对应关系

发动机工作时，磁感应式曲轴位置传感器和霍尔式凸轮轴位置传感器产生的信号电压不断输入 ECU，当 ECU 同时接收到磁感应式曲轴位置传感器的大齿缺对应的低电平信号和霍尔式凸轮轴位置传感器的低电平信号时，便可识别出此时 1 缸活塞处于压缩行程、4 缸活塞处于排气行程，并根据曲轴位置传感器小齿缺对应输出的信号控制点火提前角。ECU 识别出 1 缸压缩上止点位置后，便可进行顺序喷油控制和各缸点火时刻控制。

（2）霍尔式曲轴位置传感器。

应用于四缸发动机和六缸发动机的霍尔式曲轴位置传感器的工作原理相同，但信号盘结构不同，霍尔式曲轴位置传感器通常安装在变速器壳体上，向 ECU 提供发动机转速与曲轴位置（转角）信号。

四缸发动机的飞轮上制有 8 个齿缺，每 4 个齿缺为一组，分成两组，两组之间相隔角度为 180°，同一组中相邻两个齿缺之间间隔角度为 20°，如图 2-52（a）所示。六缸发动机的飞轮上制有 12 个齿缺，每 4 个齿缺为一组，分成三组，相邻两组之间相隔角度为 120°，同一组中相邻两个齿缺之间的间隔角度也为 20°，如图 2－52（b）所示。

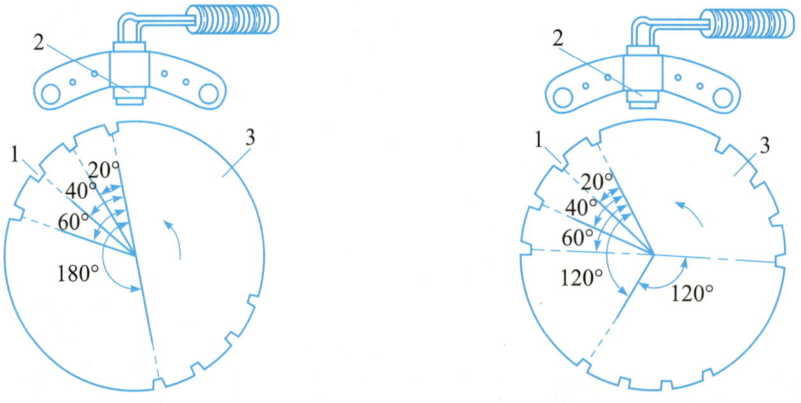

（a）用于四缸发动机的信号盘　（b）用于六缸发动机的信号盘

图 2－52　霍尔式曲轴位置传感器的结构

1—齿缺　2—信号发生器　3—飞轮

工作时，飞轮上的每一组齿缺转过霍尔探头时，传感器就会产生一组共 4 个脉冲信号。四缸发动机每转一圈产生两组共 8 个脉冲信号；六缸发动机每转一圈产生三组共 12 个脉冲信号。对于四缸发动机，ECU 每接收到 8 个信号，即可知曲轴旋转了一转，再根据接收 8 个信号所用的时间，就可计算出曲轴转速。对于六缸发动机，ECU 接收到 12 个信号，即可知曲轴旋转了一转，再根据接收 12 个信号所用的时间，就可计算出曲轴转速。

当某一组信号输入 ECU 时，ECU 就知道有两个气缸的活塞即将到达上止点位置。例如：在四缸发动机控制系统中，利用一组信号，ECU 可知 1、4 缸活塞接近上止点；利用另一组信号可知 2、3 缸活塞接近上止点。但 ECU 不能确定是哪一缸位于压缩行程，哪一缸位于排气行程。

（三）曲轴/凸轮轴位置传感器的检测

1. 磁感应式曲轴位置传感器的检测

丰田威驰车的曲轴位置传感器为磁感应式，控制电路如图 2－53 所示。若磁感应式曲轴位置传感器出现故障导致信号中断，发动机会出现起动困难、怠速不良等现象。检测方法步骤如下：

（1）测量各端子间的阻值。

1）点火开关关闭，拔下传感器线束插头，端子 1 和 2 为信号线，端子 3 为屏蔽线搭铁。

2）用万用表测量传感器一侧各端子阻值，即为传感器信号线圈的阻值。

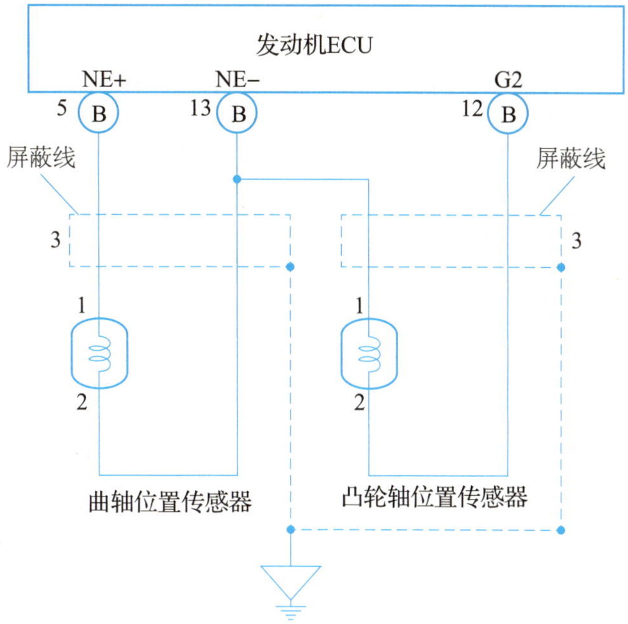

图 2-53　丰田威驰车磁感应式曲轴/凸轮轴位置传感器控制电路

3）测量传感器相关电路电阻值。丰田威驰车的磁感应式曲轴位置传感器参考阻值见表 2-10。

表 2-10　丰田威驰车磁感应式曲轴位置传感器参考阻值

测试端子	电阻值（Ω）
端子 1 与端子 2 之间	2 200
端子 1、2 与端子 3 之间	∞
线束端导线 3 到搭铁	不超过 1.5
线束端导线 2 到 13B	不超过 1.5
线束端导线 1 到 5B	不超过 1.5

（2）测量输出波形。

1）关闭点火开关，正确连接示波器。

2）起动发动机，使之怠速工作。

3）观察并记录测量的波形，标准波形如图 2-54 所示。

磁感应式传感器波形为磁脉冲式波形，随发动机转速增加，其波形频率也增加。如果传感器输出信号波形过于平缓或有间断，应检查传感器本身及相关线路。

（3）测量信号转子凸齿与磁头的间隙。

测量信号转子凸齿与磁头的间隙，应在 0.2～0.4mm 范围内。

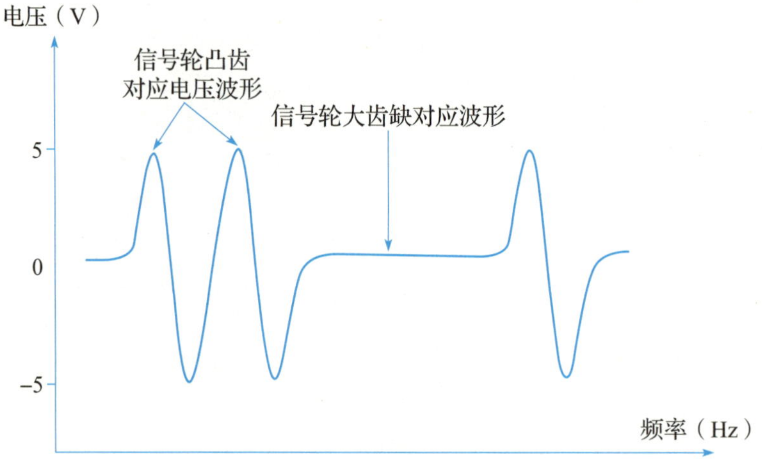

图 2－54　磁感应式曲轴位置传感器标准波形

2. 霍尔式凸轮轴位置传感器的检测

大众迈腾轿车的凸轮轴位置传感器为霍尔式，安装在气缸盖中部，其插头有三个端子，控制电路如图 2－55 所示。当发动机运行时，若凸轮轴位置传感器出现故障而导致信号中断，ECU 能够检测到故障信息，因此利用故障诊断仪，可以读取故障信息。如故障码显示霍尔式传感器有故障，可用万用表检测传感器电源电压和导线电阻。

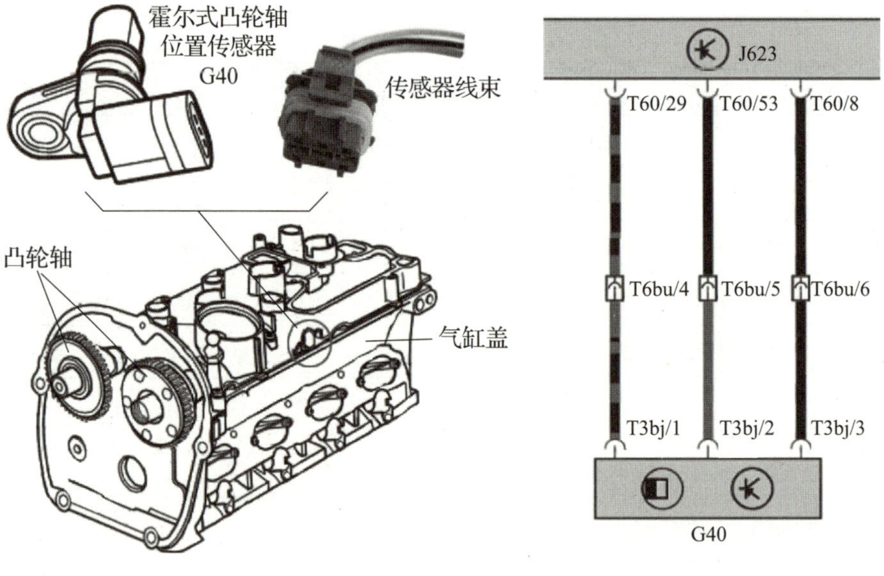

（a）外形及安装位置　　（b）控制电路

图 2－55　迈腾车霍尔式凸轮轴位置传感器及控制电路

（1）测量传感器插头端及线束端。

大众迈腾轿车的霍尔式凸轮轴位置传感器端子 1 为供电端，端子 2 为信号端，端子 3

为搭铁端，对传感器插头端及线束端的检测步骤如下：

1）关闭点火开关，拆下凸轮轴位置传感器线束插头。

2）打开点火开关，用万用表测量传感器线束端各端子的信号电压。

3）关闭点火开关，用万用表测量传感器插头各端子阻值。测试参考条件及参考数据见表2-11，若测量数值不符合要求，应检查相关线路及传感器本身。

表2-11　迈腾车霍尔式凸轮轴位置传感器测试参考条件及参考数据

测试参考条件		参考数据
点火开关打开，测量线束端	端子1与蓄电池负极	电压值应为5V
	端子3与蓄电池负极	电压值应为0V
点火开关关闭，且传感器G40线束插头和电控单元J623插头拔下	导线T3bj/1到T60/29	测量阻值应不大于1.5Ω
	导线T3bj/2与T60/53	测量阻值应不大于1.5Ω
	导线T3bj/3与T60/8	测量阻值应不大于1.5Ω
	G40的三条线路之间及与搭铁之间	测量阻值应为∞

（2）测量G40输出波形。

1）正确连接示波器，起动发动机。

2）测量发动机在各个转速下G40端子2的信号波形。

3）记录测量的波形，参照标准波形进行分析，标准波形如图2-56所示。

迈腾车G40输出信号是频率调制信号，其波形为方波形。如果测量波形与标准波形不符，则应检查相关线路及传感器本身。

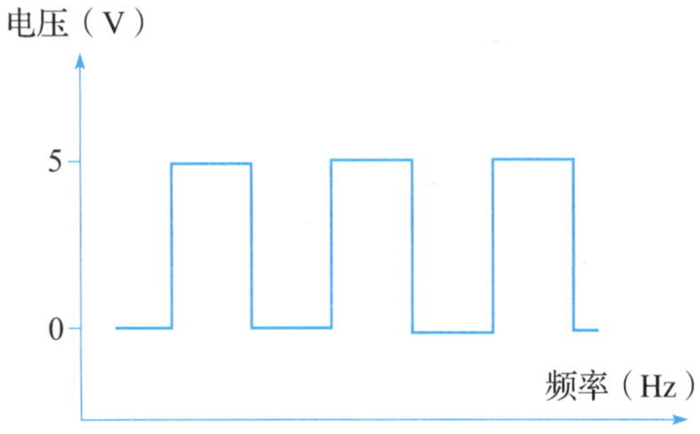

图2-56　输出信号标准波形

三、实训内容

1. 实训准备

（1）实训前准备能工作的试验发动机、万用表、故障诊断仪、示波器等。

（2）掌握与实训车型相关的曲轴/凸轮轴位置传感器的理论知识。

（3）了解本次实训课所用仪器及设备的使用方法。

2. 实训流程

（1）磁感应式曲轴位置传感器检测。

（2）霍尔式凸轮轴位置传感器检测。

实训教师可根据实训条件利用万用表、故障诊断仪等对曲轴/凸轮轴位置传感器进行检测，然后设置一些曲轴/凸轮轴位置传感器的相关故障，在实训教师的监督下，由学生独立完成故障的诊断与排除；或者由实训教师充当客户模拟一个或多个场景，让学生分组完成故障的排除。先进行故障分析，再进行与曲轴/凸轮轴位置传感器相关的诊断和测试，直至故障现象排除。

3. 实训记录

实训工单见附录Ⅱ中实训任务 2－6。

任务七　氧传感器

一、任务描述

氧传感器（Oxygen Sensor，简称 O_2S）安装在排气管上，有加热型和非加热型两种，非加热型的线束插头有一个或两个接线端子；加热型的线束插头有两个或四个接线端子。在本学习任务中要掌握以下知识：

（1）氧传感器的结构及原理。

（2）氧传感器的检测方法。

（3）典型宽带氧传感器控制电路及检测。

二、相关知识及技能

按结构原理不同，氧传感器分为氧化锆（ZrO_2）式和氧化钛（TiO_2）式两种类型，其作用是检测排气中氧离子的含量，并将该信号转变为电信号后输入 ECU。如果氧的含量高，输出电压就低；如果氧的含量低，输出电压就高。ECU 根据氧传感器信号，对喷油时间进行修正，实现空燃比反馈控制。氧传感器外形与安装位置如图 2－57 所示。

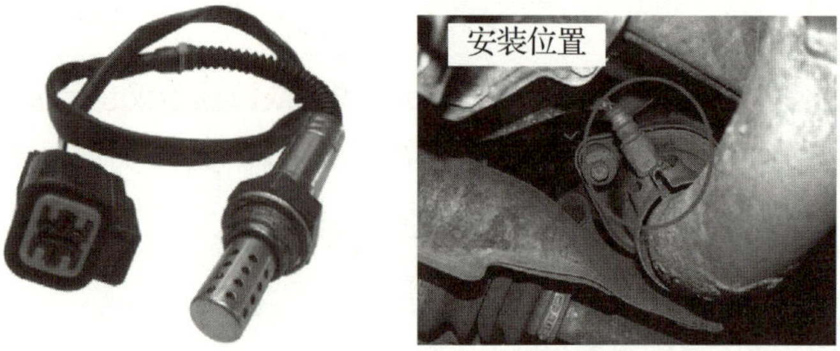

图 2－57　氧传感器外形与安装位置

（一）氧传感器的结构与原理

1. 氧化锆式氧传感器

氧化锆式氧传感器主要由钢质护管、钢质壳体、锆管、加热元件、电极引线、防水护套和线束插接器等组成，如图 2－58 所示。锆管是二氧化锆（ZrO_2）固体电解质粉制成的陶瓷管，管的内、外表面均涂有金属铂层作为电极，内侧通大气，外侧通排气。

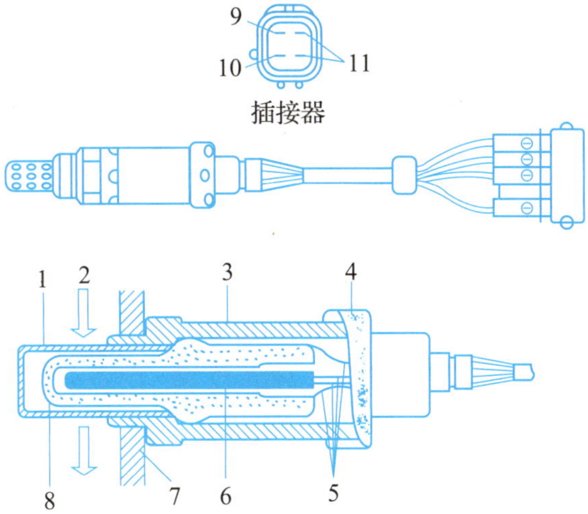

图 2－58　氧化锆式氧传感器结构

1—护管　2—废气　3—壳体　4—防水护套　5—电极引线　6—加热元件　7—排气管
8—锆管　9—电源端子　10—搭铁端子　11—信号端子

温度在 400℃以上时，若锆管内、外表面接触的氧气浓度不同，则在两个铂电极之间将会产生电动势。发动机工作时，锆管内表面接触大气，氧浓度是固定的，锆管外表面接触废气，氧浓度是变化的，所以两个电极间产生电动势，并输送给 ECU，以使 ECU 知道实际空燃比，进而对空燃比进行反馈控制。其工作特性如图 2－59 所示，当混合气过稀时，排气中氧含量高，传感器内、外侧氧浓度差小，两电极间产生的电压低（约为 0.1V），此时 ECU 将增加喷油量，使实际空燃比减小；反之，混合气过浓时，排气中氧含量低，传感器内、外侧氧浓度差大，两电极间产生的电压高（约为 0.9V），此时 ECU 将减少喷油量，使实际空燃比增大。如此反复，ECU 根据氧传感器信号不断调节喷油量，将实际空燃比控制在理论空燃比附近。在理论空燃比附近，氧传感器输出的电压信号有突变。

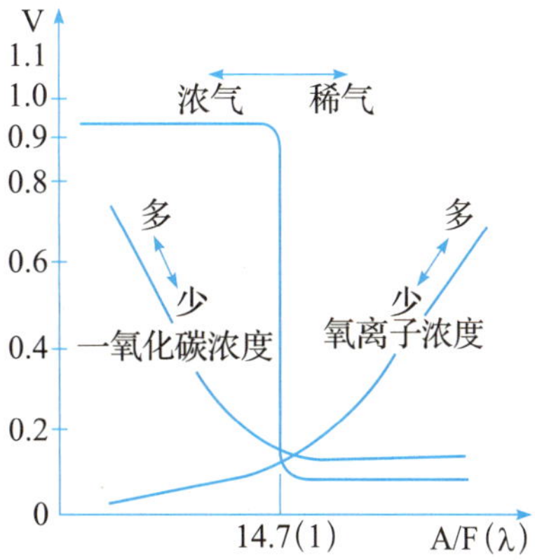

图 2－59　氧传感器输出特性曲线

由于氧化锆式氧传感器在300℃以上的环境中，才能输出稳定的信号电压，因此，加热的目的是保证低温（排气温度在150℃～200℃以下）时，氧传感器就能投入工作，从而减少有害气体的排放。

2. 氧化钛式氧传感器

氧化钛式氧传感器主要由二氧化钛传感元件、钢质壳体、加热元件和电极引线等组成，如图2－60（a）所示。二氧化钛传感元件的阻值随氧离子浓度的变化而变化，因此氧化钛式氧传感器也称阻值变化型氧传感器。信号源相当于一个可变电阻，其电阻值与过量空气系数的关系如图2－60（b）所示。

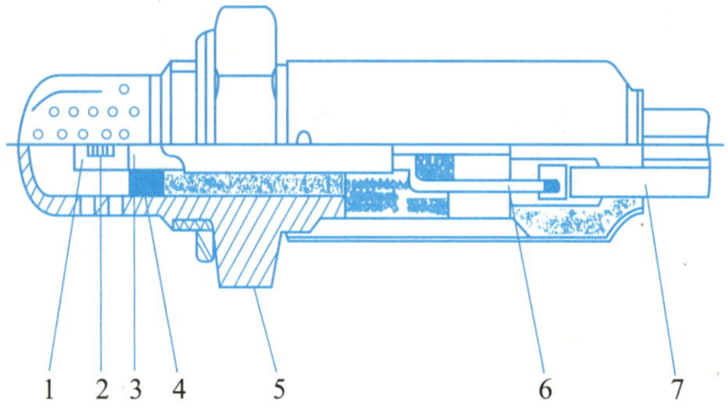

（a）结构

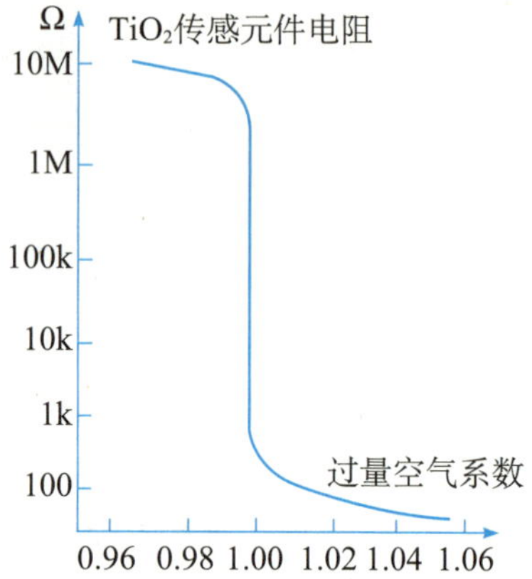

（b）电阻值与过量空气系数的关系

图2－60　氧化钛式氧传感器

1—加热元件　2—TiO_2传感元件　3—基片　4—密封垫　5—壳体　6—电极　7—线束插接器

当发动机混合气较稀，排气中氧含量较多时，TiO_2传感元件周围的氧离子浓度较大，阻值低，输出低电压；当发动机的混合气较浓，排气中氧含量较少时，TiO_2传感元件周围的氧离子浓度较小，阻值高，输出高电压。利用适当的电路对电阻变量进行处理，即可转换成电压信号输送给ECU，用来确定实际的空燃比。氧化钛式氧传感器的电阻将在混合气的过量空气系数大约为1（空燃比A/F约为14.7）时产生突变。

氧传感器失效的主要原因是传感元件老化和中毒。氧传感器老化的主要原因是传感元件局部表面温度过高。氧传感器的传感元件受到污染而失效的现象称为中毒。氧传感器中毒主要是指铅（Pb）中毒、硅（Si）中毒和磷（P）中毒。

3. 宽带氧传感器

宽带氧传感器又称空燃比氧传感器、线性氧传感器等，反馈的空燃比可以达到22∶1。三元催化转换器前的氧传感器是一个宽带氧传感器（调控用传感器），能持续测量废气中的残余氧含量，残余氧含量值被作为电压信号输送至发动机电控单元，电控单元通过调整燃油喷射来校正混合气成分。根据控制单元数不同，宽带氧传感器有单一单元空燃比传感器和双单元空燃比传感器两种。双单元空燃比传感器也称流量泵传感器，下面以流量泵传感器为例介绍宽带氧传感器的工作原理。

宽带氧传感器由二氧化锆陶瓷层（层压板）构成，嵌在层压板中的加热元件可迅速提供至少 760℃的工作温度。宽带氧传感器有两个元件，即测量元件和参考元件，两个元件上涂有铂电极。宽带氧传感器的安装位置如图 2－61 所示。

当混合气太浓时，排气中的含氧量下降，电极间的电压升高，发动机电控单元增加单元泵控制电流，以增加泵效率使测量室的氧含量增多，这样可以调节感应室的电压，使其恢复到 0.45V；混合气太稀时，排气中的含氧量上升，电极间的电压降低，单元泵控制电流减少，以减少测量室中的氧含量，使电极间的电压维持在 0.45V。宽带氧传感器的工作原理如图 2－62 所示。

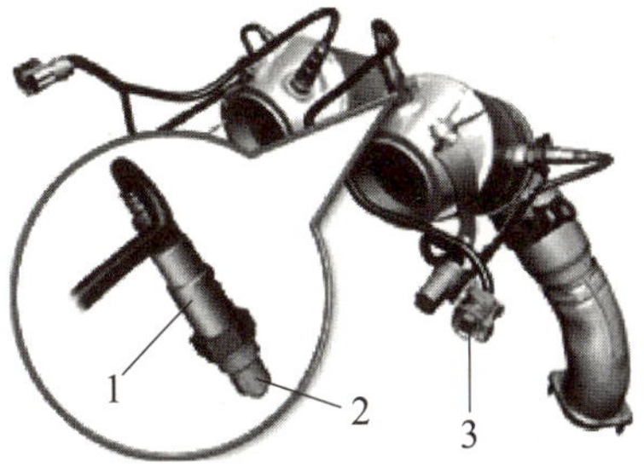

图 2－61　宽带氧传感器的安装位置

1—壳体　2—宽带氧传感器
3—插接器（6 孔式）

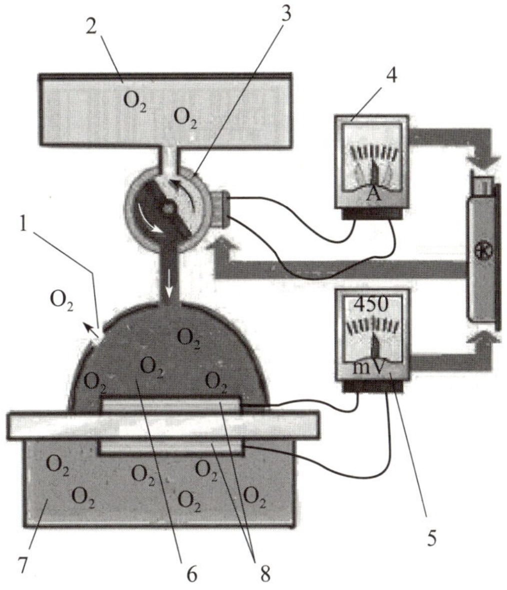

图 2－62　宽带氧传感器的工作原理

1—扩散通道　2—尾气　3—单元泵　4—单元泵电流
5—传感器电压　6—测量室　7—空气　8—电极

（1）混合气太浓时的控制过程。

混合气太浓时的控制过程，如图 2－63（a）所示。

1）混合气过浓时，单元泵以原来的工作电流工作，测量室的氧量少。

2）氧传感器电压值超过 450mV。

3）减少喷油量。

4）电控单元增大单元泵的工作电流，使单元泵旋转速度增加，增加泵氧速率。

（2）混合气过稀时的控制过程。

混合气过稀时的控制过程，如图 2－63（b）所示。

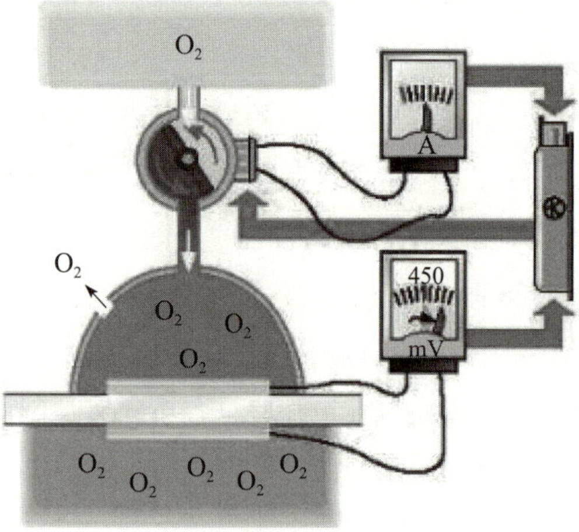

（a）混合气太浓时控制过程

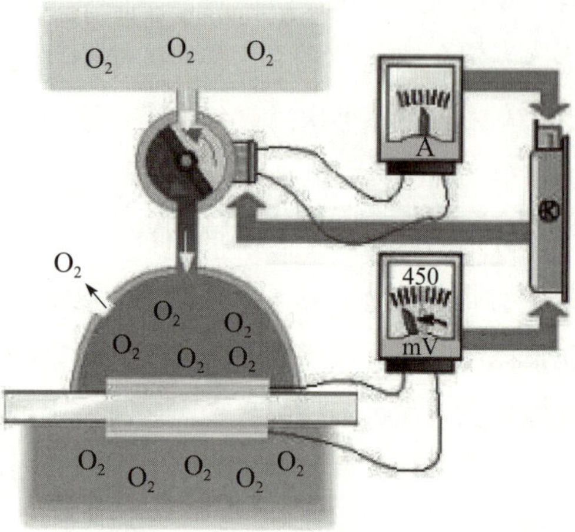

（b）混合气过稀时控制过程

图 2－63　宽带氧传感器的控制过程

1）混合气过稀时，单元泵在原来的转速下会泵入较多的氧，测量室中氧的含量较多，电压值下降。

2）加大喷油量。

3）同时减少单元泵的工作电流。

4）为能使氧传感器电压值尽快恢复到 450mV，减小单元泵的工作电流，使泵入测量室的氧量减少。

5）单元泵的工作电流传递给控制单元，控制单元将其折算成氧传感器电压值信号。

（二）氧传感器的检测

普通加热型氧传感器的检测方法，以大众新宝来发动机的氧传感器为例来进行介绍。大众新宝来发动机采用加热锆型双氧传感器，即氧传感器 GX7 和 GX10。检测时，先将氧传感器从排气管上拆下，观察氧传感器端部颜色，以此可判断其技术状况。如果氧传感器端部为淡灰色，氧传感器技术状况正常；如果氧传感器端部为棕色，则是铅污染造成的，应更换氧传感器；如果氧传感器端部为黑色，则是积炭造成的，清除积炭可继续使用；如果氧传感器端部为白色，则是硅污染造成的，应更换氧传感器。

1. 元件及线路检测

当发动机电控系统检测到氧传感器的相关故障时，可用万用表电阻挡检测氧传感器连接线路及传感器本身。先断开点火开关，拔下发动机电控单元线束插头和氧传感器线束插头，用万用表检测两插头上各端子之间的导线电阻。大众新宝来轿车前后氧传感器控制电路如图 2－64 所示，检测各端子之间的阻值，应符合表 2－12 中规定的数据。

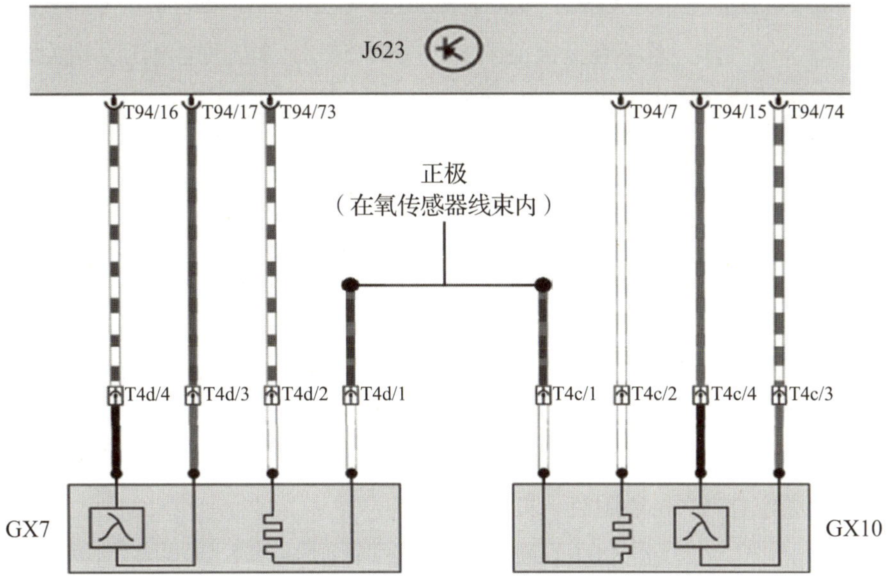

图 2-64　大众新宝来轿车氧传感器控制电路

表 2-12　大众新宝来轿车氧传感器检测参考数据

前氧传感器 GX10		后氧传感器 GX7	
测试端子	标准	测试端子	标准
线束端 T4c/1 与 T4c/2 之间电压	12～14V	线束端 T4d/1 与 T4d/2 之间电压	12～14V
传感器插座 T4c/1 与 T4c/2 端子间阻值	6.5Ω	传感器插座 T4d/1 与 T4d/2 端子间阻值	6.5Ω
T4c/2 与 T94/7、T4c/4 与 T94/15、T4c/3 与 T94/74 端子间阻值	小于 0.5Ω	T4d/2 与 T94/73、T4d/3 与 T94/17、T4d/4 与 T94/16 端子间阻值	小于 0.5Ω
T4c/2、T4c/3、T4c/4 端子对地间阻值	无穷大	T4d/2、T4d/3、T4d/4 端子对地间阻值	无穷大

2. 读取氧传感器的数据流

当发动机电控系统出现排放超标等与氧传感器有关的故障而发动机 ECU 又检测不到故障信息时，可按表 2-12 中检测内容及参数检测氧传感器及相关线路，如果无异常，可利用故障诊断仪，读取氧传感器数据流。以大众新宝来轿车电控系统的氧传感器检测为例。

（1）起动发动机至工作温度正常或至少 80℃。

（2）检查蓄电池电压、排气系统应正常，氧传感器加热元件应正常。

（3）接上故障诊断仪 VAS6150D。

（4）起动发动机并怠速运转。

（5）使故障诊断仪进入“引导型功能”界面。

（6）读取发动机不同转速下的氧传感器控制值。

对显示的氧传感器数值进行分析。前氧传感器正常的电压信号，应在 0.2V～0.9V 间连续波动。如果电压信号在 0V～0.5V，表示混合气太稀；如果电压信号保持在 0.5V～1.0V，表示混合气太浓。若不在标准范围内，应检查氧传感器供电电压及相关线路。

3. 检测氧传感器的输出波形

用示波器测试氧传感器信号电压变化的波形，标准波形如图 2－65 所示。如果被测氧传感器波形的最高信号电压值、最低信号电压值和信号响应时间过大或过小，则可判断氧传感器或相关线路有故障。

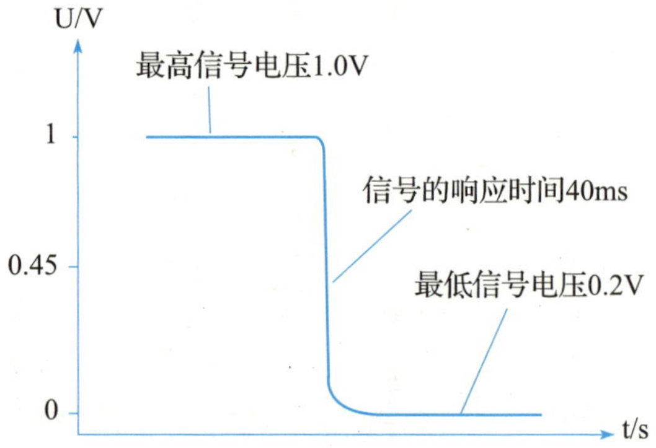

图 2－65　氧传感器标准波形

在闭环控制情况下，氧传感器信号电压应在 100mV～1 000mV 之间不断地跳动，如果信号电压稳定在 450mV 附近，即保持在 400mV 和 500mV 之间 30s 以上，则不论是否处在闭环控制，均表明该传感器有故障，或信号电路为开路。

采用前后氧传感器的发动机，后氧传感器的主要任务是监控三元催化转换器的工作状况，其次才是配合前氧传感器的工作，进入闭环控制。当三元催化转换器正常工作时，后氧传感器动态响应受到前氧传感器的阻尼，所以，后氧传感器的动态响应曲线的振幅比较小，前后氧传感器标准波形如图 2－66（a）所示。

如图 2－66（b）所示，当 ECU 进入闭环控制后，氧传感器信号电压不能过高或过低，前氧传感器信号电压应在 100mV 与 1 000mV 之间跳动，后氧传感器信号电压应在 75mV 与 999mV 之间跳动，后氧传感器信号电压的跳动频率小于前氧传感器信号电压的跳动频率。如果氧传感器动态响应频率过低或电压曲线趋于平缓，说明氧传感器老化失效。如果后氧传感器动态响应波形的振幅与前氧传感器波形接近时，则 ECU 判定三元催化转换器转换效率低或失效。

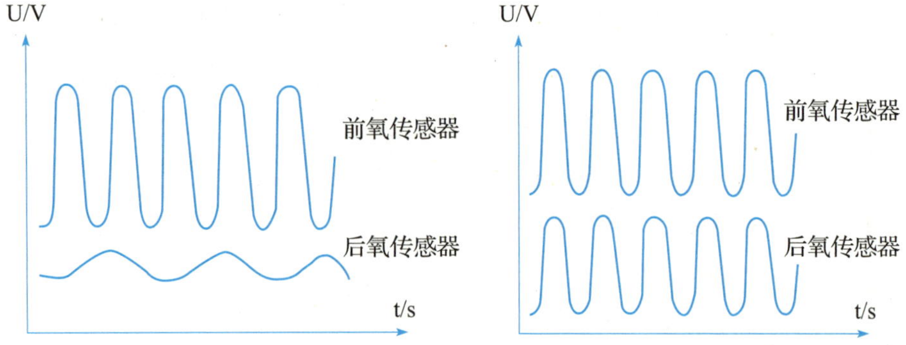

（a）三元催化转换器正常时响应波形　　（b）三元催化转换器失效时响应波形

图 2－66　前后氧传感器动态响应标准波形

（三）典型宽带氧传感器控制电路及检测

大众迈腾车发动机设置两个氧传感器，控制电路如图 2-67 所示，即前氧传感器 G39 和后氧传感器 G130，它们均为加热型氧传感器。后氧传感器 G130 安装在三元催化转换器后方，仍为普通加热型开关式氧传感器，检测方法同新宝来车氧传感器。

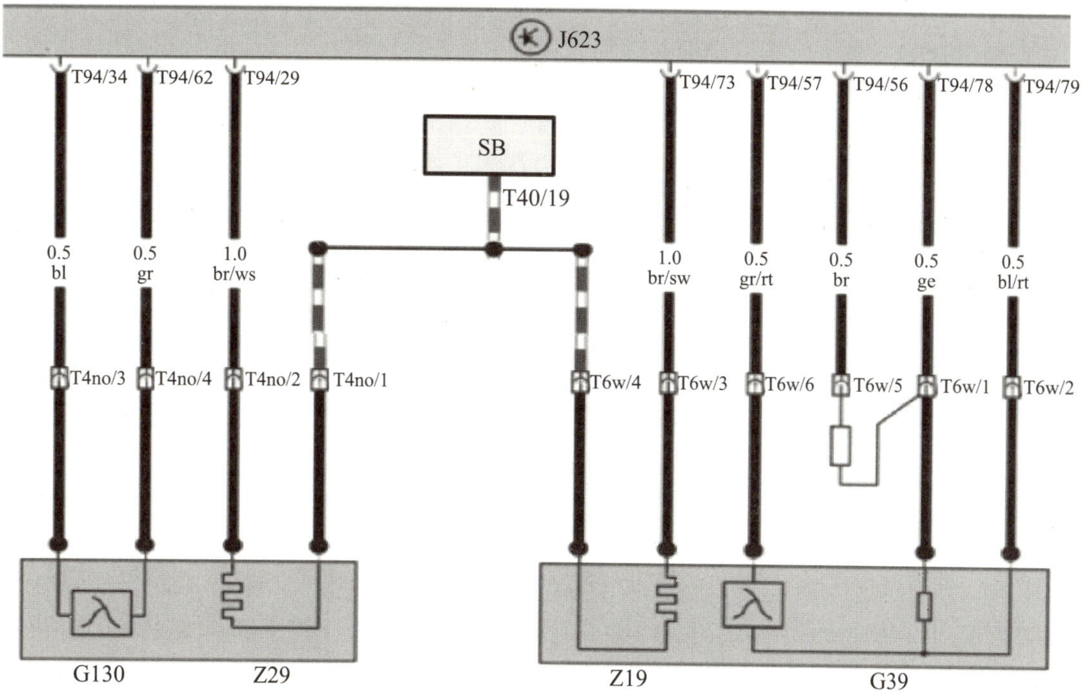

图 2-67 迈腾 1.8 发动机氧传感器控制电路

前氧传感器 G39 安装在三元催化转换器前方，为宽带型氧传感器，主要对空燃比进行精确控制。对前氧传感器 G39 的检测可以使用万用表和故障诊断仪。

1. 万用表检测 G39

（1）关闭点火开关，拔下前氧传感器的插头。

（2）用万用表测量传感器端的端子 T6w/3 与端子 T6w/4 之间的阻值，正常值为 2～5Ω。

（3）用万用表测量传感器端的端子 T6w/1 与端子 T6w/5 之间的阻值，正常值为 125Ω 左右。

（4）打开点火开关，在线束端测量各端子的电压值，端子 2 与端子 6 之间电压应为 0.45V 左右；端子 4 对地电压为 12V，2s 后为变为 0，这是因为点火开关打到 ON 位置不着车，ECU 控制燃油泵继电器通电的时间只有 2s 左右。

2. 故障诊断仪检测 G39

利用故障诊断仪读取数据流功能，测量宽带氧传感器的输出电压值。当发动机运转时，过量空气系数在 0.686 至 1.405 之间变化，相当于空燃比为 10～20，电压规定值为 1.0V～2.0V。当电压值大于 1.5V 时，说明混合气过稀（氧多）；当电压值小于 1.5V 时，说明混合气过浓（氧少）。如果电压值出现 0V、1.5V、4.9V 的恒定值，说明氧传感器线路有故障。在急加速和急减速时，电压值可能瞬间达到 0.8V 和 4.9V。

三、实训内容

1. 实训准备

（1）实训前准备能工作的试验发动机、万用表、故障诊断仪、示波器等。

（2）掌握与实训车型相关的氧传感器的理论知识。

（3）了解本次实训课所用仪器及设备的使用方法。

2. 实训流程

（1）氧传感器外观检查。

（2）检测氧传感器各个端子并分析。

（3）用故障诊断仪检测读取故障码及数据流并分析。

（4）用示波器测试氧传感器波形并分析。

实训教师可根据实训条件利用万用表、故障诊断仪、示波器等对氧传感器进行检测，然后设置一些氧传感器的相关故障，在实训教师的监督下，由学生独立完成故障的诊断与排除；或者由实训教师充当客户模拟一个或多个场景，让学生分组完成故障的排除。先进行故障分析，再进行与氧传感器相关的诊断和测试，直至故障现象排除。

3. 实训记录

实训工单见附录Ⅱ中实训任务 2－7。

任务八　电动燃油泵与喷油器

一、任务描述

电动燃油泵（Electronic Fuel Pump，简称 EFP）是一种由小型直流电动机驱动的燃油泵，其作用是给电控燃油喷射系统提供具有一定压力的燃油。喷油器（Injector，简称 INJ，全称电磁喷油器）是电控燃油喷射系统的执行元件，作用是根据 ECU 发出的脉冲喷油信号，控制燃油喷射量。单点喷射系统的喷油器安装在节气门体空气入口处，多点喷射系统的喷油器安装在各缸进气歧管或气缸盖上的各缸进气道处。在本学习任务中要掌握以下知识：

（1）电动燃油泵与喷油器的作用及类型。

（2）电动燃油泵与喷油器的结构及原理。

（3）电动燃油泵与喷油器的检测方法。

二、相关知识及技能

（一）电动燃油泵

电动燃油泵按安装位置不同，可分为内置式和外置式两种。按燃油泵结构不同，可分为叶片式和滚柱式两种。内置式具有噪声小、不易产生气阻、不易泄漏、安装管路较简单等优点，应用更为广泛。有些车型在油箱内还设有一个小油箱，燃油泵置于小油箱内，这样可防止在油箱燃油不足时因汽车转弯或倾斜引起燃油泵周围燃油的移动，使燃油泵吸入空气而产生气阻。目前大多数汽车的燃油泵采用内置叶片泵。

1. 电动燃油泵的结构和工作原理

（1）叶片式电动燃油泵。

叶片式电动燃油泵主要由电动机、叶片泵、出油阀、卸压阀等组成，如图 2－68 所示。油箱内的燃油进入燃油泵内的进油室前，首先经过滤网初步过滤。电动机和叶片泵连成一体，密封在同一壳体内。

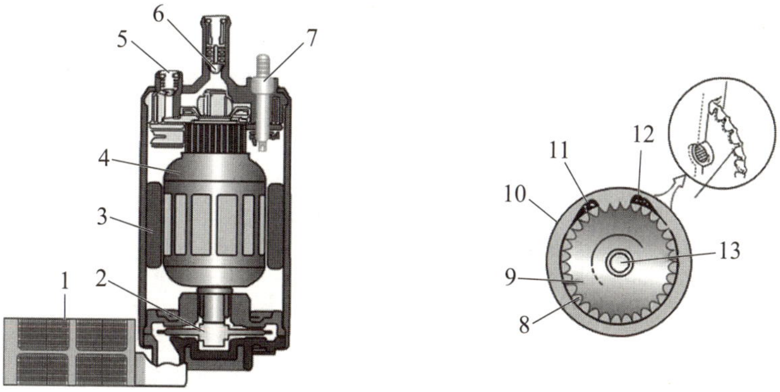

图 2－68　叶片式电动燃油泵

1—滤网　2—叶片泵总成　3—电动机定子　4—电动机转子　5—卸压阀　6—出油阀
7—接线柱　8—叶片　9—叶轮　10—泵壳体　11—出油口　12—进油口　13—电动机轴

叶片泵主要由叶轮、叶片、泵壳体和泵盖组成，叶轮安装在燃油泵电动机的转子轴上。电动机通电时，电动机驱动叶片泵叶轮旋转，由于离心力的作用，叶轮周围小槽内的叶片贴紧泵壳，并将燃油从进油室带往出油室。因为进油室燃油不断被带走，所以形成一定的真空度，将油箱内的燃油经进油口吸入；而出油室燃油不断增多，燃油压力升高，当油压达到一定值时，燃油会顶开出油阀经出油口输出。出油阀为单向阀，在燃油泵不工作时，阻止燃油倒流回油箱，这样可保持油路中有一定的燃油压力，便于下次起动。

卸压阀安装在进油室和出油室之间，当燃油泵输出油压达到 0.4MPa 时，卸压阀开启，使燃油泵内的进、出油室连通。这是因为燃油泵的工作只能使燃油在其内部循环，以防止输油压力过高。

普通轿车电动燃油泵及附件连接如图 2－69 所示。

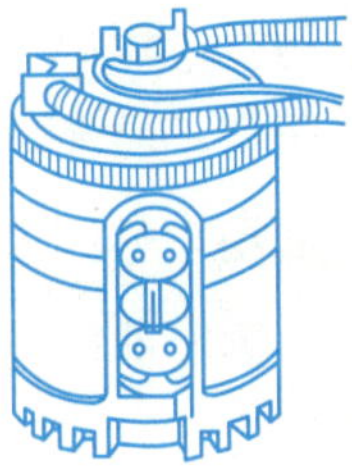
（a）电动燃油泵

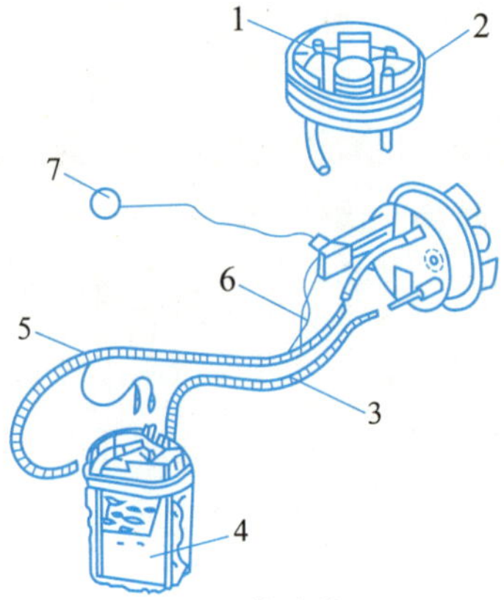

（b）附件连接

图 2－69　电动燃油泵及附件连接

1—透气管　2—密封凸缘　3—回油管　4—电动燃油泵　5—出油管　6—导线　7—浮子

（2）滚柱式电动燃油泵。

滚柱式电动燃油泵主要由电动机、滚柱泵、出油阀、卸压阀等组成，如图 2－70 所示。滚柱式电动燃油泵一般安装在油箱外面，因其输油压力波动较大，故在出油端需要安装阻尼减振器。阻尼减振器主要由膜片和弹簧组成，它可吸收燃油压力波的能量，减小压力波动幅度，以便提高喷油控制精度。

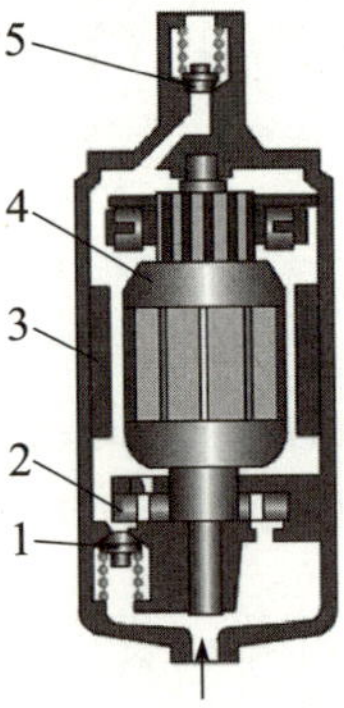

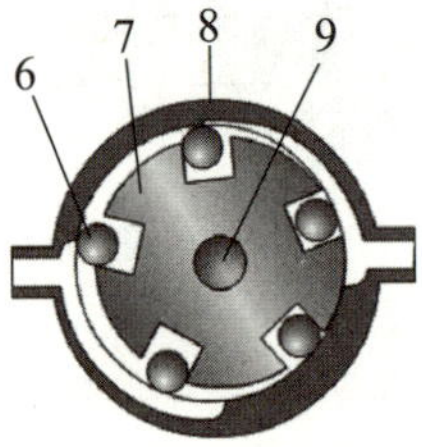

图 2－70　滚柱式电动燃油泵

1—卸压阀　2—滚柱泵　3—电机定子　4—电机转子　5—出油阀
6—滚柱　7—滚柱泵转子　8—泵壳体　9—转子轴

滚柱泵主要由滚柱和转子组成，转子呈偏心状，置于泵壳内，由直流电动机驱动，当转子旋转时，位于转子槽内的滚柱在离心力的作用下，紧压在泵体内表面上，对周围起密封作用，在相邻两个滚柱之间形成了工作腔。在燃油泵运转过程中，工作腔转过出油口后，其容积不断增大，形成一定的真空度，当转到与进油口连通时，将燃油吸入；而吸满燃油的工作腔转过进油口后，其容积又不断减小，使燃油压力升高，受压燃油流过电动机，从出油口输出。滚柱式电动燃油泵出油阀和卸压阀的作用与叶片式电动燃油泵的相同。

2. 电动燃油泵的控制电路

（1）ECU 控制的燃油泵控制电路。

由 ECU 和断路继电器对燃油泵工作进行控制，控制电路如图 2－71 所示。这种控制方式多用于 D 型系统及 L 型的热线式和卡门旋涡式空气流量传感器系统。

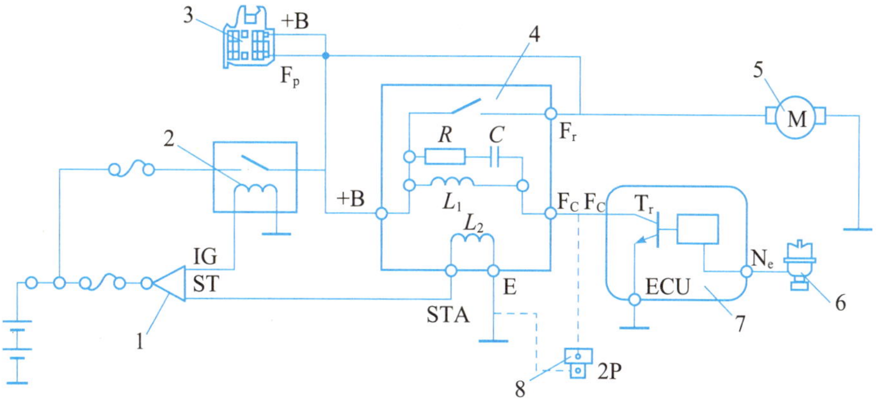

图 2－71 ECU 控制的燃油泵控制电路

1—点火开关 2—主继电器 3—诊断座 4—断路继电器 5—燃油泵 6—分电器 7—ECU 8—燃油泵检查开关

当发动机运转时，分电器就输送信号给 ECU，使三极管 Tr 导通，线圈 L_1 通电，断路继电器触点闭合，燃油泵工作。当发动机停止工作时，分电器不输出信号，则三极管 Tr 截止，线圈 L_1 断电，断路继电器触点分开，燃油泵停止工作。这种控制的目的在于，在意外发生时如果油管破裂，发动机熄火，燃油泵能立即停止工作，从而有效降低火灾概率。

（2）燃油泵开关控制的燃油泵控制电路。

由空气流量传感器中的燃油泵开关对燃油泵进行控制，控制电路如图 2－72 所示。这种控制方式用于 L 型叶片式空气流量传感器系统。

发动机工作时，空气流过空气流量传感器，油泵开关闭合，L_1 通电，断路继电器触点闭合，燃油泵工作。发动机不工作时，空气流量传感器叶片不动，燃油泵开关断开，L_1 断电，断路继电器触点分开，燃油泵停止工作。

开路继电器中的 RC 电路，可在发动机熄火时，使电动燃油泵继续工作 2～3s，以便保持燃油系统内有一定的燃油压力。

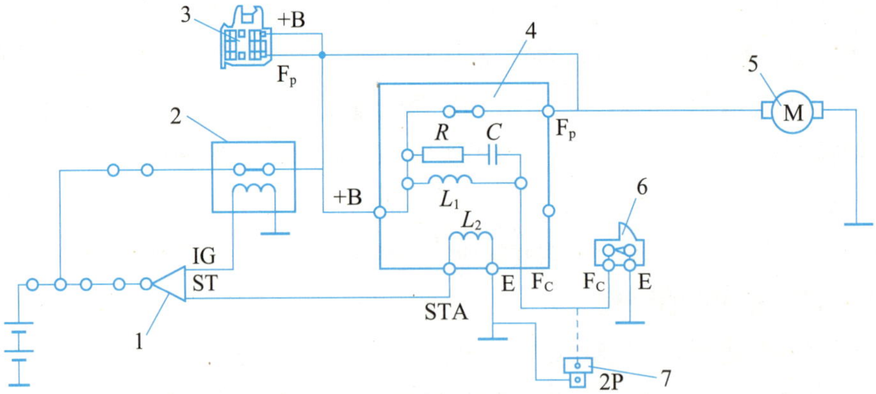

图 2－72　燃油泵开关控制的燃油泵控制电路

1—点火开关　2—主继电器　3—诊断座　4—断路继电器　5—燃油泵　6—燃油泵开关　7—燃油泵检查开关

（3）具有转速控制的燃油泵控制电路。

具有转速控制的燃油泵控制电路由电控单元、燃油泵控制继电器、燃油泵开关及电动燃油泵等组成。燃油泵工作转速根据发动机转速和负荷的不同而变化，控制电路如图 2－73 所示。当发动机高速及大负荷工作时，所需油量多，ECU 中的晶体管截止，燃油泵控制继电器触点 A 闭合，直接给燃油泵输送蓄电池电压，燃油泵高速运转。

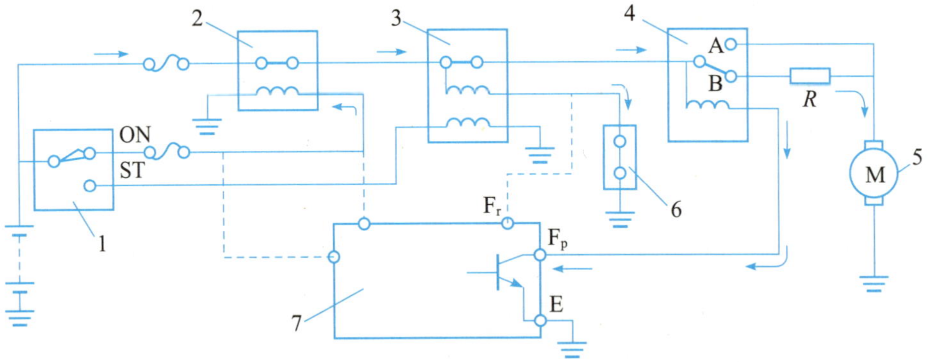

图 2－73　具有转速控制的燃油泵控制电路

1—点火开关　2—主继电器　3—断路继电器　4—燃油泵控制继电器　5—燃油泵　6—燃油泵开关　7—ECU

当发动机低速中、小负荷工作时，所需油量少，ECU 中的晶体管导通，使触点 B 闭合。因为电阻是串联到燃油泵电路中的，所以燃油泵两端电压低于蓄电池电压，燃油泵低速运转。

（4）由燃油泵 ECU 控制的燃油泵控制电路。

在由燃油泵 ECU 控制的燃油泵电路中，燃油泵 ECU 通过发动机 ECU 控制，给燃油泵不同的驱动电压，使燃油泵的转速和油压能按需变化，控制电路如图 2－74 所示。

燃油泵 ECU 通过 FP 端子向燃油泵供电。燃油泵 ECU 根据发动机 ECU 端子 FPC 和

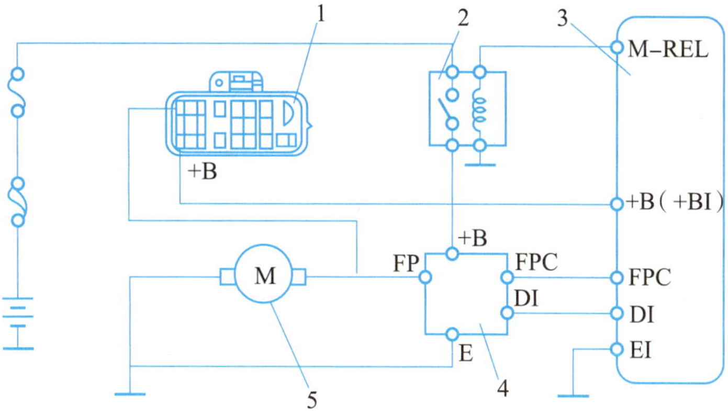

图 2-74 由燃油泵 ECU 控制的燃油泵控制电路

1—诊断座 2—主继电器 3—ECU 4—燃油泵 ECU 5—燃油泵

DI 的信号，控制+B 端子与 FP 端子的连通回路，以改变输送给燃油泵的电压，从而实现对燃油泵转速的控制。

当发动机高速、大负荷工作时，发动机 ECU 的 FPC 端子向燃油泵 ECU 发出指令，使 FP 端子向燃油泵提供 12V 的蓄电池电压，燃油泵以高速运转。当发动机低速、小负荷工作时，发动机 ECU 的 DI 端子向燃油泵 ECU 发出指令，使 FP 端子向燃油泵提供较低的电压（一般为 9V），燃油泵以低速运转。

（5）典型的燃油泵控制电路。

通用汽车的燃油泵控制电路如图 2-75 所示。点火开关接通时，ECU 给燃油泵继电器的线圈通电，使燃油泵继电器触点闭合并通过触点接通内置于燃油箱里的燃油泵。发动机起动或运转时，燃油泵始终工作。当点火开关接通 2s 而发动机并没有起动时，ECU 就会停止向燃油泵继电器供电，燃油泵继电器的触点断开而停止泵油。

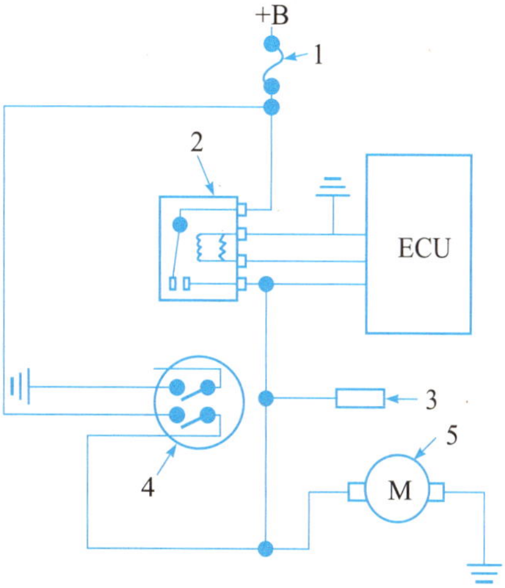

图 2-75 通用汽车的燃油泵控制电路

1—保险丝 2—燃油泵继电器 3—喷油器 4—机油压力开关 5—电动燃油泵

如果点火开关在接通位置而燃油管路因为事故损坏，ECU 和燃油泵继电器具有防止燃油从损坏的管路喷出的安全装置，从而避免事故发生。机油压力开关与燃油泵继电器触点并联在一起，如果燃油泵继电器失效，电压将通过机油压力开关触点加到燃油泵上，尽管燃油泵继电器已经失效，燃油泵仍可继续运转。在寒冷的天气下，如果燃油泵继电器失效，机油压力不会立即建立，发动机将会起动困难。

克莱斯勒公司的燃油泵控制电路如图 2-76 所示。当点火开关接通时，ECU 控制燃油泵继电器线圈的接地线接地，燃油泵继电器触点闭合，通过燃油泵继电器触点，向燃油泵、点火线圈、氧传感器加热器等供电。ECU是在点火开关接通和燃油泵继电器闭合的同时通电，如果点火开关接通0.5s而发动机并没有转动，则ECU将断开燃油泵继电器电路，此时燃油泵继电器触点分开，即断开了向燃油泵、点火线圈、氧传感器加热器等供电的电路。

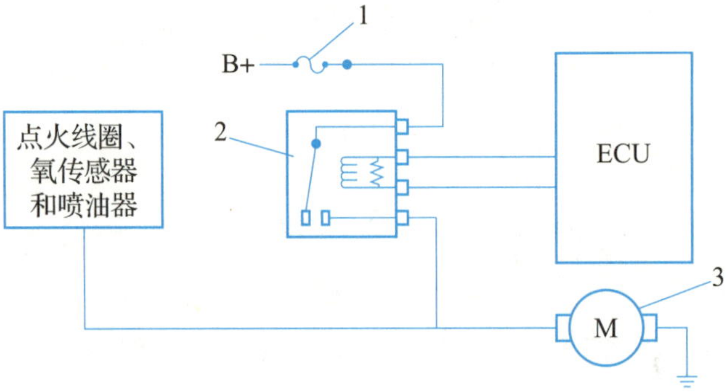

图2-76　克莱斯勒公司的燃油泵控制电路
1—保险丝　2—燃油泵继电器　3—电动燃油泵

大众新宝来燃油泵与油量传感器集成在一起，即为燃油电控单元GX1，油量传感器将油量信号传给仪表电控单元J285。发动机电控单元J623控制燃油泵继电器J17线圈工作，J17继电器触点闭合，由蓄电池给GX1的端子1供电，燃油泵工作。燃油泵的预油压控制是将点火开关的ON信号传给车身网络电控单元J519，J519通过总线将信号传输到J623，J623控制燃油泵进行预置工作，其控制电路如图2-77所示。

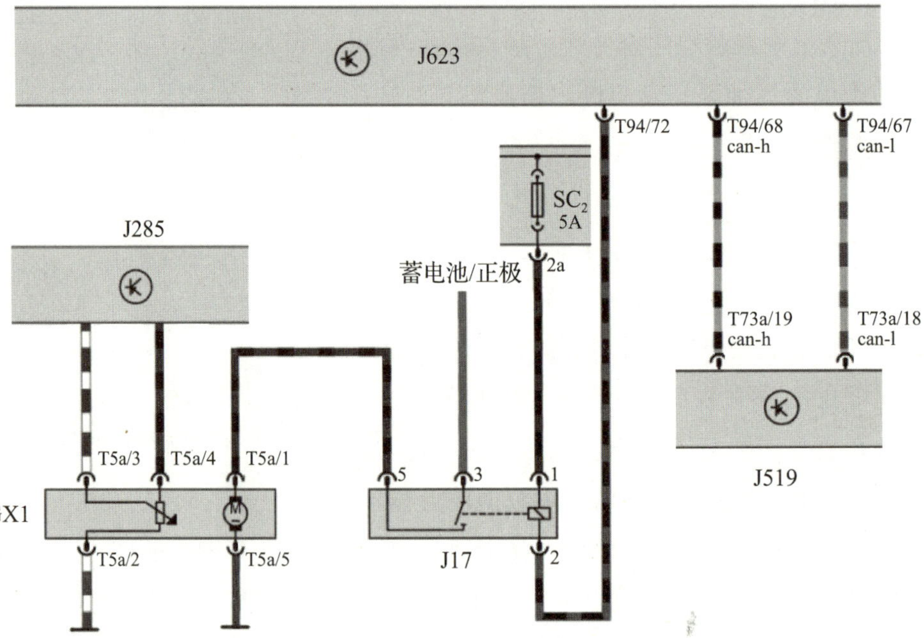

图2-77　大众新宝来车型的燃油泵控制电路

3. 电动燃油泵的检测

当电动燃油泵及控制电路出现故障时，会导致发动机不能起动。各种燃油喷射系统的电动燃油泵的检测方法基本相同，下面以大众新宝来 1.6L CSRA 汽油机为例，介绍其电动燃油泵及控制电路的检测方法，诊断流程如图 2-78 所示。新宝来车的电动燃油泵置于油箱里，与燃油量传感器集成一体，称为燃油供给单元。

提示： 燃油系统有压力，在松开管路接头前，应先卸除系统压力；同时，要做好安全防护以免受伤。

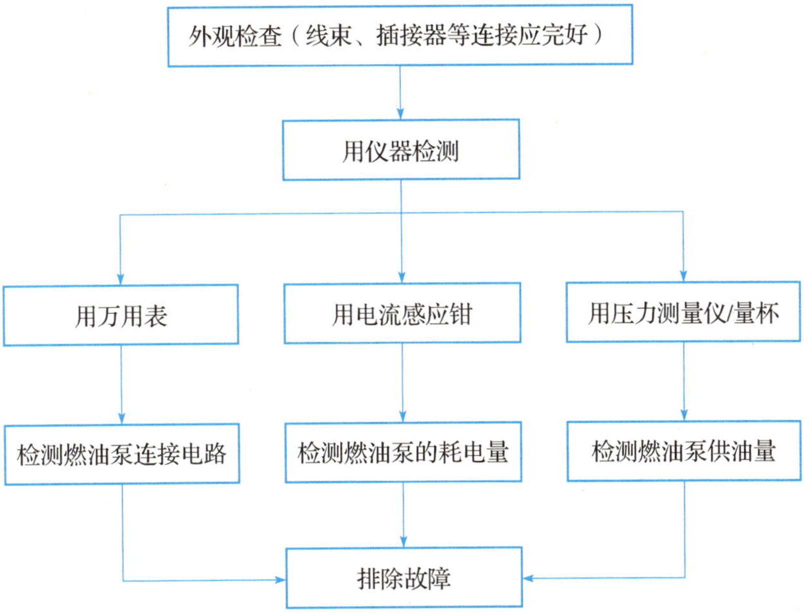

图 2-78 大众新宝来 1.6L CSRA 汽油机电动燃油泵诊断流程

燃油泵的检测包括电路检测、燃油泵耗电量检测和燃油泵供油量检测。GX1 燃油供给单元插头有五个端子，其中端子 2、3、4 为燃油量传感器端子，与 J285 仪表电控单元连接；端子 1 是燃油泵的供电端子，端子 5 是燃油泵的搭铁。检测时，应先确保蓄电池电压不低于 11.5V，保险丝 SC_2 正常。

（1）燃油泵电路检测。

1）点火开关在 OFF 挡时，拔下 GX1 燃油供给单元插头。

2）万用表电阻挡测量 T5a/1 与 J17/5 之间的导线应导通；T5a/5 与接地之间导线应导通。

3）点火开关在 ON 挡时，线束侧端子 T5a/1 电压为蓄电池电压，但 2～3s 后为 0V，这是因为发动机没有起动，燃油泵继电器 J17 正常断开。否则，应检测燃油泵继电器 J17 及相关导线。

（2）燃油泵耗电量检测。

1）按要求将测量仪及电流感应钳连接到燃油供给单元插头上，如图 2-79 所示。

2）起动发动机并怠速运转。

3）测量燃油泵耗电量，允许最大值 9A。当耗电量过大时，说明燃油泵损坏，应更换燃油供给单元。

提示：在发动机起动时，燃油泵的起动电流可能会在短时间内高于额定值，这属于正常情况。

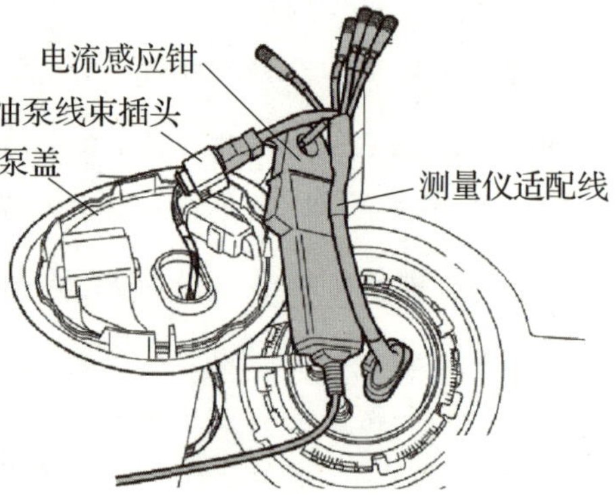

图 2-79　测量仪及电流感应钳连接

（3）燃油泵供油量检测。

当油箱内燃油充足，但车辆出现行驶性故障时，应进行燃油泵供油量检测，检测方法如下：

1）按要求选择适配器并连接，同时连接遥控装置。

2）按要求连接燃油压力测量仪，如图 2-80 所示。

3）将燃油压力测量仪上燃油排出管插入一个空量杯。

4）操作遥控装置 60s，同时测量燃油泵电压，如图 2-81 所示。

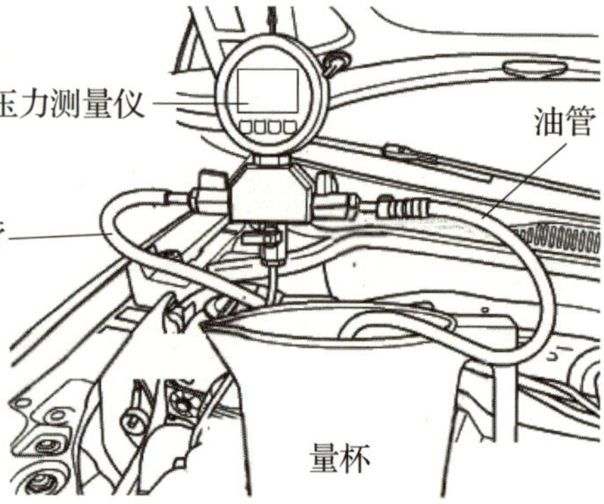

图 2-80　燃油压力测量仪测量供油量

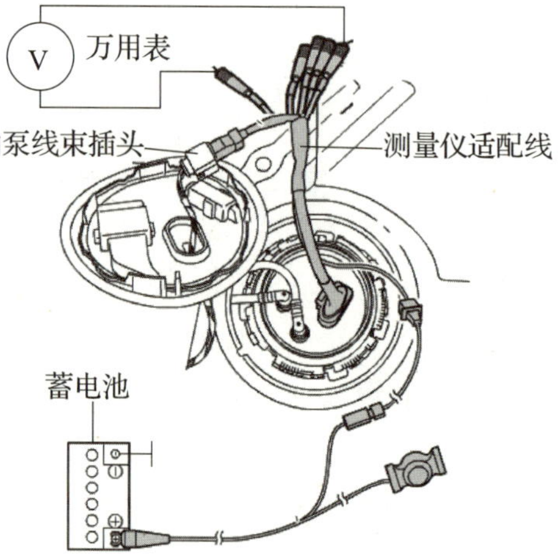

图 2-81　测量燃油泵电压

将输出的燃油量与额定值比较。燃油泵供油量与电压有关，不同电压对应的最小供油量如图 2-82 所示。比如测试燃油泵供油量为 1 260cm^3/60s，燃油泵的供电电压为 10.5V，参照最小供油量线性值应为 1 200cm^3/60s，因此该油泵的供油量正常。如果输出的燃油量未达到额定值，应对燃油管、燃油滤清器、燃油箱通风装置进行检查，如果这些部件正常，则可确定燃油泵有故障，应进行更换。

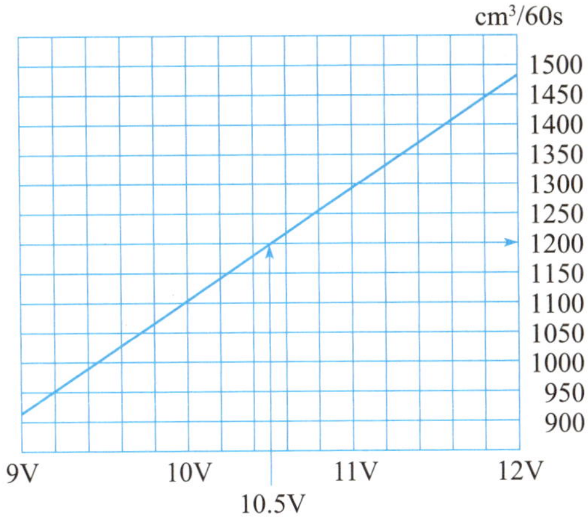

图 2-82 最小供油量与燃油泵供电电压线性关系

（二）喷油器

1. 喷油器的类型与结构

喷油器按喷油口的结构不同可分为轴针式、球阀式和孔式，国产轿车燃油喷射系统大多采用轴针式电磁喷油器。根据喷油器电磁线圈阻值大小，喷油器可分为高阻型（13～18Ω）和低阻型（1～3Ω）两种。按驱动方式可分为电流驱动和电压驱动两种。喷油器外形如图 2-83 所示。

图 2-83 喷油器外形

多点燃油喷射系统的喷油器主要由滤网、线束插接器、电磁线圈、回位弹簧、衔铁和针阀等组成，针阀与衔铁制成一体，针阀下部有轴针，如图 2-84（a）所示。

（1）喷油器喷油：电磁线圈通电时，产生电磁吸力，将衔铁吸起并带动针阀离开阀座，同时回位弹簧被压缩，燃油经过针阀并由轴针与喷口的环隙或喷孔中喷出。

（2）喷油器不喷油：电磁线圈断电时，电磁吸力消失，回位弹簧迅速使针阀关闭，喷油器停止喷油。在喷油器的结构和喷油压力一定时，喷油器的喷油量取决于针阀的开启时间，即电磁线圈的通电时间。

孔式喷油器在电控燃油喷射系统中应用较少，其结构原理与轴针式喷油器相似。

单点燃油喷射系统中的喷油器结构如图 2-84（b）所示，由线束插接器、电磁线圈、回位弹簧、衔铁和球阀等组成，工作原理与轴针式喷油器相似。

2. 喷油器的控制电路

各车型喷油器的控制电路基本相同，一般都是通过点火开关和主继电器（或熔丝）给喷油器供电，通过 ECU 控制喷油器搭铁，其驱动电路如图 2-85 所示。

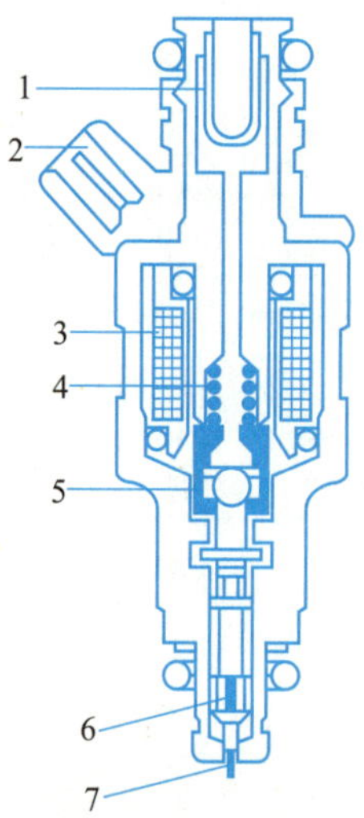

（a）用于多点燃油喷射系统

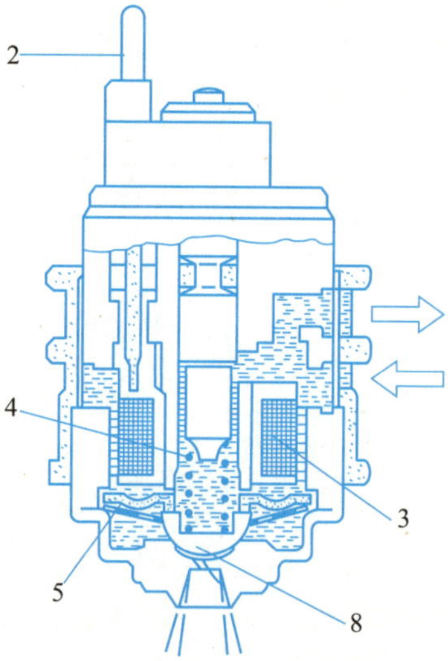

（b）用于单点燃油喷射系统

图 2-84 喷油器

1—进油滤网 2—线束插接器 3—电磁线圈 4—回位弹簧 5—衔铁 6—针阀 7—轴针 8—喷嘴

低阻电压驱动电路如图 2-85（a）所示，驱动回路中串入一个附加电阻，增加回路的阻抗。高阻电压驱动电路，没有附加电阻，因喷油器电磁线圈阻值为 12～17Ω，故电路比较简单。

低阻电流驱动电路如图 2-85（b）所示，ECU 通过电流进行控制。因为通过喷油器电磁线圈的电流能在极短的时间内达到最大，使针阀开启，所以这种喷油器具有良好的响应性。当针阀开到最大而需要保持开度时，电流下降为 1～2A，这样可以防止线圈发热，减少电能的消耗。

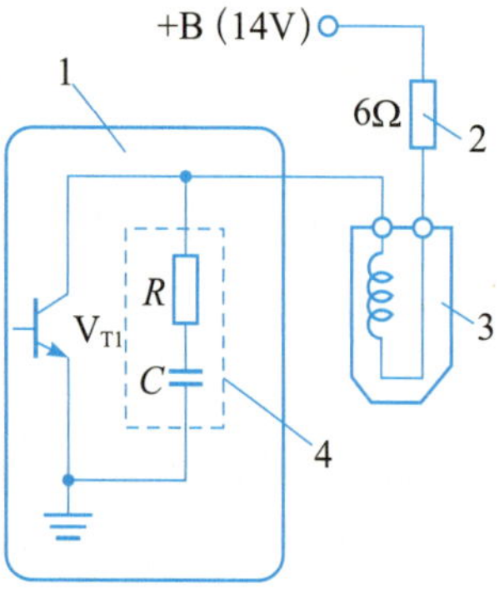

（a）低阻电压驱动电路

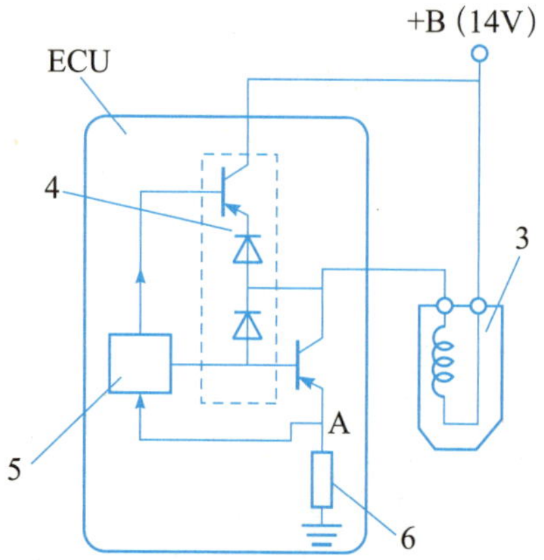

（b）低阻电流驱动电路

图 2-85 喷油器的控制电路

1—ECU 2—附加电阻 3—喷油器 4—消弧电路 5—电流控制回路 6—电流检测电阻

大众新宝来轿车1.6L CSRA汽油机喷油器控制电路如图2-86所示，该发动机有四个喷油器，分别为N30、N31、N32、N33，发动机电控单元J623由驱动总线控制，喷油器由主机电器J271供电，且由J623控制喷油器线圈电流的接通或截止。喷油器线圈电流接通时，喷油器喷油；喷油器线圈电流截止时，喷油器停止喷油。

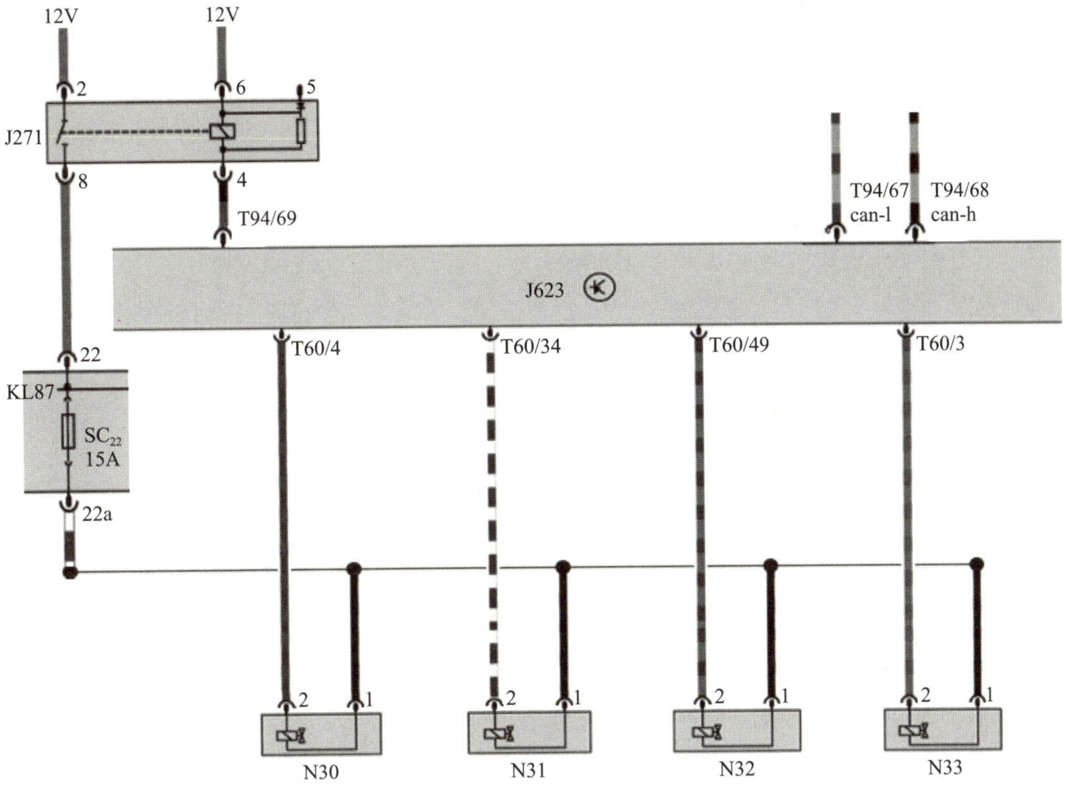

图2-86　大众新宝来轿车1.6L CSRA汽油机喷油器控制电路

3. 喷油器的检修

（1）就车诊断喷油器工作情况。

故障诊断仪元件驱动法：按要求连接故障诊断仪，进入发动机电控系统界面，然后点击“引导型功能”→“驱动器诊断”→“选择执行元件”（选择喷油器）→“开始”，在此时应听到喷油器工作声，否则，喷油器或驱动电路有故障。

听诊器诊断法：在发动机怠速工作时，用听诊器测试各缸喷油器工作声音，如图2-87所示。若能听到喷油器清脆均匀的工作声，说明喷油器正常工作。

（2）检测喷油器的电阻值。

拔下喷油器线束插头，用万用表测量喷油器两端子之间的电阻，如图2-88所示，低阻值喷油器阻值应为2～3Ω，高阻值喷油器阻值应为13～16Ω，否则应更换喷油器。

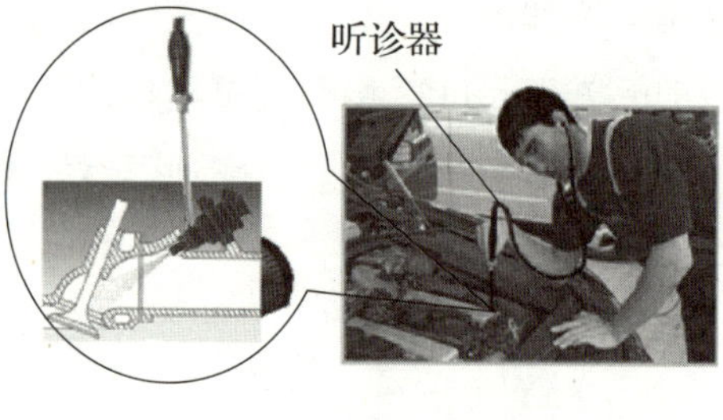

图 2-87　听诊器测试各缸喷油器

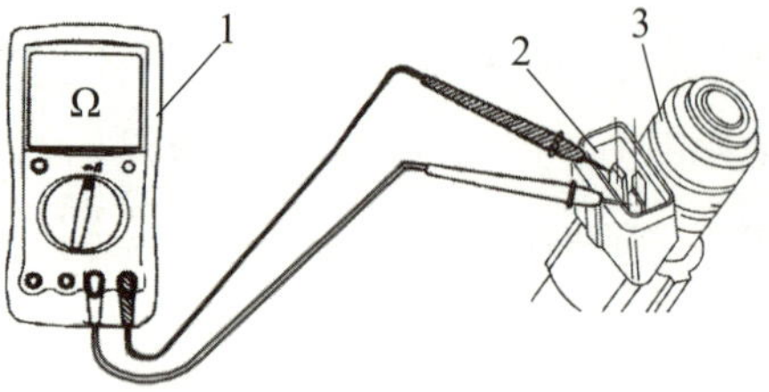

图 2-88　测量喷油器电阻

1—万用表　2—线束插头　3—喷油器

（3）喷油器控制电路检查。

拆开喷油器线束插接器，接通点火开关，但不起动发动机，用万用表测量其电源端子与搭铁间电压应为 12V 电源电压（即插头端子 1 与发动机搭铁之间的电压）。否则应检查供电线路、点火开关、继电器或保险丝是否有故障。测量各喷油器插头负极端子与发动机 ECU 喷油器端子之间的阻值应小于 1Ω，否则线路有断路。

（4）喷油器的喷油量检查。

喷油器的喷油量检查可在专用设备上进行，也可按图 2-89 所示方法检查。检查方法是：燃油泵工作后，用导线让蓄电池直接给喷油器通电，并用量杯检查喷油器的喷油量。每个喷油器应重复检查 2～3 次，各缸喷油器的喷油量和均匀度应符合标准。各车型喷油器的喷油量和均匀度标准不同，一般喷油量为 50～70mL/15s，各缸喷油器的喷油量相差不超过 10%，否则应清洗或更换喷油器。同时，观察燃油从喷孔喷出的形状，应为 35°左右的圆锥雾状。

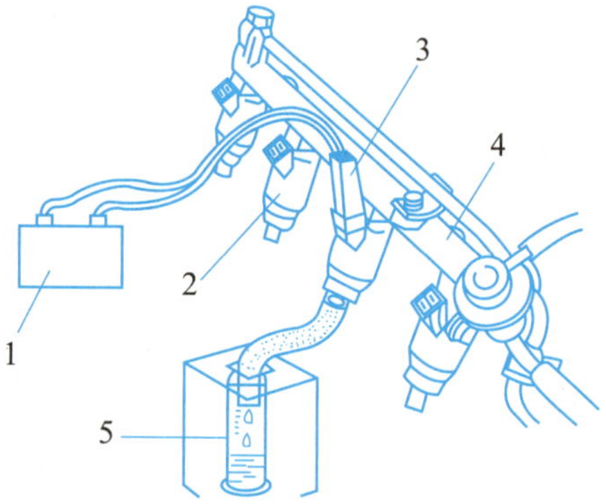

图 2-89　喷油器喷油量的检查

1—蓄电池　2—喷油器

3—专用检测线　4—燃油总管　5—量杯

（5）喷油器密封性检查。

喷油器密封性检查可在专用设备上进行，在检测喷油量之前，直接给燃油泵通电，使其工作，当油压达到正常时，观察喷油器有无滴漏现象。也可将喷油器和输油管从安装位置上拆下，再与燃油系统悬空连接好，打开点火开关，让燃油泵通电工作，观察喷油器有无滴漏现象。一般 2min 内喷油器滴油不超过 1 滴，说明喷油器密封性良好，否则应更换喷油器。

提示： 低阻喷油器不能直接与蓄电池连接，必须串联一个 8～10Ω 的附加电阻。同时要求作业环境要通风，避免烟火。

（6）喷油器波形检测。

喷油器标准波形，根据 ECU 内部控制喷油器电路的开关三极管类型不同，有 PNP 型和 NPN 型两种，NPN 型常见的有饱和开关型、峰值保持型和波许峰值保持型三种，如图 2－90 所示。

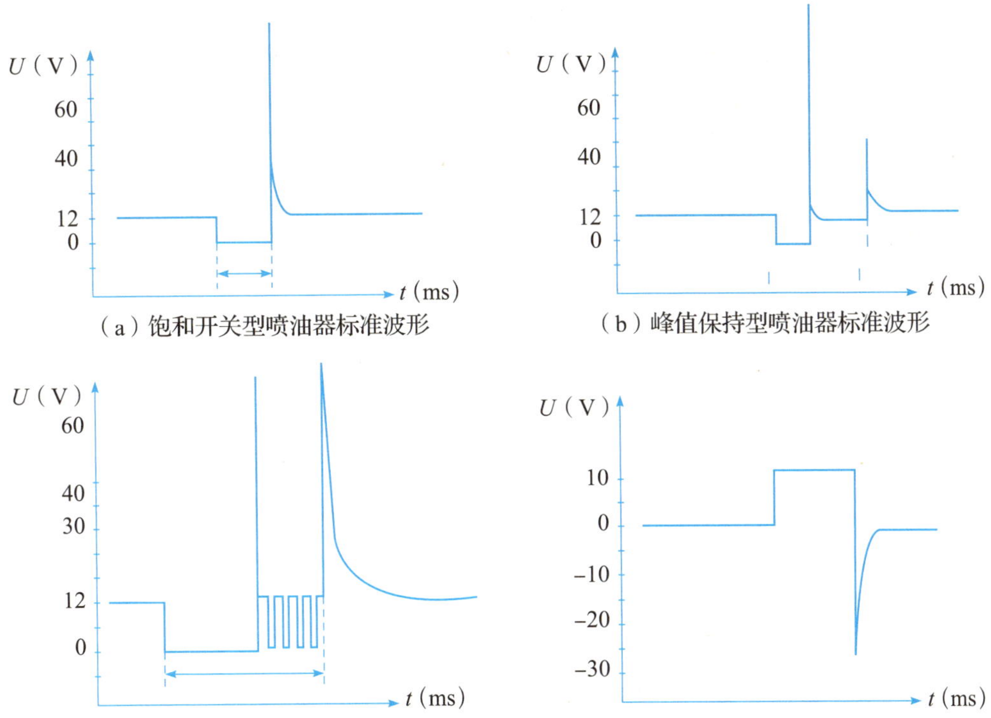

（a）饱和开关型喷油器标准波形
（b）峰值保持型喷油器标准波形
（c）波许峰值保持型喷油器标准波形
（d）PNP型喷油器标准波形

图 2－90　喷油器标准波形

饱和开关型喷油器标准波形如图 2－90（a）所示，标准波形条件是：喷油器不喷油时电路为高电位，即蓄电池 12V 电压；喷油器喷油时电路为低电位，即 0V。当 ECU 使喷油器接地电路接通时，喷油器开始喷油，此时波形幅值应垂直向下至 0V 电位线；脉冲宽度为喷油器喷油时间，应为水平线。正常喷油时间会随着驾驶条件和氧传感器输出信号的变化而变化，一般怠速时约为 1～6ms，冷起动或节气门全开时约为 6～35ms。当 ECU 使喷油器断开电路时，喷油器停止喷油，此时波形幅值应垂直向上，由于喷油器线圈的磁场衰减而产生一个较高的峰值，一般正常断开峰值电压范围大约是 30～100V，随后波形迅速呈 12V 水平电位线。

峰值保持型喷油器标准波形如图 2－90（b）所示，标准波形条件是：喷油器不喷油时电路为高电位，即蓄电池 12V 电压；喷油器喷油时波形为低电位，即 0V。ECU 用 4A 电流打开喷油器针阀，然后用 1A 电流使针阀保持开启状态。当 ECU 将电流切换到 1A 时，将引起喷油器磁场的突变，于是产生一个电压尖峰；当完全断开接地电路而停止喷油时，则会再产生一个电压尖峰。在发动机工作时，一般从信号开启到第一个尖峰的时间与喷油时间无关，而两个尖峰之间的时间则随发动机的加速或减速不断变化，即加速时，将看到第二个尖峰向右移动，而第一个尖峰保持不动；混合气很浓时，两个尖峰之间会很近。

波许峰值保持型喷油器标准波形如图 2-90（c）所示，标准波形条件是：喷油器不喷油时电路为高电位，即蓄电池 12V 电压；喷油器喷油时波形为低电位，即 0V。ECU 用 4A 电流打开喷油器针阀，然后，ECU 通过高速脉冲开关电路来减少电流。波形中出现两个尖峰，第一个尖峰是在脉冲电路接通瞬间产生的，第二个尖峰是在脉冲电路断开的瞬间产生的，产生原因同前。测试时，要观察脉冲波形幅值、频率、形状和脉宽等是否一致，同时起动时喷油脉宽应为 6～35ms，若发现喷油脉宽超过 50ms，说明喷油过多，会出现起动困难。

PNP 型喷油器标准波形如图 2-90（d）所示，标准波形条件是：PNP 型喷油器的脉冲电压是在接地状态下触发喷油器开关的，所以喷油时电压突变尖峰的方向与其他类型的相反。这种类型喷油器常见于克莱斯勒车系中。波形分析和要求同前。

三、实训内容

1. 实训准备

（1）实训前准备能工作的试验发动机、万用表、燃油压力表、软管、量杯、吸油布、故障诊断仪、示波器等。

（2）掌握与实训车型相关的电动燃油泵的理论知识。

（3）了解本次实训课所用仪器及设备的使用方法。

2. 实训流程

（1）检测燃油泵电路并分析。

（2）测试燃油泵的供油量并分析。

（3）喷油器的性能检测。

实训教师可根据实训条件设置电动燃油泵故障，比如可设置不供油、供油不足、间歇供油故障；设置喷油器故障，比如可设计喷油器引起的缺缸、喷油器密封圈漏气和阻塞等故障。然后在实训教师的监督下，由学生独立完成故障的诊断与排除；或者由实训教师充当客户模拟一个或多个场景，让学生分组进行故障排除。先进行故障分析，再进行与喷油器和电动燃油泵相关的诊断和测试，直至故障现象排除。

3. 实训记录

实训工单见附录Ⅱ中实训任务 2-8。

任务九　燃油压力调节器

一、任务描述

燃油压力调节器根据安装位置分为两种，一种与油轨（也称燃油分配管）相连，特点是带回油管；另一种在油箱中，特点是无回油管。燃油压力调节器的作用是保持输油管内燃油压力与进气管内气体压力的差值恒定，即根据进气管内压力的变化来调节燃油压力。在本学习任务中要掌握以下知识：

（1）燃油压力调节器的结构及原理。

（2）燃油系统压力的检测方法。

二、相关知识及技能

（一）燃油压力调节器的结构和原理

1. 带回油管的燃油压力调节器

带回油管的燃油压力调节器通常安装在油轨的一端，如图 2 - 91 所示，油轨的作用是固定喷油器和燃油压力调节器，并将燃油分配给各个喷油器。带回油管燃油压力调节器主要由膜片、回位弹簧和回油阀等组成，如图 2 - 92 所示。膜片将燃油压力调节器壳体内部分成两个室，即弹簧室和燃油室；膜片上方的弹簧室通过软管与进气管相通，膜片与回油阀相连，回油阀控制回油量。

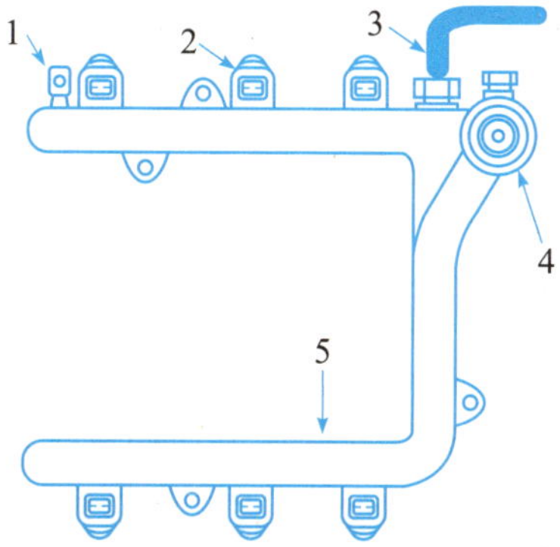

图 2 - 91　带回油管的燃油压力调节器通常安装位置

1—脉动阻尼器　2—喷油器　3—回油管　4—燃油压力调节器　5—油轨

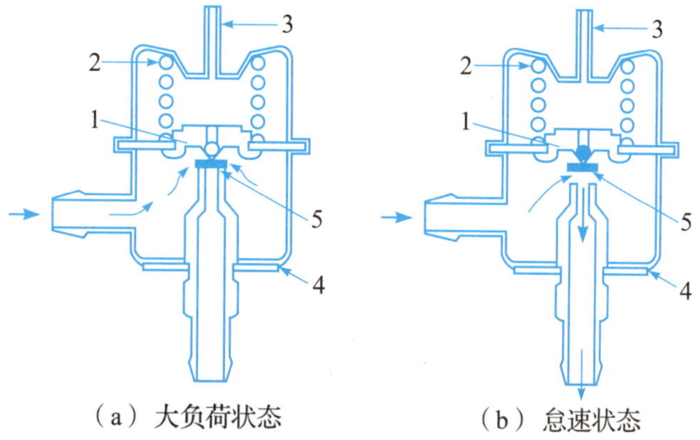

图 2 - 92　带回油管的燃油压力调节器

1—膜片　2—回位弹簧　3—真空管接头　4—壳体　5—回油阀

发动机工作时，燃油压力调节器膜片上方承受的压力为弹簧的弹力和进气管内气体的压力之和，膜片下方承受的压力为燃油压力，当膜片上、下承受的压力相等时，膜片处于平衡位置不动。当进气管内气体压力下降（真空度增大）时，膜片向上移动，回油阀开度增大，回油量增多，使输油管内燃油压力下降；反之，当进气管内的气体压力升高时，膜片带动回油阀向下移动，回油阀开度减小，回油量减少，使输油管内燃油压力升高。由此可见，在发动机工作时，燃油压力调节器通过控制回油量来调节输油管内燃油压力，从而保持喷油压差恒定不变。进气歧管内压力、燃油分配管内压力与节气门开度的变化关系如图 2-93 所示。

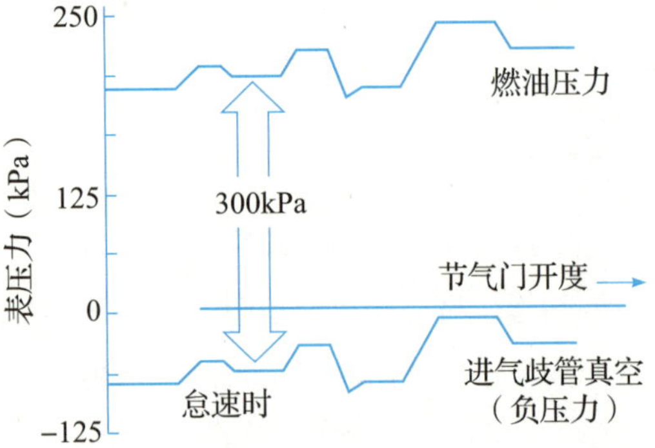

图 2-93　进气歧管内压力、燃油分配管内压力与节气门开度的变化关系

2. 无回油管的燃油压力调节器

无回油管的燃油压力调节器一般与燃油滤清器、燃油泵等组成一体，安装在油箱内，燃油压力调节器和燃油滤清器位于总成的上部，由一条油管将油轨与这个总成连接起来，如图 2-94 所示。

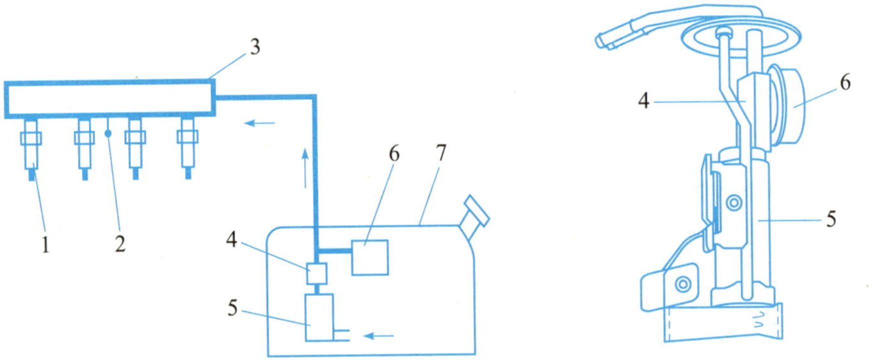

图 2-94　无回油管的燃油压力调节器总成

1—喷油器　2—脉动阻尼器　3—油轨　4—燃油滤清器　5—电动燃油泵　6—燃油压力调节器　7—油箱

无回油管的燃油压力调节器是一个弹簧加载的压力调节器，主要由调压阀和调压弹簧组成，如图 2-95 所示。它的作用是把燃油管的压强限定在 3.5bar。当燃油压强小于 3.5bar 时，调压阀在调压弹簧的作用下落座；当燃油压强大于 3.5bar 时，调压阀克服调压弹簧的作用力向下移动，多余的燃油便经过调压阀和阀座之间的间隙流入调压弹簧室，再返回油箱。这样，可减少燃油量，减少燃油气泡的形成。

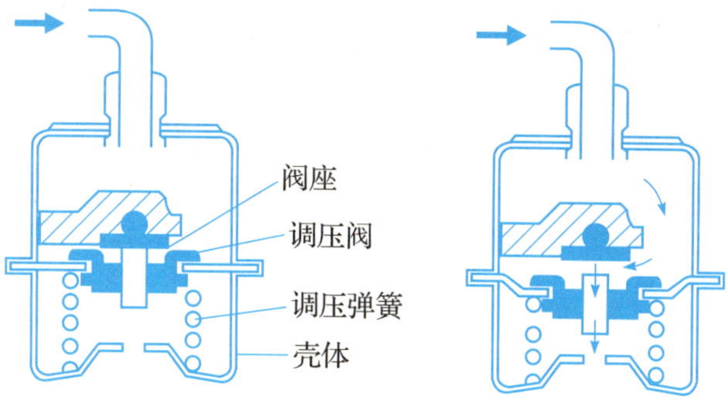

图 2-95 无回油管的燃油压力调节器结构

（二）燃油系统压力的检测

1. 注意事项

发动机工作时，由于电动燃油泵的供油量远大于发动机消耗的油量，所以回油阀始终保持开启，使多余燃油经过回油管流回油箱。发动机停止工作（燃油泵停转）时，随着输油管内燃油压力下降，回油阀在弹簧的作用下逐渐关闭，以保持燃油系统内有一定的燃油压力。

（1）作业应在通风良好的环境下进行，避免烟火。

（2）打开系统前，应断开油泵保险，起动发动机泄掉燃油压力。

（3）拆装油箱部件时，应水平停放车辆，油箱内燃油量不可超过总容积的 3/4。如需要，排空油箱。

（4）电动燃油泵不能放在空气中进行长时间空转。

（5）作业进行过程中，不要移动车辆，以防发生火灾。

（6）断开接头前应彻底清洗接头及其周围区域。

（7）拆下的零件应放在清洁表面并盖好，不可使用有绒毛的抹布擦拭。

2. 燃油系统的油压检测

（1）释放燃油系统的油压。

由于发动机熄火后，燃油系统内仍保持有较高的燃油压力，为了安全，在拆卸燃油系统内任何元件时，都必须首先释放燃油系统压力，以免系统内的压力油喷出，造成伤害。燃油系统压力的释放方法和步骤如下：

1）接通点火开关，使发动机怠速运转；

2）拔下燃油泵继电器或电动燃油泵线束插头，使发动机自行熄火；

3）再使发动机起动 2～3 次，即可完全释放燃油系统压力；

4）关闭点火开关，插上燃油泵继电器或电动燃油泵线束插头。

（2）检测燃油系统的油压。

为了保证发动机在各种工况下，燃油系统都能供给足够数量的燃油，在不同工作条件下，燃油系统实际供给的燃油压力并不是固定值。以六缸普通电喷发动机为例，介绍燃油系统油压测试过程。

1）测试前准备工作：电源电压正常；按要求释放系统油压；连接油压表（如图 2－96 所示）；等等。

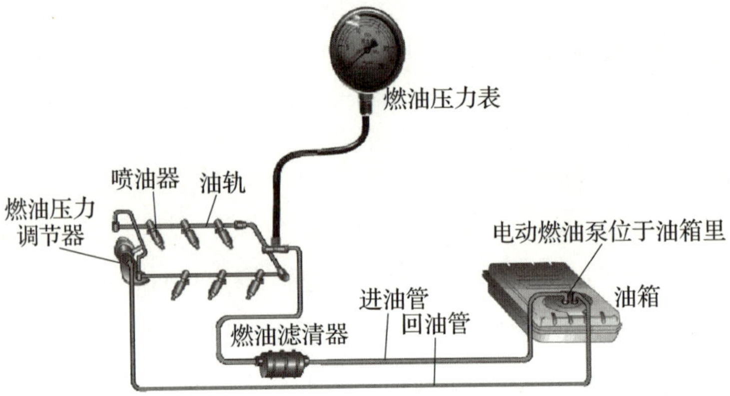

图 2－96　油压表的连接

2）接通点火开关，发动机怠速运转时，燃油压力表压力显示值应符合 250±20kPa。

3）突然加大节气门开度时，燃油压力表压力应迅速增大到 300kPa 左右。

4）在怠速时，拔下燃油压力调节器上的真空管，并用手指堵住进气管一侧的管口，燃油压力表压力必须升高到 300kPa。

若燃油系统压力过低，可夹住回油软管以切断回油管路，再检查燃油压力表指示压力，如压力恢复正常，说明燃油压力调节器有故障，应更换；若仍压力过低，应检查燃油系统有无泄漏，燃油泵滤网、燃油滤清器和回油管路是否堵塞，若无泄漏和堵塞故障，应更换电动燃油泵。

若燃油压力表指示压力过高，应检查回油管路是否堵塞；若回油管路正常，说明燃油压力调节器有故障，应更换。

5）如果测试燃油系统压力符合标准，则使发动机运转至正常工作温度后，重新接上燃油压力调节器上的真空软管，此时检查燃油压力表指示压力应略有下降（约 0.05MPa），否则应检查真空管路是否堵塞或漏气；若真空管路正常，说明燃油压力调节器有故障，应更换。

（3）检测燃油系统的密封性和保压能力。

方法和步骤如下：

1）保证电源电压正常。

2）接通点火开关，发动机怠速运转，使燃油压力表指示压力达到额定值。

3）断开点火开关，等待 10min 后，燃油压力表指示压力必须高于 220kPa。

4）如果压力低于 220kPa，则重复 2）。

5）断开点火开关，夹住回油管，同时观察燃油压力表指示压力，等待 10min 后，如压力高于 200kPa，说明燃油压力调节器失效，应予更换；如果压力低于 200kPa，说明输油管、喷油器有泄漏或燃油泵单向阀故障或喷油器进油口“O”形密封圈失效，需逐项进行检修。

（4）预置燃油系统的油压。

在拆开燃油系统进行维修之后，为避免首次起动发动机时，因系统内无压力而导致起动时间过长，应预置燃油系统残余压力。具体方法有两种：

1）燃油系统压力预置可通过反复打开和关闭点火开关来完成。

2）有些车系，如日本丰田车系等带故障诊断座，可以直接将故障诊断座上的电源端子+B 与电动燃油泵测试端子 FP 跨接。接通点火开关，使电动燃油泵工作约 10s 之后，便完成预置工作。最后关闭点火开关，拆下故障诊断座上的专用导线。

3. 常见故障诊断流程

汽油机燃油系统常见故障有油压过高、油压过低等，会引起发动机起动困难、加速无力或加速熄火等现象。

（1）油压过低故障诊断。

油压过低故障诊断流程如图 2－97 所示。

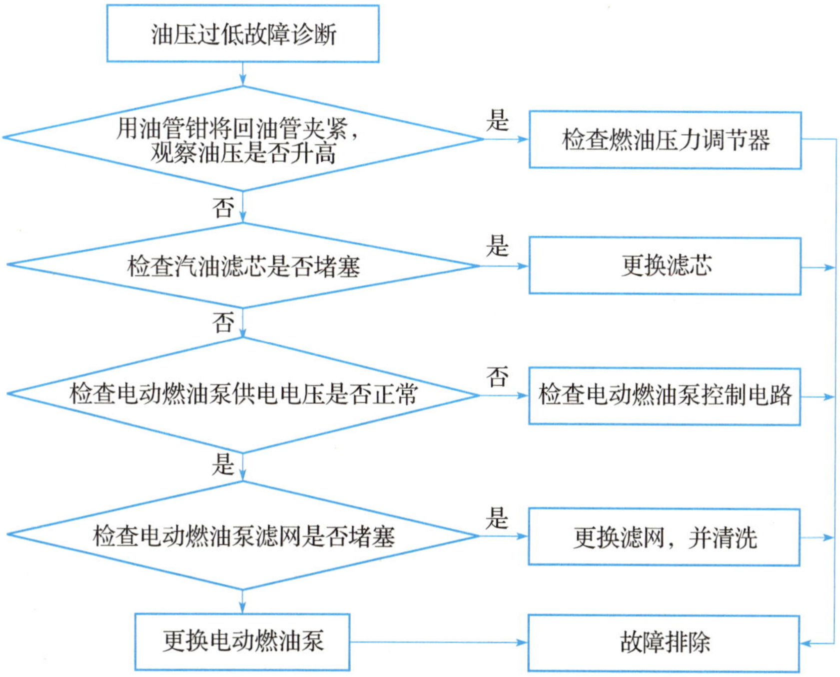

图 2－97　油压过低故障诊断流程

（2）油压过高故障诊断。

油压过高故障诊断流程如图 2－98 所示。

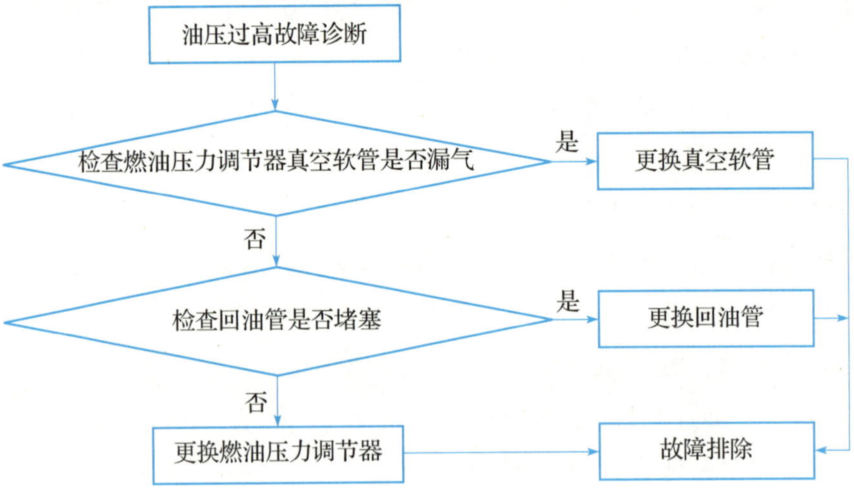

图 2－98　油压过高故障诊断流程

三、实训内容

1. 实训准备

（1）准备能工作的试验车辆、专用软管夹、燃油压力表等。

（2）掌握与实训车型相关的燃油系统油压测试的理论知识。

（3）了解本次实训课所用仪器及设备的使用方法。

2. 实训流程

（1）正确释放燃油系统油压。

（2）供油系统油压的检测。

（3）正确预置燃油系统的油压。

实训教师可根据实训条件设置燃油系统故障，比如可设计燃油压力调节器引起的油压过低造成的加速不良等故障。然后在实训教师的监督下，由学生独立完成故障的诊断与排除，或者由实训教师充当客户模拟一个或多个场景，让学生分组完成故障的排除。先进行故障分析，再进行与燃油压力调节器相关的诊断和测试，直至故障现象排除。

3. 实训记录

实训工单见附录Ⅱ中实训任务 2－9。

任务十 汽车电子控制单元

一、任务描述

汽车电子控制单元（ECU）简称电控单元、汽车电控单元、汽车电脑或集成电路控制单元、多路控制装置、电子控制模块等，汽车制造公司不同叫法也不同。现代汽车的发动机、底盘、车身电器及安全舒适等系统，都普遍采用电子控制技术，因此，对汽车电控单元知识的学习及维修技术的掌握，在汽车维修领域里也越来越被重视。在本学习任务中要掌握以下知识：

（1）汽车电子控制单元组成。

（2）发动机电控单元工作原理。

（3）发动机电控单元检测。

二、相关知识及技能

（一）汽车电子控制单元组成

汽车 ECU 主要由硬件和软件两大部分组成。软件是指微控制器进行计算需要的程序，且被存储在程序存储器中。硬件部分主要包括系统电路、电源电路、输入电路、输出电路等。汽车 ECU 的主要部分是单片机，单片机是一块集成了微处理器（CPU）、输入和输出设备等的芯片，如图 2－99 所示。微处理器具有运算、存储及控制功能，是单片机的核心部件，微处理器将输入模拟信号转化为数字信号，并与存储的参考数据进行对比处理，计算出输出值，输出信号经过功率放大后控制执行器，例如喷油器和继电器等。不同品牌及系统的单片机，其计算能力和内存容量也不同。

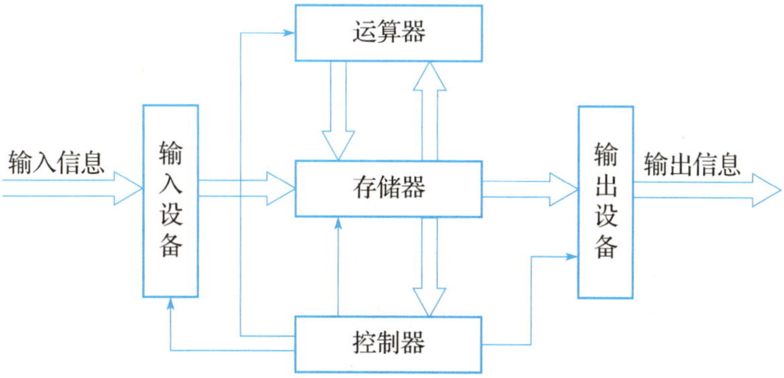

图 2－99 单片机结构

1. 输入设备

输入设备（也称输入电路）从传感器中采集到车辆状况信息，并转换为电压信号，同时，把信号进行放大、整形、电压转换、滤波处理等，保证实时准确地为 CPU 提供各种参数，以便 CPU 进行监控。给汽车 ECU 输入信号的传感器类型有可变电阻式传感器、电位式传感器、磁感应式传感器、开关式传感器等。

（1）可变电阻式传感器。

在监测环境的温度或压力发生变化时，可变电阻式传感器内可变电阻的电阻值也随之变化，ECU 的输入设备将其转变为电压信号，并提供给 CPU。环境温度传感器、进气压力传感器等为可变电阻式传感器。

（2）电位式传感器。

电位式传感器类似一个可变电阻器，如接触式加速踏板位置传感器等，随零件的移动而改变其电阻大小，进而生成不同的电压信号，并通过 ECU 的输入设备输送给 CPU。

（3）磁感应式传感器。

磁感应式传感器利用零件的转动而产生的感应电流，将曲轴转动角度转变成电压信号，通过 ECU 的输入设备输送给 CPU，如发动机磁感应式车轮转速传感器。

（4）开关式传感器。

开关式传感器是一种感应式检测装置，如人体感应开关、红外线感应开关、光电感应开关等，当接收到被检测的信息时，将接通或切断电器工作电路，同时将信号输送给 CPU。

2. 输出设备

输出设备主要是将 CPU 根据发动机状态和操作人员的要求计算得到的控制信号放大，从而实现对执行器的控制。汽车 ECU 通过输出设备控制的执行器的常见类型有电磁阀式、伺服电动机式、继电器式、显示器式等，如图 2－100 所示。

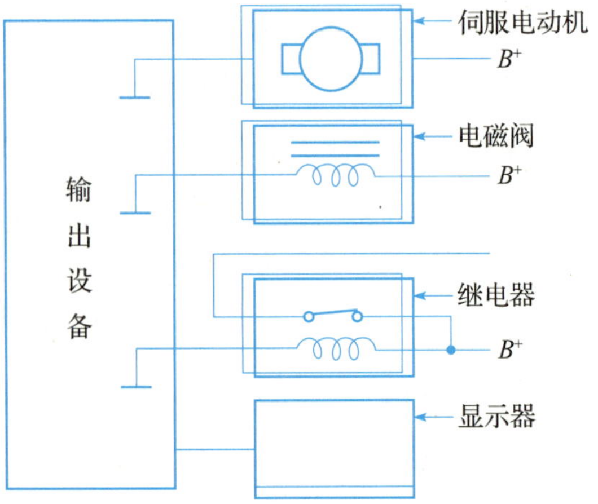

图 2－100　常见执行器类型

（1）伺服电动机式执行器。

ECU 通过输出设备控制电机电路的搭铁，使电机转动、停止或可逆回转，以控制零件、阀门的转动或移动，从而实现对机械装置的位置控制。如电动燃油泵电机为单方向转动，而车窗升降器电机、电动座椅调节电机等可逆转。

（2）电磁阀式执行器。

ECU 通过输出设备控制电磁阀电路的搭铁，使电流流入电磁线圈而产生磁力，从而使活塞或柱塞移动，以打开或关闭阀门。如喷油器电磁阀、燃油蒸气吸附电磁阀、车门锁电磁阀等，电磁阀式执行器在汽车上使用较为广泛。

（3）继电器式执行器。

ECU 通过输出设备控制继电器线圈电路的搭铁（小电流通过线圈），使线圈产生吸力，从而使继电器触点闭合，这样，可允许大电流通过继电器触点。如燃油泵电机工作的大电流是由燃油泵继电器控制的。

（4）显示器式执行器。

ECU 通过输出设备控制显示器电路，使电流流入，从而使仪表板上的荧光或液晶显示器工作。

（二）发动机电控单元工作原理

汽车电控单元的工作复杂而有序，这里以发动机电控单元为例介绍其工作原理。

1. 发动机电控单元主要功能

发动机电控单元（ECU）由外壳、主板和插座组成，其结构如图 2－101 所示。

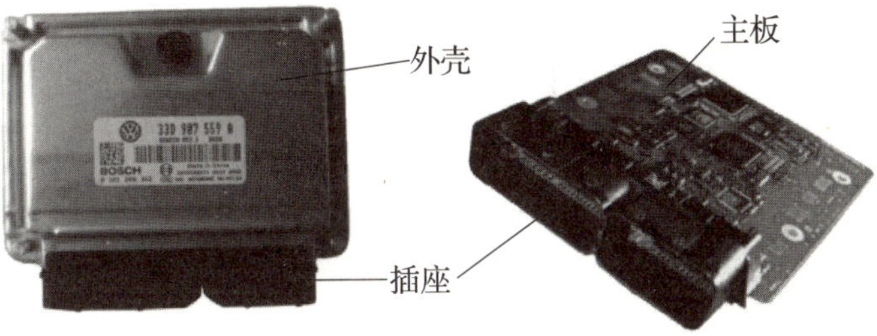

（a）ECU外形　　（b）ECU内部结构

图 2－101　发动机电控单元（ECU）

发动机 ECU 的功能如下：

（1）接收控制信息，主要指接收操作人员的各种控制指令。

（2）系统参数的采集处理功能，应用单片机丰富的接口资源采集发动机的工况和状态参数，之后加以转换处理。

（3）在控制软件的管理下，完成各种控制功能，根据采集的系统参数进行工况判断，实现喷油量控制和喷油正时控制。

（4）输出驱动功能，根据系统处理后所得的控制信息，将输出信号放大，驱动油量控制机构和正时控制机构。

（5）具备系统自诊断功能，如果检测到故障，则启用后备功能。

（6）与监控系统进行实时通信的功能。

2. 发动机电控单元控制过程

在发动机 ECU 诸多控制内容里，以喷油控制和点火控制为基本控制内容，发动机点火控制内容将在项目三中介绍，这里只介绍喷油控制过程。发动机 ECU 控制燃油喷射包括喷油正时控制、喷油量控制和断油控制。

（1）喷油正时控制。

喷油正时控制是指喷油的正确时间，包括同步喷射和异步喷射。同步喷射是指喷射频率与曲轴运动状态（或活塞行程）同步，又分为同时喷射、分组喷射和顺序喷射三种，详细内容见项目二中任务一。

异步喷射控制是指喷油正时控制与曲轴运动无任何关系，为临时性补充供油。通常设置起动时异步正时喷射和加速时异步正时喷射。

（2）喷油量控制。

喷油量控制是保证发动机在各种运行工况下，都能获得最佳的混合气浓度，以提高发动机的经济性和降低排放污染。在汽油机电控燃油喷射系统中，喷油量控制是通过控制喷油器的喷油时间来实现的，分为同步喷油量控制和异步喷油量控制，同步喷油量控制又分为起动时的喷油量控制和起动后的喷油量控制，异步喷油量控制分为起动异步喷油量控制和加速异步喷油量控制。

1）起动时的喷油量控制。

在发动机起动时，由于转速变化很大，无论是 D 型还是 L 型电控燃油喷射系统，都不能精确地确定进气量，也就无法确定合适的基本喷油时间。发动机起动时喷油量控制包括基本喷油量控制、起动状态判定后计量的额外增量控制。

①基本喷油量的确定。

先由发动机 ECU 根据点火开关、曲轴位置传感器和节气门位置传感器提供的信号，判断发动机为起动状态，再根据冷却液温度传感器信号确定基本喷油量。基本喷油量与冷却液温度的对应关系如图 2 - 102 所示。

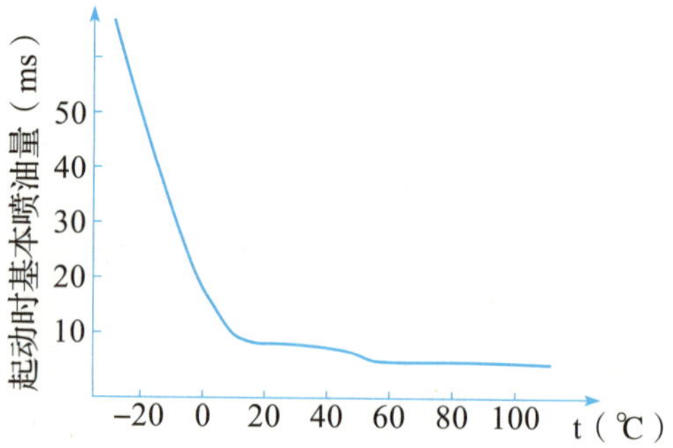

图 2 - 102　基本喷油量与冷却液温度的对应关系

②修正喷油量的确定。

ECU 根据起动状态，增加一次额外喷油量，基本量和额外量之和，作为起动时喷油量。有些发动机 ECU 还根据进气温度传感器信号和蓄电池电压信号对基本喷油量进行修正，然后确定起动时喷油量。也有的发动机 ECU 在接到起动信号后，只根据冷却液温度传感器信号确定起动时总喷油量。发动机起动时的喷油量控制形式为开环控制。

2）起动后的喷油量控制。

发动机起动后，喷油器总喷油量由基本喷油量、修正量和额外增量组成，如图 2-103 所示。

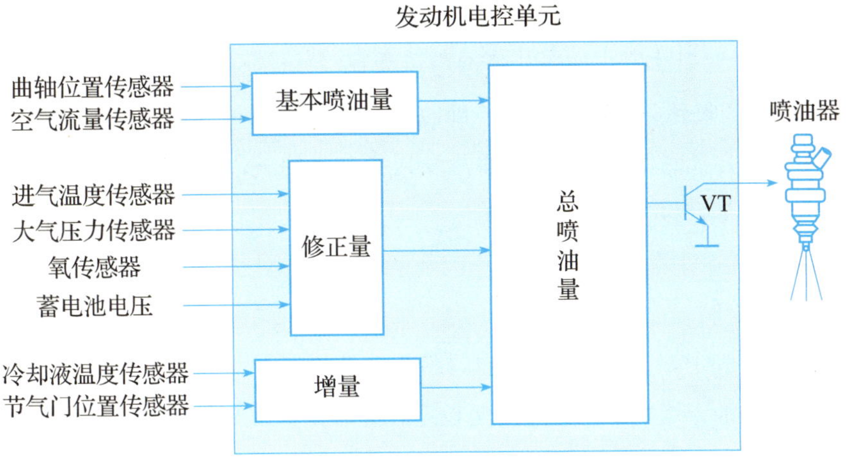

图 2-103　发动机起动后的喷油量控制

①基本喷油量确定。

对于 D 型系统的基本喷油量：ECU 根据发动机转速信号和进气管绝对压力信号来确定基本喷油量。

对于 L 型系统的基本喷油量：ECU 根据发动机转速信号和空气流量传感器信号来确定基本喷油量。

②修正量确定。

ECU 在确定基本喷油时间的同时，还必须根据各种传感器输送来的发动机运行工况信息，对基本喷油时间进行修正，见表 2-13。

表 2-13　对 ECU 喷油控制进行修正的信号

信号	修正过程
进气温度传感器信号	ECU 根据进气温度传感器提供的进气温度信号，对喷油时间进行修正。通常以 20℃为进气温度信息的标准温度，低于 20℃时，ECU 适当增加喷油时间；高于 20℃时，适当减少喷油时间，以防混合气偏浓。增加或减少的最大修正量约为 10%。
大气压力传感器信号	当发动机工作时，ECU 根据大气压力传感器信号确定修正系数的大小。但对于使用热膜式和热线式空气流量传感器的电控系统，由于直接检测的是进入发动机的空气量，所以，进气量多少与大气压力无关，喷油量不需要修正。
氧传感器信号	ECU 根据氧传感器输入的电压信号确定混合气是浓还是稀，然后发出控制指令来修正喷油量。ECU 接收到混合气偏浓信号时，发出控制指令少喷油；ECU 接收到混合气偏稀信号时，发出控制指令多喷油，从而始终保持以空燃比 14.7∶1 为中心。
蓄电池电压	蓄电池电压的高低对喷油器的开启滞后时间有影响，电压越低时，开启滞后时间越长。

③额外增量确定。

发动机起动后暖机过程中，由于发动机温度较低，燃油雾化效果不好，会使混合气变稀，燃烧不稳定，甚至容易熄火，因此必须增加喷油量。ECU 根据冷却液温度传感器信号，增加喷油时间，进行暖机加浓。随着发动机温度的上升，喷油时间将逐渐缩短，直到发动机水温超过 60℃后才停止加浓，喷油增量为 0。

当发动机 ECU 收到急加速信号时，即收到节气门位置传感器变化速率增大、进气量突然增加信号时，ECU 立即给各缸喷油器发送指令，使其以一个固定的喷油时间，同时向各缸增加一次喷油，以便改善加速性能。

（3）断油控制。

1）减速断油控制。

汽车在高速行驶中，若 ECU 收到油门踏板突然松开及减速信号时，会切断燃油喷射控制电路，停止喷油，当发动机转速降至设定转速时又恢复正常喷油。这样，可以防止混合气过浓，降低碳氢化合物及一氧化碳的排放量。

2）限速断油控制。

在发动机运转过程中，ECU 随时将曲轴位置传感器测得的发动机实际转速与存储器中存储的极限转速进行比较。当实际转速达到或超过安全转速 80～100r/min 时，ECU 就发出停止喷油指令，控制喷油器停止喷油，限制发动机转速进一步升高。喷油器停止喷油后，发动机转速将降低。当发动机转速下降至低于安全转速 80～100r/min 时，ECU 将控制喷油器恢复喷油。

3）清溢流断油控制。

起动发动机时，如果多次起动未能着火，将会使浓混合气进入气缸并会浸湿火花塞，使其不能跳火而出现发动机不能起动现象，这种火花塞被混合气浸湿的现象称为“溢流”或“淹缸”。当出现溢流现象时，发动机将不能正常起动。这时可将发动机油门踏板踩到底，接通启动开关启动发动机，ECU 自动控制喷油器停止喷油，以便排除气缸内的燃油蒸汽，使火花塞干燥，并能跳火，这种控制称为清溢流断油控制。

4）升档断油控制。

在电控自动变速器汽车上，在行驶过程中，如果变速器需自动升挡时，变速器 ECU 会向发动机 ECU 发出扭矩传感器信号，发动机 ECU 接收到这个信号后，立即发出指令，使个别气缸停止喷油，以便降低发动机转速，减轻换挡冲击，这种控制称为升挡断油控制。

（三）发动机电控单元检测

当发动机 ECU 出现故障后，可能会引起发动机不能起动、怠速不良或加速不良等故障，因此，当汽车发动机出现上述故障现象时，不但要对电路中的传感器和执行元件进行诊断，同时也要对 ECU 的技术状况进行诊断。为了能快速准确诊断发动机 ECU 是否正常，应掌握发动机 ECU 端子情况及诊断过程，下面以大众宝来车发动机电控单元 J361 和 J623 为例介绍其端子情况。

1. 发动机电控单元端子功能

（1）大众宝来车 1.6L BWH 发动机的电控单元 J361。

2010 款大众宝来车 1.6L 发动机为 BWH 型号，发动机电控单元 J361 有 80 个端子，插接器为 T80，由 52 芯插头与 28 芯插头两部分组成，如图 2－104 所示，A 为 ECU 插座，B 为 52 芯插头，C 为 28 芯插头，端子含义见表 2－14。

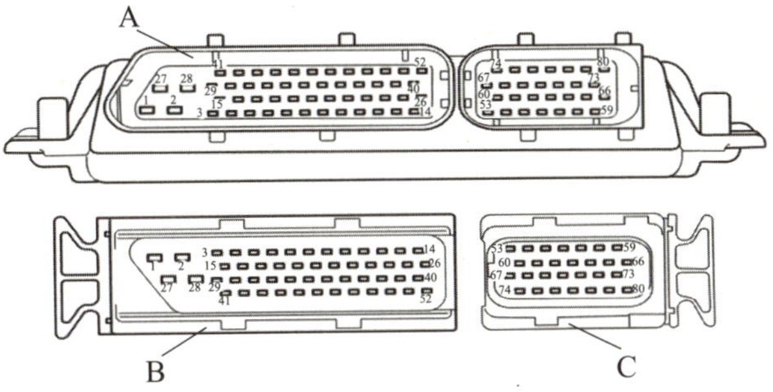

图 2－104　2010 款大众宝来 1.6LBWH 发动机电控单元 J361 插接器

表 2－14　发动机电控单元 J361 插接器 T80 端子

电控元件	与 J361 连接端子		电控元件	与 J361 连接端子	
诊断接口	T80/29	输出端	Z19/G39 前氧传感器及加热器	T80/1	控制端
驱动总线	T80/32	连接 H 线		T80/20	搭铁
	T80/31	连接 L 线		T80/46	信号端
C 交流发电机	T80/11	发电机发电控制	Z29/G130 后氧传感器及加热器	T80/13	控制端
搭铁连接	T80/2	ECU 搭铁		T80/21	搭铁
	T80/28	ECU 搭铁		T80/47	信号端
点火开关	T80/4	15a 供电	G28 发动机转速传感器	T80/53	信号＋
	T80/25	D/50 起动信号		T80/64	信号－
J317 继电器	T80/9	控制端	G40 霍尔传感器	T80/54	搭铁
GRA 开关	T80/24	信号输入		T80/60	信号端
J17 燃油泵继电器	T80/26	控制端		T80/62	电源端
J293 风扇电控单元	T80/22	控制端	G42 进气温度传感器	T80/54	搭铁
J32 空调继电器	T80/42	控制端		T80/56	信号端
J301（手）空调电控单元	T80/44	控制端	G61 爆燃传感器	T80/63	搭铁
J255（自）空调电控单元	T80/44	控制端		T80/77	信号端

续表

电控元件	与 J361 连接端子	
J299 二次空气泵继电器	T80/3	控制端
J338 节气门电控单元	T80/80	驱动装置 M+
	T80/66	驱动装置 M−
	T80/55	G187/G188 供电
	T80/61	G187/G188 搭铁
	T80/68	G187 信号端
	T80/75	G188 信号端
N30 一缸喷油器	T80/79	控制端
N31 二缸喷油器	T80/73	控制端
N32 三缸喷油器	T80/65	控制端
N33 四缸喷油器	T80/59	控制端
N152 点火控制装置	T80/27	由 87a 供电
	T80/57	控制端
	T80/71	控制端
N80 活性炭罐电磁阀	T80/78	控制端
N156 进气歧管转换阀	T80/58	控制端
V 制动真空泵	T80/16	控制端

电控元件	与 J361 连接端子	
G62 冷却液温度传感器	T80/54	搭铁
	T80/74	信号端
G65 空调管路高压传感器	T80/52	信号端
G71 进气压力传感器	T80/62	电源端
	T80/70	信号端
G83 散热器上 冷却液温度传感器	T80/21	搭铁
	T80/36	信号端
G79 加速踏板位置传感器	T80/7	搭铁
	T80/8	电源端
	T80/33	信号端
G185 加速踏板 位置传感器	T80/6	电源端
	T80/19	搭铁
	T80/45	信号端
F 制动灯开关	T80/23	信号端
F36 离合器踏板开关	T80/38	信号端
F47 制动踏板开关	T80/51	信号端
F88 转向助力压力开关	T80/43	信号端

（2）宝来车 1.6L CSRA 发动机的电控单元 J623。

2016 款大众宝来车 1.6L 发动机为 CSRA 型号，发动机电控单元 J623 有 154 个端子，插接器由 T94 和 T60 两部分组成，如图 2-105 所示，A 为 ECU 插座，B 为 94 芯插头，C 为 60 芯插头，端子含义见表 2-15。

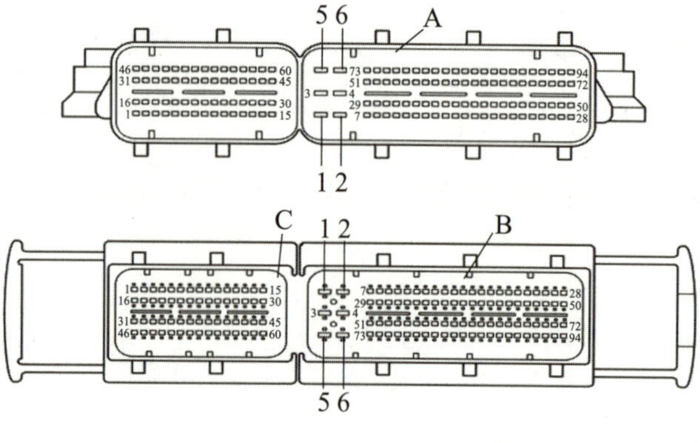

图 2-105　2016 款大众宝来车 1.6L CSRA 发动机电控单元 J623 插接器

表 2－15　电控元件与发动机电控单元 J623 插头相连接的对应端子

电控元件	与 J623 连接端子		电控元件	与 J623 连接端子	
G40 霍尔传感器	T60/7	信号端	C 交流发电机	T94/20	发电机发电控制端
	T60/8	搭铁	J271 主继电器	T94/69	主继电器控制端
	T60/13	供电端	GRA 控制开关	T94/23	GRA 控制开关信号端
G61 爆燃传感器	T60/42	屏蔽线	GX2 油门踏板电控单元	T94/56	搭铁
	T60/53	搭铁		T94/57	信号端
	T60/54	信号端		T94/58	供电端 5V
G62 冷却液温度传感器	T60/41	信号端		T94/78	搭铁
	T60/58	搭铁		T94/79	信号端
G28 发动机转速传感器	T60/5	信号端		T94/80	供电端 5V
	T60/6	搭铁	G65 高压传感器	T94/21	信号端
	T60/14	供电端	J44 空调离合器	T94/28	控制端
GX3 节气门电控单元	T60/1	驱动电机 M−	VX57 风扇电控单元	T94/74	控制端
	T60/2	驱动电机 M+	J17 燃油泵继电器	T94/72	供电端
	T60/38	信号端		T94/87	搭铁
	T60/39	信号端	CAN 总线	T94/67	CAN 总线 L 线
	T60/44	供电端		T94/68	CAN 总线 H 线
	T60/51	搭铁端	GX7 后氧传感器	T94/16	信号端
GX9 进气管传感器	T60/13	供电端		T94/17	信号端
	T60/43	搭铁端		T94/73	加热装置控制端
	T60/56	提供温度信号	GX10 前氧传感器	T94/7	加热装置控制端
	T60/57	提供压力信号		T94/74	信号端
N30 一缸喷油器	T60/4	控制端		T94/15	信号端
N31 二缸喷油器	T60/34	控制端	F 制动信号灯开关	T94/64	信号端
N32 三缸喷油器	T60/49	控制端		T94/66	信号端
N33 四缸喷油器	T60/3	控制端	G476 离合器踏板开关	T94/25	信号端
N70 一缸点火线圈	T60/9	控制端		T94/87	供电端
N291 二缸点火线圈	T60/10	控制端	J301 空调器电控单元	T94/22	信号端
N292 三缸点火线圈	T60/11	控制端	连接 131	T94/1	搭铁
N127 四缸点火线圈	T60/12	控制端		T94/2	搭铁

续表

<table>
<tr><th>电控元件</th><th colspan="2">与 J623 连接端子</th><th>电控元件</th><th colspan="2">与 J623 连接端子</th></tr>
<tr><td>N80
活性炭罐电磁阀</td><td>T60/48</td><td>控制端</td><td rowspan="2">连接 D181</td><td>T94/3</td><td>线束中连接
87a 供电</td></tr>
<tr><td>N205
凸轮轴调节阀</td><td>T60/33</td><td>控制端</td><td>T94/5</td><td>线束中连接
87a 供电</td></tr>
<tr><td></td><td></td><td></td><td>连接 D78</td><td>T94/92</td><td>线束中连接
30a 供电</td></tr>
</table>

由表 2－14 和表 2－15 可知，相同作用的执行元件，如喷油器，因车型不同、年代不同，其与发动机 ECU 连接的端子号也不同。同是大众宝来 1.6L 汽油机四缸发动机，喷油器控制电路也均由发动机 ECU 控制其搭铁端，但发动机 ECU 的端子编号不同。

2. 发动机电控单元的故障诊断

当发动机出现故障后，确认发动机 ECU 是否正常，是一项重要任务。在判断发动机 ECU 是否出现故障时，一般可以通过判断发动机 ECU 执行元件是否正常，做出初步判断，然后再借助检测工具和诊断仪器进行准确判断。发动机 ECU 出现故障的几种情况见表 2－16。

表 2－16　发动机 ECU 出现故障的现象和可能原因

序号	故障现象	可能原因
1	所有执行元件不工作	ECU 主板损坏、供电电路损坏、搭铁电路损坏
2	部分执行元件不工作	ECU 主板损坏、输出设备（电路）损坏
3	单一执行元件不工作	输出设备（电路）损坏

下面以发动机 ECU 控制的喷油器电路为例，介绍发动机 ECU 故障诊断过程。2016 款大众新宝来四缸汽油机喷油器控制电路有两种，即 1.6L CSRA 汽油机喷油器控制电路和 1.4L CSTA 汽油机喷油器控制电路，发动机控制单元都为 J623。

2016 款大众新宝来 1.6L CSRA 汽油机喷油器控制电路如图 2－106 所示。由电路图可知，N30、N31、N32、N33 为各缸喷油器，四个喷油器供电线与一个公共端 12V 相连，且不与 ECU 连接，每一个喷油器的输出端与电控单元 J623 相连，并由电控单元 J623 控制电路的导通或截止。

2016 款大众新宝来 1.4L CSTA 汽油机喷油器控制电路如图 2－107 所示。由电路图可知，N30、N31、N32、N33 为各缸喷油器，每个喷油器供电与控制线路都与电控单元 J623 连接。

当发动机无法起动时，对 2016 款大众新宝来 1.6L CSRA 和 1.4L CSTA 发动机 ECU 故障检查过程进行介绍。

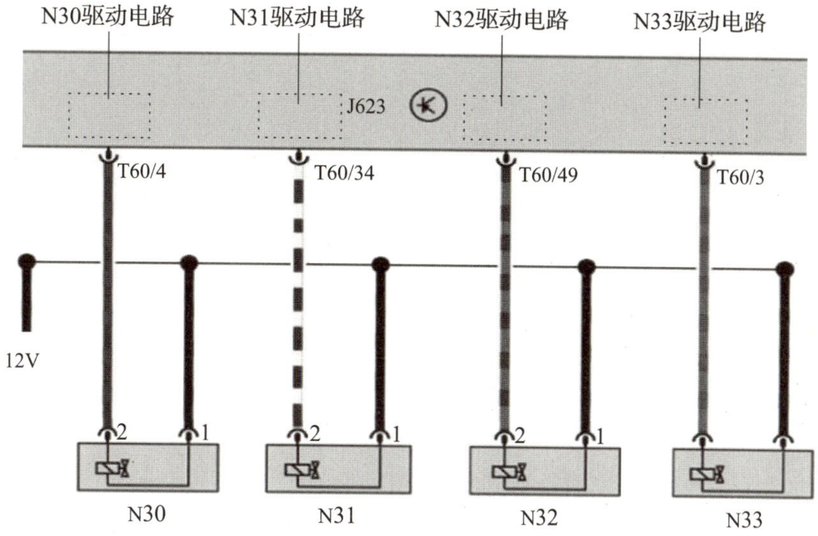

图 2-106 大众新宝来 1.6L CSRA 汽油机喷油器控制电路

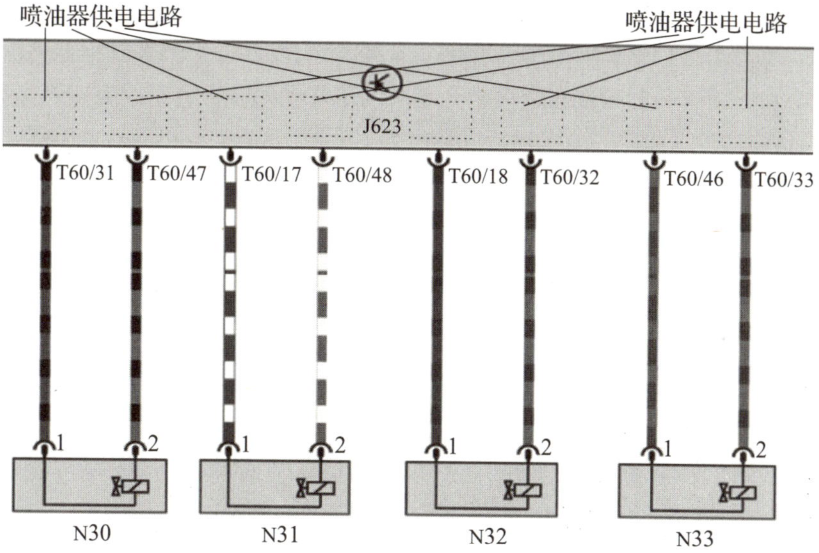

图 2-107 大众新宝来 1.4L CSTA 汽油机喷油器控制电路

（1）检查与起动相关的电路，确认其正常，且起动信号能正常输入发动机 ECU。

（2）针对 1.6L CSRA 发动机，起动时，喷油器插头上端子 1 应有 12V 供电。

（3）将一个测试灯接在喷油器的线束端，起动时，测试灯应闪亮。否则，喷油器与 J623 之间的导线断路或 J623 内部电路故障。

（4）用万用表测量喷油器与 J623 之间的导线是否导通，如果导通，则断定发动机 ECU 内部故障。

如果有故障诊断仪设备，则可以诊断发动机 ECU 是否正常，也可以利用故障诊断仪驱动元件测试功能，若驱动元件不工作，且导线连接正常并导通，则判断发动机 ECU 内部故障。

三、实训内容

1. 实训准备

（1）准备好实训用万用表、故障诊断仪及其他常用工具。

（2）掌握本次实训课所用仪器及设备的使用方法。

（3）强调实训中的安全注意事项。

2. 实训流程

（1）发动机电控单元的外观检查。

（2）用万用表检测发动机电控单元并分析。

（3）用故障诊断仪检测读取故障码及数据流并分析。

实训教师可根据实训条件利用万用表、故障诊断仪等设备对发动机电控单元进行检测。然后设置一些与发动机电控单元相关的故障，在实训教师的监督下，由学生独立完成故障的诊断与排除，或者由实训教师充当客户模拟一个或多个场景，让学生分组完成故障的排除。先进行故障分析，再进行与发动机电控单元相关的诊断和测试，直至故障现象排除。

3. 实训记录

实训工单见附录Ⅱ中实训任务 2-10。

项目总结

1. 汽车发动机电控燃油喷射系统由空气供给系统、燃油供给系统和电子控制系统三部分组成。

2. 空气流量传感器的作用是测量发动机的进气量，并将进气量以电信号输送给 ECU，其按结构原理不同分为叶片式、热线式、热膜式和卡门旋涡式四种类型。

3. 进气压力传感器的作用是测量进气管压力，并将信号输送给 ECU，作为燃油喷射和点火控制的主控制信号，其按结构不同分为压敏电容式和压敏电阻式。

4. 节气门位置传感器的作用是检测节气门的开度及开度变化，并将其转变成电信号，输送给 ECU，ECU 根据该信号来判别发动机的工况，根据工况不同来控制喷油时间。其按结构和原理不同分为可变电阻式、触点式和组合式三种。

5. 曲轴位置传感器和凸轮轴位置传感器按结构和工作原理不同分为磁感应式、霍尔式和光电式三种类型。

6. 氧传感器的作用是检测排气中氧离子的含量，并将该信号转变为电信号输送给 ECU，ECU 根据这个信号对喷油时间进行修正，实现空燃比反馈控制，其按结构和原理不同分为氧化锆（ZrO_2）式和氧化钛（TiO_2）式两种类型。

7. 电动燃油泵按结构不同分为滚柱式和叶片式两种。其作用是给电控燃油喷射系统提供具有一定压力的燃油。

8. 燃油压力调节器的作用是保持输油管内燃油压力与进气管内气体压力的差值恒定，即根据进气管内压力的变化来调节燃油压力。

9. 喷油器的作用是根据ECU发出的脉冲喷油信号，控制燃油喷射量。按结构不同分为轴针式、球阀式和孔式；按喷油器电磁线圈阻值大小分为高阻型和低阻型；按驱动方式不同可分为电流驱动和电压驱动。

思考与练习

1. 单选题

(1) L型电控燃油喷射系统发动机测量空气流量的传感器是（　　）。

A. 进气绝对压力传感器　　B. 节气门位置传感器

C. 空气流量传感器　　D. 冷却液温度传感器

(2) D型电控燃油喷射系统发动机是以（　　）作为控制基本喷油量的主要参数。

A. 吸入空气量　　B. 发动机气缸压力

C. 进气管的绝对压力　　D. 进气温度

(3) ECU根据空气流量传感器或进气绝对压力传感器信号确定（　　）油量。

A. 总的　　B. 基本　　C. 修正　　D. 不确定

(4) 发动机运转时，进气绝对压力传感器的空气压力为（　　）。

A. 正压　　B. 大气压　　C. 负压　　D. 不确定

(5) 节气门位置传感器信号表示发动机的（　　）状况。

A. 进气量　　B. 进气压力　　C. 负荷　　D. 温度

(6) 负温度系数的冷却液温度传感器电阻值随温度升高而（　　）。

A. 变小　　B. 不变　　C. 升高　　D. 不确定

(7) 发动机ECU控制功能中，不属于燃油喷射系统的是（　　）。

A. 断油控制　　B. 喷油正时控制　　C. 喷油量控制　　D. 点火提前角控制

(8) 氧化锆式氧传感器产生空燃比反馈信号的工作温度为（　　）以上。

A. 100℃　　B. 300℃　　C. 500℃　　D. 800℃

(9) 影响起动喷油量的传感器是（　　）。

A. 空气流量传感器　　B. 进气歧管绝对压力传感器

C. 氧传感器　　D. 发动机冷却液温度传感器

(10) 能根据进气管内压力的变化来调节燃油压力的装置是（　　）。

A. 空气流量传感器 B. 电动燃油泵

C. 氧传感器 D. 燃油压力调节器

2. 多选题

(1) 电控燃油喷射系统主要包括对（ ）的控制。

A. 喷油量 B. 喷射定时 C. 燃油停供 D. 燃油泵

(2) 喷油器清洗方法包括（ ）等方法。

A. 超声波清洗 B. 简易清洗 C. 水洗 D. 干洗

(3) 电控燃油喷射系统一般由（ ）等组成。

A. 空气供给系统 B. 燃料系统 C. 电子控制系统 D. 燃油供给系统

(4) 发动机集中控制系统 ECU 主要由（ ）组成。

A. 输入回路 B. A/D 转换器 C. 微型计算机 D. 输出回路

(5) 关于前后氧传感器的描述，以下说法正确的是（ ）。

A. 前氧传感器的跳动频率大于后氧传感器的跳动频率

B. 前后氧传感器信号电压均在 100mV 与 1 000mV 之间跳动

C. 前后氧传感器信号波形接近时，说明三元催化转换器失效

D. 前后氧传感器电压曲线趋于平缓时，说明氧传感器失效

(6) 曲轴位置或凸轮轴位置传感器一般有（ ）作用。

A. 确定点火时刻 B. 确定第一缸上止点位置

C. 确定发动机转速 D. 确定喷油时刻

(7) 关于电动节气门的叙述正确的是（ ）。

A. 可变电阻器监测加速踏板的运动情况

B. 小型电动机用来打开和关闭节气门

C. 加速踏板的位置是由节气门位置传感器来监视的

D. 节气门电动机具有反馈系统，它为计算机检验节气门的位置

(8) 在清洗喷油器时应注意的事项有（ ）。

A. 清洗作业应在空气流通的地方进行

B. 利用蓄电池驱动时应将喷油器与蓄电池隔开

C. 高阻抗的喷油器应串联电阻进行

D. 废旧清洗液应环保化处理

(9) 关于热线式空气流量传感器的说法，正确的是（ ）。

A. 当 ECU 接收到发动机熄火信号时，能自动将热丝加热到 1 000℃并持续 1s，使沾附在热丝上的尘埃被烧掉

B. 热线式空气流量传感器有主流测量方式和旁通测量方式两种

C. 热线式空气流量传感器消耗电流较小，使用寿命较长

D. 热线式空气流量传感器存在辐射热传导作用，响应特性稍差。

(10) 关于氧传感器的说法，正确的是（　　）。

A. 氧传感器老化的主要原因是传感元件局部表面温度过高

B. 氧传感器的传感元件受到污染而失效的现象称为中毒

C. ECU 根据 O_2 信号不断调节喷油量，将实际空燃比控制在理论空燃比附近

D. 氧化锆式氧传感器在 300℃以上的环境工作时，才能输出稳定的电压信号

3. 判断题

(1) 空气流量传感器是作为修正油量和点火提前角的主控制信号。（　　）

(2) 氧传感器信号是供 ECU 实现空燃比反馈控制的重要依据。（　　）

(3) 清溢流断油功能是指能断开喷油器触发，可将气缸内的多余燃油排出。（　　）

(4) 喷油器是否喷油取决于作用在喷油器上的燃油压力的大小。（　　）

(5) 在发动机控制系统中，ECU 不仅用于控制燃油喷射系统，同时还用于点火提前角的控制、进气控制、增压控制、自诊断及失效保护控制系统等。（　　）

(6) 发动机电子控制系统主要由信号输入装置、电子控制单元、执行器等组成。（　　）

(7) 燃油喷射是指以直接或间接的方法测量发动机吸入的空气量，再根据空气量及该工况所需的最佳空燃比确定燃油供给量，经喷油器将加压燃油喷射出。（　　）

(8) 若夹住回油软管后，燃油系统压力正常，则说明燃油压力调节器正常。（　　）

(9) 喷油器滴漏会引起排气冒黑烟、耗油量增加等现象。（　　）

(10) 各缸喷油器的喷油量相差过大会引起发动机怠速发抖。（　　）

4. 问答题

(1) 简述空气流量传感器的作用、类型及应用。

(2) 简述电动燃油泵的类型、组成及工作原理。

(3) 简述进气管绝对压力传感器的作用、类型及工作原理。

(4) 简述进气温度传感器的作用、类型及工作原理。

(5) 简述冷却液温度传感器的作用、类型及工作原理。

(6) 简述节气门位置传感器的作用、类型及工作原理。

(7) 简述曲轴位置传感器的作用、类型及工作原理。

(8) 简述凸轮轴位置传感器的作用、类型及工作原理。

(9) 简述氧传感器的作用、类型及工作原理。

(10) 简述发动机 ECU 的组成及控制内容。

项目三

点火控制过程及检测

目标及要求

教学目标	能力要求
(1) 掌握汽车点火系统的作用及基本组成； (2) 掌握电控点火系统的控制过程； (3) 掌握电控点火系统的故障诊断方法。	(1) 能对照实物描述点火系统的组成及控制类型； (2) 能操作并描述点火控制过程； (3) 学会用仪器诊断电控点火系统故障的方法。

项目概述

随着电控点火系统的不断完善，其已在汽车上广泛应用。电控点火系统控制功能包括点火提前角控制、通电时间控制和爆燃控制三方面，保证发动机在各种工况下，都可获得最佳的动力性、经济性、排放性及工作稳定性。本项目设置两个学习任务，任务内容如下：

点火控制过程及检测
- 点火系统组成及控制过程
- 元件检测及点火波形分析

任务一 点火系统组成及控制过程

一、任务描述

汽车蓄电池普遍采用12V电压，点火系统是如何将其升压并产生火花的呢？又是如何按时点火的呢？目前汽车广泛采用电控点火系统，电控点火系统包括哪些控制功能？在本学习任务中要掌握以下知识：

（1）点火系统类型及配电方式。

（2）电控点火系统的控制内容。

（3）点火系统主要元件结构原理。

二、相关知识及技能

（一）点火系统类型及配电方式

1. 类型

在汽油发动机中，气缸内的可燃混合气是靠高压电火花点燃的。而电火花的产生是由点火系统来完成的。点火系统的作用是将汽车电源供给的低压电转变为高压电，并按照发动机的做功顺序与点火时刻的要求，适时准确地将高压电送至各缸的火花塞，使火花塞跳火，点燃气缸内的混合气。

（1）按点火能量的储存方式分类。

点火系统按点火能量的储存方式不同，分为电感储能式电子点火系统和电容储能式电子点火系统。

（2）按信号发生器的原理分类。

点火系统按信号发生器的原理不同，分为电磁感应式电子点火系统、霍尔效应式电子点火系统和光电式电子点火系统。

（3）按初级电路的控制方式分类。

点火系统按初级电路的控制方式不同，分为传统点火系统、电子点火系统和电控点火系统。

（4）按高压电的配电方式分类。

点火系统按高压电的配电方式不同，分为机械配电点火系统（已经淘汰）和电控配电点火系统。

2. 配电方式

电控点火系统常见的配电方式有分电器配电方式、二极管配电方式及点火线圈配电方式三种，目前广泛采用的是点火线圈配电方式。

（1）分电器配电方式。

发动机工作时，ECU 根据各传感器信号确定某缸点火时间，向点火器发出指令信号，点火器控制点火线圈内初级电路通电或断电。当点火线圈中的初级电路断电时，次级线圈产生的高压电输送给分电器，分电器按照发动机的点火顺序，依次将高压电输送给各缸火花塞，火花塞跳火，点燃气缸内的混合气。目前分电器配电方式已经淘汰。

（2）二极管配电方式。

二极管配电方式多用于双缸同时点火系统，如图 3－1 所示。对于四缸发动机，四个气缸共用一个点火线圈，点火线圈内装双初级绕组、双输出次级绕组，利用四个二极管的单向导电性，交替完成对 1、4 缸和 2、3 缸的配电过程。这种形式的点火系统对点火线圈的要求较高，而且发动机的气缸数必须是数字 4 的整倍数，所以在应用上受到一定的限制。

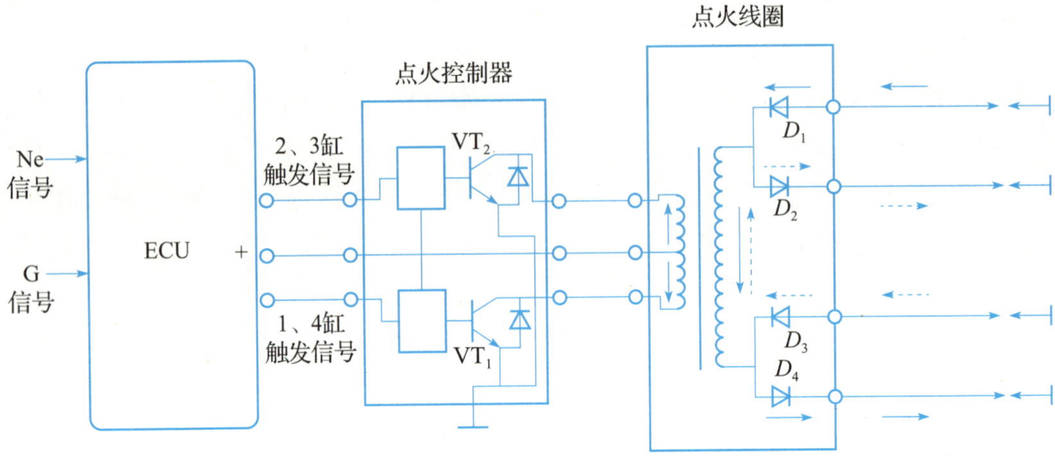

图 3－1　二极管配电方式点火系统

（3）点火线圈配电方式。

点火线圈配电方式既可用于单缸独立点火系统，也可用于双缸同时点火系统，如图 3－2 所示。对于单缸独立点火系统，每缸有一个点火线圈，即点火线圈的数量与气缸数相同。对于双缸同时点火系统（以四缸为例），两个气缸共用一个点火线圈，点火线圈的数量等于气缸数的一半，1、4 缸和 2、3 缸的活塞分别同时到达上止点，两同步缸共用一个点火线圈，两个缸的火花塞与共用的点火线圈中的次级线圈串联。当点火线圈初级电路断电时，一个气缸接近压缩行程的上止点，火花塞跳火点燃该缸的混合气，这称为有效点火；而另一气缸接近排气行程的上止点，火花塞跳火不起作用，这称为无效点火。

3. 电控点火系统工作原理

电控点火系统由电源（蓄电池/发电机）、点火开关、点火线圈（带功率输出级）、火花塞、发动机 ECU、曲轴位置传感器及凸轮轴位置传感器等组成，如图 3－3 所示。根据点火线圈的结构不同，电控点火系统有两种类型，即双火花型点火线圈点火系统和单火花型点火线圈点火系统。双火花型点火线圈点火系统是一个点火线圈控制两个火花塞，单火花型点火线圈点火系统是一个点火线圈控制一个火花塞，通常是将点火控制器（功率模块）与点火线圈、火花塞集成一体，省略了它们之间的高压线。

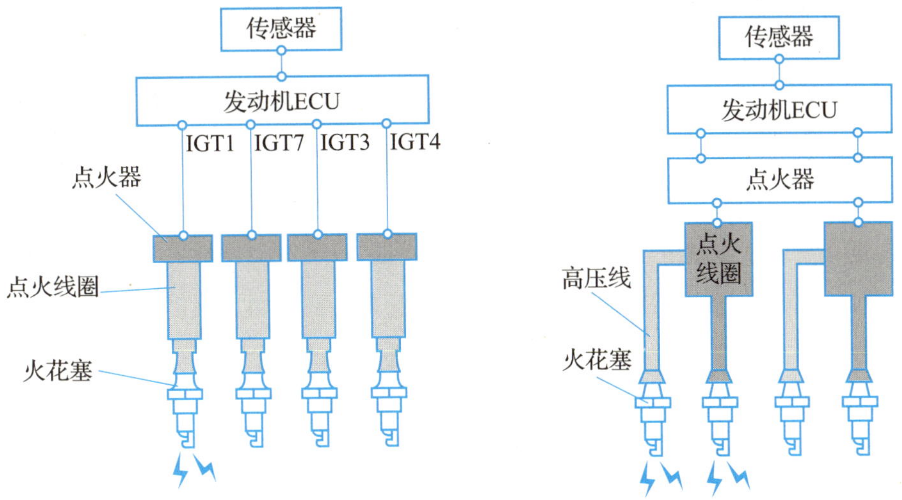

（a）单缸独立点火（b）双缸同时点火

图 3－2 点火线圈配电方式

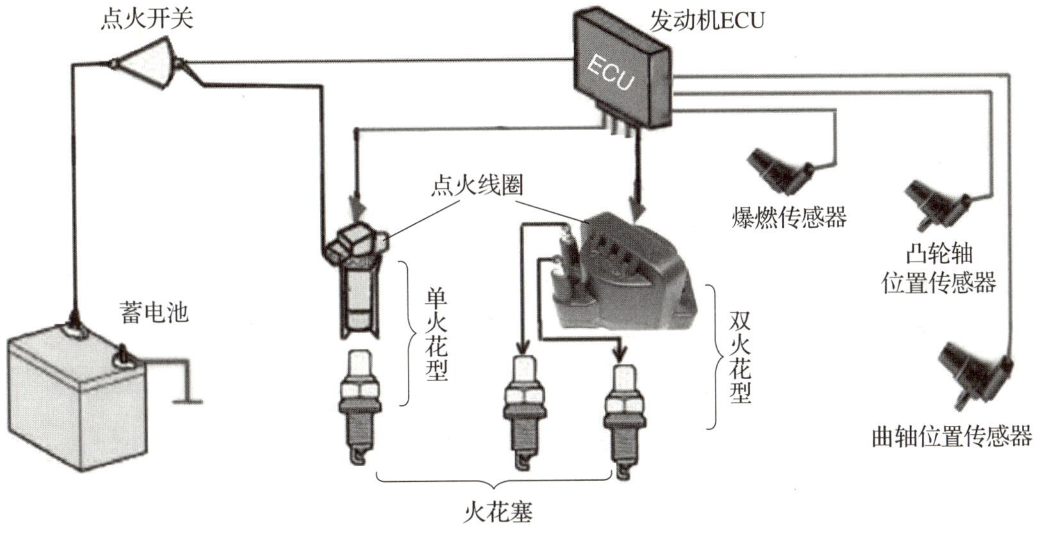

图 3－3 电控点火系统组成

双火花型点火线圈点火系统在点火线圈两个绕组中都产生感应电动势。由于次级绕组的匝数多，因此，在点火线圈的次级绕组中产生高压电，使火花塞跳火，点燃混合气。次级（高压）电路为：点火线圈次级绕组→高压线→火花塞。

爆燃传感器将发动机爆燃信号输送给发动机 ECU，通过增大点火提前角来避免爆燃；曲轴位置传感器和凸轮轴位置传感器向发动机 ECU 传递点火信号。

（二）电控点火系统控制内容

现代汽车采用电控点火系统，主要是指点火提前角、通电时间和爆燃三方面采用电控。点火提前角电控可保证发动机在各种工况下，都能获得最佳的点火提前角，从而使发动机的动力性、经济性、排放性及工作稳定性等方面均处于最佳；通电时间电控可保证发动机在工作过程中，ECU 对点火线圈初级电路的通电时间和电流进行控制，从而使点火线圈中存储的点火能量保持恒定，这不仅提高了点火的可靠性，而且可有效地减少电能消耗，防止点火线圈烧损；爆燃电控可使点火提前角控制在爆燃的临界状态，以此获得最佳的燃烧过程，有利于发动机各种性能的提高。

发动机工作时的任何工况都需要一个点火提前角，最佳的点火提前角是保证发动机的动力性、燃油经济性和排放性最佳的前提。点火提前角过大会造成缸内最高压力升高，爆燃倾向大。点火提前角过小，燃烧最高压力和温度下降，传热损失增多，排气温度升高。因此，为了保证发动机在每一工况下的点火提前角为最佳，即最高压力出现在上止点后10°～15°曲轴转角时进行点火，必须通过电控方式来实现。

1. 点火提前角的控制

ECU 根据发动机的工况不同，对点火提前角的控制分为起动时控制和起动后控制。

（1）起动时点火提前角的控制。

发动机起动时，由于转速变化大，进气管绝对压力传感器信号或空气流量传感器信号不稳定，ECU 无法正确计算点火提前角。ECU 是根据转速信号和起动开关信号，参照内存储的初始点火提前角（设定值）对点火提前角进行控制，一般设定值为上止点前 10°左右（因发动机型号而异）。

（2）起动后点火提前角的控制。

起动后点火提前角由基本点火提前角和修正角（或修正系数）组成。

1）基本点火提前角的确定。

怠速工况时基本点火提前角的确定：ECU 根据节气门位置传感器信号（IDL 信号）、发动机转速传感器信号（Ne 信号）和空调开关信号（A/C 信号）来确定，如图 3－4 所示。

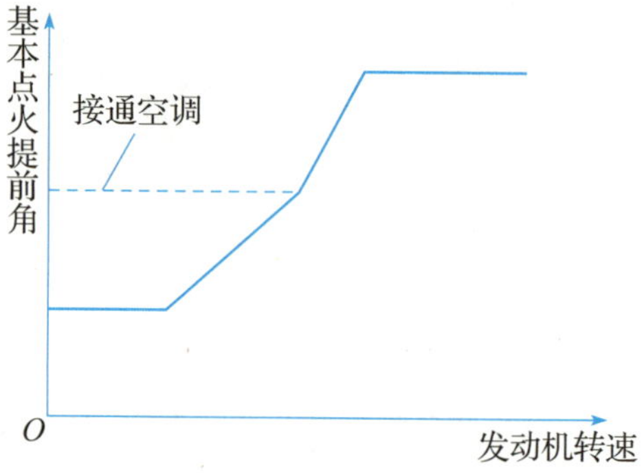

图 3－4　怠速时基本点火提前角的确定

其他工况下基本点火提前角的确定：ECU 根据发动机的转速和负荷对照存储器中存储的基本点火提前角控制模型来确定，如图 3－5 所示。

2）点火提前角的修正。

①冷却液温度修正。

发动机暖机过程中，随冷却水温的提高，混合气的燃烧速度加快，燃烧过程所占的曲轴转角减小，点火提前角也适当减小，如图 3－6（a）所示。

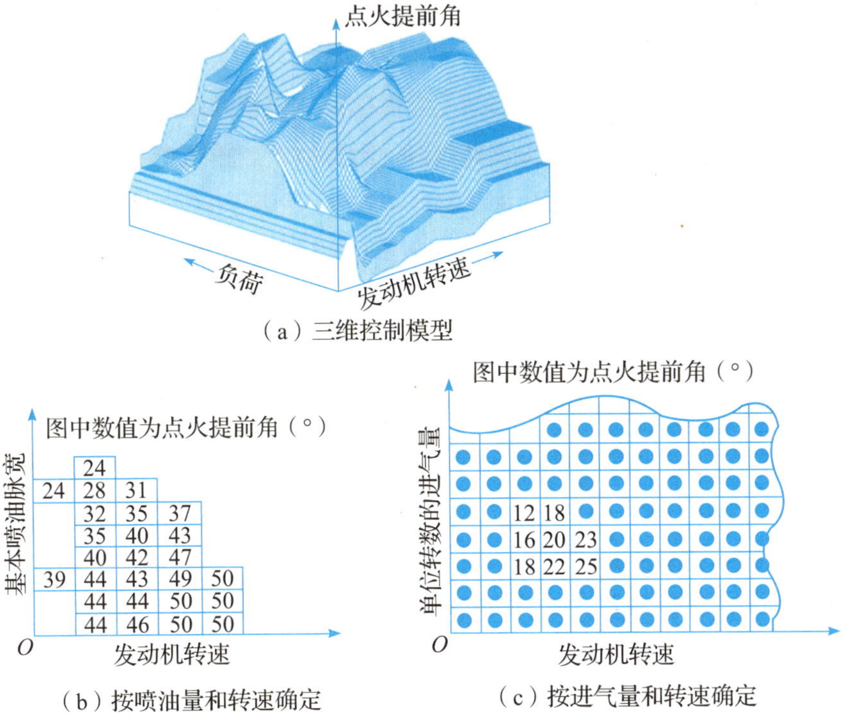

（a）三维控制模型

（b）按喷油量和转速确定

（c）按进气量和转速确定

图 3-5　其他工况下基本点火提前角的确定

发动机怠速工况运行（IDL 触点接通）时，冷却液温度过高，一般是因为燃烧速度慢，散热损失多，燃烧过程占的曲轴转角过大，为了避免发动机长时间过热，应增大点火提前角，如图 3-6（b）所示。

发动机正常运行工况（怠速触点 IDL 断开）时，冷却液温度过高，爆燃倾向逐渐增大，为了避免产生爆燃，则应减小点火提前角，如图 3-6（c）所示。

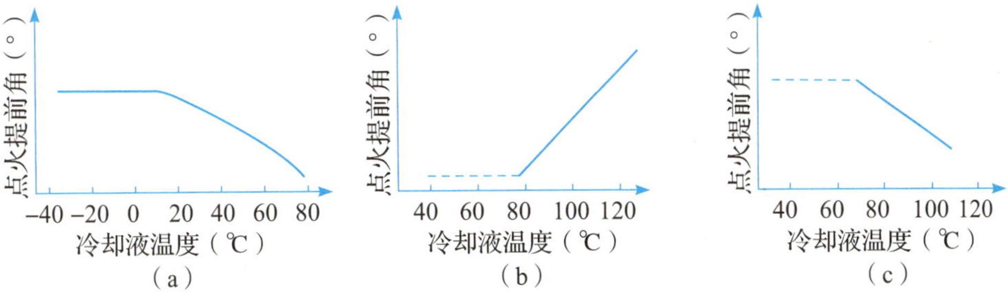

（a）　（b）　（c）

图 3-6　点火提前角与冷却液温度信号的关系

②发动机转速修正。

发动机在怠速运转过程中，由于负荷等因素的变化会导致转速改变，所以 ECU 必须根据实际转速与目标转速的差值修正点火提前角，以使发动机在规定的怠速转速下稳定运转。如空调开关信号（A/C 信号）发生变化时，ECU 通过修正点火提前角，来稳定怠速转速，如图 3-7 所示。空调开关接通时，点火提前角应增大；空调开关断开时，点火提前角应减小。

③喷油量修正。

在空燃比反馈控制系统中，ECU 根据氧传感器的反馈信号调整喷油量的多少来实现最佳空燃比控制，所以这种喷油量的变化必然带来发动机转速的变化。为了稳定发动机转速，点火提前角需根据喷油量的变化进行修正，如图 3-8 所示。当喷油量增多时，点火提前角应减小；当喷油量减少时，点火提前角应增大。

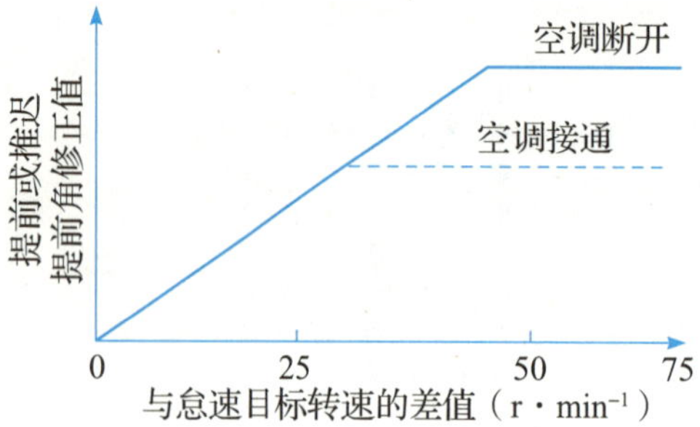

图 3-7 点火提前角与空调开关信号的关系

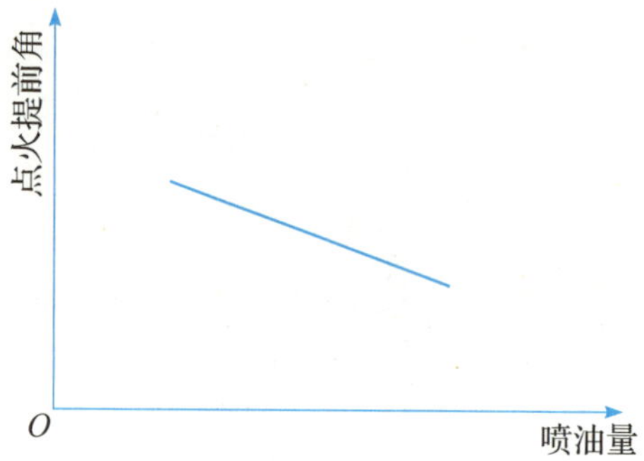

图 3-8 点火提前角与喷油量的变化关系

2. 通电时间的控制

在现代电控点火系统中，通过凸轮轴/曲轴位置传感器把发动机工作信号输送给 ECU，ECU 根据存储在内部的闭合角（通电时间）控制模型控制点火线圈初级电路的通电时间，如图 3-9 所示。发动机工作时，ECU 根据发动机转速信号（Ne 信号）和电源电压信号确定最佳的闭合角（通电时间），并向点火器输出指令信号（IGt 信号），以控制点火器中晶体管的导通时间。随着发动机转速的提高和电源电压的下降，闭合角增大（即通电时间延长）。

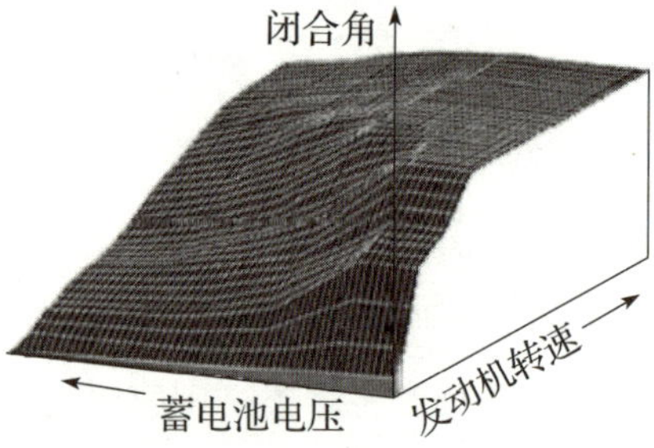

图 3-9 闭合角（通电时间）控制模型

现代电控点火系统都采用高能点火线圈，电阻很小。因此，为了增加其使用寿命，在控制电路中增加了恒流控制电路，以保证在任何转速下点火线圈初级电流均为规定值（7A），这既改善了点火性能，又能防止初级电流过大而烧坏点火线圈。

3. 爆燃控制过程

在无爆燃控制的点火系统中，设定点火时刻可以防止爆燃的产生，但会导致发动机的动力性、经济性下降。

在电控点火系统中，信号通过爆燃传感器输送给 ECU，ECU 经过分析，判定有无发生爆燃及爆燃的强度，并根据判定结果对点火提前角进行反馈控制，使发动机可以在爆燃的边缘工作，这样既能防止爆燃发生，又能有效地提高发动机动力性和经济性。爆燃控制实际是点火提前角控制中的附加功能，其控制过程如图 3－10 所示。

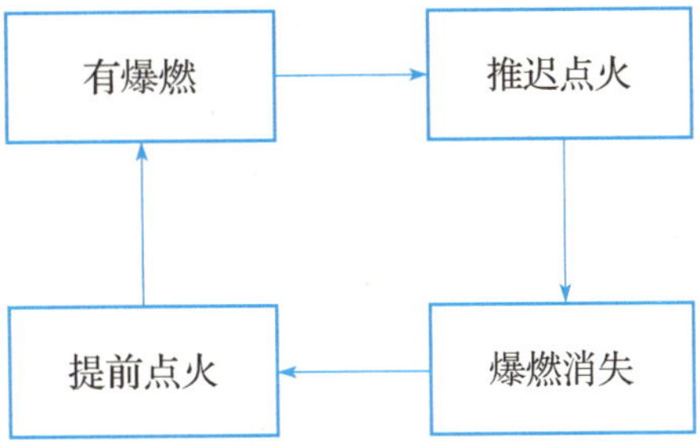

图 3－10　爆燃控制过程

爆燃传感器把气缸体上的振动转换成电压信号输送给 ECU，ECU 对信号进行滤波处理，并判断有无发生爆燃及爆燃的强度。有爆燃时，则逐渐减小点火提前角（推迟点火），直到爆燃消失为止。无爆燃时，则逐渐增大点火提前角（提前点火），当再次出现爆燃时，ECU 又开始逐渐减小点火提前角，爆燃控制过程就是对点火提前角进行反复调整的过程。

发动机工作时，ECU 根据节气门位置传感器信号判断发动机的负荷大小，从而决定点火系统是采用闭环控制还是开环控制。发动机负荷较小时，发生爆燃的倾向几乎为零，所以电控点火系统在此负荷范围内采用开环控制模式；而当发动机的负荷超过一定值时，电控点火系统自动转入闭环控制模式。

（三）点火系统主要元件结构原理

1. 火花塞

（1）火花塞的构造。

火花塞的工作条件十分恶劣，它需要承受高压、高温及燃烧产物的强烈腐蚀。因此，火花塞必须具有足够的强度，能承受温度的强烈变化，且应有良好的热特性。火花塞的电极应采用难熔、耐腐蚀的材料制作。

火花塞的构造如图 3－11 所示，中心电极用镍铬合金制成，具有良好的耐高温、耐腐蚀性能，中心电极做成两段，中间加有导电玻璃，由于导电玻璃和瓷绝缘体的膨胀系数相近，因此，导电玻璃主要起密封作用。火花塞间隙多为 1.0～1.2mm。

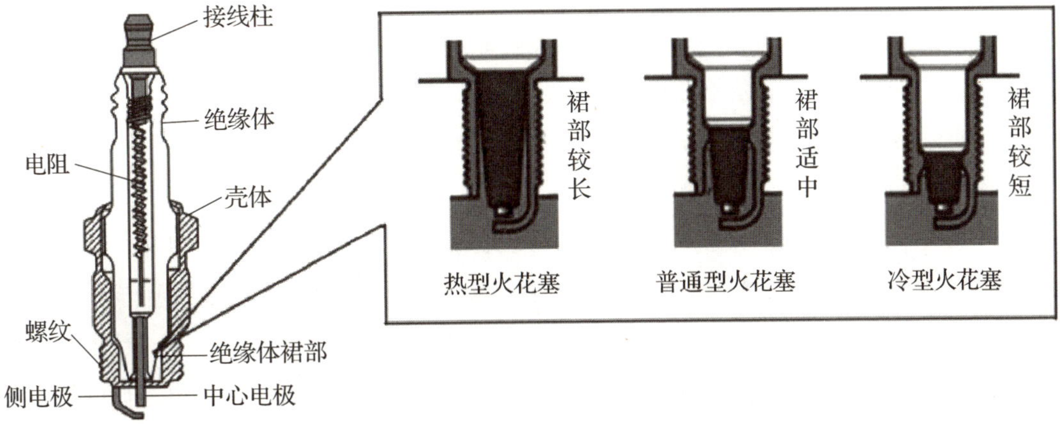

图 3－11　火花塞的构造

（2）火花塞的热特性。

火花塞的热特性主要取决于绝缘体裙部的长度。实践证明，火花塞裙部温度保持在500℃～600℃时，落在绝缘体上的油滴能立即烧去，通常将这个温度称为火花塞的自净温度。低于这个温度时，火花塞易产生积炭，高于这个温度时，在火花塞表面易产生炽热点，形成早燃。因此，要使火花塞正常工作，就要保证火花塞的裙部温度为自净温度。

根据火花塞热值不同，可分为冷型和热型火花塞，冷型火花塞的绝缘体长度短，受热面积小，传热路径短，裙部温度低，因此，电极温度较低；热型火花塞的绝缘体长度长，受热面积大，传热路径长，散热困难，裙部温度高，因此，电极温度较高。所以，低压缩比、低转速、小功率发动机应选用热型火花塞，以防止火花塞积炭；高压缩比、高转速、大功率的发动机应选用冷型火花塞，以防止电极早燃，从而防止燃烧室产生过多的热量。

（3）火花塞的类型。

常见的火花塞类型如图3－12所示。

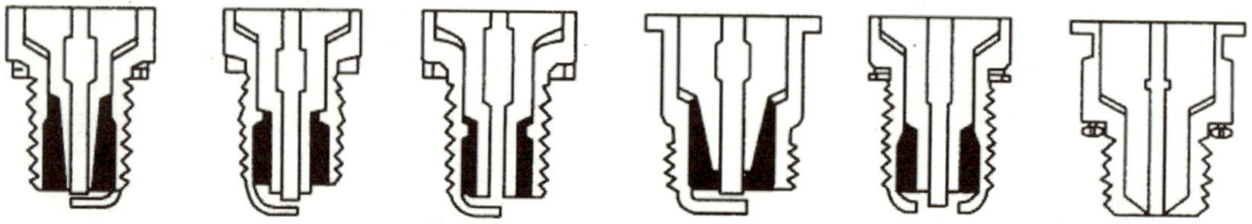

（a）标准型（b）绝缘体凸出型（c）细电极型（d）锥座型（e）多电极型（f）沿面跳火型

图3－12　常见火花塞类型

1）标准型火花塞。其绝缘体裙部略缩入壳体端面，侧电极在壳体端面以外。它是使用最广泛的一种。

2）绝缘体凸出型火花塞。其绝缘体裙部较长，突出于壳体端面以外。它具有吸收热量大、抗污能力好的优点，且能直接受到进气的冷却而降低温度，因而也不易引起“炽热点火”现象，故热适应范围宽。

3）细电极型火花塞。其电极很细，火花强烈，点火能力好，在严寒季节也能保证发动机迅速可靠地起动。它的热适应范围较宽，能满足多种用途。

4）锥座型火花塞。其壳体和旋入螺纹制成锥形，因此不用垫圈也可保证良好密封，从而缩小了火花塞体积，对发动机的设计更为有利。

5）多电极型火花塞。其侧电极一般为两个或两个以上，优点是点火可靠，间隙不需经常调整，故在电极容易烧蚀和火花间隙不能经常调整的一些汽油机上常采用该类型。

6）沿面跳火型火花塞。也称沿面间隙型火花塞。它是一种冷型火花塞，其中心电极与壳体端面之间的间隙是同心的。它必须与点火能量大、电压上升率快的电容储能式电子点火系统配合使用，可完全避免火花塞“炽热点火”和电极“跨连”现象，即使在油污情况下也能正常点火。其缺点是可燃气体不易接近电极，故在稀混合气情况下，不能充分发挥汽油机的功能。另外，由于点火能量大，中心电极容易烧蚀。

此外，火花塞还派生出很多类型，如电阻型、屏蔽型等。电阻型火花塞内装有 5kΩ～10kΩ 的电阻，可抑制点火系统的电磁干扰。屏蔽型火花塞利用金属壳体把整个火花塞屏蔽密封起来，不仅可抑制电磁干扰，还可用于防水、防爆的场合。

（4）火花塞的型号。

根据 QC/T 430—2014 标准规定，火花塞型号由三部分组成，如图 3－13 所示。第一部分表示火花塞结构类型及主要型式尺寸，见表 3－1；第二部分表示火花塞热值，见表 3－2；第三部分表示火花塞派生产品结构、发火端特征、材料特性及特殊技术要求，见表 3－3。

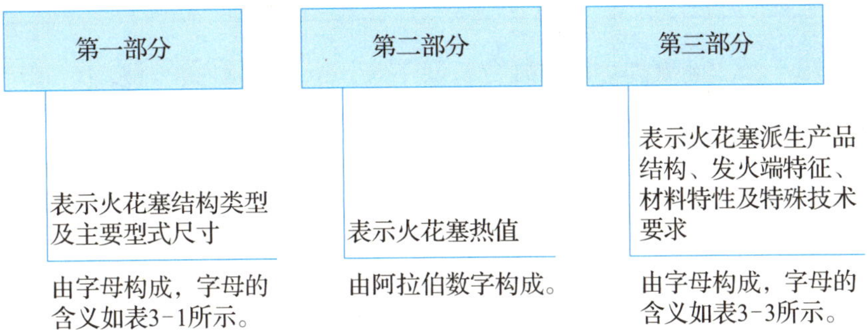

图 3－13　火花塞的型号

表 3－1　火花塞结构类型

代表字母	螺纹规格	安装座型式	安装螺纹旋合长度/mm	壳体六角对边距离/mm
A	M10×1.0	平座	12.7	16
B		平座	19	16
C	M12×1.25	平座	12.7	17.5
D		平座	19	17.5
E	M14×1.25	平座	12.7	20.8
F		平座	19	20.8
K		平座	19	16
L		矮型平座	9.5	19
N		矮型锥座	7.8	19
P		锥座	11.2	16
Q		锥座	17.5	16
T	M18×1.5	锥座	10.9	20.8

表 3-2　不同热值的火花塞

热值代号	1	2	3	4	5	6	7	8	9	10	11
热特性	热型←									→冷型	

表 3-3　火花塞特征及其代表字母或数字

字母	代表特征	字母	代表特征
R	电阻型火花塞	H	半螺纹
L	电感型火花塞	U	U 型槽侧电极
B	半导体型火花塞	V	环状电极火花塞
T	绝缘体突出型<3mm	C	镍-铜复合电极
Y	沿面放电型火花塞	P	铂金电极
J	三侧电极	F	V 形槽中心电极

例如“A7T”型火花塞即为螺纹旋合长度 12.7mm，壳体六角对边 16mm，热值代号 7，螺纹规格 M10×1.0，绝缘体突出型平座火花塞。

（5）火花塞的维护。

火花塞的维护是保证发动机工况良好的重要因素，火花塞的维护周期一般为 20 000～100 000mile 之间，具体的维护周期还取决于以下因素：

1）点火系统的类型。

2）发动机结构。

3）火花塞结构。

4）汽车的运行情况。

5）采用的燃油标号。

6）采用的排放控制装置类型。

2. 高压导线

高压导线就是次级电路的导线，这些导线可以将高压电流从分电器或多个点火线圈输送给火花塞，如图 3-14 所示。这些导线不是实心导线，它们是有纤维芯的导线，这些纤维芯在次级电路中起电阻器的作用，可以降低高压电压对无线电的干扰，提高点火电压，并且通过减少电流降低火花塞的损耗。高压导线两端的金属电极分别与火花塞及分电器盖上的接线柱连接，高压导线两端的绝缘套使高压导线连接更可靠，并可防止灰尘和水进入，减少电压损失。

高压导线即高压阻尼线，在汽车点火系统中应用有中心高压线和高压分线两种。根据线芯结构不同，高压导线有石墨浸渍纤维线芯式、镍铬合金丝磁芯式和集中电阻式三种。

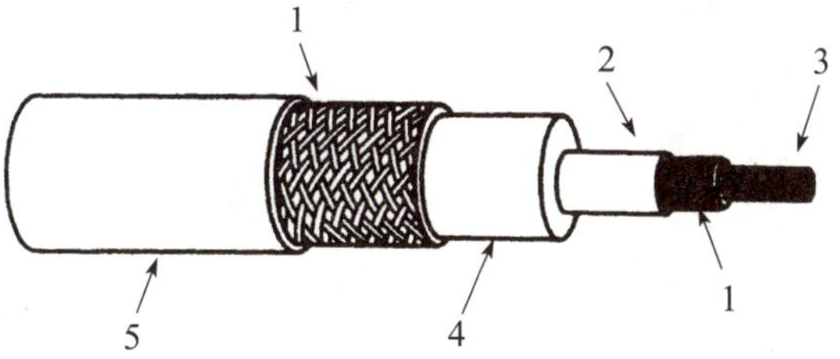

图 3－14　高压导线结构

1—人造纤维织物　2—导电橡胶　3—亚麻导线束　4—绝缘体　5—绝缘套

（1）石墨浸渍纤维线芯式。

特点：单位长度电阻大，限制火花电流，减少无线电干扰，而不会削弱点火性能。产品价格适中，长时间工作温度为－40℃～＋180℃，在遇到高温和低温时线体均无明显变化，高压线能量损耗很小，耐高温、高压，使用寿命较长（2 年 10 万公里），但粘接性能差。

（2）镍铬合金丝磁芯式。

特点：电阻值可以制造成 1.5kΩ～16kΩ 之间的任何数值，阻抗非常稳定。该材料制成的产品长时间工作温度为－40℃～＋180℃，在遇到高温和低温时线体均无明显变化，高压线能量损耗很小，耐高温、高压，臭氧性能优良，使用寿命较长（2 年 10 万公里），但粘接性能差。

（3）集中电阻式

特点：对产生强烈火花的火花塞不但接上高阻值的电阻，而且还套上金属屏蔽罩与发动机体接触，使感应寄生电流变成热能消耗。产品长时间工作温度为－60℃～＋250℃，高压线能量损耗很小，使用寿命很长（4 年 20 万公里），但抗撕裂强度差。欧洲、德国车型均采用该种形式。

3. 点火模块

点火模块（点火控制器）用于早期电控发动机点火系统，作用是控制点火系统初级电路的导通与截止，内部为集成电路，全密封结构。如大众车的点火控制器如图 3－15 所示，其工作原理是：发动机工作时，分电器中信号发生器的转子也随之旋转。转子旋转时，在信号发生器的感应线圈中便产生正弦脉冲信号。当信号发生器传送给点火控制器的信号为正脉冲信号时，点火控制器中起开关作用的晶体管导通，初级绕组便产生磁场。当信号发生器传送给点火控制器的信号为负脉冲信号时，点火控制器中起开关作用的晶体管截止，初级电路被切断，初级电流及磁场迅速消失。点火线圈的次级绕组中产生高压电。高压电由分高压线输送给火花塞，使火花塞跳火，点燃混合气。

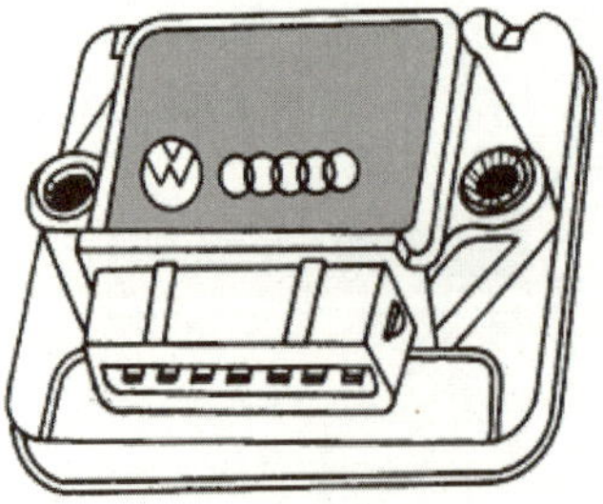

（a）结构外形

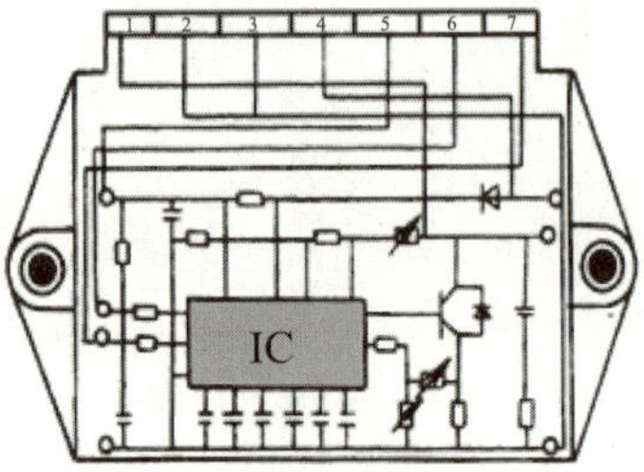

（b）控制电路

图 3-15　大众车的点火控制器

4. 点火线圈

点火线圈由初级绕组、次级绕组和铁芯等组成。按磁路的结构形式不同，可分为开磁路点火线圈和闭磁路点火线圈。

（1）开磁路点火线圈。

开磁路点火线圈的结构如图 3-16（a）所示，点火线圈中心是用硅钢片叠成的条形铁芯，由于铁芯没有构成闭合回路，所以称为开磁路点火线圈，其磁路如图 3-16（b）所示。铁芯外部套有绝缘的纸板套管，套管上绕有次级绕组，次级绕组是直径为 0.06～0.10mm 的漆包线，一般约为 2 万匝。初级绕组是直径为 0.5～1.0mm 的高强漆包线，绕在次级绕组的外面，初级绕组一般约为 200 匝，绕组和外壳之间装有导磁钢套。为加强绝缘与防潮性能，条形铁芯底部装有瓷绝缘支座，外壳内充满沥青或变压器油等绝缘物。点火线圈的顶部是胶木盖，并加以密封。

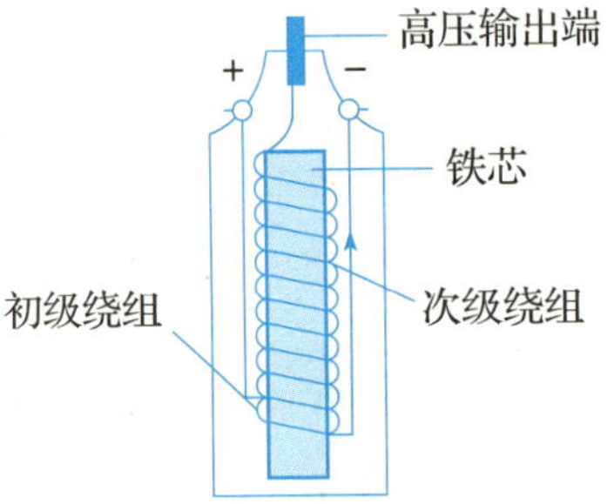

（a）结构

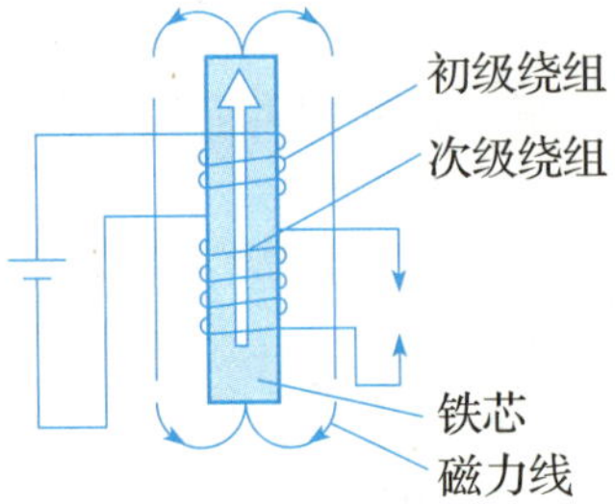

（b）磁路

图 3-16　开磁路点火线圈

为改善点火性能，在应用开磁路点火线圈的点火系统初级电路中，一般设有附加电阻（热敏电阻），温度升高，附加电阻阻值增大。这样，当点火线圈温度升高时，初级电流减小，以防止点火线圈过热。同时，在起动发动机时，利用起动电路将附加电阻短路，增大初级电流，提高次级电压，有利于发动机起动。附加电阻有两种结构形式、一种设在点火线圈外部，这种形式的点火线圈有三个接线柱；还有一种附加电阻为导线形式，用来连接点火开关与点火线圈，这种形式的点火线圈有两个接线柱。

（2）闭磁路点火线圈。

闭磁路点火线圈也称为高能点火线圈，由铁芯和线圈组成，铁芯有“口”字形或“日”字形两种。“日”字形铁芯点火线圈结构及磁路如图 3－17 所示。“日”字形铁芯内绕有次级绕组，在次级绕组外面绕有初级绕组，初级绕组产生的磁通量通过铁芯构成闭合磁路。与开磁路点火线圈相比，闭磁路点火线圈具有漏磁少、能量损失小、转换效率高、体积小、质量轻和易散热等优点，因此在点火系统中广泛应用。

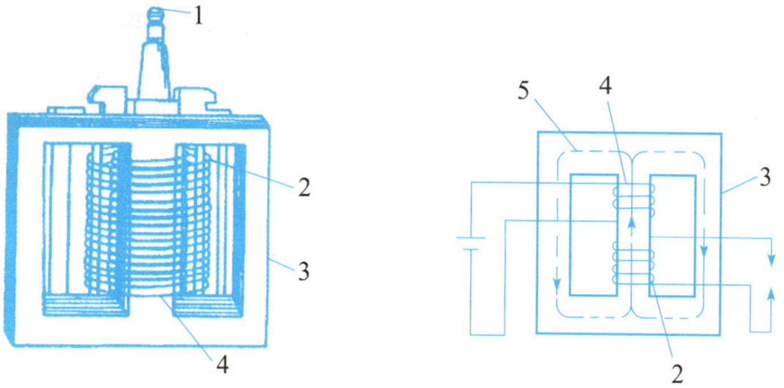

（a）结构　　（b）磁路

图 3－17　“日”字形铁芯点火线圈

1—高压接线柱　2—次级绕组　3—铁芯　4—初级绕组　5—磁力线

电控点火系统中常见的点火线圈有双火花型和单火花型。如四缸发动机的两个点火线圈通常集成一体，其点火线圈结构及电路如图 3－18 所示，一个点火线圈同时给两个火花塞供电，点火线圈与火花塞之间有高压线连接。单火花型的点火线圈广泛应用于现代汽车，一个火花塞由一个点火线圈供电，点火线圈与火花塞直接连接，而不需要高压线。

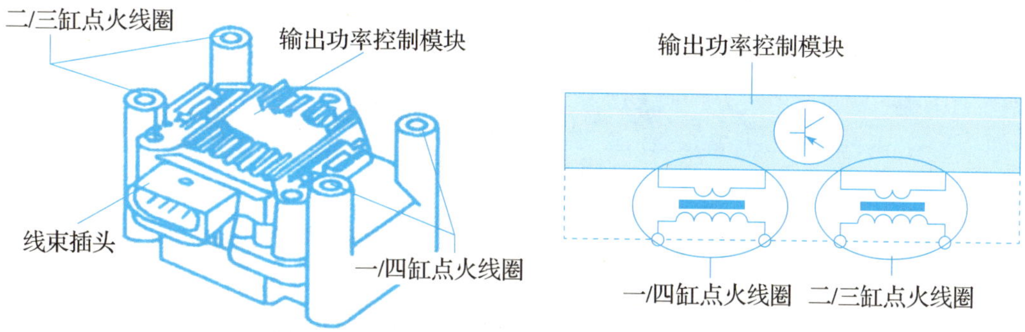

图 3－18　双火花型点火线圈结构及工作电路

5. 爆燃传感器

爆燃传感器（Detonation Sensor）是电控点火系统实现点火时刻闭环控制的重要元件，安装在发动机缸体侧面，其功用是将发动机爆燃信号转换为电信号传递给 ECU，

ECU 根据爆燃信号对点火提前角进行修正，从而使点火提前角保持最佳。

按缸体振动频率的检测方式不同，爆燃传感器分为共振型与非共振型两种；按结构不同，分为压电式和磁电式两种。爆燃传感器外形及安装位置如图 3－19 所示。

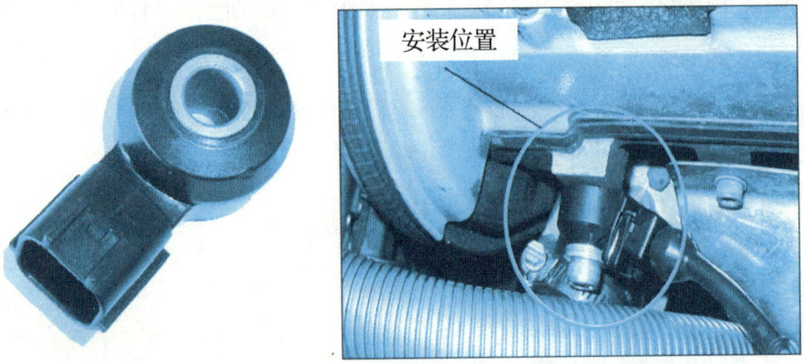

图 3－19　爆燃传感器外形及安装位置

爆燃传感器检测发动机不同频率范围内的机械振动，发生爆燃时爆燃传感器向 ECU 输送的信号，先经过滤波电路进行过滤，只有特定频率范围的爆燃信号才能通过滤波电路。然后，ECU 将滤波后的信号峰值电压与爆燃强度基准值进行比较，若其值大于爆燃强度基准值，控制系统可由此判定有爆燃，并以某一固定值逐渐减小点火提前角；若滤波后的信号峰值电压低于爆燃强度基准值，控制系统则由此判定无爆燃，并以某一固定值逐渐增大点火提前角。同时，ECU 根据爆燃信号超过基准值的次数来判定爆燃强度，次数越多，爆燃强度越大；次数越少，爆燃强度越小，如图 3－20 所示。

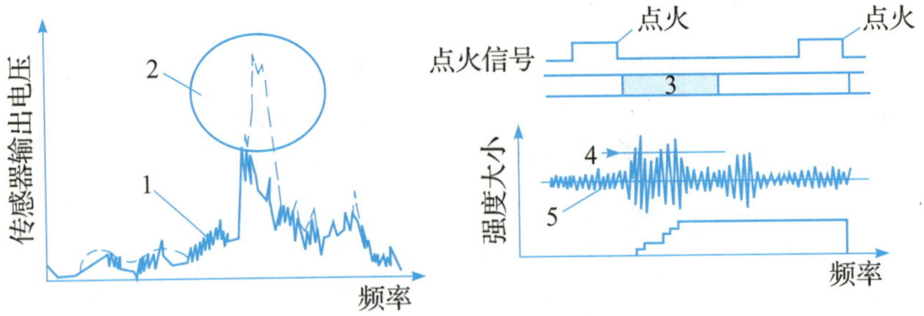

图 3－20　爆燃信号的确定

1—无爆燃电压波　2—产生爆燃电压波　3—爆燃识别区间　4—爆燃确定基准　5—爆燃传感器输出信号

ECU 内设有爆燃信号识别电路，用以确定发动机是否发生爆燃。只有在能够确定发动机点火后爆燃且可能发生的一段曲轴转角范围内，控制系统才允许对爆燃信号进行识别。

（1）磁电共振型。

磁电共振型爆燃传感器主要由感应线圈、铁芯、永久磁铁和壳体组成，如图 3－21 所示。铁芯用高镍合金制成，在其一端设置有永久磁铁，另一端安放在弹性部件上。感应线圈绕制在铁芯的周围，线圈两端引出电极与控制线路连接。

当发动机缸体产生振动时，铁芯就会随之产生振动，感应线圈中的磁通量就会发生变化。由电磁感应原理可知，线圈中就会感应产生交变电动势，即传感器就有信号电压输出，输出电压高低取决于发动机的振动强度和振动频率。当发动机缸体振动频率达到6kHz～9kHz，即与传感器的固有频率相同时，传感器产生共振，振动强度最大，线圈中产生的电压最高，即传感器输出的信号电压最大，如图 3-22 所示。

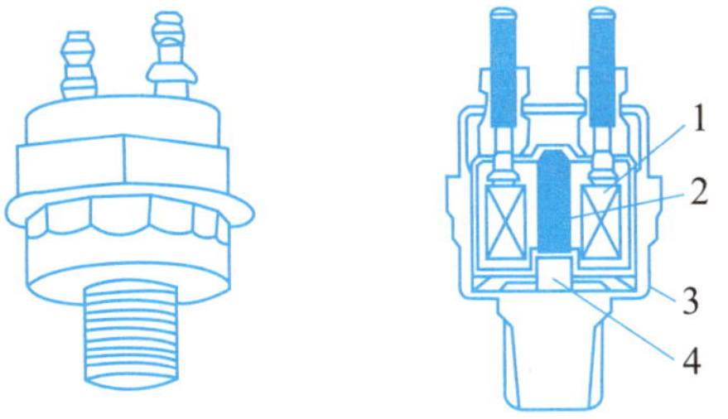

图 3-21　磁电共振型爆燃传感器

1—感应线圈　2—铁芯　3—壳体　4—永久磁铁

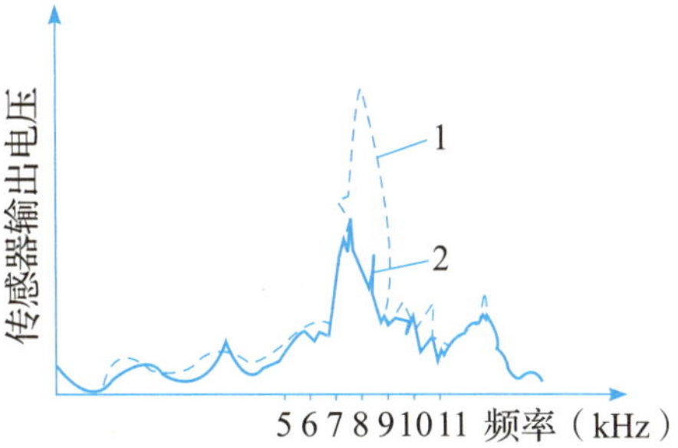

图 3-22　共振型爆燃传感器信号波形

1—虚线表示有爆燃　2—实线表示无爆燃

（2）压电共振型。

压电共振型爆燃传感器利用压电效应原理检测发动机爆燃。检测发动机爆燃的方法有三种：一是检测发动机燃烧室压力的变化；二是检测发动机缸体振动频率；三是检测混合气燃烧噪声。现代汽车广泛采用检测发动机缸体振动频率的方法来检测爆燃，这种传感器具有测量精度高、安装方便且输出电压较高等优点，但通用性差。

压电共振型爆燃传感器主要由压电元件、振子、基座、壳体等组成，如图 3-23 所示。压电元件紧贴在振子上，振子则固定在基座上。压电元件检测振子的振动压力，并转换成电信号输送给 ECU。

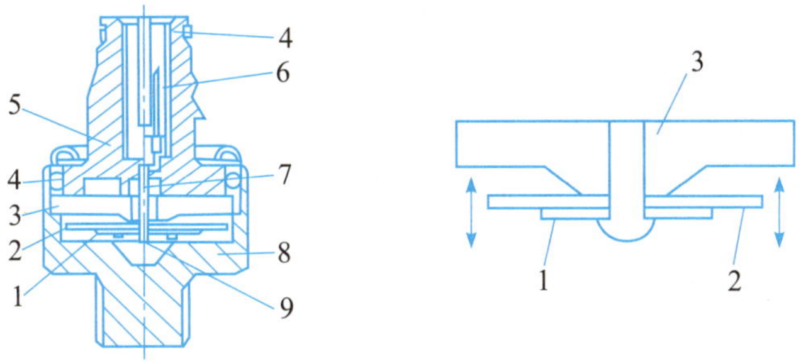

图 3-23　压电共振型爆燃传感器

1—压电元件　2—振子　3—基座　4—O 形密封圈　5—插接器　6—插头　7—密封剂　8—壳体　9—引线

（3）压电非共振型。

压电非共振型爆燃传感器主要由套筒、压电元件、惯性配重、信号输出线、塑料壳体和接线插座等组成，如图 3－24 所示。压电元件制成垫圈形状，在其两个侧面上制作有金属垫圈作为电极，并用导线引到接线插座上。惯性配重与压电元件以及压电元件与传感器套筒之间安放有绝缘垫圈，套筒中心制作有螺孔，传感器用螺栓安装固定在发动机缸体上，调整螺栓的拧紧力矩便可调整传感器的输出电压。

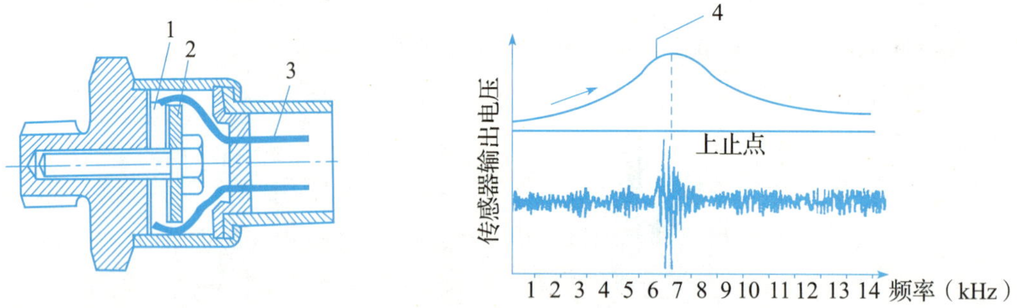

图 3－24　压电非共振型爆燃传感器

1—压电元件　2—惯性配重　3—信号输出线　4—爆燃压力波

压电式非共振型爆燃传感器是以接收加速度信号的形式来检测爆燃的。发动机发生爆燃时，会产生 5kHz～10kHz 压力波，压力波经过气缸体传给爆燃传感器，再经过配重块，配重块以正比于振动加速度的交变力施加在压电元件上，不断变化的压力，使电动势也不断变化，当约 20mV 电动势传给 ECU 时，经过滤波后，ECU 便输出一个指示爆燃的信号。ECU 识别到某个气缸有爆燃时，就立即控制此气缸的点火正时向延迟方向改变 3°～5°，以便消除爆燃。经过一定次数的无爆燃后，ECU 再控制点火正时以每步 0.3°～0.5°的曲轴转角向提前方向给进，以保证发动机的点火提前角始终处于接近爆燃时的最佳角度。

垫圈型压力传感器是一种压电非共振型传感器，如图 3－25 所示。传感器安装在火花塞垫圈与发动机气缸盖之间，每缸安装一个。燃烧压力作用到火花塞上，经过火花塞垫圈再传递给传感器，发动机工作时，传感器根据各缸的燃烧压力通过压电元件检测各缸的爆燃信息，并转换成电信号输送给 ECU。

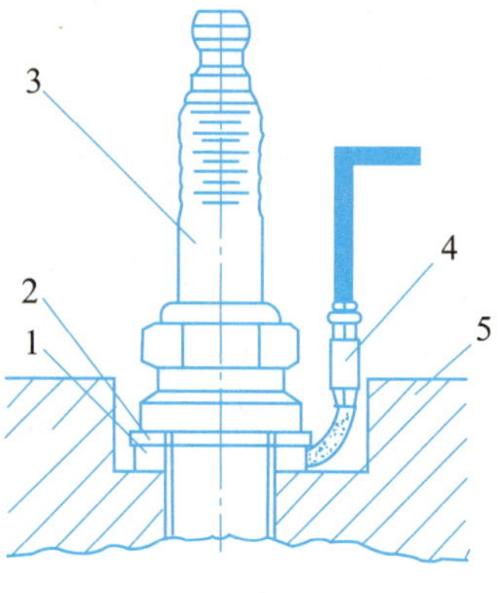

图 3－25　垫圈型压力传感器

1—爆燃传感器　2—垫圈　3—火花塞　4—线束插头　5—缸盖

共振型爆燃传感器只能用于特定的发动机，不能与其他发动机互换使用，装车自由度很小，美国汽车采用了这种传感器。非共振型爆燃传感器的突出优点是适用于所有的发动机，装车自由度很大。但其输出电压较低，频率特性平且频带较宽，需要配用带通滤波器，信号处理比较复杂。通过调整滤波器的频率范围可使传感器应用于不同发动机。中国、日本和欧洲汽车大部分采用了这种传感器。

（四）典型的点火系统电路

大众新宝来 1.6L CSRA 发动机点火系统控制电路如图 3-26 所示。点火系统由点火模块（带功率输出极的点火线圈）、火花塞、爆燃传感器、霍尔传感器、转速传感器和发动机电控单元等组成。ECU 根据爆燃传感器的信号对点火提前角进行反馈控制。

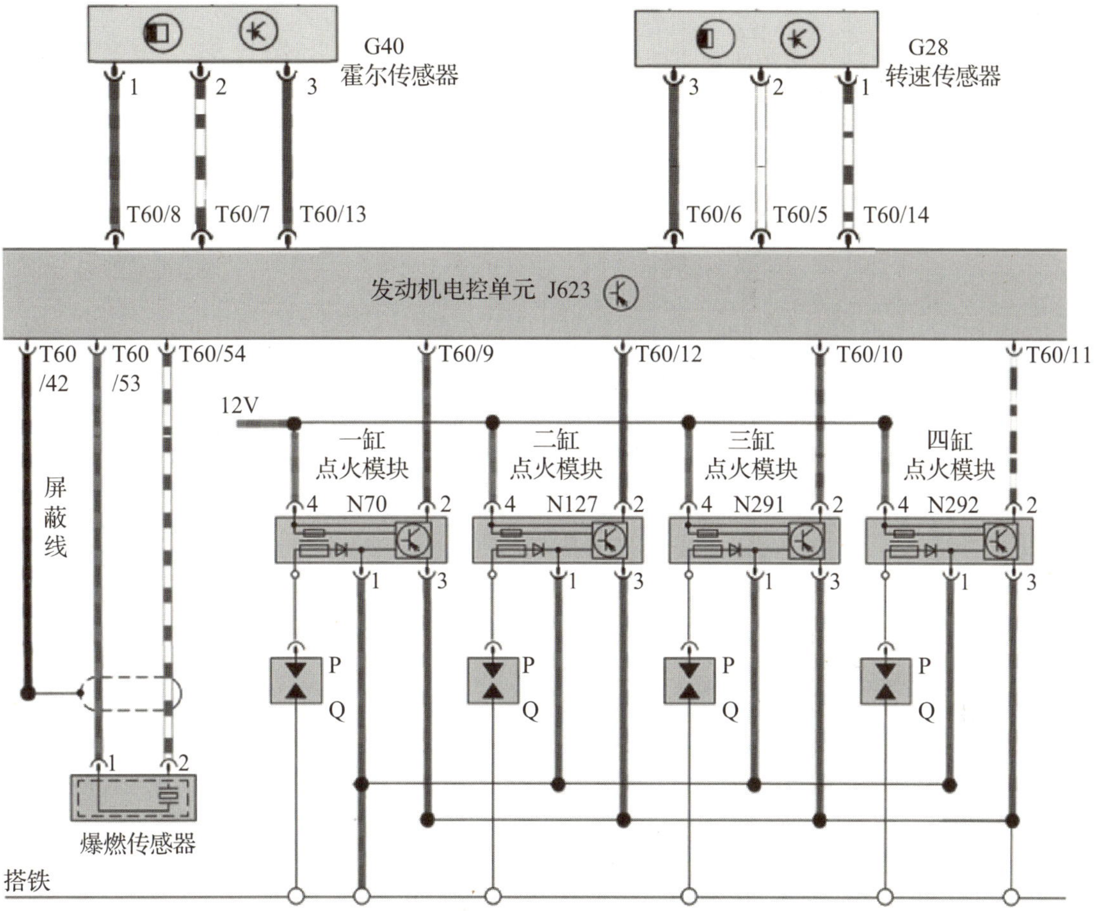

图 3-26 大众新宝来 1.6L CSRA 点火系统控制电路

发动机电控单元 J623 根据收到的点火开关信号以及霍尔传感器和转速传感器的信号，按照点火顺序 1342 的规律，向各个点火模块提供信号，使点火模块高压输出端给火花塞提供高压，火花塞跳火，点燃混合气。爆燃传感器检测发动机工作产生的燃烧程度，并将信号输送给发动机电控单元 J623。当判断发动机出现爆燃时，发动机电控单元 J623 则控制点火模块延迟点火。

三、实训内容

1. 实训准备

（1）准备好试验用各种点火系统元件及电路图。

（2）强调实训中的安全注意事项。

2. 实训流程

（1）了解电控点火系统组成元件的位置及作用。

（2）电控点火系统电路图解读。

3. 实训记录

实训工单见附录Ⅱ中实训任务 3-1。

任务二 元件检测及点火波形分析

一、任务描述

点火系统正常的技术状况是汽油机混合气完全燃烧的主要条件之一，因此，点火系统各个组成元件性能必须良好。点火系统常见的故障有无火、火弱或点火顺序错乱等。在本学习任务中要掌握以下知识：

（1）点火系统主要元件检测。

（2）点火系统故障诊断方法及点火波形读取和分析。

二、相关知识及技能

（一）点火系统主要元件检测

1. 点火线圈的检查

点火线圈故障会导致发动机怠速运转抖动、动力下降、油耗增加、排放恶化等。电控点火系统的诊断会报某缸失火的故障码。对此，应对点火系统进行以下检查。

（1）点火线圈常规检查。

1）检查点火线圈是否有裂纹。

2）点火线圈盖的凸台内是否有漏电的迹象。

3）检查点火线圈壳体是否漏油。如果漏油，则点火线圈内部会直接接触到空气，这样内部会产生凝缩现象。线圈内的凝缩会引起高压泄露，导致发动机不能点火。

4）在无分电器系统中，检查各个点火线圈及点火模块处的导线接头是否牢固；检查接线端子是否有烧蚀现象。

（2）点火线圈电阻测试。

如果对点火线圈进行常规检查时没有发现明显故障，但点火线圈跳火性能不良，则应对其进行下面检查。

1）用万用表测量点火线圈初级绕组的电阻值。

将万用表的两个表笔分别跨接到点火线圈的蓄电池（＋）接线柱和转速表（－）接线柱上，如图 3－27（a）所示。初级绕组的阻值一般为 0.5～2Ω。若发生断路、短路或者高电阻时，应更换点火线圈。

2）用万用表测量点火线圈次级绕组的电阻值。

将万用表的两个表笔分别跨接到点火线圈的蓄电池（＋）接线柱和点火线圈的中央接线柱上，如图 3－27（b）所示。次级绕组的阻值一般为 8kΩ～20kΩ。

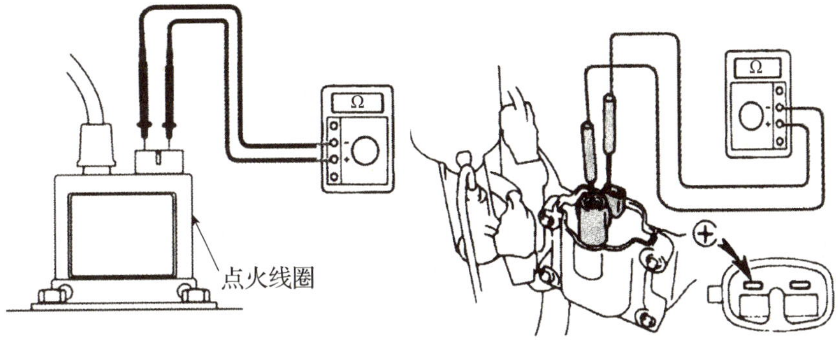

（a）初级绕组阻值的测试　　（b）次级绕组阻值的测试

图 3－27　点火线圈阻值的测试

2. 火花塞的拆装与检查

（1）火花塞的拆卸。

在拆卸火花塞时，要使用火花塞套筒。在火花塞套筒的内部有一个橡胶套，可以防止火花塞绝缘体破裂。在拆卸火花塞的时候，应该将拆下来的火花塞顺序摆放，并注意观察每个气缸的火花塞的状况，如果所有气缸的火花塞都有淡棕色或淡灰色积炭，则表明所有的气缸都有适当的空燃比，一直在正常工作。正确拆卸火花塞，必须做到以下几点：

1）利用高压线钳子，从每个火花塞上拆下高压线。正确方法是抓住绝缘套，不要拉线，慢慢地拧下来。

2）使用火花塞套筒和棘轮，将每个火花塞拧松两圈。

3）采用压缩空气吹走火花塞座处的灰尘。

4）拆下火花塞，确保垫圈也一起被拆下。

提示：为了节省检查时间，防止混乱，应用胶带给每条火花塞电缆及火花塞进行标号。

（2）火花塞的安装。

在安装火花塞之前要检测它的间隙。间隙不合适时，不要试图通过在工作台上敲打侧电极来减少间隙。不要把电子点火系统火花塞的宽间隙设置为窄间隙。同样，也不要把窄间隙火花塞设置为宽间隙，否则都会损坏电极。不要试图通过弯曲中央电极来调整间隙，这样做会使火花塞绝缘体产生裂纹。正确安装火花塞，必须做到以下几点：

1）用干净的布擦掉火花塞座处的灰尘与油泥。

2）确保装有衬垫的火花塞的衬垫状况良好，并且是正确地安放在火花塞上。如果继续使用原来的火花塞，则要安装一个新的衬垫。

3）间隙不合适时，要调整火花塞间隙。

4）安装火花塞并用手拧紧。如果气缸盖是铝制的，千万不要乱扣。

5）使用扭力扳手拧紧火花塞，拧紧力矩大小参照表 3-4，或依据厂家说明书的具体要求进行拧紧。

表 3-4　火花塞的拧紧力矩

火花塞类型	铸铁气缸盖（lbf·ft）	铝制气缸盖（lbf·ft）
14mm 衬垫	25～30	15～22
14mm 锥形座	7～15	7～15
18mm 锥形座	15～20	15～20

（3）火花塞的检查。

1）外观检查。

检查火花塞上的积炭和火花塞电极腐蚀的程度。工作条件良好时在火花塞上面也会有少量积炭，一般呈淡棕褐色或者灰色。但是，不应该出现火花塞电极被烧毁的现象，否则应该更换火花塞。

2）火花塞的点火电压检查。

火花塞的点火电压直接影响发动机的工作状况，点火电压的高低与很多因素有关，如火花塞或次级电路的状况、发动机温度、可燃混合气状况及气缸压缩压力等。点火电压可以在示波器测试次级电路波形时获取，波形中的最高线就是火花塞的点火电压。在测试和检查火花塞的点火电压时，要求：

①所有气缸的点火线的高度应一致。

②点火电压的大小应该为 7kV～13kV。

③各个气缸火花塞的点火电压之间的差值不超过 3kV。

如果一个或者多个气缸的点火电压不一致，偏低或偏高，都表示该缸存在故障，应进行进一步检查。

3）火花塞间隙检查。

无论是新的火花塞还是旧的火花塞，都要按发动机厂家说明书的要求调整其间隙。测量及调整工具有专用工具和简易工具。专用工具由板规和弯座组成，如图 3－28（a）所示。板规可以调整火花塞间隙，板规上面是一个铁砧，用来压住火花塞侧电极。弯座固定火花塞壳体，并将侧电极压向板规，从而设置间隙。

锥形调整工具是一种简易工具，主要由几个尺寸不同的锥形钢片组成，如图 3－28（b）所示。板规上方的刻度表明任一给定位置处的厚度。当板规在电极间滑动形成的间隙大小等于板规的厚度时板规就会停止滑动。当需要调整间隙时，可采用调整槽弯曲侧电极的方法，不同车型标准间隙略有不同，一般为 0.7～0.9mm。

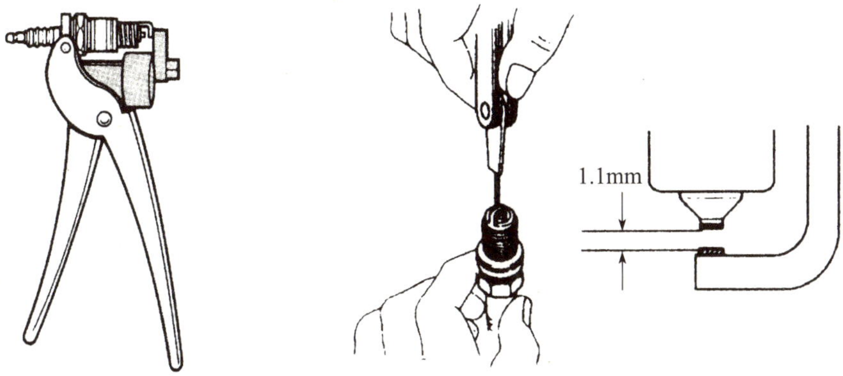

（a）火花塞间隙测量及调整专用工具　　（b）火花塞间隙测量及调整简易工具

图 3－28　火花塞间隙检查

3. 高压线的检测

（1）高压线外观检查。

1）将高压线从分电器、点火线圈及火花塞上取下。（在拆下高压线时，应捏住高压线两头的橡胶护套，切不可直接拉伸高压线线体，以免损坏其中的线芯。）

2）将高压线围成一个圆形，检查绝缘层是否有开裂。

3）若外表绝缘层破损严重，会导致漏电，应予更换。

4）高压线两端端子应平整，无烧蚀和腐蚀现象。如果端子出现烧蚀现象应刮平或用砂纸打平；如果端子断裂或变形，应予以更换。

（2）高压线阻值的检查。

取一组高压线总成，用万用表对高压线电阻值进行测量，测量时将万用表两表笔分别接到每条高压线的两端，测量其阻值，阻值应在该车型规定范围内。若超过规定范围，表明高压线性能不良，将影响高压火花的强度，应予以更换。

4. 爆燃传感器检测

以大众新宝来轿车的爆燃传感器为例介绍检测方法，爆燃传感器 G61 与发动机电控单元 J623 之间的电路连接如图 3－29 所示，端子 1 和端子 2 分别与发动机电控单元 J623 的 T60/53 和 T60/54 端子相连，端子 T60/42 上的导线为屏蔽线。

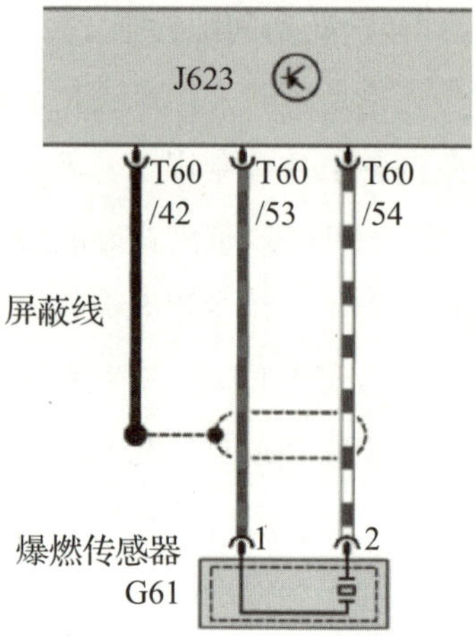

图 3－29　新宝来车爆燃传感器与发控机电控单元间的连接电路

（1）线路检测。

用万用表对传感器线束端进行检测。检测时，断开点火开关，拔下传感器线束插头，插头的端子 1、2 应分别与 J623 的插头端子 T60/53、T60/54 之间导通，与端子 T60/42（屏蔽线）相互绝缘，否则更换相应线束。

（2）故障诊断仪诊断。

当振动或敲缸发生时，爆燃传感器会产生一个小的电压峰值，敲缸声或振动幅度越大，爆燃传感器产生的电压峰值就越大。爆燃传感器测量的频率范围通常为 5kHz～15kHz。当接收到这些频率时，ECU 重新修正点火正时，以阻止继续爆燃。当爆燃传感器发生故障时，发动机 ECU 能够检测到有关信息，并使发动机在故障应急状态下运行。利用故障诊断仪，通过诊断插座可以读取此故障的有关信息。

利用故障诊断仪 VAS6150D，读取大众车爆燃传感器的故障码，若出现故障码，则按照故障码的提示，对传感器紧固力矩、连接线路进行检查。具体步骤如下：

1）连接故障诊断仪 VAS6150D，起动发动机并怠速运转。

2）进入“引导型功能”。

3）读取发动机不同工况下爆燃控制的数据流。

4）读取各缸爆燃控制点火滞后角。曲轴转角的正常值为 0°～15°，如果显示值超出正常范围，则说明爆燃控制系统状况不良。

5）读取各缸爆燃传感器输出信号，正常值为 0.3～1.4V，同时要求各缸爆燃信号电压值偏差不得大于 50%，但猛踩加速踏板时爆燃传感器信号电压最大可达 5.0V。如果显示值不在正常值范围内，应对爆燃传感器本身进行检测，如果损坏应更换。

（3）示波器检测。

用示波器测试爆燃传感器波形，参照爆燃传感器标准波形（如图 3 - 30 所示），可以判定传感器工作性能好坏。

1）连接示波器，起动发动机并怠速运转。可对发动机加载，再查看波形显示。波形的峰值电压和频率将随发动机的负荷和转速的增加而增加。若发动机点火过早、燃烧温度不正常、排气再循环不正常，爆燃传感器波形幅度和频率也会增加。

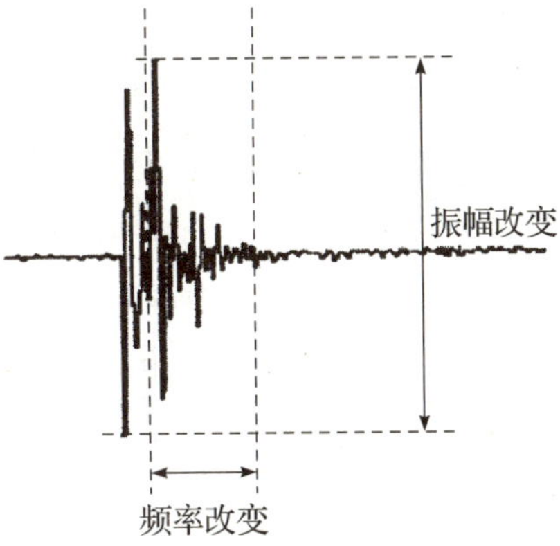

图 3 - 30　爆燃传感器标准波形

2）打开点火开关，不起动发动机，用金属物敲击爆燃传感器附近的缸体。在敲击发动机缸体后，示波器上应有一突变波形，敲击越大，幅值也越大，如果波形显示的只是一条直线，则说明爆燃传感器没有信号输出，应检查相关线路和爆燃传感器。

（二）点火系统故障诊断及点火波形分析

1. 点火系统故障诊断方法

（1）直观诊断。

常见点火系统故障包括高压无火、高压火弱、点火正时故障、点火顺序故障等。可以用直观诊断等的简易方法检验设备确认故障。直观诊断是指对与故障现象相关的部位、部件及连接导线进行外观检查。由于电控点火系统结构原理复杂，工作可靠性也较高，发生故障后，除了电子元器件本身的损坏外，还有由线路短路、断路、插接器接触不良造成的故障，这些故障与电控系统无关，通过询问用户故障发生的过程及现象，结合经验诊断方法，可容易地、直观地发现这些故障，达到事半功倍的效果。直观诊断是一种最简单、最基本的故障诊断方法，主要检查项目有：

1）查找各个插接器是否有污损、是否有插接不到位而引起的接触不良现象；

2）检查电线是否断开，是否有因磨损而引起的导线间或导线与地间的短路现象；

3）检查各个元器件是否有零件松动、丢失、变形、卡死、磨损超限等机械故障；

4）检查发动机工作时是否有高压漏电异响，点火器、点火线圈温度是否正常，等等；

5）检查高压线是否老化、电阻是否超差等。

（2）自诊断系统诊断。

汽车电控系统几乎都具有自诊断功能，电控点火系统也不例外，因此，当电控点火系统出现故障时，应首先利用汽车的自诊断功能调取存储在 ECU 内的故障码，根据故障码可快速对电控系统故障做出判断，并进一步排除故障。因此，利用自诊断系统诊断电控点火系统故障，是最主要的诊断手段。

（3）仪器诊断。

仪器诊断是利用一些简单的通用仪器仪表（如数字万用表、示波器等）或一些专用的诊断仪器设备（如发动机综合分析仪、故障诊断仪、点火分析仪、正时灯等），对电控点火系统故障进行检测、分析和诊断的方法，它可以检测故障元器件性能参数、测试点信号以及整个点火系统性能和点火波形，为维修人员定性定量分析故障提供信息。

2. 点火波形及综合分析

（1）点火次级并列波形分析。

点火次级并列波形是把所有汽缸的电压波形平行显示，如图 3－31 所示。通过对异常点火波形及击穿电压的分析，找出是否有短路或开路的火花塞、高压线，或引起点火不良的污损火花塞。这个试验可以提供对研究各个气缸燃烧质量情况有价值的资料。由于点火次级波形明显地受到各种不同的发动机、燃油系统和点火条件的影响，所以它能够有效地对发动机机械部件、燃油系统部件以及点火系统部件进行检测，通过分析故障波形的不同部分，找出气缸中的某一部件或系统的故障。

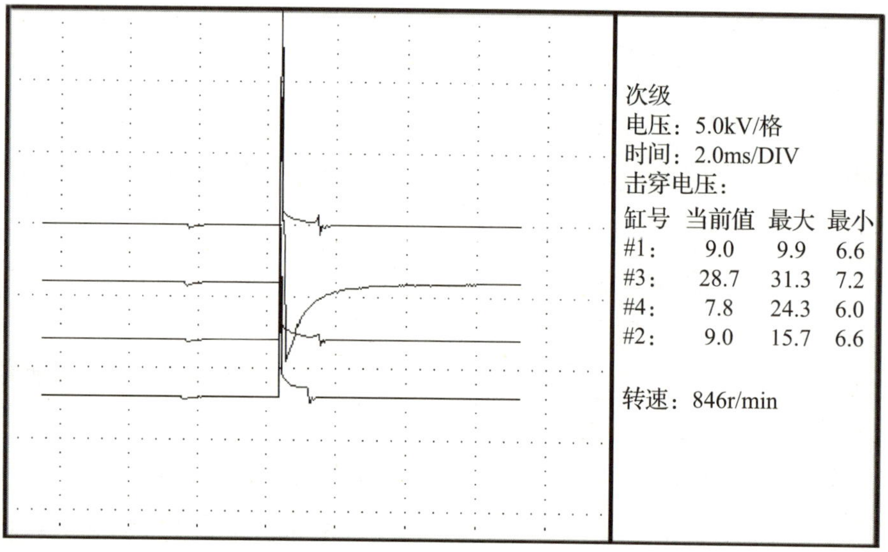

图 3－31　汽车故障发动机的点火波形

1）测试波形。

连接示波器，起动发动机或驾驶汽车，调整示波器设置，直到波形稳定、清楚地在显示屏上显示出来。再现行驶性能故障或点火不良等情况，将波形进行保存。

2）波形分析。

对于正常的发动机，其点火波形的幅值、频率、形状和脉冲宽度等判定性尺度，各缸基本都是一致的，各缸的点火峰值电压高度应该相对一致、基本相等，任何峰值高度相互之间的差异都表明有故障。如果某缸峰值电压高出很多，表明在该气缸点火系统中存在着高的电阻，这可能意味着点火高压开路或电阻太大；如果某缸峰值电压低很多，表明点火高压线短路或火花塞间隙过小，火花塞污损或破裂。

（2）点火次级单缸波形分析。

单缸波形测试可提供对于研究每个气缸的燃烧质量非常有价值的资料。点火次级波形明显受发动机汽缸压力、供油系统和点火系统工作状态等的影响，它对检测发动机机械部件、燃油系统部件及点火系统部件的故障非常有用。波形的不同部分能指明任一特定气缸的某些部件和系统的故障。参照波形各部分的指示看波形特定段的相关部件运行状况。汽车示波器屏上用数字的方式显示出波形各部分的判定参数。点火次级单缸波形如图 3－32 所示。

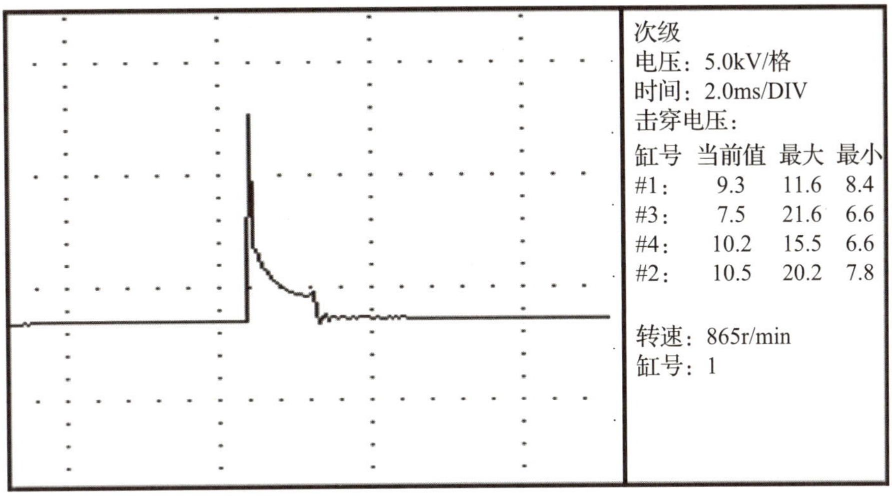

图 3－32 点火次级单缸波形

1）测试波形。

连接示波器，起动发动机或驾驶汽车，将示波器设置为单缸显示，调整示波器直到波形稳定、清楚地在显示屏上显示出来。再现行驶性能故障或点火不良等情况，将有问题汽缸的波形进行保存。次级电路正常波形及含义如图 3－33 所示。

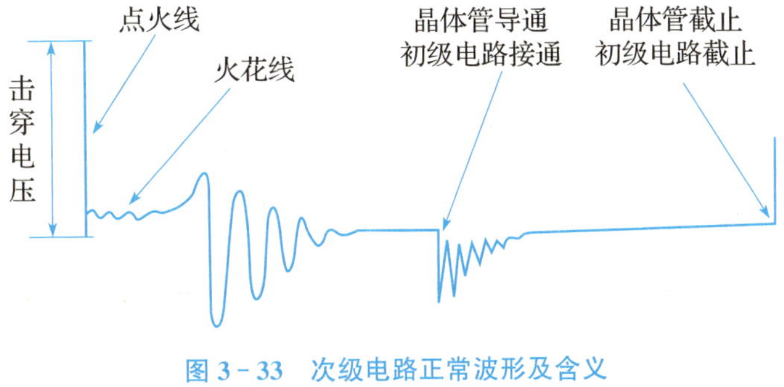

图 3－33 次级电路正常波形及含义

2）波形分析。

①点火线是一条垂直线，表示开始点火所需的电压，一般为 7kV～13kV，各缸之间电压相差不高于 3kV。观察跳火电压的高度，跳火电压太高表明在点火次级电路中存在着高电阻（例如开路，损坏的火花塞、高压线，或火花塞间隙过大），跳火电压太低表明点火次级电路电阻低于正常值（如污浊和破裂的火花塞及漏电的火花塞、高压线等）。

②火花线也称燃烧电压线，火花线的长度即火花持续时间（ms），也就是计量火花塞持续跳火的时间。火花线或燃烧电压保持相对一致，这表明火花塞工作的一致性和各缸空燃比的均衡性。次级电路电阻的增加，会加大对点火电压的需求，点火线圈的能量维持火花塞跳火的时间变短。因此，通过观察火花线可以判断火花塞间隙、高压线阻值等方面的故障。

③燃烧线的持续时间长度表明汽车缸内的混合气浓度是否异常。过长的燃烧线（通常超过 2ms）表示混合气浓，过短的燃烧线（通常少于 0.75ms）表示混合气稀。以此可以判断单缸喷油器滴漏、阻塞及喷油器密封圈泄露等故障。

（3）点火初级波形分析。

1）测试波形。

起动发动机并怠速运转，在使故障重复的条件下，加速发动机或驾驶汽车。如果发动机不能起动，就打开起动机让发动机转动，然后观察示波器，并保存波形。

2）波形分析。

四缸电控发动机点火初级波形，如图 3－34 所示。当电流开始流入点火初级线圈时，点火初级线圈电流波形会以 60°上升（在 10ms/DIV 时基下），如果其左侧几乎是垂直上升的，说明点火线圈的电阻太小（短路），可能造成行驶性能方面的故障，并损坏点火模块

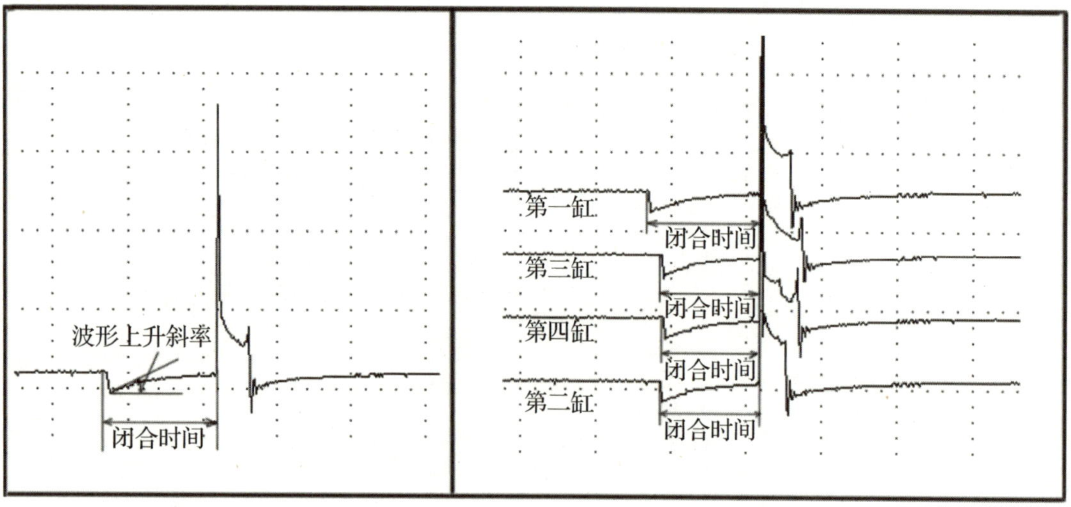

（a）单缸点火初级波形　　（b）四缸点火初级波形并列波形

图 3－34　点火初级波形分析

中的开关晶体管。大多数新式点火初级电路先提供5～6A电流给点火线圈，当到达允许最大电流（5～6A）时，点火模块中的限流电路就开始起作用，使得波形顶部变平，在点火初级线圈的“导通时间”（或闭合角）内电流波形的顶部保持平直。当点火模块关断电流时，电流波形几乎是垂直下降，点火线圈的电流将下降至0A。在每一个点火循环中，这个过程重复出现。

电流波形初始上升达到峰值的时间通常是不变的，这是由于电流流经一个正常的点火线圈所用的时间是保持不变的（随温度有轻微变化）。发动机ECU可以通过点火模块延长或缩短点火线圈的导通时间。

利用四缸点火初级波形并列波形检测，对比初级电流流入点火初级线圈的时间及各缸的闭合时间，可判断点火系统是否存在故障。当发动机工作出现抖动时，若各缸的闭合时间相差很大，说明发动机ECU有故障。

三、实训内容

1. 实训准备

（1）准备好试验用发动机、万用表、故障诊断仪、示波器等。

（2）掌握本次实训课所用仪器及设备的使用方法。

（3）强调实训中的安全注意事项。

2. 实训流程

（1）利用故障诊断仪读取点火系统相关数据流，并分析。

（2）利用万用表检测各个元件性能，并分析。

3. 实训记录

实训工单见附录Ⅱ中实训任务3-2。

项目总结

1. 电控点火系统主要包括与点火有关的各种传感器、电子控制单元（ECU）、点火开关、点火线圈、火花塞等。

2. 电控点火系统控制功能包括点火提前角控制、通电时间控制和爆燃控制三方面。

3. 根据火花塞热值不同，可分为冷型和热型火花塞；热型火花塞适应于小功率、低速、低压缩比的发动机；冷型火花塞适用于大功率、高速、高压缩比的发动机。

4. 按检测缸体振动频率的方式不同，爆燃传感器分为共振型与非共振型两种；按结构不同，分为压电式和电磁感应式两种。

思考与练习

1. 单选题

(1) 电控发动机 ECU 收到爆燃信号会（　　）点火提前角。

A. 固定　　B. 提前　　C. 推迟　　D. 不确定

(2) 点火提前角应随发动机转速的提高而（　　）。

A. 增大　　B. 减小　　C. 不变　　D. 不确定

(3) 电控点火系统中，分电器配电方式中需要（　　）点火线圈。

A. 6 个　　B. 4 个　　C. 2 个　　D. 1 个

(4) 下列选项中，不属于爆燃传感器类型的是（　　）。

A. 磁电共振型　　B. 压电共振型　　C. 电磁感应型　　D. 压电非共振型

(5) 火花塞可分为冷型和热型火花塞，冷型火花塞适用于（　　）的发动机。

A. 大功率、高速　　B. 大功率、高速、高压缩比

C. 小功率、低速　　D. 小功率、低速、低压缩比

2. 多选题

(1) 当从示波器上观察点火系统的波形时，某一个气缸的点火线较低，可能原因是（　　）。

A. 火花塞漏电　　B. 次级电路电阻太大

C. 混合气过稀　　D. 该气缸的压缩压力较低

(2) 下列选项中，会引起发动机爆燃的有（　　）。

A. 混合气太稀　　B. 发动机运转温度太低

C. 燃烧室积炭过多　　D. 汽油油耗太低

(3) 电控点火装置的控制主要包括（　　）。

A. 点火提前角　　B. 通电时间　　C. 爆燃控制　　D. 转速

(4) 信号发生器的类型有（　　）。

A. 磁感应式　　B. 霍尔效应式　　C. 光电感应式　　D. 热敏电阻式

(5) 电控点火系统控制功能包括（　　）。

A. 高速断油控制　　B. 点火提前角控制

C. 通电时间控制　　D. 爆燃控制

3. 判断题

(1) 点火提前角随发动机负荷的增大而增大。（　　）

(2) 对于四缸发动机且双缸同时点火控制方式，其四个气缸共用一个点火线圈。（　　）

(3) 单缸独立点火控制方式，其点火线圈的数量与气缸数相同。（　　）

(4) 爆燃传感器信号的作用是控制发动机爆燃现象。( )

(5) 现代汽车广泛采用高能点火线圈，电阻很小，使用寿命长。( )

4. 问答题

(1) 简述点火系统的作用、类型和组成。

(2) 电控点火系统控制内容有哪些?

(3) 火花塞热特性对发动机的工作有何影响?

(4) 点火信号发生器有哪些类型? 是如何产生点火信号的?

(5) 影响发动机点火提前角的因素有哪些?

(6) 电控点火系统的主要优点有哪些?

(7) 电控点火系统主要由哪几部分组成? 各部分功能是什么?

(8) 简述爆燃传感器的类型、特点及工作过程。

(9) 看图 3-26，试述新宝来 1.6L CSRA 点火系统控制过程。

(10) 看图 3-26，试述新宝来 1.6L CSRA 点火系统检测内容和方法。

项目四

进气控制系统

4

目标及要求

教学目标	能力要求
（1）掌握电子节气门控制系统的组成及工作过程； （2）掌握增压控制系统的组成及工作过程。	（1）学会用仪器诊断电子节气门控制系统故障的方法； （2）学会用仪器诊断增压控制系统故障的方法。

项目概述

在发动机电控系统中，除了电控燃油喷射系统和电控点火系统外，还有很多控制系统，如电子节气门控制系统、增压控制系统等，这些控制系统直接影响发动机的动力性、燃油经济性和排放性能。本项目设置两个学习任务，任务内容如下：

- 进气控制系统
  - 电子节气门控制系统
  - 增压控制系统

任务一　电子节气门控制系统

一、任务描述

随着汽车电子技术的发展，发动机怠速控制有了很大变化，早期汽车普遍采用怠速控制装置实现发动机怠速控制，如怠速步进电机、怠速控制电磁阀等，目前汽车普遍采用电子节气门，ECU通过电子节气门的动作接收各个传感器及开关的信号，然后输出信号给节气门驱动电机，控制发动机怠速及各个工况转速。

二、相关知识及技能

（一）电子节气门控制系统组成

电子节气门控制系统主要由传感器、电控单元和执行元件三部分组成，如图 4－1 所示。ECU 根据各种传感器的输入信号确定一个怠速运转的目标转速，并与实际转速进行比较，根据比较结果控制执行元件工作，以调节进气量，使发动机的怠速转速达到所确定的目标转速，执行元件为节气门驱动电机。

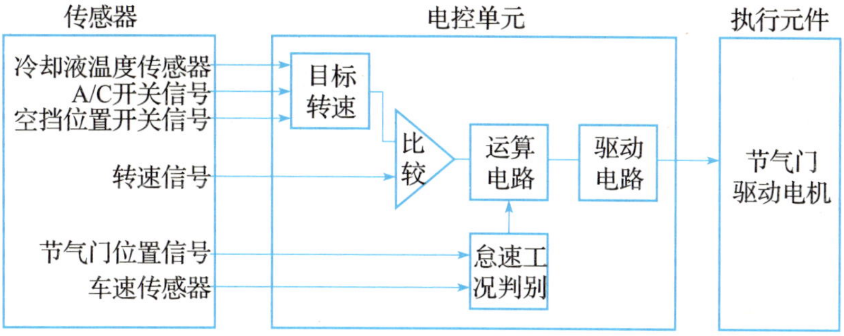

图 4－1　电子节气门控制系统组成

（二）电子节气门控制系统工作原理

目前，很多车的加速踏板与节气门之间采用了非机械连接，即通过加速踏板位置传感器、发动机电控单元、节气门位置传感器及节气门驱动电机实现电子控制方式的连接，其可使发动机节气门的开度不完全取决于驾驶员对加速踏板的操纵，如图 4－2 所示。控制系统可根据发动机的工况、汽车的行驶状态等对节气门的开度进行实时的调节。

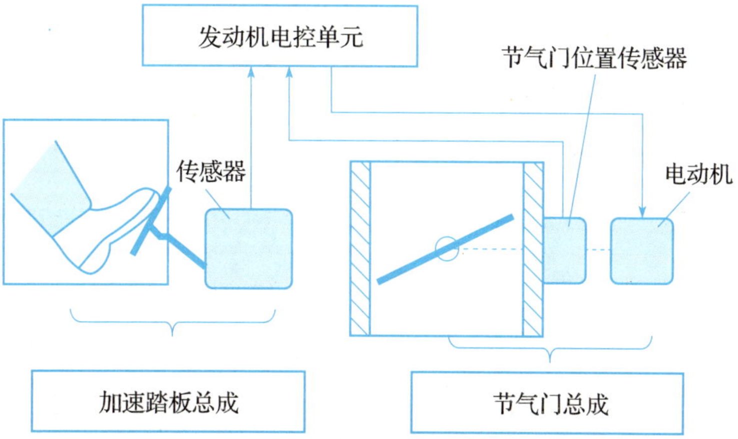

图 4－2　电子节气门控制系统

加速踏板位置传感器将驾驶员踩下加速踏板的位移量转变成电压信号，并传输到发动机电控单元，它有接触式和非接触式两种，现代汽车电子节气门中一般设有两个加速踏板位置传感器。

1. 接触式加速踏板位置传感器

接触式加速踏板位置传感器是滑动触点式，如图 4-3 所示，滑动触点安装在同一根轴上，当加速踏板位置变化时，滑动触点传感器的电阻及相应的电压信号也发生变化。

为了最大限度保证信号的可靠性，采用接触式加速踏板位置传感器的电子节气门控制系统，通常设置两个加速踏板位置传感器。如大众朗逸车电子节气门控制系统中的接触式加速踏板位置传感器为 G79 和 G185，如图 4-4 所示。发动机电控单元通过这两个加速踏板位置传感器提供的信号来识别出加速踏板当前的位置。传感器 G79 和 G185 的电阻特性不同，工作时，G185 的阻值是 G79 的 2 倍，所以传感器 G79 和 G185 的输出特性也不同，G79 输出信号是 G185 的 2 倍，G79 输出信号范围是 2%～97%，G185 输出信号范围是 4%～49%。

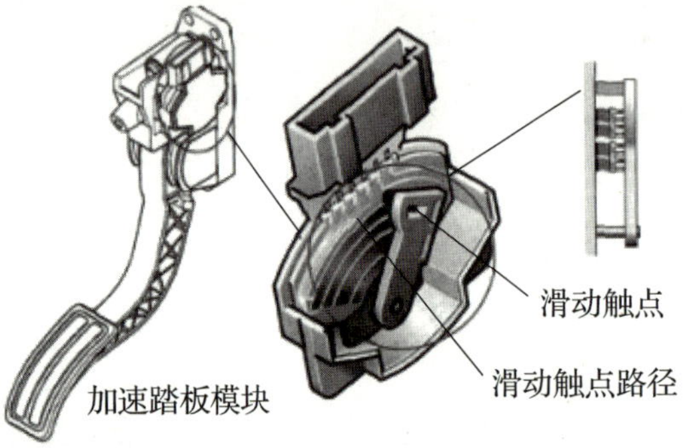

图 4-3　接触式加速踏板位置传感器结构

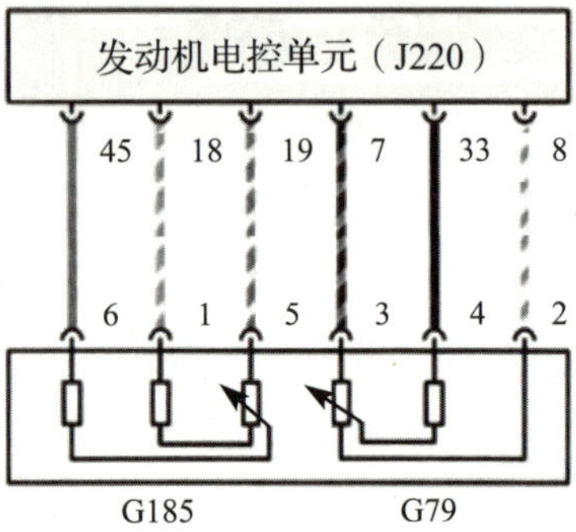

图 4-4　大众朗逸车接触式加速踏板位置传感器电路

接触式加速踏板位置传感器性能的好坏，可以通过测量其电阻和电压参数来判断。1 和 2 为 5V 供电端子，4 和 6 为信号端子，3 和 5 为搭铁端子。测量时，先拔掉传感器插头，用万用表测量传感器的电阻，然后测量插头（线束侧）电压，电压测量应在供电状态下进行。参考数据及要求见表 4-1。

表 4-1　大众朗逸车加速踏板位置传感器参考数据

测量端子	正常范围
端子 1 与搭铁； 端子 2 与搭铁	测量线束端电压为 5V
端子 4 与搭铁	怠速时 0.7～0.75V；全速时 4.45～4.55V，且随加速踏板动作而连续变化
端子 6 与搭铁	怠速时 0.35～0.37V；全速时 2.20～2.25V，且随加速踏板动作而连续变化
端子 2 与端子 3	450～500Ω
端子 4 与端子 3	怠速时 1 050～1 100Ω；行驶时 1 400～1 450Ω，且随加速踏板动作而连续变化
端子 1 与端子 5	550～600Ω
端子 6 与端子 5	怠速时 950～1 000Ω；行驶时 1 300～1 350Ω，且随加速踏板动作而连续变化

2. 非接触式加速踏板位置传感器

非接触式加速踏板位置传感器是一种霍尔效应式传感器，主要由磁铁和霍尔元件组成，如图 4－5 所示。霍尔元件安装在加速踏板的芯轴上，且固定不动，两个磁铁安装在加速踏板的旋转件上，可随加速踏板一起动作。为保证信号的可靠性，安装了两个霍尔元件，可同时向发动机电控单元输送两个加速踏板位置信号。工作时，磁铁随加速踏板的动作而一起旋转，这样就改变了与霍尔元件之间的相对位置，也就改变了霍尔元件输出的电压值。霍尔元件输出的电压值与加速踏板内的磁铁位置成线性对应关系，因此，霍尔元件输出的电压就可以反映加速踏板所处的位置。

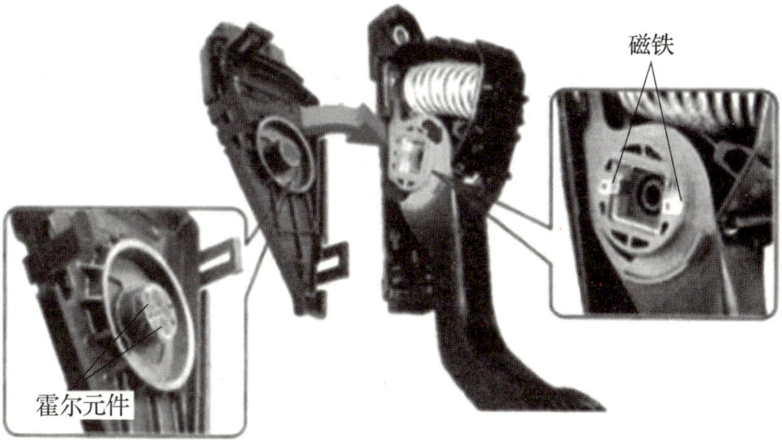

图 4－5 非接触式加速踏板位置传感器结构

丰田车系采用非接触式加速踏板位置传感器，其优点是在工作过程没有机械磨损，提高了传感器的可靠性和耐久性。

丰田车系非接触式加速踏板位置传感器与发动机电控单元之间的线路连接如图 4－6 所示。VCPA1 和 VCPA2 是传感器的两个电源线，由发动机电控单元提供 5V 电压，

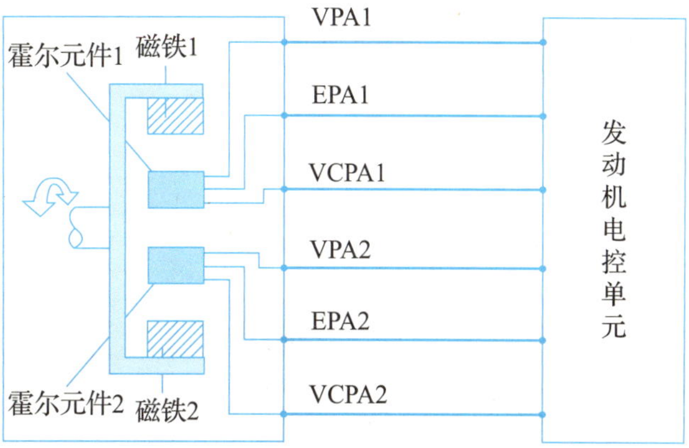

图 4－6 丰田车系非接触式加速踏板位置传感器电路

EPA1 和 EPA2 是搭铁线，VPA1 和 VPA2 是信号线，随加速踏板位置变化产生信号电压并传送给发动机电控单元。

非接触式加速踏板位置传感器只能通过电压检测来判断其性能的好坏。丰田车系非接触式加速踏板位置传感器 EPA2 输出信号电压比 EPA1 始终高 0.8V，在加速踏板完全放松时，EPA1 电压约为 0.8V，EPA2 电压约为 1.6V；当加速踏板完全踩下时，EPA1 电压约为 3.188V，EPA2 电压约为 3.988V。其线束端检测见表 4－2。

表 4－2　丰田车系非接触式加速踏板位置传感器线束检测参考值

测量端子	正常范围
VCPA1 与 EPA1	线束端电压值 5V
VCPA2 与 EPA2	线束端电压值 5V
VPA1 与 EPA1	0.8～3.2V，且随加速踏板动作而连续变化
VPA2 与 EPA2	1.6～4.0V，且随加速踏板动作而连续变化

3. 典型电子节气门控制系统

目前，大众车系汽车如奥迪 A3、迈腾、速腾等轿车均采用电子节气门控制系统，其组成及控制过程基本相同，如图 4－7 所示。

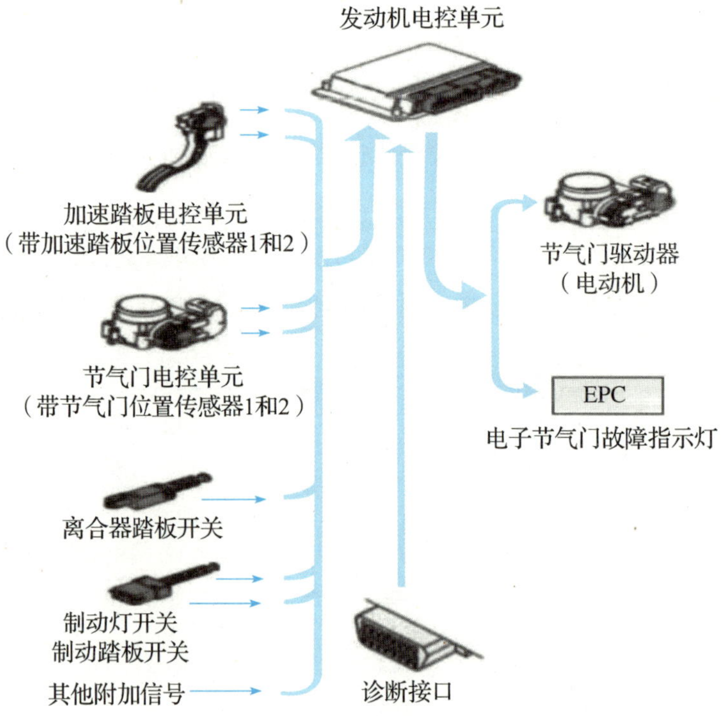

图 4－7　大众车系汽车电子节气门控制系统

大众车系多采用接触式加速踏板位置传感器 G185 和 G79，发动机电控单元根据加速踏板位置传感器输入的电压信号，来确定加速踏板当前的位置，然后根据节气门位置传感器输入的电压信号，计算相应的节气门响应量，发动机电控单元向节气门电动机提供电压信号，实现节气门定位。节气门在两个方向都受弹簧负载，默认位置为微开。

（1）节气门驱动器工作模式。

1）踏板最小值：用钥匙起动时，发动机电控单元默认的踏板最小值。

2）节气门位置最小值：用钥匙起动时，发动机电控单元默认的节气门位置最小值。

3）破冰模式：如果节气门不能达到预定的最小节气门位置，则进入破冰模式，发动机电控单元将给节气门驱动电机几次最大脉冲宽度指令（关闭方向），直至节气门关闭。

4）蓄电池节电模式：在发动机无转速持续超出预定时间后，发动机电控单元指示蓄电池进入节电模式，发动机电控单元卸去电动机控制电路上的电压，并使节气门返回至默认的位置。

5）降低发动机功率模式：发动机电控单元检测到节气门执行元件控制系统故障时，发动机电控单元则进入降低发动机功率模式。降低发动机功率模式有限制车辆加速模式、限制节气门模式、节气门默认模式、强制怠速模式及发动机关闭模式。

（2）失效保护驾驶模式。

加速踏板位置传感器通过主回路、副回路双系统检测开度，如果某个加速踏板位置传感器信号异常，发动机电控单元启动失效保护驾驶模式，使节气门保持一定开度。当发动机电控单元检测到主回路、副回路均出现异常信号时，则仅在怠速范围内对节气门开度进行控制。

（三）电子节气门控制系统检测

1. 电子节气门控制电路

以迈腾 1.8T 车为例介绍电子节气门控制系统的检测内容和方法。大众迈腾车电子节气门控制系统由发动机电控单元 J623、加速踏板位置传感器 G185 和 G79、节气门驱动装置（电机）G186、节气门驱动装置角度传感器 G187 和 G188、节气门电控单元 J338 等组成。控制电路如图 4－8 所示。

2. 电子节气门控制系统检测过程

利用专用故障诊断仪 VAS6150D 对电子节气门控制系统进行检测，检测方法如下：

（1）读取故障码。

利用故障诊断仪 VAS6150D，读取大众迈腾车加速踏板位置传感器和节气门位置传感器的故障码，若出现故障码，则按照故障码的提示，对传感器进行故障确认。

（2）读取数据流。

利用故障诊断仪 VAS6150D，读取大众迈腾车加速踏板位置传感器和节气门位置传感

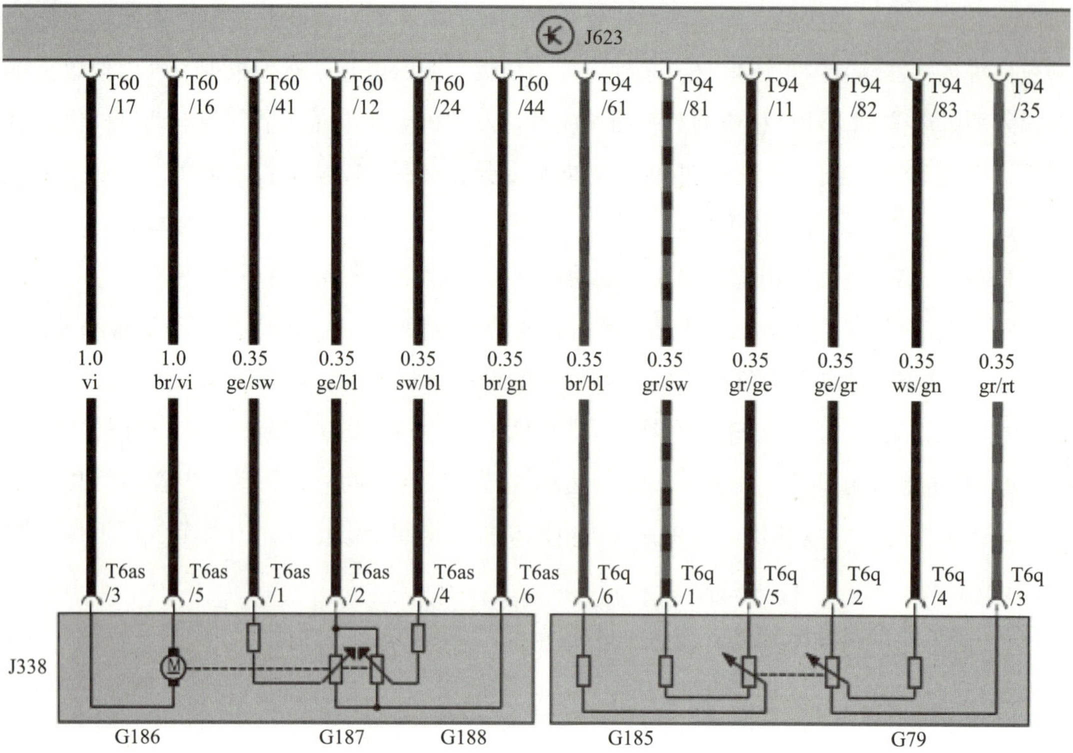

图 4-8　迈腾 1.8T 车电子节气门控制电路

器的数据流，方法如下：

1）连接故障诊断仪 VAS6150D，起动发动机并怠速运转。

2）进入“引导型功能”。

3）读取不同发动机工况下各传感器的数据流，当测量值与参考值不符时，应用万用表辅助测量异常传感器的电阻及线束电压，来确定其故障原因。测试参考值见表 4-3。

表 4-3　不同工况下传感器的数据流

测量时发动机工况（加速踏板/节气门开度）		参考数据值
G79	加速踏板开度 7%	信号电压：0.38V
	加速踏板开度 20%	信号电压：1.04V
	加速踏板开度 40%	信号电压：2.0V
G185	加速踏板开度 14%	信号电压：0.75V
	加速踏板开度 40%	信号电压：2.01V
	加速踏板开度 80%	信号电压：4.0V
G187	节气门开度 8.6%	信号电压：0.84V
	节气门开度 51%	信号电压：2.51V
	节气门开度 99.6%	信号电压：4.42V

续表

测量时发动机工况（加速踏板/节气门开度）		参考数据值
G188	节气门开度 8.6%	信号电压：4.24V
	节气门开度 51%	信号电压：2.56V
	节气门开度 99.6%	信号电压：0.65V
G186 电机电阻	2.3Ω	
G187—G188 标准电压	T6as/2—T6as/6 标准电压：5.0V	

注：测试值可能受蓄电池电压、万用表精度、测试方法等外界因素影响而略有差异。

三、实训内容

1. 实训准备

（1）准备好试验用发动机、万用表、故障诊断仪及其他常用工具。

（2）掌握本次实训课所用仪器及设备的使用方法。

（3）强调实训中的安全注意事项。

2. 实训流程

（1）了解电子节气门控制系统基本组成。

（2）用故障诊断仪读取电子节气门控制系统基本信息并分析。

（3）用万用表检测电子节气门控制系统组成元件。

3. 实训记录

实训工单见附录Ⅱ中实训任务 4-1。

任务二 增压控制系统

一、任务描述

现代汽车为了提高发动机进气量，改善发动机动力性能，有的采用了动力阀控制系统、谐波增压控制系统、可变配气相位控制系统或涡轮增压系统。在本任务中主要掌握以下方面：

（1）增压控制系统的类型及原理。

（2）涡轮增压控制系统常见故障与检测。

二、相关知识及技能

（一）增压控制系统的类型及原理

为了适应发动机不同转速和负荷时的进气量需求，在增压控制系统设有辅助增压控制系统。目前发动机设有不同的增压控制系统，根据系统组成和工作原理不同有动力阀控制系统、谐波增压控制系统、可变配气相位控制系统、涡轮增压系统等，但它们控制目的相同，都是改善发动机的高速和低速性能，即在低速、小负荷工况下，减少进气量；在高速、大负荷工况下，增多进气量。

1. 动力阀控制系统

动力阀控制系统主要由动力阀、膜片真空气室、传感器和 ECU 等组成，如图 4－9 所示。动力阀安装在进气管上，控制进气道空气流通截面大小。膜片真空气室控制动力阀的开闭，ECU 根据各传感器信号控制真空电磁阀（VSV 阀）的通断。

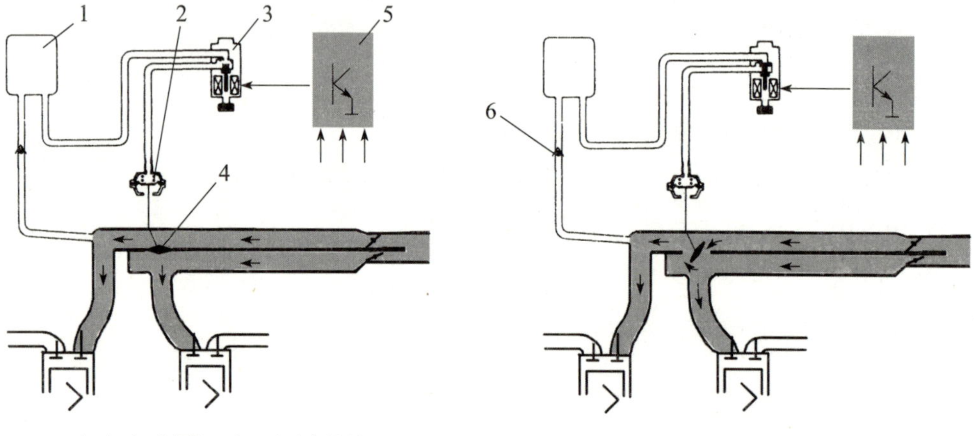

（a）电磁阀打开、动力阀关闭　　（b）电磁阀关闭、动力阀打开

图 4－9　动力阀控制系统

1—真空罐　2—膜片真空气室　3—真空电磁阀　4—动力阀　5—ECU　6—单向阀

当发动机低转速、小负荷工况时，进气量较少，为了提高进气流速，增大进气流惯性以提高发动机的充气效率，ECU 使真空电磁阀不通电，真空罐内的真空不能进入膜片真空气室，动力阀处于关闭状态，进气通道变小。

当发动机高转速、大负荷工况时，为了提高进气量，适当增大进气道空气流通截面，提高充气效率。ECU 使真空电磁阀通电，真空罐内的真空进入膜片真空气室，动力阀开启，进气通道变大。这有助于改善发动机的高速性能。

2. 谐波增压控制系统

谐波增压控制系统主要由进气控制阀、真空驱动器、真空电磁阀、ECU 及传感器等组成，如图 4-10 所示。ECU 根据发动机转速信号控制真空电磁阀的开闭，高速时真空电磁阀开启，真空罐内的真空进入真空驱动器的膜片真空气室，真空驱动器驱动进气控制阀开启。反之，低速时真空电磁阀关闭，真空罐内的真空不能进入真空驱动器的膜片真空气室，进气控制阀处于关闭状态。

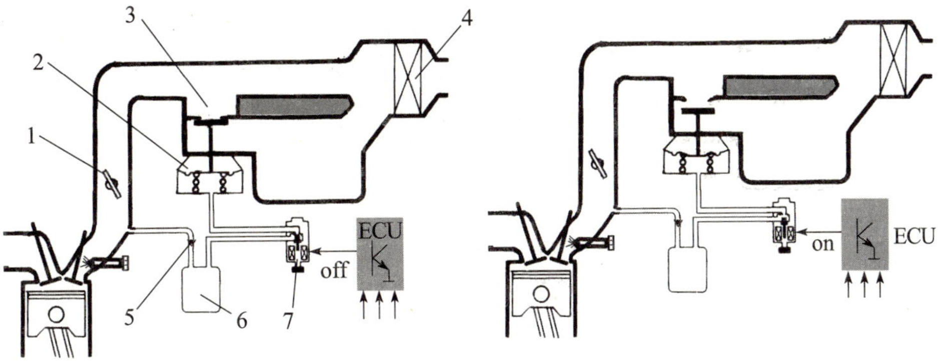

（a）真空电磁阀关闭、控制阀关闭　　（b）真空电磁阀打开、控制阀打开

图 4-10　谐波增压控制系统控制原理

1—节气门　2—真空驱动器　3—控制阀　4—空气滤清器　5—单向阀　6—真空罐　7—真空电磁阀

当发动机高速运转时，进气控制阀开启，由于大容量进气室的影响，进气管内压力波传递距离缩短为进气门到进气室的距离，与该气缸的进气门开、关间隔时间较短相适应，从而使发动机在高速时获得较好的进气增压效果。

当发动机转速较低时，进气控制阀关闭，压力波的传递距离为进气门到空气滤清器的距离，与该缸进气门开、关时间间隔较长相适应，从而使发动机在低速时获得较好的进气增压效果。

3. 可变配气相位控制系统

可变配气相位控制系统就是在发动机不同转速下配气相位能动态响应，使发动机高低速工况下进、排气都能达到最优状态。按结构原理不同，可变配气相位控制系统可以分为可变气门正时与可变气门升程两大类。可变气门正时是指发动机配气相位角随发动机转速和工况的变化而随时改变；可变气门升程是指进气门升程能随发动机转速和工况的变化而随时改变。很多汽车采用了智能配气机构，如日产 VVEL 系统、奥迪 AVS 系统、本田 VTEC 系统、丰田 VVT-I 系统、比亚迪 VVL 系统等。

（1）日产 VVEL 系统。

日产 VVEL 系统是一种典型的可变气门升程系统，主要由步进电机、位置传感器、控制杆等组成，如图 4-11 所示。控制单元给步进电机电信号，驱动步进电机控制杆，进而带动进气凸轮轴上的偏心轮转动，使进气凸轮位置发生改变，以实现进气门升程的改变。

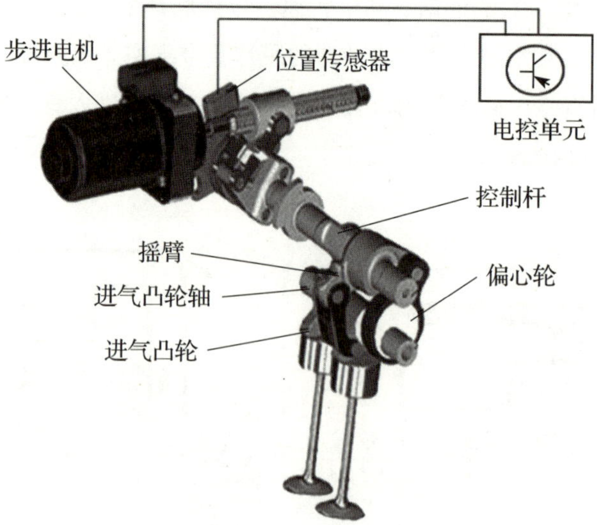

图 4-11　日产 VVEL 系统

（2）奥迪 AVS 系统。

奥迪 AVS 系统的结构特点是为每个进气门设计了两组不同角度的凸轮，同时在凸轮轴上装有螺旋沟槽套筒，如图 4-12 所示，由电控单元给电磁驱动器提供电信号，对套筒进行控制，用以切换两组不同的凸轮，从而改变进气门的升程。

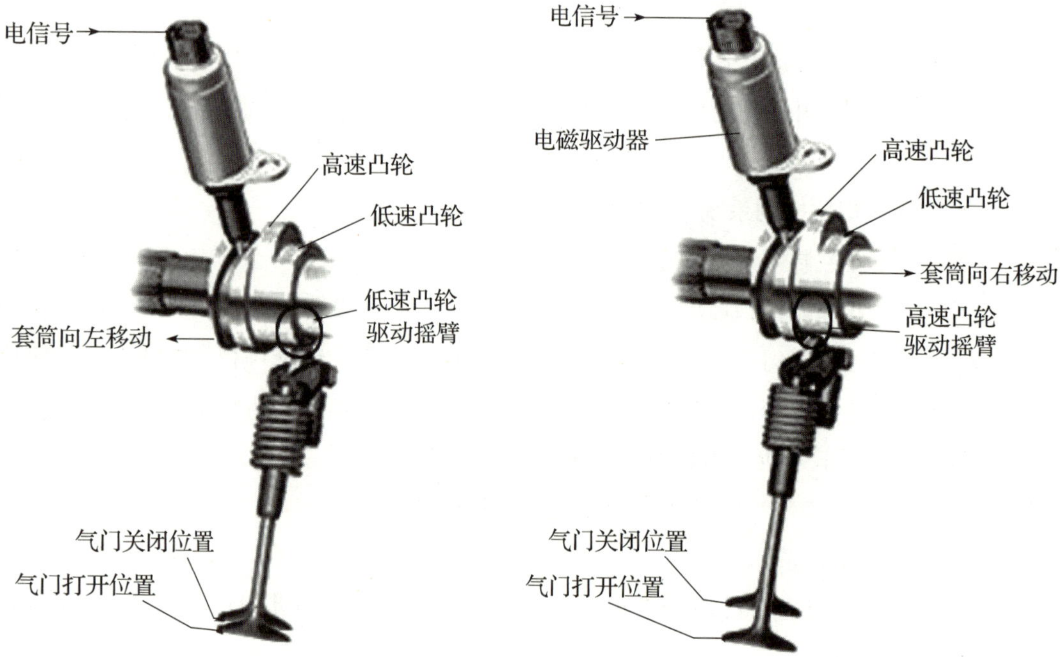

图 4-12　奥迪 AVS 系统

（3）本田 VTEC 系统。

本田 VTEC 系统结构特点是同一气缸设有主、次两个进气门，每一个进气门由一个摇臂控制，另外还设有一个中间摇臂，三个摇臂并列在一起形成进气门摇臂总成，如图 4－13 所示。本田 VTEC 系统能根据发动机转速、负荷等的变化来调整进气门的配气相位及气门升程，并实现单进气门工作和双进气门工作的切换。

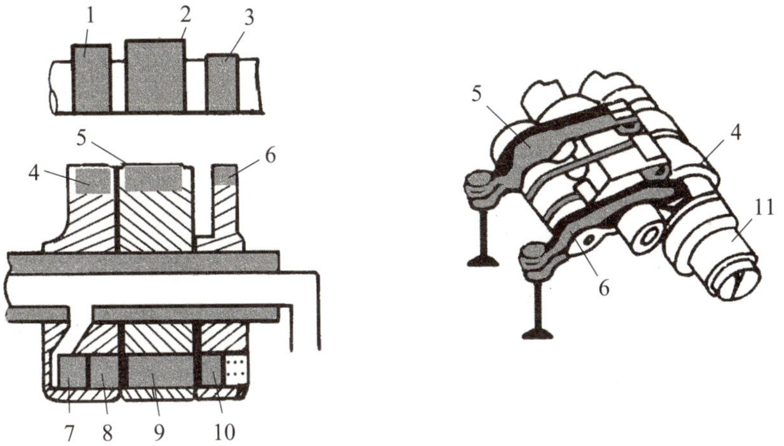

图 4－13　进气摇臂总成

1—主凸轮　2—中间凸轮　3—次凸轮　4—主摇臂　5—中间摇臂　6—次摇臂　7—正时活塞　8—同步活塞 A　9—同步活塞 B　10—阻挡活塞　11—凸轮轴

发动机低速运转时，ECU 不向 VTEC 电磁阀供电，电磁阀断电使油道关闭，机油压力不能作用在正时活塞上，在次摇臂油缸孔内的弹簧和阻挡活塞作用下，正时活塞和同步活塞 A 回到主摇臂油缸孔内，与中间摇臂等宽的同步活塞 B 停留在中间摇臂的油缸孔内，三个摇臂彼此分离，如图 4－14（a）所示。此时，主凸轮通过主摇臂驱动主进气门工作，中间凸轮驱动中间摇臂空摆（不起作用）；次凸轮的升程非常小，通过次摇臂驱动次进气门微量开闭，可防止次进气门附近积聚燃油。配气机构处于单进气门工作状态。

当发动机高速运转时，ECU 向 VTEC 电磁阀供电，使电磁阀开启，来自润滑油道的机油压力作用在正时活塞一侧，由正时活塞推动两同步活塞和阻挡活塞移动，两同步活塞分别将主摇臂与中间摇臂、次摇臂与中间摇臂插接成一体，成为一个同步工作的组合摇臂，如图 4－14（b）所示。此时，由于中间凸轮升程最大，组合摇臂受中间凸轮驱动，两个进气门同步工作，与发动机低速时相比，气门的升程、提前开启角度和迟后关闭角度均增大。

4. 涡轮增压系统

涡轮增压系统的功能是将发动机排出的废气导入涡轮室，利用废气的流动能量冲击涡轮，使其高速运转，涡轮则驱动压气机工作，进而实现进气增压。涡轮增压系统一般由涡轮增压器、进气压力传感器、电磁阀、空气冷却器、驱动气室、ECU 等组成，如图 4-15 所示。

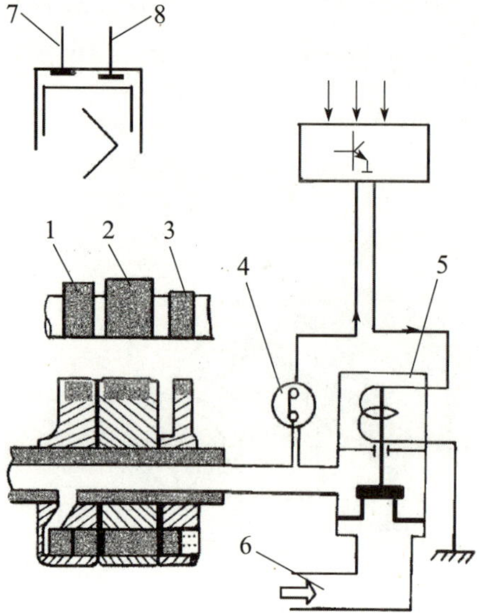

（a）低速时单气门工作

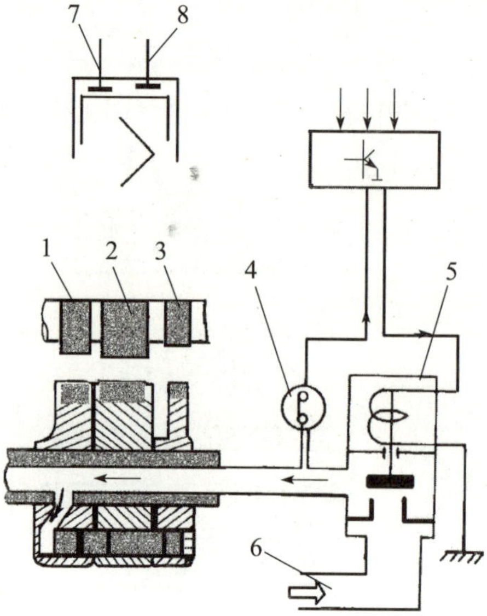

（b）高速时双气门工作

图 4-14　VTEC 机构工作状态

1—主凸轮　2—中间凸轮　3—次凸轮　4—压力开关　5—电磁阀　6—压力油　7—次气门　8—主气门

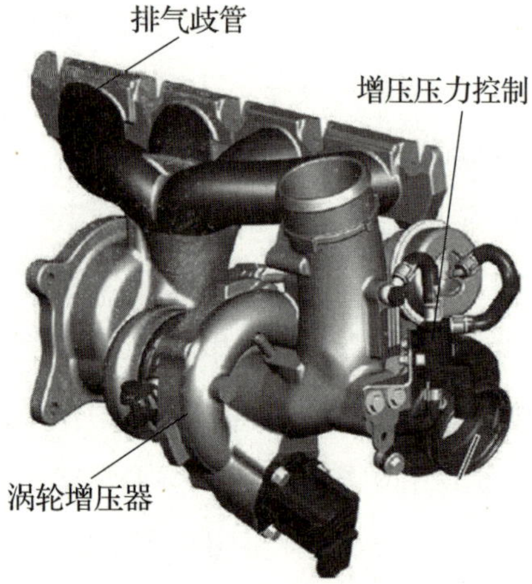

（a）涡轮增压器外形

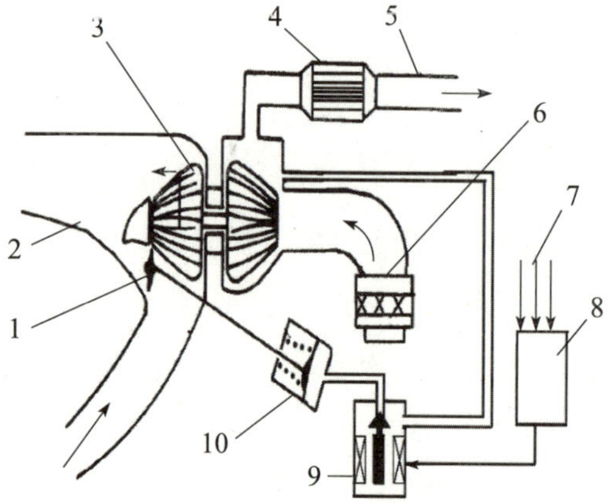

（b）涡轮增压器结构

图 4-15　涡轮增压系统

1—切换阀　2—排气管　3—涡轮增压器　4—空气冷却器　5—进气总管
6—空气滤清器　7—进气压力传感器信号　8—ECU　9—真空电磁阀　10—驱动气室

（1）电磁阀。

电磁阀是控制增压压力的执行元件，一般有释压电磁阀和真空电磁阀两种。

1）释压电磁阀控制增压压力。

释压电磁阀控制增压压力的涡轮增压系统，如图 4－16 所示。控制废气流动的切换阀受驱动气室的控制，释压电磁阀受 ECU 的控制。当 ECU 检测到的进气压力在 0.098MPa 以下时，释压电磁阀不通电，释压电磁阀将通气口关闭，如图 4－16（a）所示，压力空气经释压阀进入驱动气室，膜片克服气室弹簧的压力将切换阀关闭，废气流经涡轮室使增压器工作。当 ECU 检测到的进气压力高于 0.098MPa 时，ECU 将释压电磁阀搭铁回路接通，释压电磁阀将通气口打开，如图 4－16（b）所示，通往驱动气室的压力空气被释放，气室膜片驱动切换阀打开，废气不经涡轮室而直接排出，增压器停止工作，进气压力将下降，直至进气压力降到规定的压力时，ECU 又将释压电磁阀关闭，废气进入涡轮室，增压器又开始工作。

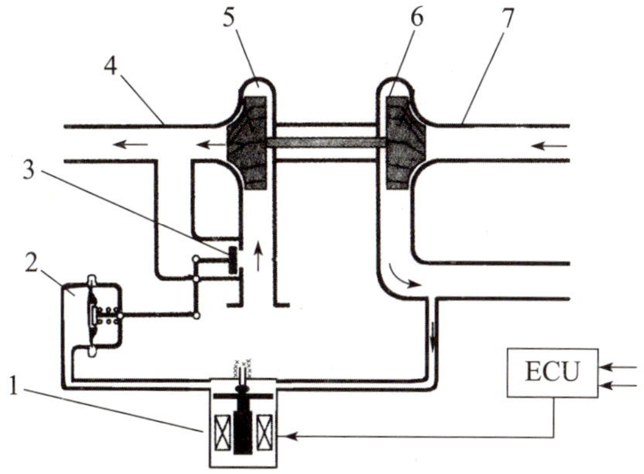

（a）释压电磁阀关闭

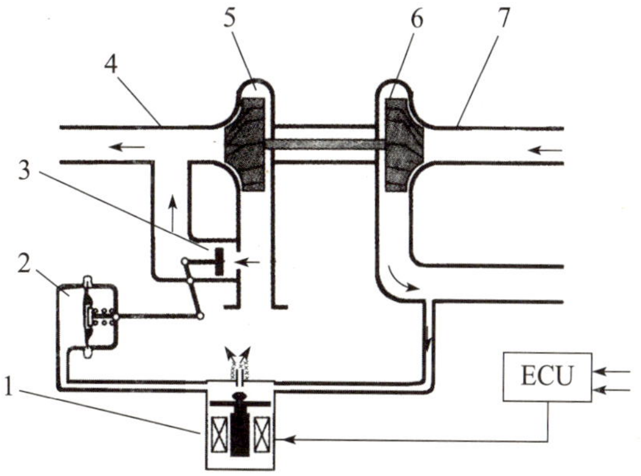

（b）释压电磁阀打开

图 4－16　释压电磁阀控制增压压力的控制系统

1—释压电磁阀　2—驱动气室　3—切换阀　4—排气管　5—涡轮　6—泵轮　7—进气管

2）真空电磁阀控制增压压力。

真空电磁阀控制增压压力的涡轮增压系统，如图 4－17 所示。当 ECU 检测到冷却液温度为 60℃～100℃、进气温度为 10℃～65℃，爆燃及转速等传感器输入的信号与预定值相符时，将使真空电磁阀通电，真空通道打开，如图 4－17（a）所示，驱动气室膜片在增压压力和进气真空度的共同作用下，控制减压阀的工作；当 ECU 使真空电磁阀不通电，真空通道关闭，如图 4－17（b）所示，驱动气室膜片只在增压压力的作用下，控制减压阀的工作。

（2）涡轮增压器。

涡轮增压器是由涡轮室和增压器组成的机器，涡轮室进气口与排气歧管相连，排气口接在排气管上；增压器进气口与空气滤清器管道相连，排气口接在进气歧管上。涡轮和叶轮分别装在涡轮室和增压器内，二者同轴刚性联接，其外形及结构如图 4－18 所示。

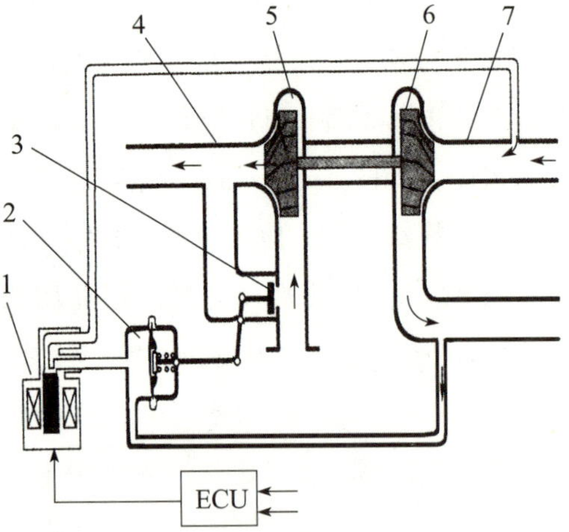

（a）真空电磁阀打开

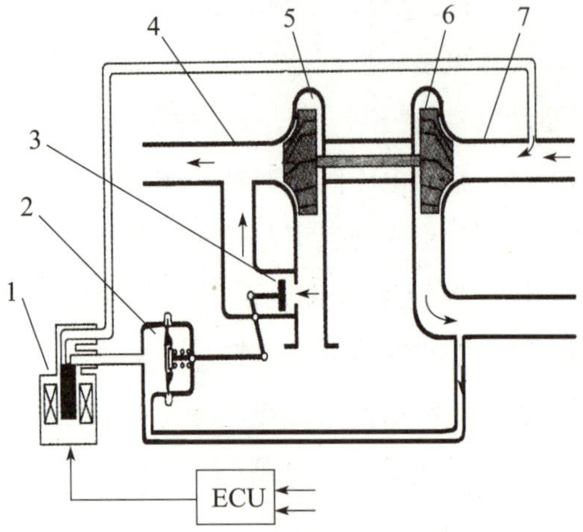

（b）真空电磁阀关闭

图 4－17　真空电磁阀控制增压压力的控制系统

1—真空电磁阀　2—驱动气室　3—减压阀　4—排气管　5—涡轮　6—泵轮　7—进气管

（a）涡轮增压器外形

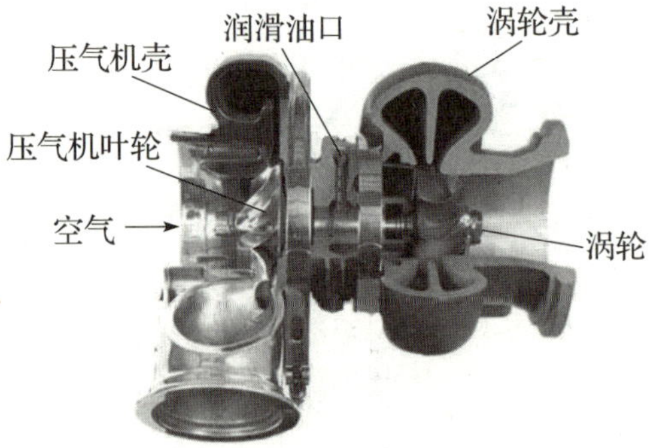

（b）涡轮增压器结构

图 4－18　涡轮增压器

涡轮增压器实际上是一种空气压缩机，通过压缩空气来增加进气量。它是利用发动机排出的废气惯性冲力来推动涡轮室内的涡轮，涡轮又带动同轴的叶轮，叶轮压送由空气滤清器管道送来的空气，使之增压进入气缸。当发动机转速增快时，废气排出速度与涡轮转速也同步增快，叶轮就压缩更多的空气进入气缸，空气的压力和密度增大可以使更多的燃料燃烧，相应增加燃料量和调整发动机的转速，就可以增加发动机的输出功率。

为了保证涡轮增压器在低速下的快速响应性，奥迪 VTG 涡轮增压器采用了电动调节的可调式导向叶片。另外在涡轮壳体内的涡轮前部还集成了一个温度传感器，用来测量增压空气的温度，发动机 ECU 利用这个温度控制涡轮增压器。当该温度超过 450℃时，还可以启动颗粒过滤器的还原功能。大众迈腾 1.8T 发动机涡轮增压器安装位置如图 4－19 所示。

图 4-19　大众迈腾 1.8T 发动机涡轮增压器安装位置

（二）增压控制系统检测

以涡轮增压系统为例介绍增压控制系统的检测方法。

增压控制系统出现泄漏、堵塞或电控元件失效现象时，会造成发动机怠速不良或加速不良，这时应对发动机的增压控制系统进行检测。大众迈腾 1.8T 发动机涡轮增压系统主要由废气涡轮增压器、增压空气冷却器、管路及电控元件等组成，如图 4-20 所示。

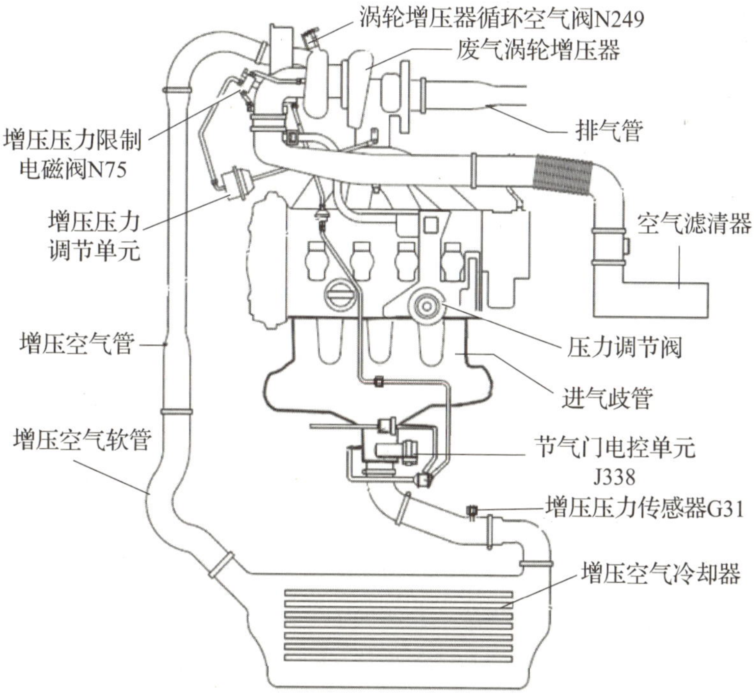

图 4-20　大众迈腾 1.8T 发动机涡轮增压系统组成

大众迈腾 1.8T 发动机涡轮增压系统控制电路主要由发动机电控单元 J623、增压压力传感器 G31、涡轮增压器循环空气阀 N249、增压压力限制阀 N75 等组成，如图 4-21 所示。发动机电控单元 J623 根据工况要求控制涡轮增压器循环空气阀 N249、增压压力限制阀 N75 工作，增压压力传感器 G31 将增压空气压力的大小以电压信号反馈给发动机电控单元 J623。

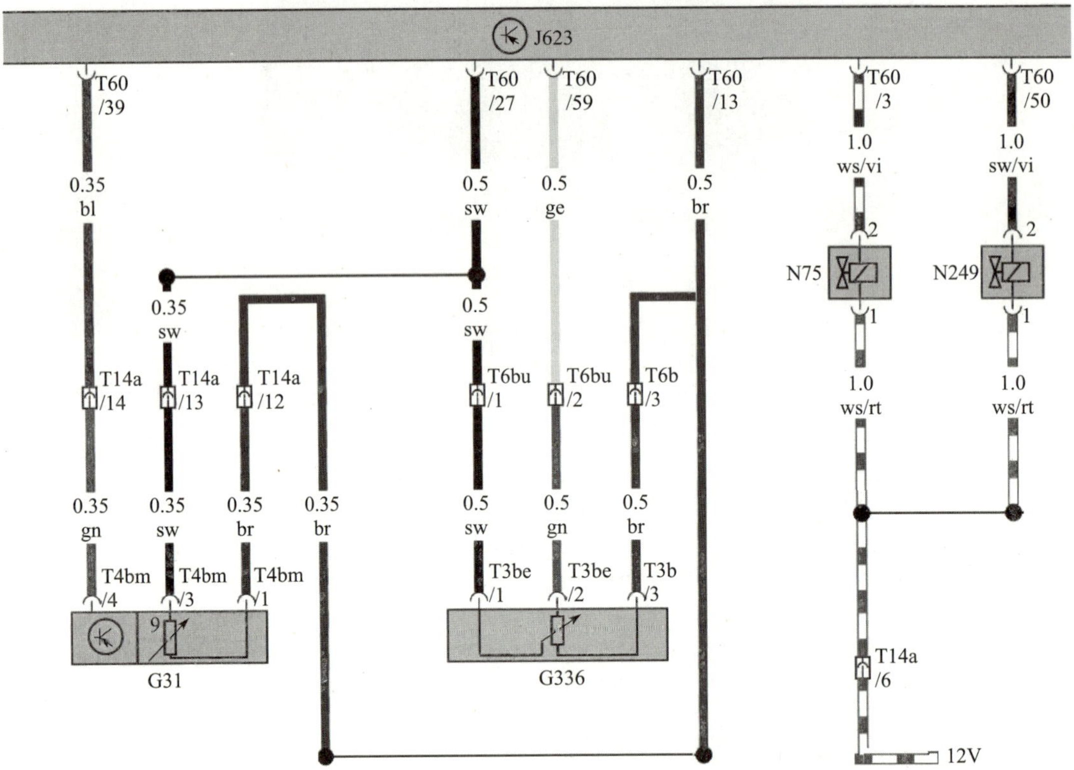

图 4-21　大众迈腾 1.8T 发动机涡轮增压系统控制电路

1. 涡轮增压系统泄漏检测

检测涡轮增压系统时，首先应将冷却液温度升到 80℃以上，并在进排气系统无泄漏，增压压力调节阀控制管路无阻塞、松动或泄漏，发动机喷射装置正常工作的情况下，才能进行涡轮增压系统压力的检测，方法和步骤如下：

（1）从空气滤清器上拆下进气软管，用专用接口塞入连接软管；从进气软管上拔下曲轴箱强制通风压力调节阀，用专用接口封住压力调节阀接口，如图 4-22 所示。

（2）将压力检测仪的压力调节阀全部拧下，并连接压力检测仪。

（3）将压力空气进入管接到压力检测仪上，通过玻璃视孔查看是否有水，如果有水，就拧动放水螺栓将水放掉，打开控制阀 1，并调节压力调节阀，使压力达到 0.5bar。

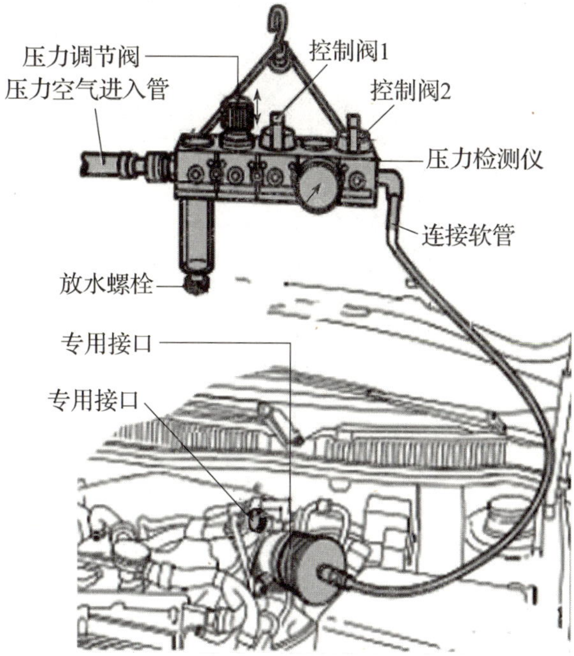

图 4-22 增压系统泄漏检测连接图

(4) 如果压力超过 0.5bar，打开控制阀 2，并调节压力达到 0.5bar（压力过高会损伤发动机）。

(5) 通过观察或使用通用泄漏检测剂、超声波检测仪等来查找系统泄漏部位。

2. 增压压力检测

检测增压压力时，发动机机油温度需达到 60℃以上，并需要专用的工具和维修设备。涡轮增压压力标准值（绝对压力）应为 1.600～1.700bar，过高或过低都将引起发动机工作异常。检测方法和步骤如下：

(1) 将真空管从进气管上拔下，与三通适配接头及涡轮增压器检测仪连接，如图 4-23 所示。

(2) 保证软管连接绝对密封，进气和排气侧牢固密封。

(3) 在节气门全开行驶时或在试验台上测量增压压力（每次测量时间最长 10s）。以第三挡行驶时，发动机转速从 2 000rpm 加速至节气门全开，即转速达到 3 000rpm。

(4) 将测量值与标准值进行对比，如果压力过低，应检查增压压力限制电磁阀；如果压力过高，应进行下一步。

(5) 拔下增压压力限制电磁阀插头，检查各个连接软管是否导通；检查检测仪与涡轮增压器的连接是否牢固；检查增压器内压力阀调节轴是否灵活，如果生锈卡死，应更换涡轮增压器。

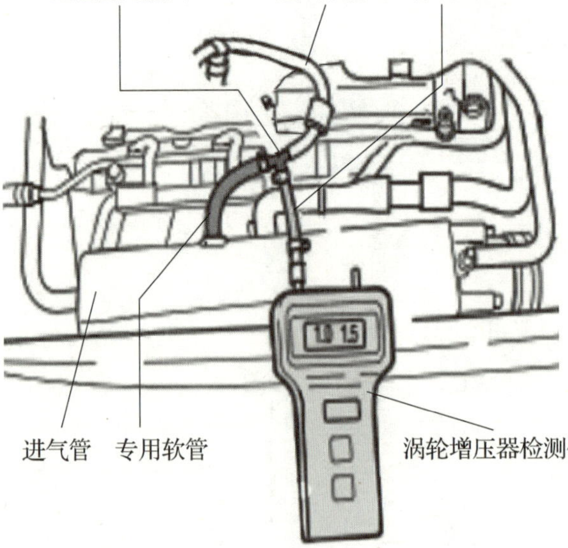

图 4-23　增压压力检测连接图

3. 增压压力限制电磁阀检测

（1）关闭点火开关，拔下增压压力限制阀 N75 的插头。

（2）用万用表测量电磁阀的阻值，正常值为 25～35Ω。

（3）当阻值达到正常值时，应用故障诊断仪读取增压压力调节器的数据流，在急加速情况下应大于 1 500mbar。否则，说明涡轮增压系统没有增压，原因有连接线路断路、进排气系统堵塞或涡轮增压器失效等。

4. 增压压力传感器检测

（1）关闭点火开关，拔下增压压力传感器 G31 的插头。

（2）打开点火开关，用万用表测量线束端 1 和 3 端子之间的电压，正常值应为 5V 左右。否则应对连接线路及电控单元进行检测。

（3）当上一步正常时，应测试传感器功能。

按要求选择适配器，并连接在传感器与电控单元之间；用万用表测量传感器的电压值，发动机起动时电压值应为 1.8～2.0V，踩下加速踏板，发动机转速升高时，电压值也随之升高，否则，说明传感器损坏。

三、实训内容

1. 实训准备

（1）准备好试验用发动机、万用表、真空泵、故障诊断仪及其他常用工具。

（2）掌握本次实训课所用仪器及设备的使用方法。

（3）强调实训中的安全注意事项。

2. 实训流程

（1）正确检测涡轮增压系统的泄漏。

（2）正确检测增压压力。

（3）正确检测增压压力限制电磁阀。

（4）正确检测涡轮增压压力传感器。

3. 实训记录

实训工单见附录Ⅱ中实训任务 4-2。

项目总结

1. 目前，汽车普遍采用电子节气门，发动机 ECU 通过电子节气门的动作接收各个传感器及开关信号，然后输出信号给节气门驱动电机，控制发动机怠速及各个工况转速。

2. 为了适应发动机不同转速和负荷时的进气量需求，在进气系统设有辅助增压控制系统。目前常见的有动力阀控制系统、谐波增压控制系统、可变配气相位控制系统、涡轮增压系统等。

3. 涡轮增压系统是利用废气的流动能量冲击涡轮，由涡轮驱动压气机工作，进而实现进气增压。

思考与练习

1. 单选题

（1）（　　）将驾驶员踩下加速踏板的位移量转变成电压信号。

A. 压力传感器　　B. 加速踏板位置传感器

C. 节气门位置传感器　　D. 功率传感器

（2）对于谐波增压控制系统，进气管内压力波传递距离缩短，有助于发动机在（　　）时得到较好的进气增压效果。

A. 高速　　B. 低速　　C. 中速　　D. 全速

（3）发动机 ECU 根据加速踏板位置传感器的信号，控制（　　）工作。

A. 喷油器　　B. 点火器　　C. 节气门电机　　D. 加速踏板

（4）本田带 VTEC 控制的发动机，每个气缸设有（　　）个进气门，（　　）个摇臂。

A. 1，1　　B. 1，2　　C. 2，2　　D. 2，3

（5）涡轮增压系统中的涡轮转动是由（　　）带动的。

A. 发动机曲轴　B. 电动机　C. 废气　D. 压气机

2. 多选题

(1) 加速踏板位置传感器类型主要有（　　）等。

A. 接触式　B. 非接触式　C. 叶片型　D. 滑阀型

(2) 大众车系节气门驱动电机工作模式通常有（　　）等。

A. 踏板/节气门位置最小值　B. 破冰模式

C. 降低发动机功率模式　D. 蓄电池节电模式

(3) 关于智能配气机构类型，常见的有（　　）。

A. 本田 VTEC 系统　B. 奥迪 AVS 系统

C. 丰田 VVT-I 系统　D. 比亚迪 EGR 系统

(4) 涡轮增压系统中控制增压压力的执行元件有（　　）。

A. 释压电磁阀　B. 电动机　C. 压力传感器　D. 真空电磁阀

(5) 进气控制系统根据组成及工作原理不同，有（　　）。

A. 动力阀控制　B. 涡轮增压控制　C. 谐波增压控制　D. 可变配气相位控制

3. 判断题

(1) VVEL 系统原理是由电控单元控制排气凸轮轴驱动电机转动，实现气门升程而改变发动机进气量。（　　）

(2) VTEC 系统原理是发动机 ECU 能根据发动机转速、负荷等变化来调整进气门的配气相位及气门升程，以实现最佳的发动机工况控制。（　　）

(3) 为了保证信号的可靠性，现代汽车电子节气门中一般设有两个加速踏板位置传感器。（　　）

(4) 如果某个加速踏板位置传感器信号异常，发动机 ECU 会启动失效保护模式，即减少喷油器的喷油量。（　　）

(5) 很多汽车采用了智能配气机构，如 VTEC、AVS、VVT-I、VVEL、VVL 等。（　　）

4. 问答题

(1) 简述节气门系统组成和工作原理。

(2) 简述加速踏板位置传感器类型及检测方法。

(3) 简述大众车节气门驱动器工作模式。

(4) 简述涡轮增压系统组成和工作原理。

(5) 简述可变配气相位系统类型及应用。

项目五

排放控制系统

目标及要求

教学目标	能力要求
（1）掌握燃油蒸发控制系统的组成及工作过程； （2）掌握排气再循环系统的组成及工作过程； （3）掌握三元催化控制系统的组成及工作过程； （4）掌握二次空气喷射系统的组成及工作过程。	（1）学会用仪器诊断燃油蒸发控制系统的故障； （2）学会用仪器诊断排气再循环系统的故障； （3）学会用仪器诊断三元催化控制系统的故障； （4）学会用仪器诊断二次空气喷射系统的故障。

项目概述

随着汽车保有量的增多，汽车排放出的有害物质也越来越多。汽油车排出的有害物质主要有一氧化碳（CO）、碳氢化合物（HC）、氮氧化合物（NO_x）等，因此为了降低有害物质的排放量，汽车上一般采用了多种排放控制系统：燃油蒸发控制系统、排气再循环系统、三元催化控制系统、二次空气喷射系统等。本项目设置四个学习任务，任务内容如下：

- 排放控制系统
  - 燃油蒸发控制系统
  - 排气再循环系统
  - 三元催化控制系统
  - 二次空气喷射系统

任务一　燃油蒸发控制系统

一、任务描述

燃油蒸发控制系统简称 EVAP，其目的是防止油箱内的燃油蒸气排入大气而污染自然环境。燃油蒸发控制系统能收集汽油箱内蒸发的汽油蒸气，并将汽油蒸气导入气缸参加燃烧，同时，还根据发动机工况，控制导入气缸参加燃烧的汽油蒸气量。在本任务中主要掌握以下方面：

（1）燃油蒸发控制系统的作用和类型。

（2）燃油蒸发控制系统的组成及工作原理。

（3）燃油蒸发控制系统的检测。

二、相关知识及技能

（一）燃油蒸发控制系统的作用和类型

燃油蒸发控制系统是为防止汽油箱内的汽油蒸气排入大气产生污染而设的，其功能是收集汽油箱内蒸发的汽油蒸气，并将汽油蒸气导入气缸参加燃烧，从而防止汽油蒸气直接排入大气而造成污染。同时，还必须根据发动机工况，控制导入气缸参加燃烧的汽油蒸气量。

早期的燃油蒸发控制系统是利用节气门处的真空度，直接驱动活性炭罐中膜片控制阀，来控制炭罐通气量，由于控制精度较低，目前很少使用。现在汽车上已经广泛应用电控燃油蒸发控制系统。

（二）燃油蒸发控制系统的组成及工作原理

1. 燃油蒸发控制系统基本组成

燃油蒸发控制系统主要由活性炭罐、单向阀、电磁阀、蒸气管路等组成，如图 5-1 所示。在装有燃油蒸发控制系统的汽车上，汽油箱盖上只有空气阀，而不设蒸气阀。

（1）炭罐电磁阀

炭罐电磁阀主要由电磁线圈和膜片组成，当通电后，电磁线圈产生电磁力，使阀芯带动膜片向上移动，从而接通真空管路，如图 5-2 所示。

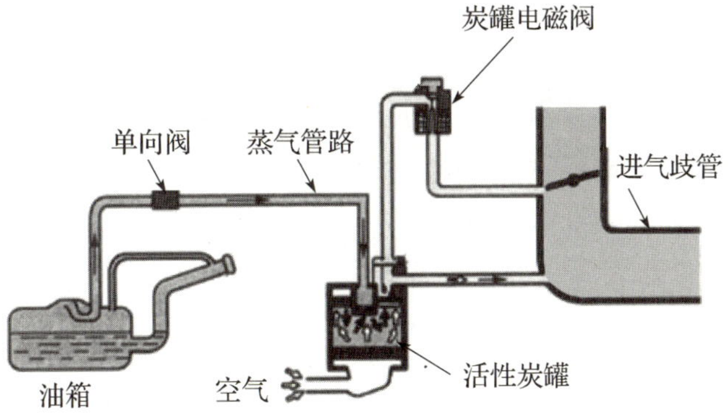

图 5-1 燃油蒸发控制系统

（2）活性炭罐

活性炭罐结构如图 5-3 所示，活性炭罐内充满了活性炭颗粒，可以吸附汽油蒸气中的汽油分子。当油箱内的汽油蒸气经蒸气管道进入蒸气回收罐时，蒸气中的汽油分子被活性炭吸附。

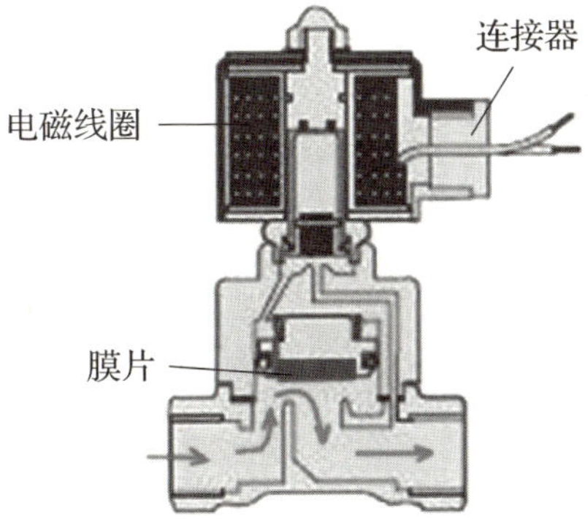

图 5-2 炭罐电磁阀结构

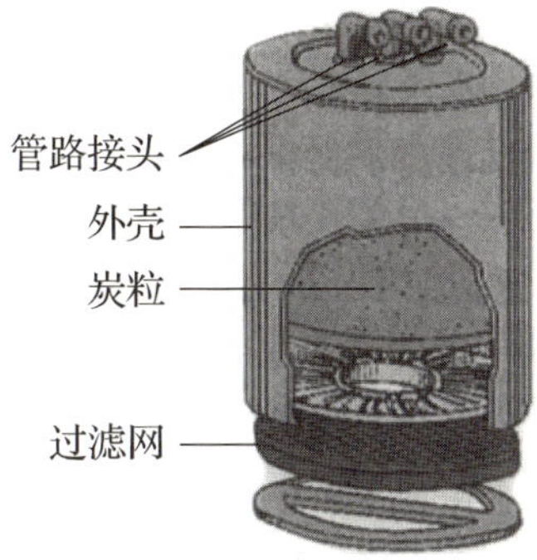

图 5-3 活性炭罐结构

活性炭罐内的燃油蒸气经定量排放孔、吸气管被吸入进气管。活性炭罐的上端设有一个真空控制阀，真空控制阀为一膜片阀，膜片上方为真空室，控制阀用来控制定量排放孔的开闭。当真空控制阀打开后，活性炭罐中被活性炭吸附的汽油分子被吸入进气管。真空控制阀的开度随真空控制阀的真空度大小而变化，因此可以控制吸入进气管的燃油蒸气量。

2. 燃油蒸发控制系统工作过程

发动机工作时，电磁阀通电而打开，储存在蒸气回收罐内的汽油蒸气经过真空软管被吸入发动机进气歧管；当发动机不工作时，电磁阀断电而闭合，从油箱中逸出的燃油蒸气被蒸气回收罐中的活性炭吸收。

（三）典型燃油蒸发控制系统

现在汽车普遍采用电控燃油蒸发控制系统，其用发动机电控单元控制进入进气歧管的回收燃油蒸气量，既保证不会影响混合气的成分，又可以防止燃油蒸气排入大气。大众汽车发动机燃油蒸发控制系统的活性炭罐电磁阀由发动机电控单元控制，活性炭罐下方设有进气滤芯并与大气相通，使部分清洁空气与活性炭罐内的燃油蒸气一起被吸入进气管，从而防止混合气变浓，如图 5－4 所示。

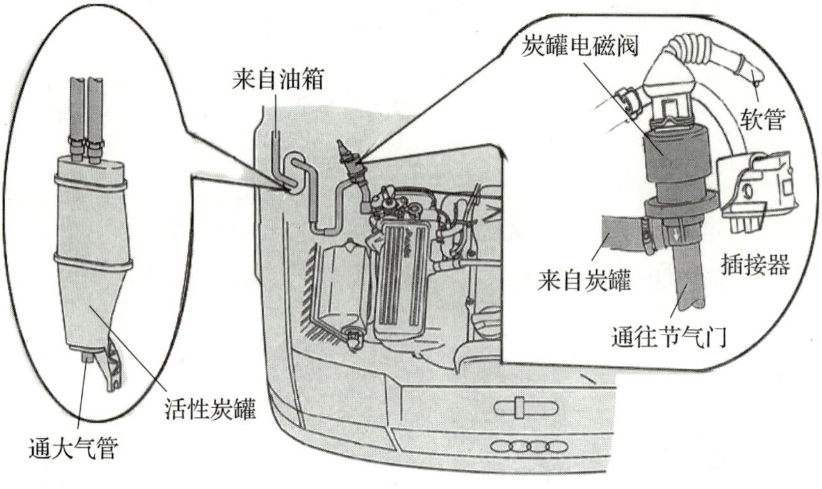

图 5－4　大众汽车燃油蒸发控制系统

大众迈腾 1.8TSI 燃油蒸发控制系统如图 5－5 所示，发动机电控单元根据发动机的水温、转速、节气门开度等运行参数，控制电磁阀的开闭。当发动机停机或怠速运转时，发动机电控单元使电磁阀关闭；当发动机以中、高速运转时，发动机电控单元使电磁阀开启，储存在蒸气回收罐内的燃油蒸气经过真空软管后被吸入发动机。此时，因为发动机的进气量较大，少量的燃油蒸气不会影响混合气的成分。

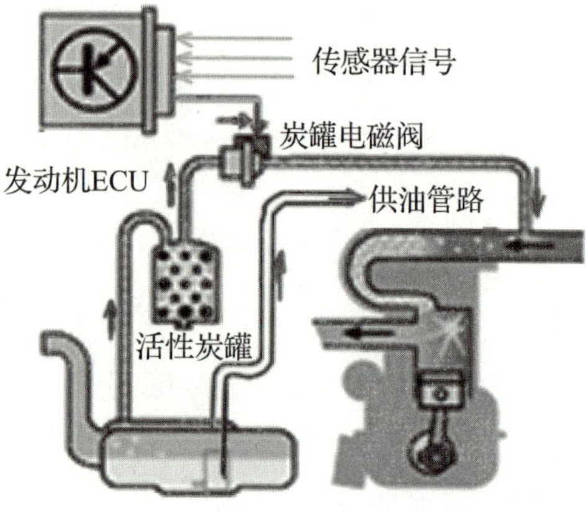

图 5－5　大众迈腾 1.8TSI 燃油蒸发控制系统

（四）燃油蒸发控制系统的检测

1. 常见故障现象

(1) 活性炭罐吸附装置失效不工作，无法对油箱中的燃油蒸气进行回收，导致车厢内有燃油气味。

(2) 燃油蒸发控制系统工作失常，导致混合气过浓或影响发动机怠速的稳定。

2. 检查方法及步骤

（1）检查各连接管路有无破损或漏气，必要时更换连接软管；检查活性炭罐壳体有无裂纹、底部进气滤芯是否脏污，必要时更换活性炭罐或滤芯。

（2）将发动机热车至正常工作温度，并使之怠速运转。

（3）拔下蒸气回收罐上的真空软管，检查软管内有无真空吸力。若装置工作正常，在发动机怠速运转时电磁阀应不通，软管内应无真空吸力。如果此时软管内有吸力，应检查电磁阀线束插头内电源电压是否正常。

（4）踩下加速踏板，使发动机转速大于 2 000r/min，同时检查上述软管内有无真空吸力。若有吸力，说明正常；若无吸力，应检查电磁阀线束插头内电源电压。若电压正常，说明电磁阀有故障；若电压异常或无电压，说明 ECU 或控制线路有故障。

（5）从活性炭罐上拆下真空控制阀，用手动真空泵由真空管接头给真空控制阀施加约 5kPa 真空度时，从活性炭罐侧孔吹入空气应畅通；不施加真空度时，吹入空气应不畅通。若不符合上述要求，应更换真空控制阀。

（6）发动机不工作时，拆开电磁阀进气管一侧的软管，用手动真空泵由软管接头给控制电磁阀施加一定真空度，电磁阀不通电时应能保持真空度，若给电磁阀接通蓄电池电压，真空度应释放；拆开电磁阀线束插接器，测量电磁阀两端子间电阻应为 36～44Ω。若不符合上述要求，应更换控制电磁阀。

三、实训内容

1. 实训准备

（1）准备好试验用发动机、万用表、故障诊断仪及其他常用工具。

（2）掌握本次实训课所用仪器及设备的使用方法。

（3）强调实训中的安全注意事项。

2. 实训流程

（1）正确检测燃油蒸发控制系统工作性能。

（2）正确检测燃油蒸发控制电磁阀性能。

（3）正确检测活性炭罐性能。

3. 实训记录

实训工单见附录Ⅱ中实训任务 5 - 1。

任务二 排气再循环系统

一、任务描述

由于发动机气缸内的混合气成分中有大量的 N_2 和 O_2，经过高温发生氧化反应后产生 NO_x，当 NO_x 进入大气后可以继续催化氧化或经光化学效应产生不易挥发的硝酸，对自然环境造成很大危害，如加重空气污染、空气出现酸降现象、与碳氢化合物形成光化学烟雾、加剧大气臭氧层的破坏等。排气再循环系统就是在保证发动机正常工作和性能不受过多影响的基础上，适量把废气引入气缸内参与燃烧，从而降低气缸内的最高温度，以此减少 NO_x 的排放量。在本任务中主要掌握以下内容：

（1）排气再循环系统的类型和工作原理。

（2）排气再循环系统的检测方法。

二、相关知识及技能

（一）排气再循环系统类型

排气再循环简称 EGR，是英文 Exhaust Gas Recirculation 的缩写。排气再循环是指把发动机排出的部分废气回送到进气歧管，并与新鲜混合气一起再次进入气缸。废气中含有大量的 CO_2 等多原子气体，CO_2 等气体不能燃烧，并且由于其比热容高而吸收大量的热，使气缸中混合气的最高燃烧温度降低，从而减少 NO_x 的生成量。

1. 根据结构不同分类

（1）内部 EGR 系统。

内部 EGR 系统是指通过改变配气相位而提高缸内的残余废气系数，即废气不通过进气系统而留在缸内。这种系统结构简单，不需要外部设备，但是缸内的气流运动十分复杂，在不同工况下气流运动规律也不一样，所以这种系统控制难度大。

（2）外部 EGR 系统。

外部 EGR 系统是指在排气系统上接入排气再循环管路，将废气引出，再导入进气系统，让废气在进入气缸之前与新鲜空气充分混合。其结构比内部 EGR 系统复杂得多，通常带有 EGR 阀、EGR 冷却器，还有一些特殊管路及附带的电控单元，但外部 EGR 系统可以实现对废气的诸多参数的精确控制，从而最大限度实现排气再循环。本书中涉及的排气再循环系统均为外部 EGR 系统。

2. 根据管路连接的不同分类

（1）一体增压式 EGR 系统。

一体增压式 EGR 系统如图 5－6 所示，发动机的尾气分为两部分，一部分经过涡轮机为压气机提供动力，另一部分通过 EGR 阀进入压气机增压，然后与增压后的新鲜空气混合，一同进入各个气缸。涡轮机为压气机提供动力，而压气机分别对新鲜空气和废气进行增压。但是在实际工作中，压气机对新鲜空气和废气增压的匹配难度大，结构复杂，成本高。

（2）进气节流式 EGR 系统。

进气节流式 EGR 系统如图 5－7 所示，利用节流阀，使进气管的废气入口处产生真空度，利用压力差来引入废气。这种方式在汽油机和柴油机上均可以使用，系统容易实现，结构也比较简单，控制上也不复杂，但是节流阀增加了进气阻力，使发动机的性能受到影响。

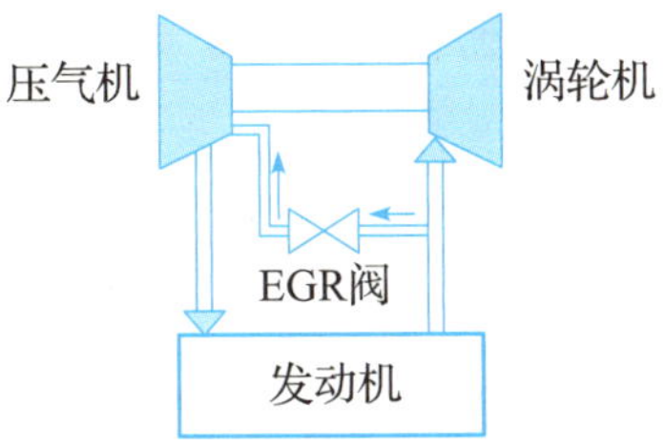

图 5－6　一体增压式 EGR 系统

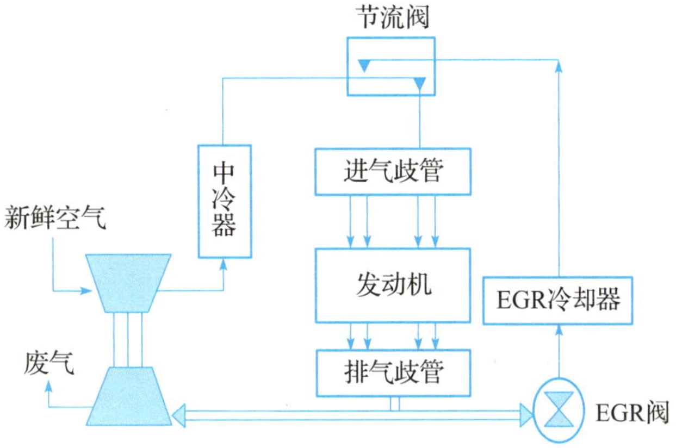

图 5－7　进气节流式 EGR 系统

（3）低压 EGR 系统。

低压 EGR 系统如图 5－8 所示，从涡轮机前或涡轮机后将废气导出，经过 EGR 阀和冷却器后在压气机前端将废气导入进气系统，因为排气压力总是大于环境气压，所以这样的连接方式可以顺利地实现排气再循环。该系统易于实现，但成本太高，在实际中比较少见。

（4）文丘里管式 EGR 系统。

文丘里管式 EGR 系统如图 5－9 所示，当气体通过文丘里管的时候会先产生一个膨胀过程，再产生一个压缩过程，膨胀过程中气体的温度和压力都会下降，所以在文丘里管的喉口处会产生负压。利用文丘里管负压原理，顺利地将废气引入进气系统。文丘里管技术成熟，使用简单，成本较低，应用比较广泛。

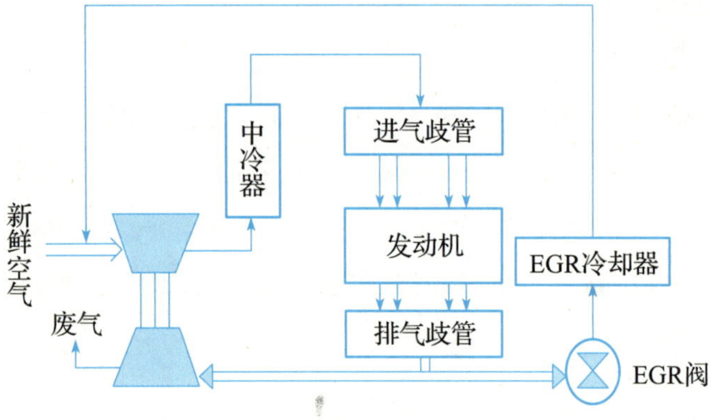

图 5-8　低压 EGR 系统

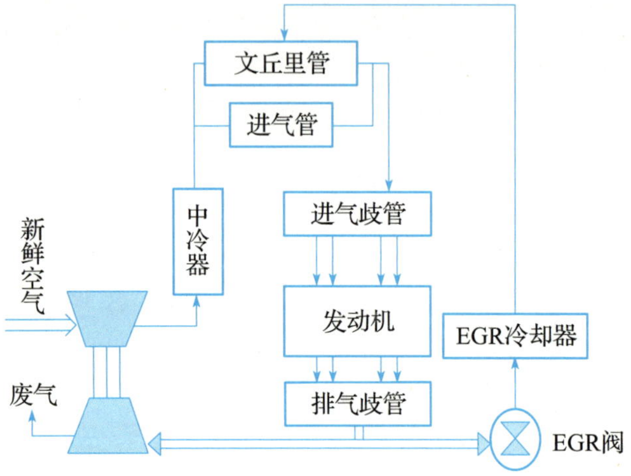

图 5-9　文丘里管式 EGR 系统

3. 根据控制方式不同分类

（1）机械控制 EGR 系统。

机械控制 EGR 系统通过真空 EGR 阀的开启和关闭，将废气引入进气系统，即利用进气管负压和排气压力进行控制，如图 5-10 所示，其适用于 EGR 率为 5%～15%的系统。机械控制 EGR 系统结构简单，成本低，容易实现，但系统控制精度低，控制范围小。

（2）普通电子控制 EGR 系统。

普通电子控制 EGR 系统如图 5-11 所示，真空 EGR 阀的开启和关闭由电磁阀控制，电磁阀的工作由电路控制。

（3）电控 EGR 系统。

电控 EGR 系统是在普通电子控制方法的基础上，增加了电控单元及传感器，即 EGR 电磁阀由电控单元控制，EGR 阀控制废气量，有的车型还增设了 EGR 阀开度传感器，检测 EGR 阀打开程度信号，并输送给 ECU。

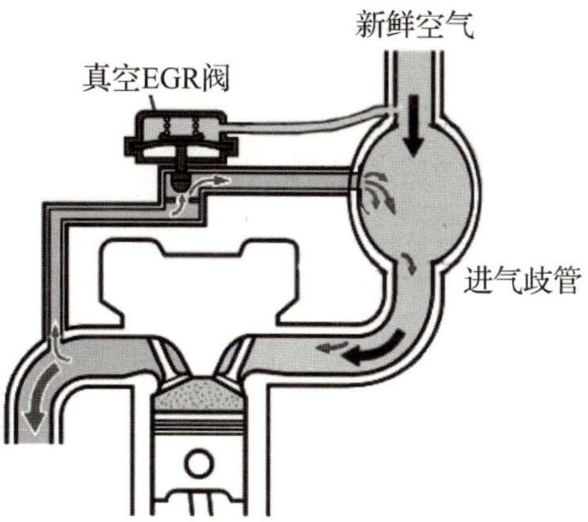

图 5-10 机械控制 EGR 系统

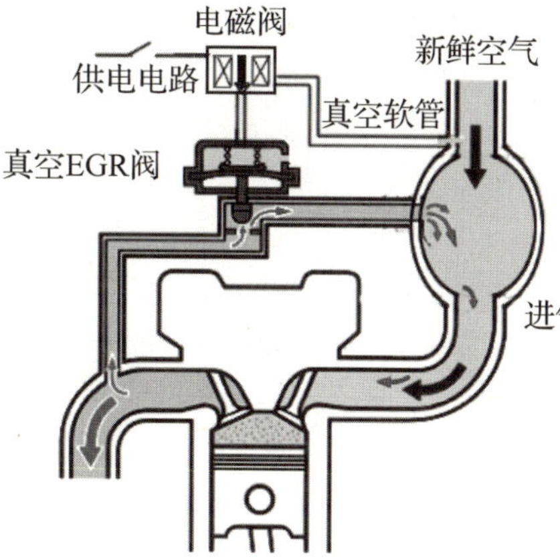

图 5-11 普通电子控制 EGR 系统

4. 根据有无反馈信号分类

（1）开环控制 EGR 系统。

开环控制 EGR 系统中，只有 ECU 的控制信号，不用反馈信号，因而 ECU 不用进行复杂的计算，控制模式简单，但控制精度低。

ECU 根据发动机水温、节气门开度、转速和起动等信号来控制电磁阀的通电或断电。ECU 不给 EGR 电磁阀通电时，控制 EGR 阀的真空通道接通，EGR 阀开启，进行排气再循环；ECU 给 EGR 电磁阀通电时，控制 EGR 阀的真空通道被切断，EGR 阀关闭，停止排气再循环。

（2）闭环控制 EGR 系统。

闭环控制 EGR 系统，是在 EGR 阀上增设了一个 EGR 阀开度传感器，检测实际的 EGR 阀开度作为反馈控制信号，ECU 可根据 EGR 阀开度传感器的反馈信号修正电磁阀的开度，使其控制精度更高。

有些发动机上采用整体式电控排气再循环装置，即将电子调节器、EGR 阀位置传感器及电磁阀等和排气再循环有关的控制装置组合在一个总成里。EGR 阀位置传感器为电子控制器提供阀门开度的电压信号；电磁阀在排气再循环装置不工作时处于常开状态，把真空泄放掉，使 EGR 阀关闭，停止排气再循环；电子调节器根据 ECU 的控制信号，调节输送到电磁阀线圈的电流，以产生适当的脉冲宽度来控制该阀的真空度，使 EGR 阀保持适当的开度。

（二）排气再循环系统工作原理

EGR 系统必须根据发动机工况要求进行控制，即根据排气再循环率控制，简称 EGR 率。EGR 率通常控制在 10%～20%。若 EGR 率过大，即高于 20%，则会使燃烧速度太慢，燃烧变得不稳定，失火率增加，碳氢化合物（HC）增加，动力性、经济性下降；若 EGR 率过小，即低于 10%，NO_x 排放达不到法定要求，易产生爆燃、发动机过热等现象。

现在汽车普遍采用电控排气再循环系统，主要由排气再循环阀（又称 EGR 阀）、EGR 电磁阀、EGR 阀开度传感器、电控单元及其他相关传感器等组成，如图 5－12 所示。

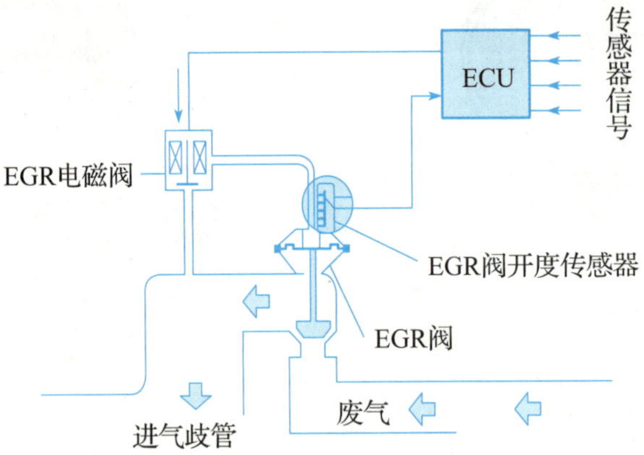

图 5－12　电控 EGR 系统的组成

当发动机工作时，ECU 根据空气流量传感器、节气门位置传感器、冷却液温度传感器、发动机转速传感器等测得的信号，控制电磁阀，该电磁阀控制废气量，即控制通往 EGR 阀真空的大小，以控制 EGR 阀的开度，从而决定排气循环量。当发动机水温低于 50℃，或处于怠速或小负荷、急减速或急加速、高速运转等工况时，ECU 将切断电磁阀，停止排气再循环，以保证发动机的输出功率。

1. EGR 电磁阀

EGR 电磁阀结构如图 5－13 所示。A 口与进气歧管连接，B 口与 EGR 阀连接。当电磁阀线圈通电时，产生的电磁力使阀体下移，阀体下端将连通进气歧管的真空通道关闭，而将上端连通大气的阀口打开，于是就使 EGR 阀的真空室与大气相通。ECU 通过占空比信号控制 EGR 电磁阀，降低 EGR 阀背压，从而打开 EGR 阀。这时 EGR 电磁阀使进气歧管与 EGR 阀真空室相通。

2. EGR 阀

EGR 阀是控制废气进入进气管路的阀门，其结构如图 5－14 所示。EGR 阀通过真空管控制阀门的开启程度，确定传到进气歧管中的废气量，其真空度由 EGR 电磁阀控制。EGR 阀膜片真空气室内的真空度愈大，阀的开度就愈大，再循环的废气量也愈大。

3. EGR 阀开度传感器

在 EGR 阀上设有 EGR 阀开度传感器，用于监测 EGR 阀开度位置，并传递给 ECU，用于排气再循环控制，即根据发动机的不同工况调节 EGR 阀的打开和关闭。

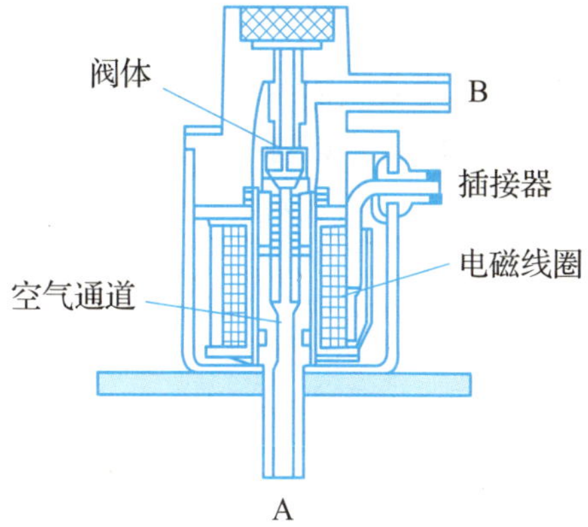

图 5-13　EGR 电磁阀结构

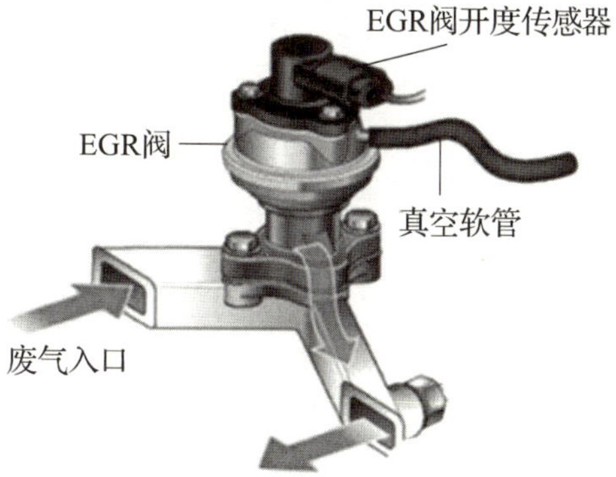

图 5-14　EGR 阀结构

(三) 典型排气再循环系统

福特 F150 型汽车 EGR 系统如图 5-15 所示，主要由 EGR 电磁阀、EGR 阀开度传感器、节气门位置传感器、进气歧管绝对压力传感器、曲轴位置传感器、发动机电控单元等组成。

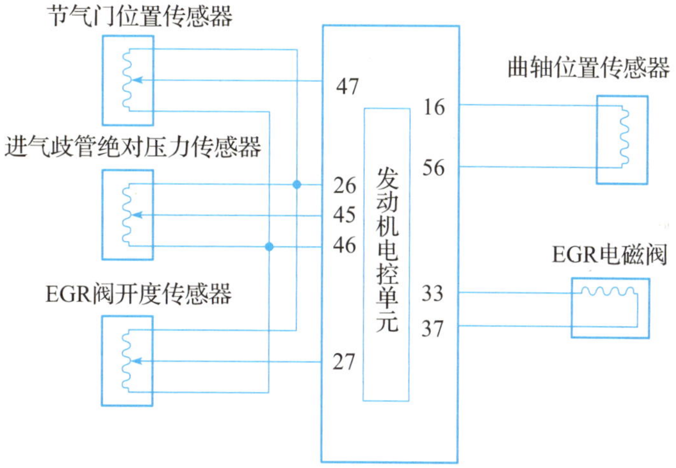

图 5-15　福特 F150 型汽车 EGR 系统

EGR 阀开度传感器与节气门位置传感器、进气歧管绝对压力传感器的供电参考电压由发动机电控单元的 26 号端子提供，三个传感器的搭铁电压由 46 号端子提供；47 号端子接收节气门位置传感器产生的信号，45 号端子接收进气歧管绝对压力传感器产生的信号，27 号端子接收 EGR 阀开度传感器产生的信号；33 号端子和 37 号端子经导线输出真空比信号，控制 EGR 电磁阀的工作。

发动机电控单元根据各传感器的信号确定 EGR 系统是否工作，以及工作时 EGR 系统的排气再循环率，然后输出占空比信号，控制 EGR 电磁阀的工作。当发动机曲轴位置传感器和进气歧管绝对压力传感器传给电控单元的信号表明发动机在低转速、小负荷工况下工作时，发动机电控单元给 EGR 电磁阀 100%占空比信号，EGR 阀关闭，不进行排气再循环，因为在低转速、小负荷工况下发动机产生 NO_x 的可能性较小，所以不需要 EGR 系统工作。当发动机曲轴位置传感器和进气歧管绝对压力传感器传给电控单元的信号表明发动机在高转速、大负荷工况下工作时，电控单元也输送给 EGR 电磁阀 100%占空比信号，EGR 阀关闭，EGR 系统不工作，以保证发动机输出最大功率。

在其他工况下，EGR 系统工作时，转速和负荷越大，电控单元输送给 EGR 电磁阀的占空比信号越小，EGR 阀开度越大，排气再循环率越大。EGR 阀开度传感器将 EGR 阀的位置信号传给电控单元，电控单元据此对 EGR 系统进行反馈控制。当电控单元对 EGR 系统进行控制时，电控单元根据转速和负荷等信号计算出需要的排气再循环率，然后转换成相应的占空比信号，输送给 EGR 电磁阀，由电磁阀控制 EGR 阀的开度。如果 EGR 阀开度传感器检测到 EGR 阀的开度与目标开度不一致，电控单元将调整输出的占空比，使 EGR 阀打开到目标开度，从而保证 EGR 系统的控制精度。

（四）排气再循环系统的检测

当发动机工作出现怠速运转不稳、熄火或者尾气排放物 NO_x 超标现象时，应对排气再循环系统进行检测。虽然不同车的排气再循环系统类型不同，但检测内容和方法基本相同。

1. 一般检查

怠速时，拆下 EGR 阀上的真空软管，发动机转速应无变化，用手触试真空管口应无吸力；转速达 2 500r/min 以上时，同样拆下此真空软管，发动机转速应明显升高（因为中断了排气再循环）。

2. EGR 阀的检查

拆下 EGR 阀，将手动真空泵与 EGR 阀连接，如图 5－16 所示。给 EGR 阀膜片上方施加约 15kPa 的真空度时，EGR 阀应能开启；不施加真空度时，EGR 阀应能完全关闭，否则应更换 EGR 阀。

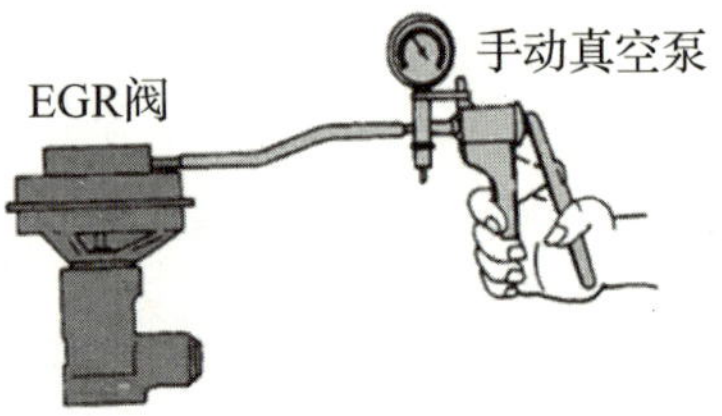

图 5－16　手动真空泵与 EGR 阀连接

3. EGR 电磁阀的检查

（1）发动机熄火，拔下 EGR 电磁阀插头；（冷态下）用万用表测量电磁阀电阻，一般应为 33～39Ω。

（2）电磁阀不通电时，从通进气管的接头处吹入空气应畅通，从通大气的滤网处吹入空气应不通。当给电磁阀通电时，从通进气管的接头处吹入空气应不通，从通大气的滤网处吹入空气应畅通，否则应更换电磁阀。

4. EGR 阀开度传感器检查

EGR 阀开度传感器一般有三个端子，分别为电源线（5V）、接地线、信号线，如图 5-17 所示。随着阀门由关闭到完全打开，信号电压应由 0V 开始升高，到接近 5V 左右。

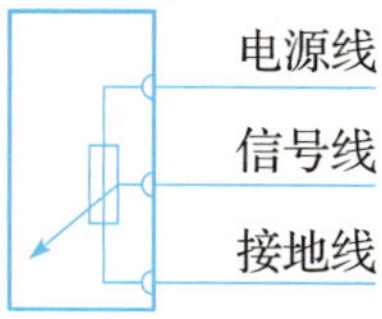

图 5-17 EGR 阀开度传感器

三、实训内容

1. 实训准备

（1）准备好试验用发动机、万用表、故障诊断仪及其他常用工具。

（2）掌握本次实训课所用仪器及设备的使用方法。

（3）强调实训中的安全注意事项。

2. 实训流程

（1）正确检测排气再循环装置工作性能。

（2）正确检测 EGR 电磁阀性能。

（3）正确检测 EGR 阀性能。

3. 实训记录

实训工单见附录Ⅱ中实训任务 5-2。

任务三 三元催化控制系统

一、任务描述

三元催化控制系统中发挥主要作用的是三元催化转换器。三元催化转换器是汽车上的尾气净化装置，负责将汽车尾气中排出的有害气体通过化学等方式转化成无害物质排出，这是一项重要的汽车环保举措。三元催化转换器主要处理尾气中的三种有害物质（故称“三元”），将汽车尾气进行净化处理之后再排入大气。在本任务中主要掌握以下方面：

（1）三元催化转换器的结构和工作原理。

（2）三元催化转换器转换效率及影响因素。

（3）三元催化转换器的清洗及检查。

二、相关知识及技能

（一）三元催化转换器的结构和工作原理

三元催化转换器（简称 TWC）是汽车排气系统中最重要的机外净化装置，一般安装在汽车排气总管的前部或中部，如图 5－18 所示。其功能是通过贵金属（铂、铑、钯）催化剂的作用，使汽车尾气中的有害物质，如碳氢化合物（HC）、一氧化碳（CO）、氮氧化物（NO_x），经化学反应转化为无害的二氧化碳（CO_2）、水（H_2O）及氮气（N_2）。

三元催化转换器一般由壳体、减振层（夹层和绝缘层）、陶瓷载体等组成，如图 5－19 所示。催化器壳体由不锈钢材料制成，以防氧化皮脱落造成载体堵塞。减振层一般采用膨胀垫片或钢丝网垫，起密封、保温和固定载体的作用，防止三元催化转换器壳体受热变形等对载体造成损害。

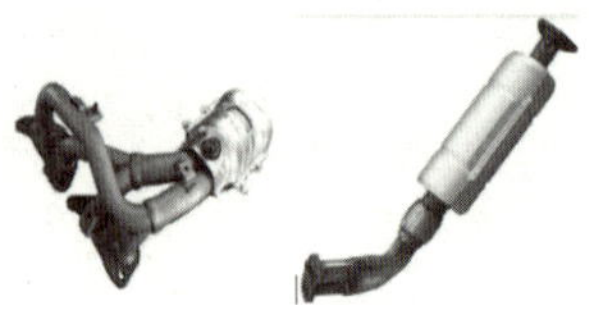

图 5－18　三元催化转换器安装位置

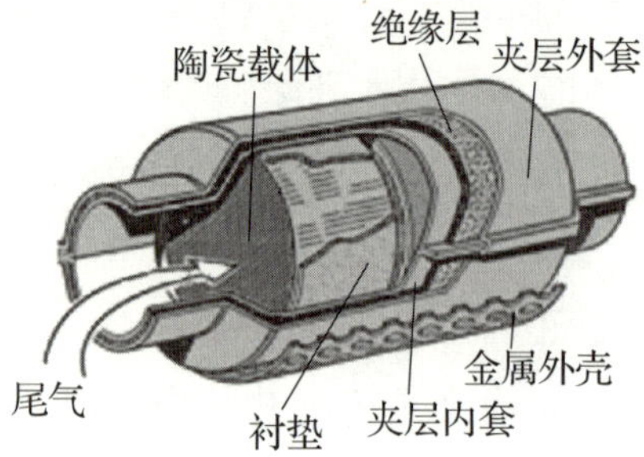

图 5－19　三元催化转换器结构

三元催化转换器一般为整体不可拆卸式，按催化剂载体的结构不同，三元催化转换器可分为颗粒型和蜂巢型两种类型，前者将催化剂沉积在颗粒状氧化铝载体表面，后者将催化剂沉积在蜂巢状氧化铝载体表面，氧化铝表面有形状复杂的表层，可增大催化剂与废气的实际接触面积。

三元催化转换工作原理如图 5－20 所示。当废气经过三元催化转换器时，铂催化剂就会促使 HC 与 CO 氧化生成水蒸气和二氧化碳；铑催化剂会促使 NO_x 还原为氮气和氧气。主要反应式如下：

$$CO+2NO \rightarrow 2CO_2+N_2$$

$$4HC+10NO \rightarrow 4CO_2+2H_2O+5N_2$$

图 5－20　三元催化转换工作原理

（二）三元催化转换器转换效率及影响因素

三元催化转换器转换效率是指废气经过三元催化转换器后，催化剂使 HC、CO 和 NO_x 氧化还原成水蒸气、二氧化碳和氮气的程度。三元催化转换器将有害气体转变成无害气体的效率受诸多因素的影响，其中影响最大的是混合气的浓度和排气温度。另外，铅和硫等元素会对三元催化转换器造成非常负面的影响，因为铅和硫等会与活性催化物质作用形成新的结晶体结构或沉积在催化物质上面，从而破坏催化物质的表面活性，这就是所谓的催化转换器中毒，是影响三元催化转换器寿命的最为严重的物理现象。因此，使用三元催化转换器的前提是汽油的无铅化。硫主要对稀土类催化器的寿命有较大影响。

发动机工作时，为将实际空燃比精确控制在标准的理论空燃比附近，在装用三元催化转换装置的汽车上，都装有氧传感器以检测废气中的氧浓度，用于空燃比反馈控制。目前很多车安装两个氧传感器 OX1、OX2，如图 5－21 所示。发动机电控单元根据氧传感器 OX1 信号对空燃比进行反馈控制，根据氧传感器 OX2 信号判断三元催化转换器工作是否正常。

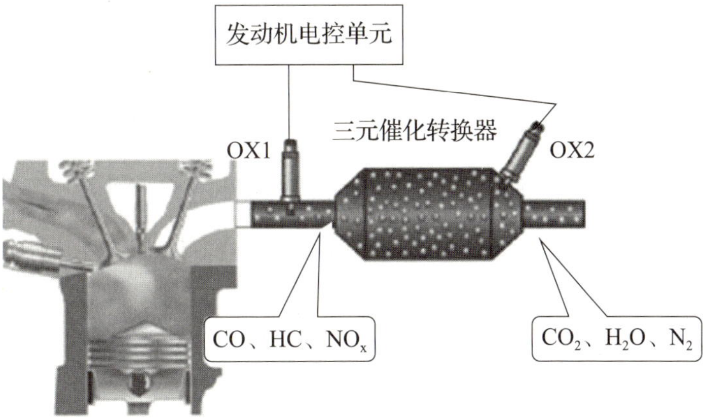

图 5－21 三元催化转换器与氧传感器的关系

三元催化转换器的转换效率与混合气浓度的关系如图 5－22 所示，在标准的理论空燃比 14.7 附近，对废气中三种有害气体（HC、CO、NO_x）的转换效率均比较高，其中随着混合气过浓到过稀过程，NO_x 转换效率由高到低，HC、CO 转换效率由低到高，即混合气较浓时，HC、CO 转换效率低，而混合气较稀时，NO_x 转换效率低，只有在空燃比 14.7 附近，HC、CO、NO_x 转换效率才会都出现较高区域。

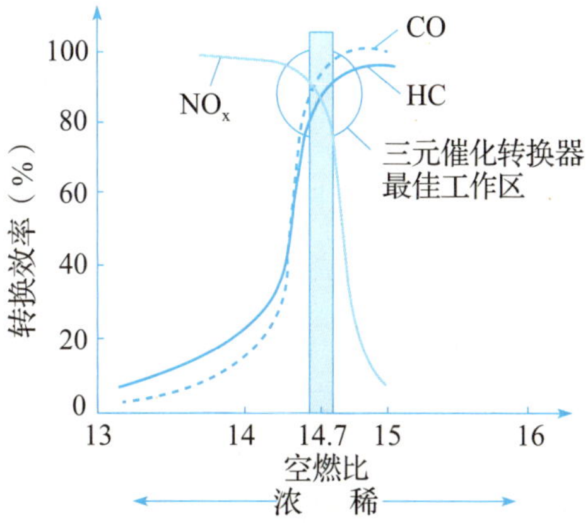

图 5－22 三元催化转换器的转换效率与混合气浓度的关系

当发动机的排气温度过高（800℃以上）时，三元催化转换器的转换效率将明显下降。所以，有些发动机装有排气温度传感器及报警装置，当 ECU 收到排气温度传感器高温信号后，会使发动机熄火并发出报警信号。

（三）三元催化转换器清洗与检查

1. 三元催化转换器清洗方法

（1）将拆下的三元催化转换器竖立在容器（塑料桶）中。

（2）将一瓶三元催化转换器清洗剂摇匀倒入高压喷枪的壶中锁紧。

（3）将高压喷枪接上气管，对准三元催化转换器内格栅均匀喷射，可反复将三元催化转换器调头清洗。

（4）静置 3～5 分钟，使药水均匀渗透到积炭深层，充分化解积炭。

（5）将变成泥浆的积炭，倒入收纳容器。

2. 三元催化转换器检查

当三元催化转换器性能恶化，或三元催化转换器芯子堵塞时，都会出现排气不畅的现象，导致发动机工作异常等；当排气背压过高时，会使废气倒流回发动机内。

（1）外观检查。

1）检查三元催化转换器在行驶中是否受到损伤以及是否过热。

2）将车辆升起之后，观察三元催化转换器表面是否有凹陷，如有明显的凹痕和刮擦，则说明三元催化转换器的载体可能受到损伤。

3）观察三元催化转换器外壳上是否有严重的褪色斑点或略有成青色和紫色的痕迹，在三元催化转换器防护罩的中央是否有非常明显的暗灰斑点，如有则说明三元催化转换器曾处于过热状态，需做进一步的检查。

4）用橡胶锤敲击并晃动三元催化转换器，如果听到有物体移动的声音，则说明其内部催化剂载体破碎，需要更换三元催化转换器。

5）同时要检查三元催化转换器是否有裂纹，各连接是否牢固，各类导管是否有泄漏，如有则应及时加以处理。

（2）排气背压法。

对于空气泵式二次空气喷射系统的车，将空气泵出口一侧的连接软管拔下，连接一个压力表，使发动机转速为 2 500r/min 时，观察压力表的读数，应小于 17.24kPa，否则表明排气系统堵塞。

（3）真空度法。

将 EGR 阀上的真空管取下，将管口塞住；将真空表接到进气歧管上，如图 5－23 所

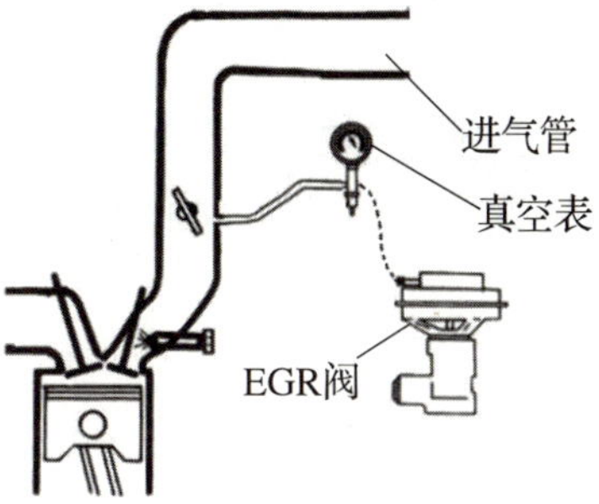

图 5-23　EGR 阀的检查

示。让发动机缓慢加速到 2 500r/min。若真空表读数瞬间又回到原有水平（47.5kPa～74.5kPa），并能维持 15s，则说明三元催化转换器没有堵塞。否则应该怀疑是三元催化转换器或排气管堵塞。

（4）尾气分析仪分析法。

让发动机怠速运转，使用尾气分析仪测量此时的 CO 值。发动机正常工作时（空燃比为 14.7∶1）的 CO 典型值为 0.5%～1%。使用二次空气喷射和三元催化转换器可以使怠速时的 CO 值接近于 0，最大不应超过 0.3%，否则说明三元催化转换器损坏。

（5）测量三元催化转换器管道温度法。

测量三元催化转换器出口管道温度，其应比进口管道温度至少高出 38℃，在怠速时，出口管道和进口管道温度应相差 10%左右。若不符合要求，且检查空气泵完好时，说明三元催化转换器已经损坏。

（6）测量氧传感器波形。

目前许多汽车上的发动机燃油喷射系统中，都安装有两个氧传感器，分别装在三元催化转换器的前、后两端。安装在三元催化转换器后端的氧传感器电压波动要比安装在三元催化转换器前端的氧传感器电压波动少得多。这是因为汽车上正常运行的三元催化转换器在转化 CO 和 HC 这两种有害物质时消耗氧气。当三元催化转换器损坏时，其转换效率基本丧失，使前、后端的氧气值接近，此时氧传感器信号的电压波形和波动范围均趋于一致，因此如果出现这种情况就需要更换三元催化转换器。

三、实训内容

1. 实训准备

（1）准备好试验用发动机、万用表、故障诊断仪及其他常用工具。

（2）掌握本次实训课所用仪器及设备的使用方法。

（3）强调实训中的安全注意事项。

2. 实训流程

正确检测三元催化转换器工作性能。

3. 实训记录

实训工单见附录Ⅱ中实训任务 5-3。

任务四 二次空气喷射系统

一、任务描述

二次空气喷射系统也常被称为补燃系统或后燃系统，因为可燃混合气在汽缸内进行第一次燃烧后，还存在未完全燃烧的混合气，为了避免或减少这部分混合气直接排入大气，需要人为地引入新鲜空气使混合气在排气过程中进行补燃。二次空气喷射系统通常与三元催化转换器和氧传感器配合使用，目前不但在轿车上广泛应用，还广泛应用于安全性能要求更高的内燃机车和专用汽车，如液化气运输车、轻油运输车、机场加油车等。在本任务中主要掌握以下知识：

（1）二次空气喷射系统的功能和类型。

（2）二次空气喷射系统的结构和工作原理。

（3）二次空气喷射系统的检测。

二、相关知识及技能

（一）二次空气喷射系统的功能和类型

1. 二次空气喷射系统的功能

二次空气喷射系统的功能一是在某些工况下，将一定量的新鲜空气送入 TWC 或排气管，促使废气中的 CO 和 HC 进一步氧化，从而降低 CO 和 HC 的排放量；二是加速 TWC 和氧传感器的升温。

2. 二次空气喷射系统的类型

（1）二次空气喷射系统按空气喷入的部位可分为两种，一是空气喷射在排气门位置，即新鲜空气通过汽缸盖上的专设管道喷入排气门后汽缸盖内的排气通道内，更早进行排气中 HC、CO 的氧化，如图 5－24（a）所示；二是空气喷射在排气歧管前端，即排气歧管与汽缸体相连接的部位，排气中的 HC、CO 只能从排气歧管处开始被氧化，如图 5－24（b）所示。

（2）二次空气喷射系统按照结构和工作原理的不同可以分为空气泵型和脉冲型两种结构类型，而且目前很多采用 ECU 控制。

（二）二次空气喷射系统的结构和工作原理

1. 空气泵式二次空气喷射系统

空气泵式二次空气喷射系统根据空气泵的动力源不同分为普通型和电控型两种。

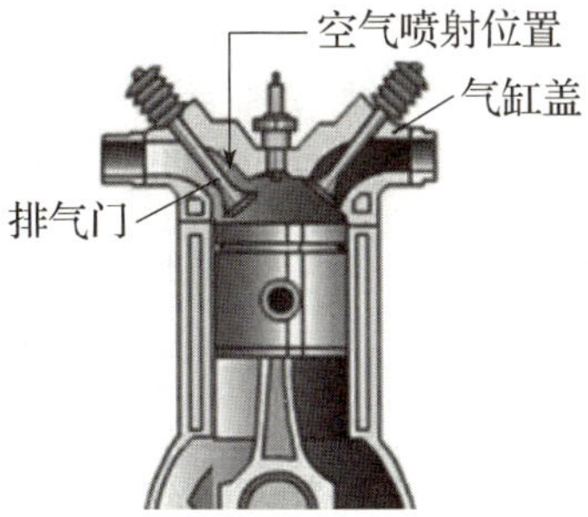

（a）喷入排气门后面

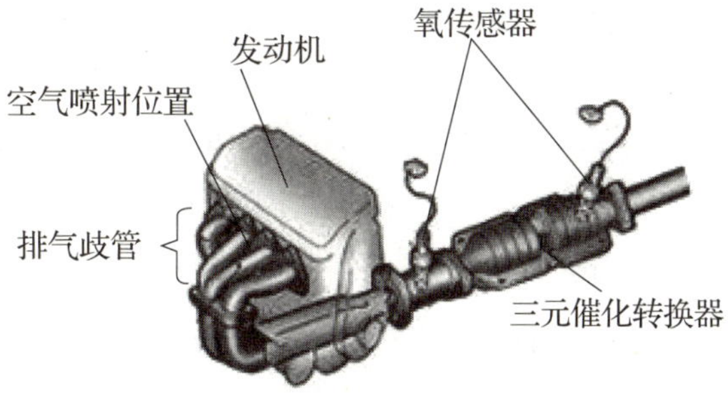

（b）喷入排气歧管前端

图 5－24　二次空气喷射位置

（1）普通型空气泵式二次空气喷射系统。

普通型空气泵式二次空气喷射系统主要由空气泵、分流控制阀、连接管道、空气分配管、真空控制阀等组成，如图 5－25 所示。空气泵装在发动机前端，由一个离心式空气滤清器和一个叶片泵组成。空气泵由发动机曲轴带轮经传动带驱动，向喷射系统供应量大而压力低的空气。

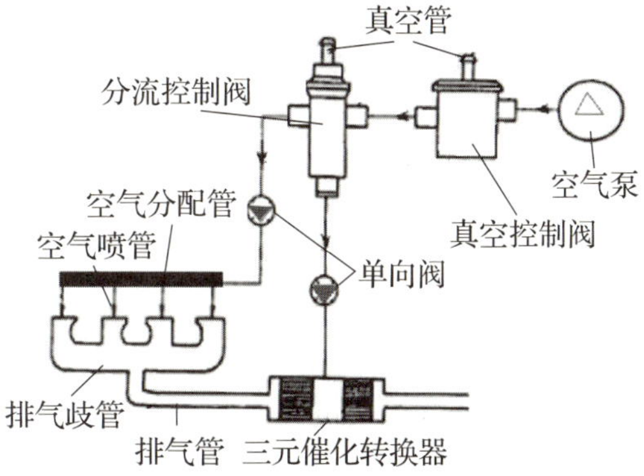

图 5－25　普通型空气泵式二次空气喷射系统

1）分流控制阀常作为一个单独的总成用螺栓装在空气泵上，而管路则用软管与空气泵和空气喷射歧管相连。分流控制阀的作用是当发动机突然减速时，防止排气系统“回火”到空气泵。

2）真空控制阀也称释压阀（或限压阀），其作用是当发动机高速运转，空气泵泵送的空气流气压超过弹簧预调弹力时，压力过大的空气则被释放到大气中；只有当空气泵送来的空气压力低于弹簧预调弹力时，空气才能顺利通过软管进入空气分配管，此时二次空气喷射系统正常工作。

3）单向阀允许从空气泵来的具有一定压力的空气进入空气分配管，以防止高温的发动机废气进入空气泵。当空气泵皮带断裂或传动打滑等造成空气泵停转或转速下降，连接软管漏气等不能向喷射系统正常供应空气时，单向阀可以保护二次空气喷射系统免受高温的废气损害。

4）空气分配管通常是由不锈钢管焊接而成，其形状和分支数目由发动机的结构和汽缸数目而定。空气分配管的作用是把空气泵泵送的新鲜空气喷射进发动机排气门附近的排气孔或喷入排气歧管。

工作原理：当发动机工作时，通过曲轴传动带带动空气泵运转，泵送量大而压力较低的空气流由软管进入分流阀，然后经过单向阀进入空气分配管，空气分配管将空气流喷入发动机排气孔或排气歧管，与排气中的 HC、CO 反应，使其进一步转化成 CO_2 和水蒸气，以减少排气污染。空气泵泵送的空气压力太高时，释压阀起作用，瞬间切断向空气分配管供应空气的通路，防止发动机产生回火，经过几秒后，又恢复向空气分配管供应空气，二次空气喷射系统正常工作。

（2）电控型空气泵式二次空气喷射系统。

电控型空气泵式二次空气喷射系统主要由电动空气泵、组合阀、二次空气泵继电器、发动机电控单元等组成，如图 5－26 所示。电控单元根据输入信号，控制二次空气泵继电器接通二次空气泵电机电路，二次空气泵工作，将空气由空气滤清器经管路、组合阀、空气分配管等引向排气管及催化式排气净化器中。

1）组合阀结构原理。

组合阀由上下两个阀组成，如图 5－27 所示，A 口与二次空气控制阀连接，则上阀受二次空气控制阀作用，在真空吸力作用下，阀体下移，带动下阀打开，即来自二次空气泵的新鲜空气由 B 口进入组合阀，经组合阀的 C 口送至排气管路。在二次空气喷射系统未工作状态下，组合阀关闭，热的废气将停在组合阀 C 口处，阻止废气进入二次空气泵。

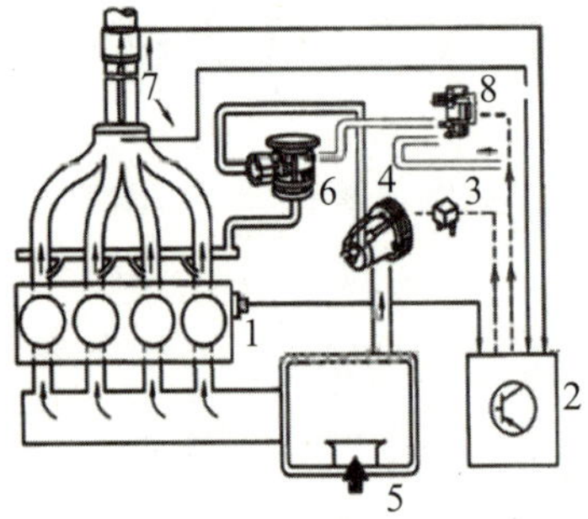

图 5－26　电控型空气泵式二次空气喷射系统

1—冷却液温度传感器　2—发动机电控单元
3—二次空气泵继电器　4—二次空气泵　5—空气滤清器
6—组合阀　7—排气管压力　8—真空电磁阀

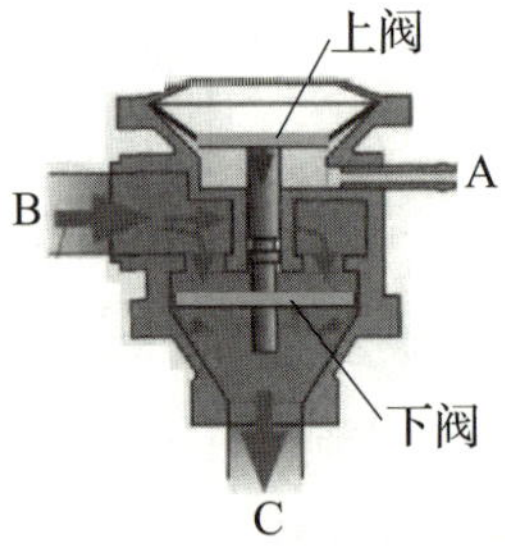

图 5－27　组合阀结构示意图

2）控制过程。

二次空气喷射系统不工作的条件有：燃油喷射系统进入闭环控制，水温超过规定值，发动机转速和负荷超过规定值，ECU 发现有故障，等等。

在具备工作条件时，发动机 ECU 激活二次空气喷射系统，使其开始工作。发动机起动后，经过滤清器的空气通过二次空气泵直接被吹到排气阀后。二次空气泵的作用是在很短时间内将空气泵入排气阀后面。在控制过程中，自诊断系统同时进行检测。因为废气中所含氧气量的增加导致氧传感器电压降低，所以氧传感器必须处于工作状态。

（3）奥迪 A6 二次空气喷射系统。

奥迪 A6 二次空气喷射系统如图 5－28 所示，由二次空气进气组合阀 1 和 2、二次空气进气电磁阀、单向阀、电动空气泵、二次空气泵继电器及 ECU 等组成。当二次空气喷射系统具备工作条件时，发动机 ECU 接通二次空气泵继电器，同时将二次空气进气电磁阀通电，使真空作用于二次空气进气组合阀，两侧进气组合阀打开，新鲜空气进入排气管。

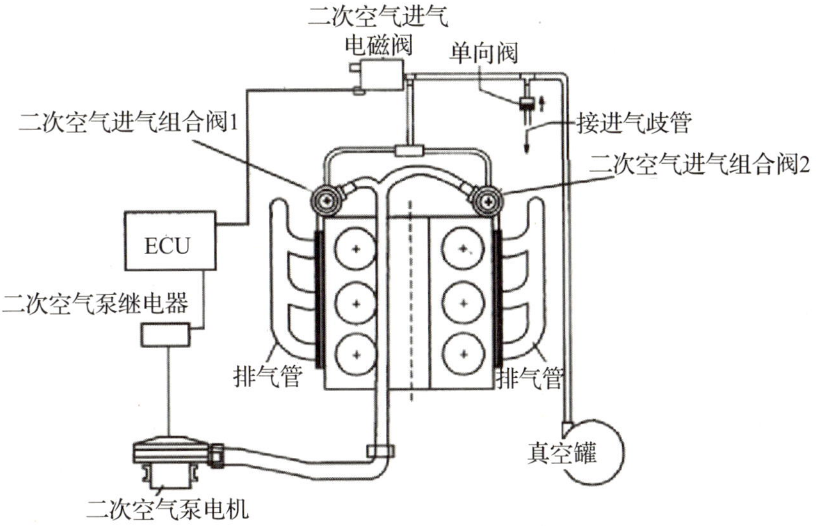

图 5－28 奥迪 A6 二次空气喷射系统

2. 脉冲型二次空气喷射系统

（1）普通脉冲型二次空气喷射系统。

普通脉冲型二次空气喷射系统也称吸气型二次空气喷射系统，该系统是应用排气压力的脉冲将新鲜空气吸入排气系统。当排气门每次关闭时，在排气孔和排气歧管内的气压都低于大气压力，也就是说产生了一个负压（真空）脉冲。利用这个负压脉冲，经空气滤清器吸入一定量空气到排气歧管中，用这部分空气中的氧去氧化排气中的 HC 和 CO。

普通脉冲型二次空气喷射系统由脉冲空气阀（吸气阀）、电磁控制阀、空气滤清器等组成，如图 5－29 所示。脉冲空气阀实际上是一个单向阀，它允许从空气滤清器来的空气经管路流向排气歧管，并防止排气歧管中的废气回流到空气滤清器。

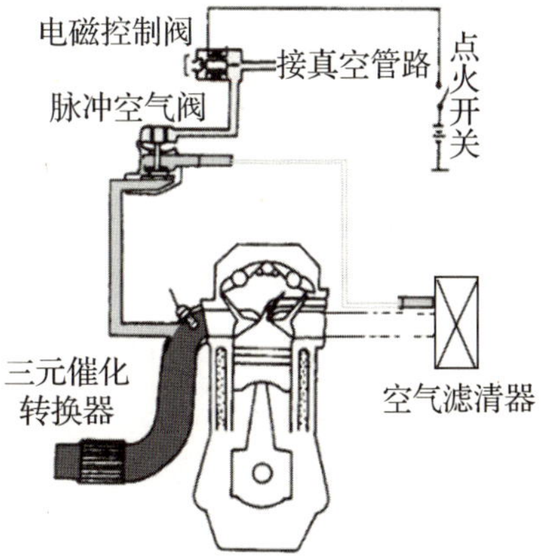

图 5－29 普通脉冲型二次空气喷射系统

装有普通脉冲型二次空气喷射系统的发动机在怠速或低速运转时，由于排气歧管内的负压脉冲使吸气阀开启，新鲜空气经空气滤清器、软管进入排气歧管，进一步氧化排气中的 HC、CO，减少排气污染。当发动机高速运转时，由于排气门的频繁关闭，每次的负压脉冲周期特别短，由于惯性作用，吸气阀不可能开启，因此，吸气阀实际是关闭的，此时吸气阀起到阻止废气排入空气滤清器的作用。也就是说，在发动机高速运转时，普通脉冲型二次空气喷射系统实际上是停止工作的。

（2）电控脉冲型二次空气喷射系统。

电控脉冲型二次空气喷射系统在普通脉冲型二次空气喷射系统基础上增加了 ECU、传感器、单向阀等，如图 5－30 所示。当二次空气喷射系统满足工作条件时，ECU 给电磁阀通电，电磁阀开启真空通道，真空控制阀被吸起，排气管内的真空即可吸开舌簧阀，使二次空气进入排气管。

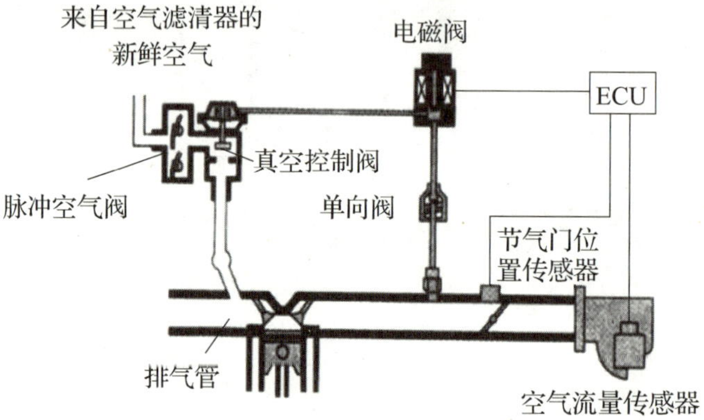

图 5－30　电控脉冲型二次空气喷射系统

电控脉冲型二次空气喷射系统由 ECU 控制电磁阀的打开及关闭，电磁阀与单向阀相连，由于排气中的压力是正负交替的脉冲压力波，当排气压力为负时，来自空气滤清器的空气进入排气管；当压力为正时，单向阀关闭，空气不能返回。

（三）二次空气喷射系统常见故障诊断

1. 故障现象

（1）系统不工作，导致尾气排放超标。

（2）系统工作失常，导致排气管温度过高。

2. 检查方法及步骤

检查方法主要有目测和仪器检测两种。目测主要是指观察各连接管路（或软管）有无破损或漏气；电磁阀、真空阀以及空气泵等需要用仪器或检测工具检查。

以丰田和大众速腾车二次空气喷射系统为例，介绍其各元件的检测方法。

（1）丰田电控脉冲型二次空气喷射系统检测。

1）发动机低温起动后，拆下空气滤清器盖，应能听到舌簧阀发出的“嗡嗡”声。

2）拆下二次空气供给软管，用手指盖住软管口检查，使发动机怠速运转，手指应感到有真空吸力；70s 后，且发动机温度在 63℃以上时，应无真空吸力；发动机转速从 4 000r/min 急减速时，应有真空吸力。

3）拆下二次空气控制阀，从空气滤清器侧软管吹入空气应不畅通；用手动真空泵从空气滤清器侧施加 20kPa 真空度，吹入空气应畅通；若不符合上述要求，说明膜片阀工作不良，应检修或更换。

4）测量二次空气电磁阀的电阻，一般应为 36～44Ω。

5）给电磁阀接通蓄电池电源时，从进气管侧软管接头吹入空气应畅通，从通大气的滤网处吹入空气应不畅通；当电磁阀不通电时，从进气管侧软管接头吹入空气应不通，从通大气的滤网处吹入空气应畅通。

（2）大众速腾车电控型空气泵式二次空气喷射系统检测。

1）用故障诊断仪 VAS5052A 读取故障码及故障信息，如果出现故障码 16795（或故障信息是二次空气供给系统流量不正确）的故障时，应针对电路图分析故障原因。

2）检查二次空气泵的线束，若出现断路，对地或对电源搭铁的电阻，以及线束电阻都小于 1Ω，且插头没有虚接，则说明线束正常。

3）检查二次空气泵继电器是否正常。

4）检查二次空气泵的好坏。检查二次空气泵软管有无阻塞和弯曲，利用故障诊断仪元件驱动二次空气泵，二次空气泵应有间歇性出风情况，否则二次空气泵损坏。

5）检查组合阀。用低压空气吹组合阀的压力软管，如果不出气或出气量少，说明组合阀损坏。

三、实训内容

1. 实训准备

（1）准备好试验用发动机、万用表、故障诊断仪及其他常用工具。

（2）掌握本次实训课所用仪器及设备的使用方法。

（3）强调实训中的安全注意事项。

2. 实训流程

正确检测二次空气喷射系统的工作性能。

3. 实训记录

实训工单见附录Ⅱ中实训任务 5－4。

项目总结

1. 汽车排放控制系统有燃油蒸发控制系统、排气再循环控制系统、三元催化控制系统、二次空气喷射系统等。

2. 燃油蒸发控制系统防止汽油蒸气直接排入大气而造成污染。电控燃油蒸发控制系统可以根据发动机工况，精确控制导入气缸参加燃烧的汽油蒸气量。

3. 排气再循环系统就是保证发动机正常工况下，把废气适量地引入气缸内参与燃烧，从而降低气缸内的最高温度，以此减少 NO_x 的排放量。

4. 三元催化转换器是安装在汽车排气系统上的净化装置，目的是将汽车尾气中的有害气体通过化学等方式转化成无害物质排出，即汽车尾气在排入大气之前进行净化处理。

5. 二次空气喷射系统是针对排气过程中未完全燃烧的混合气，再一次引入新鲜空气进行补燃的系统，该系统通常与三元催化转换器和氧传感器配合使用。

思考与练习

1. 单选题

(1) 发动机排气再循环系统工作的工况有（　　）。

A. 怠速　　B. 部分负荷　　C. 节气门全开　　D. 急加速时

(2) 三元催化转换器最佳工作效率的空燃比是（　　）。

A. 12.5∶1　　B. 14.7∶1　　C. 16.5∶1　　D. 2∶1

(3) 关于燃油蒸发控制系统，下列说法错误的是（　　）。

A. 活性炭罐吸附装置失效后，无法对燃油蒸气进行回收

B. 用万用表测量炭罐电磁阀两端子间电阻为 0Ω 时，说明炭罐电磁阀良好

C. 燃油蒸发控制系统的功能是防止油箱内的燃油蒸气排入大气

D. 如果系统工作失常，可能导致发动机怠速运转不稳

(4) 当 EGR 阀被卡在打开位置时，甲说发动机将熄火或怠速不稳；乙说发动机热车后中等负荷时动力性会下降。正确结论是（　　）。

A. 甲正确　　B. 乙正确　　C. 两人均正确　　D. 两人均不正确

(5) 为测试活性炭罐电磁阀，甲说可以通过故障诊断仪的执行元件测试功能进行测试；乙说可以通过外加电源的方法进行测试。正确结论是（　　）。

A. 甲正确　　B. 乙正确　　C. 两人均正确　　D. 两人均不正确

2. 多选题

(1) 排气再循环系统根据管路连接不同分为（　　）。

A. 一体增压式 EGR 系统　　B. 低压 EGR 系统

C. 高压 EGR 系统　　D. 文丘里管式 EGR 系统

(2) 二次空气喷射系统按照结构和工作原理的不同可以分为（　　）。

A. 空气泵型　　B. 吸气型　　C. 电控型　　D. 普通型

(3) 检测三元催化转换器时，下列说法正确的是（　　）。

A. 当发动机正常工作时，用尾气分析仪测量 CO 值，大于 1%，说明正常

B. 排气背压法检查排气压力，过高的排气压力，表示排气不畅

C. 测量三元催化转换器出口管道温度，比进口管道温度高出 38℃以上时，说明正常

D. 用橡胶锤敲击并晃动三元催化转换器，如果听到有物体移动的声音，说明内部有破碎

(4) 汽车发动机常见排放控制系统有（　　）等。

A. 排气再循环系统　　B. 二次空气喷射系统

C. 汽油蒸汽排放控制系统　　D. 三元催化控制系统

(5) 关于燃油蒸发控制电磁阀的检测，下列说法正确的是（　　）。

A. 在电磁阀进气管一侧连接真空泵并施加真空，电磁阀不通电，真空度应保持

B. 在电磁阀进气管一侧连接真空泵并施加真空，电磁阀通电，真空度应释放

C. 测量电磁阀两端子间电阻应为 36～44Ω，说明线圈正常

D. 测量电磁阀两端子间电阻应为 0～1Ω，说明线圈正常

3. 判断题

(1) 为了监测三元催化转换器的工作，发动机电控系统安装前后氧传感器。（　　）

(2) 电控发动机暖机后，EGR 阀开始打开。（　　）

(3) 当发动机的排气温度过高（800℃以上）时，三元催化转换器的转换效率将明显下降。（　　）

(4) 观察三元催化转换器，外壳上若有严重的褪色斑点或紫色的痕迹，说明正常。（　　）

(5) 故障诊断仪读出氧传感器故障码后，只要换掉氧传感器，故障现象一定消除。（　　）

4. 问答题

(1) 简述汽车排放控制的目的和措施。

(2) 简述燃油蒸发控制系统的组成和工作原理。

(3) 简述闭环控制 EGR 系统的组成及工作原理。

(4) 简述三元催化转换器的组成和工作原理。

(5) 简述二次空气喷射系统的组成和工作原理。

项目六

汽油机缸内直喷系统

目标及要求

教学目标	能力要求
(1) 掌握汽油机缸内直喷系统的组成及控制原理； (2) 掌握汽油机缸内直喷系统元件拆装方法； (3) 掌握汽油机缸内直喷系统的检测方法。	(1) 能正确拆装汽油机缸内直喷系统组成元件； (2) 能用故障诊断仪的部件驱动及数据流读取功能； (3) 能用万用表测量相关元件及控制电路。

项目概述

从20世纪80年代以来，随着环保压力及能源短缺压力的加大，新型环保节能发动机逐渐应用于主流车型，如奔驰、宝马、大众等，汽油机缸内直喷技术也得到大力推广。本项目设置两个学习任务，内容如下：

- 汽油机缸内直喷系统
  - 燃油缸内直喷系统基本原理
  - 燃油缸内直喷系统拆装与检测

任务一　燃油缸内直喷系统基本原理

一、任务描述

FSI是Fuel Stratified Injection的英文缩写，意思是燃油分层喷射，它是缸内直喷汽油发动机领域的一项创新技术。FSI可将燃油直接喷入燃烧室，降低了发动机的热损失，从而增大了输出功率，并降低了燃油消耗，对于燃油经济性和动力性都有帮助。TFSI是带涡轮增压（T）的 FSI 发动机。在本学习任务中，要掌握以下知识：

（1）缸内直喷发动机基本原理。

（2）缸内直喷发动机燃油系统基本组成。

二、相关知识及技能

（一）缸内直喷发动机基本原理

1. 缸内直喷汽油发动机概述

缸内直喷汽油发动机采用类似柴油发动机的供油技术，通过一个高压泵提供所需的 100bar 以上的压力，将汽油提供给位于汽缸内的高压喷油器，然后由 ECU 控制高压喷油器将燃料在最恰当的时间直接喷入燃烧室，其控制的精确度接近毫秒。缸内直喷汽油发动机采用紧凑型燃烧室，使压缩比提高至 13 左右。

缸内直喷汽油发动机相对于进气歧管喷射的发动机有很多优点，其可以实现超稀薄混合气，发动机的绝热指数增加，传热损失较少，降低了泵吸损失，燃油的蒸发可以使缸内温度降低，提高了汽油发动机可工作的压缩比和进气行程充气效率，使燃油经济性提高 25%左右，动力输出也增加了将近 10%。

进气歧管喷射的发动机中，混合气在进气歧管内形成，然后被负压吸入发动机，而缸内直喷发动机是用高压喷油嘴将燃油喷入汽缸，由于气缸内压力已经很大，需要喷油系统具备更大的压力。因此，与进气歧管喷射的发动机相比，缸内直喷发动机在燃油系统、进排气系统以及机械方面有很大不同。大众车缸内直喷汽油发动机燃油及进排气系统，如图 6-1 所示。

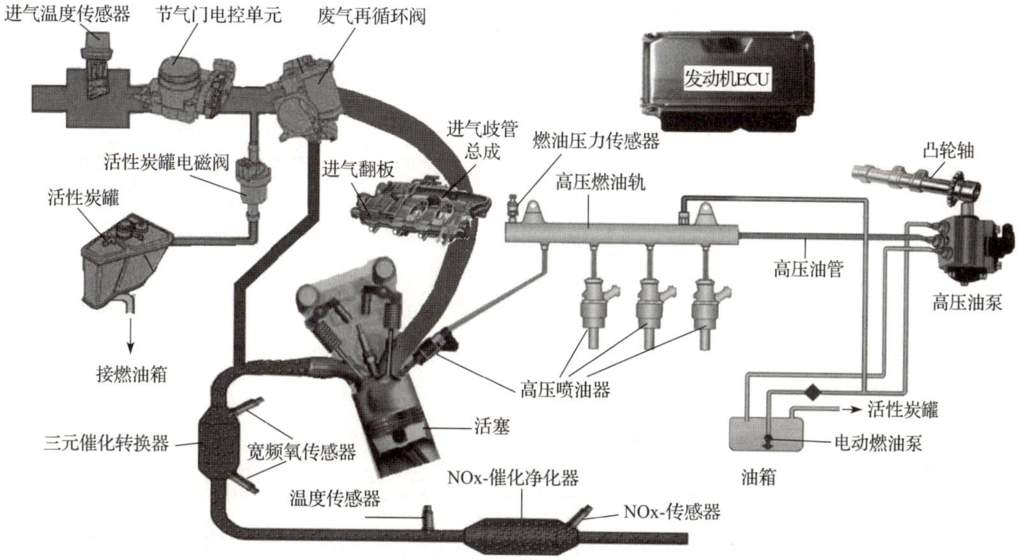

图 6-1　大众车缸内直喷汽油发动机燃油及进排气系统

（1）活塞。

为了保证缸内直喷发动机的高效性，活塞顶部设计成凹坑状，这种特殊形状使缸内气流和油束相互作用，如图 6－2 所示。

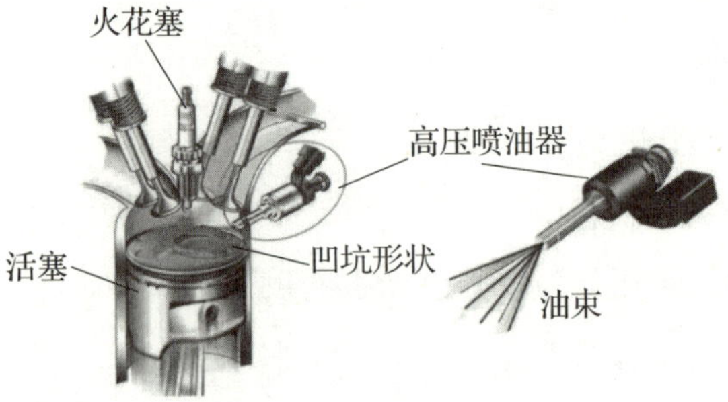

图 6－2　缸内直喷发动机活塞结构

按照可燃混合气的控制与燃烧方式，缸内直喷方式又可分为油束控制燃烧、壁面控制燃烧和气流控制燃烧三类，如图 6－3 所示。油束控制燃烧系统，是通过 ECU 调节高压油泵压力，改变油束贯穿深度，以满足发动机低负荷的分层燃烧，实现良好的燃油经济性；当发动机处于中高负荷工况时，ECU 调节高压油泵压力，使油束贯穿深度增大，从而实现均质加浓燃烧。壁面控制燃烧系统中，喷油器把燃油喷入活塞凹坑中，然后依靠进气流的惯性将油气混合并送往火花塞。这种类型形成混合气的时间较长，易于形成较大区域的可燃混合气。气流控制燃烧系统，将油雾直接朝火花塞喷，由于特殊形状的进气道与喷油器呈一定的夹角，给混合气在气缸内一定的回旋力，使混合气在气缸内形成涡流，且围绕火花塞旋转，这样就实现了混合气分层和均质燃烧。

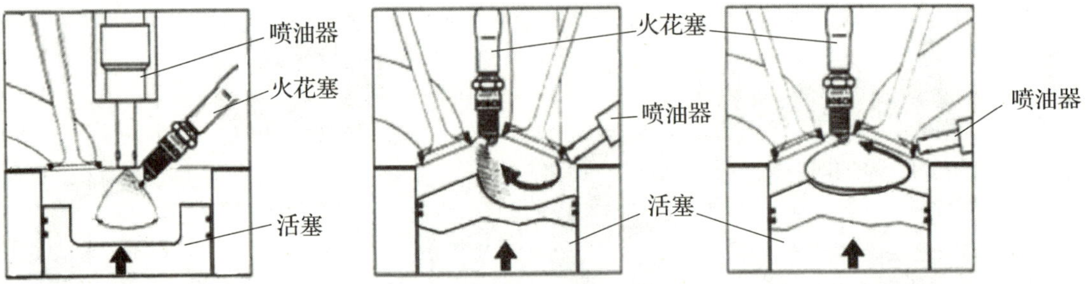

（a）油束控制燃烧　（b）壁面控制燃烧　（c）气流控制燃烧

图 6－3　缸内直喷发动机混合气控制与燃烧方式

（2）进气歧管翻板。

进气歧管是根据发动机气缸数量，由进气总管分成的 N 个支路，其作用是满足每一个气缸单独进气功能的实现。目前，为了提高发动机进气量，发动机进气方面应用了多种技术，如涡轮增压、可变进气管等。在发动机不同工况时，进气歧管截面积不同，这可以提高发动机各个工况的进气量。进气歧管翻板位置的执行元件有电动机或电磁阀。电动机控制的进气歧管翻板结构如图 6-4 所示。

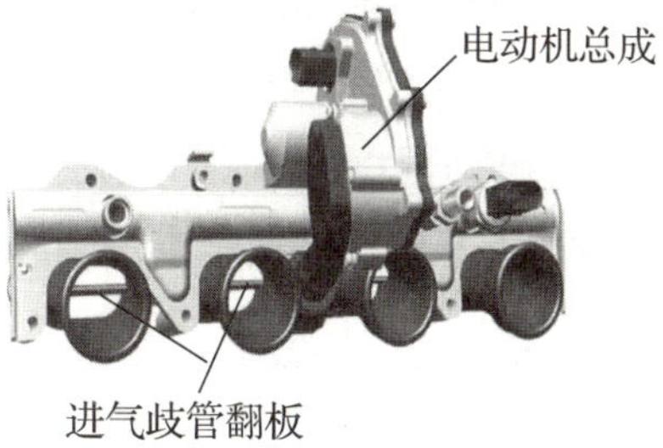

图 6-4 进气歧管翻板结构

进气歧管翻板的开闭由发动机 ECU 输出指令，驱动电动机工作来完成。低速时，发动机 ECU 输出指令控制机构关闭进气歧管翻板（阀），如图 6-5（a）所示，这时进气歧管变细，进气速度提高，气流的惯性增强，使进气量增多。高速时，发动机控制单元输出指令控制机构打开进气歧管翻板（阀），如图 6-5（b）所示，这时进气歧管变粗，进气阻力小，进气量增多。

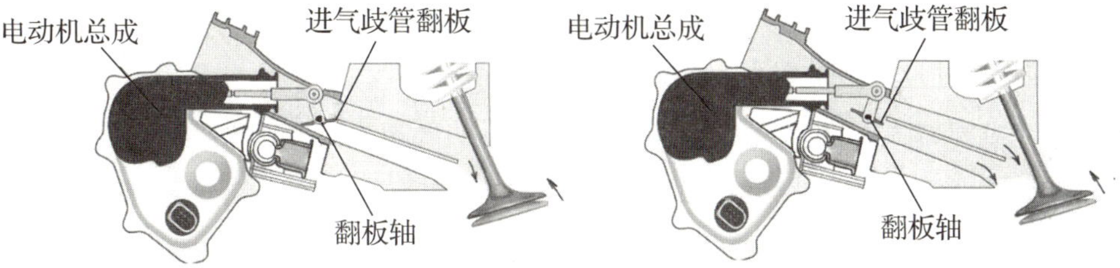

（a）进气歧管翻板关闭 （b）进气歧管翻板打开

图 6-5 不同工况下的进气歧管翻板位置

2. 混合气形成及燃烧模式

大众汽车缸内直喷系统混合气燃烧模式有分层燃烧模式、均质稀燃模式和均质燃烧模式三种。

（1）分层燃烧模式。

分层燃烧模式工作原理如图 6-6 所示。

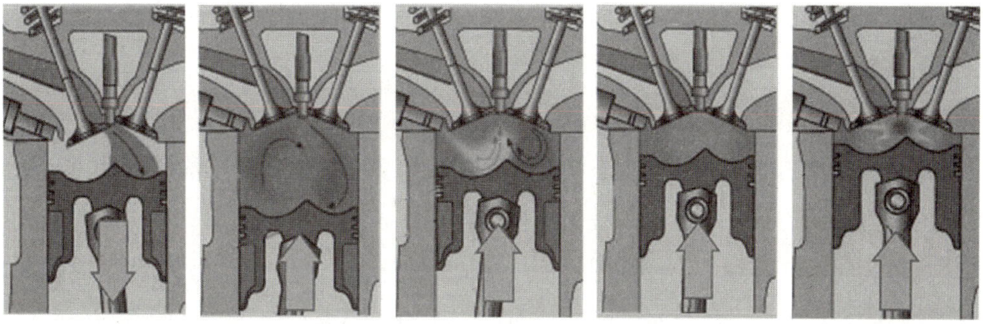
（a）进气过程 （b）压缩涡流 （c）喷油过程 （d）混合过程 （e）燃烧过程

图 6-6 分层燃烧模式工作原理

1）进气过程如图 6-6（a）所示。发动机低速或中速运转时采用分层充气模式，此时节气门为半开状态，进气歧管翻板封住下进气道，空气运动加速，充气量提高。

2）压缩过程如图 6－6（b）所示。压缩行程时空气呈旋转状进入气缸，撞在活塞顶部，由于活塞顶部制作成特殊的形状，进而在火花塞附近形成强大的涡流。

3）喷油过程如图 6－6（c）所示。当压缩过程快结束时，少量的燃油由喷油器喷出，形成可燃混合气。喷油时刻对混合气的形成有很大影响，在活塞运行到上止点前 60°左右开始喷油，在上止点前 45°结束喷油，燃油被喷射到凹坑内。这种分层充气方式可充分提高发动机的经济性，因为在转速较低、负荷较小时除了火花塞周围需要形成浓度较高的油气混合物外，燃烧室的其他地方只需形成空气含量较高的混合气即可，从而使其与理想状态非常接近。

4）混合气形成过程如图 6－6（d）所示。混合气形成只发生在 40°～50°曲轴角之间，如果曲轴角小于这个范围，则无法点燃混合气；如果曲轴角大于这个范围，混合气就变成均质充气方式。过量空气系数为 1.6～3。

5）燃烧过程如图 6－6（e）所示。只有混合好的气雾才可被点火燃烧。混合好的气雾周围的气体起隔离作用，使缸壁热损耗小，热效率提高，但点火时刻范围相对变窄。

为了提高燃烧的稳定性，减少氮氧化物（NO_x）的产生，现在采用燃油定时与分段喷射技术，即将喷油分成初期和后期两个阶段，进气初期喷油，燃油在火花塞周围形成易于点火的浓混合气，火花塞将附近浓混合气点燃，燃烧迅速波及外层；进气后期喷油，由于缸内空气的运动，混合气逐渐稀薄，实现分层燃烧。

（2）均质稀燃模式。

均质稀燃模式的混合气形成时间长，燃烧均匀，通过精确控制喷油，可以得到较低的混合气浓度。均质稀燃的点火时间选择范围宽，有很好的燃油经济性。

均质稀燃与分层燃烧的进气过程相同，但油气混合时间加长，以形成均质混合气。燃烧发生在整个燃烧室内，对点火时间的要求没有分层燃烧那么严格。均质稀燃模式时的过量空气系数大于 1。

（3）均质燃烧模式。

均质燃烧模式则能充分发挥动态响应好、扭矩和功率高的特点。均质燃烧进气过程中节气门位置由加速踏板决定，进气歧管翻板位置视不同情况而定。中等负荷时，进气歧管翻板依然是关闭的，有利于形成强烈的进气旋流，利于混合气的形成与雾化。高速大负荷时，进气歧管翻板打开，进气量增大，从而让更多的空气参与燃烧。均质燃烧的喷油、混合气的形成与燃烧和均质稀燃模式基本一样。均质燃烧情况下过量空气系数小于或等于 1。

3. 汽油机缸内直喷技术的优点

由于分层燃烧只发生在火花塞附近，所以缸壁上的热损耗减少，热效率提高。强制分层充气可使排气再循环率高达 35%，吸入的空气直接进入燃烧室，气缸温度降低，进而降低爆燃的可能性，并且可提高压缩比，进而提高压力和热效率。

（二）燃油供给系统

缸内直喷发动机燃油供给系统基本组成如图 6－7 所示。燃油供给系统分为低压系统和高压系统。低压系统是一种按需要来调节的系统，主要包括电动燃油泵、燃油滤清器、低压油管等。以下几种情况发生时，时间取决于温度（$t<5s$），为了防止产生气泡，预供油压力必须提高 2bar：发动机起动前（电动燃油泵预运行）；当点火开关接通或驾驶人车门接触开关接通时；在发动机起动过程中以及发动机起动后的 5s 之内；在热起动以及热机运行时。

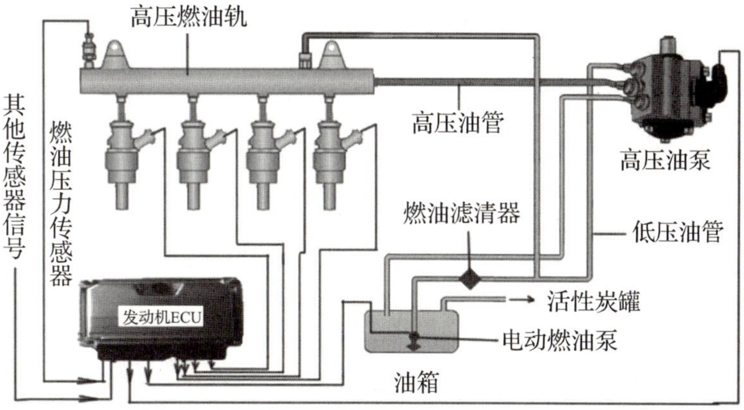

图 6－7 大众汽车缸内直喷发动机燃油供给系统

高压喷油系统主要由发动机 ECU、高压油轨、高压油泵和高压喷油器等部件组成，如图 6－8 所示。ECU 主要采集发动机数据，按照预定程序控制喷油时机和喷油量，从而实现最高燃烧效率；而高压油泵将燃油加压，通过高压油轨输送到高压喷油器。

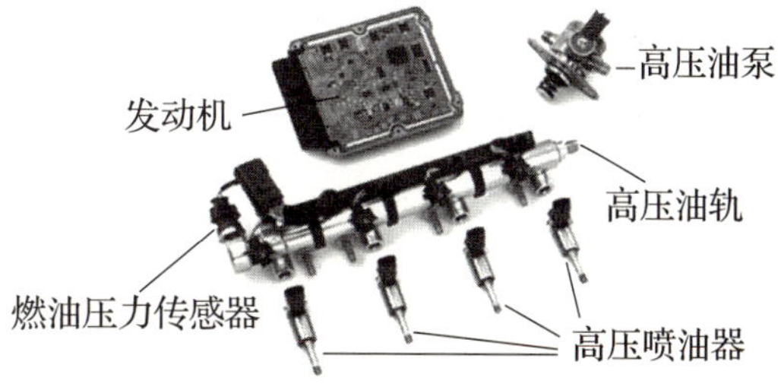

图 6－8 高压系统组成

1. 高压油泵

（1）结构。

高压油泵可以将汽油加压到 10MPa 以上（是普通汽油泵压力的 30～40 倍），并将其送入油轨。缸内直喷发动机的高压油泵通常是由凸轮轴上的凸轮带动，通过柱塞对燃油进行加压。按照柱塞数目不同，一般分为单柱塞泵和多柱塞泵，如图 6－9 所示；按驱动凸轮数目不同，有双凸轮泵、三凸轮泵或四凸轮泵，如图 6－10 所示。

目前最常用的结构是限压阀集成在高压油泵中，这样省去了燃油分配管至燃油泵的回油管。2010 年起国内的大众、通用等车缸内直喷汽油发动机多采用单柱塞高压泵，它是由排气凸轮轴上的凸轮驱动的，结构如图 6－11 所示。

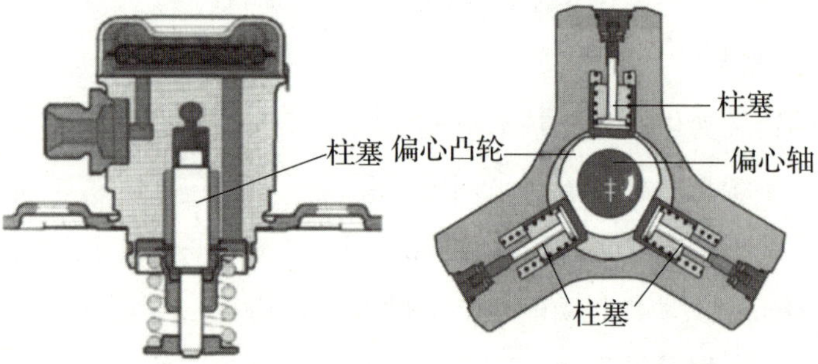

图 6-9　高压泵柱塞

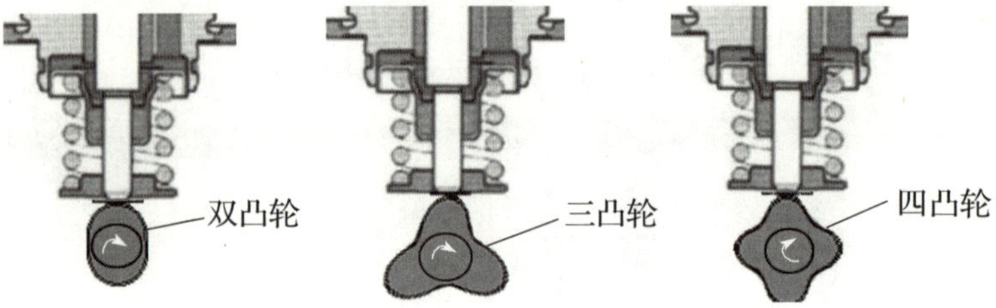

图 6-10　高压泵驱动凸轮

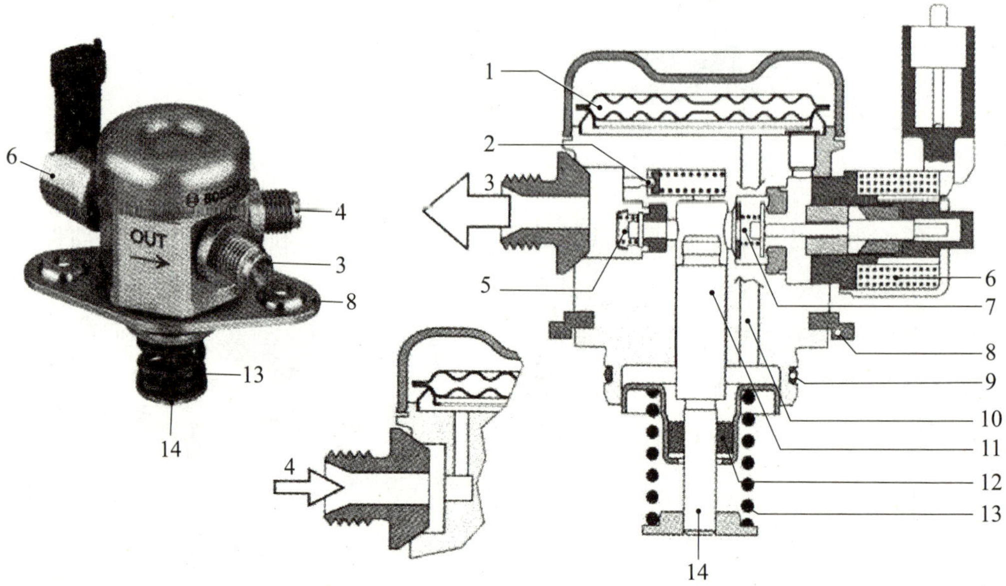

图 6-11　单柱塞高压泵结构

1—压力阻尼器　2—限压阀　3—高压接头　4—低压接头　5—出油阀　6—燃油压力调节电磁阀线圈　7—油压控制阀　8—固定法兰　9—密封圈　10—至泵油柱塞的通道　11—柱塞　12—柱塞密封圈　13—柱塞弹簧　14—凸轮驱动端

缸内直喷汽油发动机高压燃油泵一般为凸轮驱动式，整体结构分为高压侧和低压侧，在低压侧集成有油量控制阀，高压侧设有限压阀和整体式压力阻尼器，泵油量取决于凸轮升程的大小。当凸轮旋转时，泵内的柱塞做往复运动，使燃油不断吸入、加压、泵出。

在低压回路中出现的燃油压力波动可通过阻尼器的膜片变形来抑制。油量控制阀是电磁阀控制的，发动机电控单元根据所需的泵油量和共轨压力确定一个时间点，并控制油量调节阀，从而使泵油始点根据所需的泵油量而发生变化。限压阀是一个弹簧阀，在燃油压力超过 14MPa（有些车型更高或更低些）时打开，燃油从高压区流入低压区，限压阀可以在受热膨胀或在功能故障时保护零部件不会受到燃油的过高压力。

（2）工作原理。

大众车缸内直喷 2.0L 发动机燃油供给系统采用单柱塞高压油泵，1.6L 发动机采用三柱塞高压油泵，虽然在结构上有区别，但其工作原理基本相同。以单柱塞高压泵为例介绍其工作过程，主要包括进油过程和压油过程。

1）进油过程。

柱塞向下运动，进油阀打开，燃油以较低压力经进油阀进入泵腔，此过程为进油过程，如图 6-12（a）所示。

2）压油过程

柱塞向上运动，燃油被压缩，油压升高并克服单向阀弹簧力，高压燃油就被输送到燃油分配管内，此过程为压油过程，如图 6-12（b）所示。

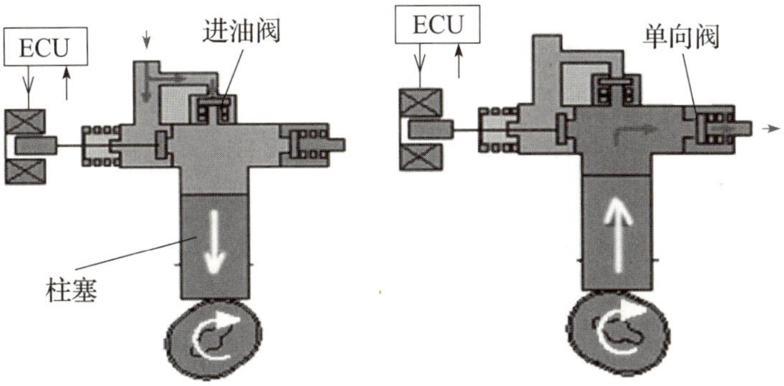

（a）进油过程　　（b）压油过程

图 6-12　高压泵工作原理

2. 高压喷油器

高压喷油器的任务就是在精确的时刻将精确的燃油量喷入燃烧室。一方面是计量燃油，另一方面是通过自身的功能，使燃油和空气在一定空间的燃烧室范围内能均匀混合，根据工况要求使燃油集中在火花塞周围，或在整个燃烧室中均匀雾化。高压喷油器常见结构有电磁阀式和压电式两种，根据安装位置不同，分为高压喷油器侧置安装和高压喷油器中置安装，如图 6-13 所示。

（1）电磁阀式喷油器。

电磁阀式高压喷油器主要由喷嘴、针阀、电磁线圈、衔铁等零件组成，如图 6-14 所示。线圈通电后会产生磁场，针阀克服弹簧力离开阀座，使喷孔打开，同时燃油在系统压力下喷入燃烧室；当电流切断时，阀座在弹簧力作用下又被压紧在阀座上，切断喷油。喷油量的多少取决于针阀开启的持续时间和喷油压力，而喷嘴的几何形状和尺寸是影响燃油雾化效果的重要因素。

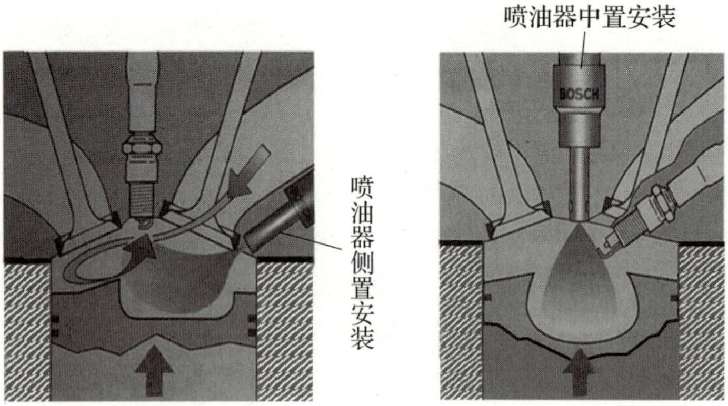

图 6－13 喷油器的安装位置

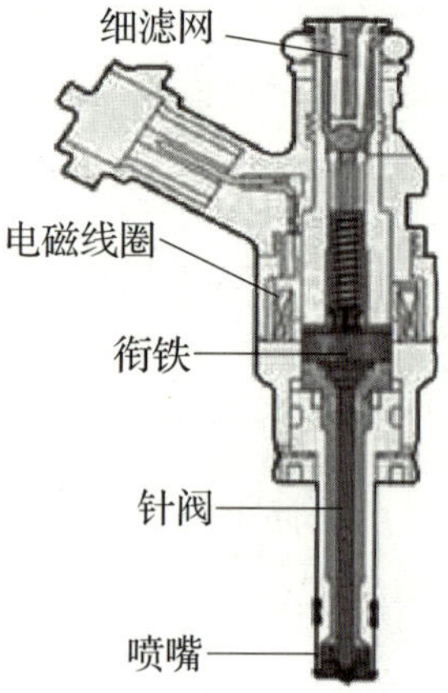

图 6－14 电磁阀式高压喷油器

（2）压电式喷油器。

压电式喷油器主要由针阀组件、压电元件、补偿元件等组成，如图 6－15 所示。压电元件由一种陶瓷材料制成，可将电能直接转化为机械能。它给压电式执行机构施加电压时，会使晶体膨胀，而晶体的膨胀则会产生偏移量，驱动喷嘴针移动。压电晶体的偏移程度取决于所施加的电压，电压越高偏移程度越大。由于压电式喷油器能精确计量燃油，并能实现极好的油束雾化效果，所以广泛应用于缸内直喷汽油发动机。

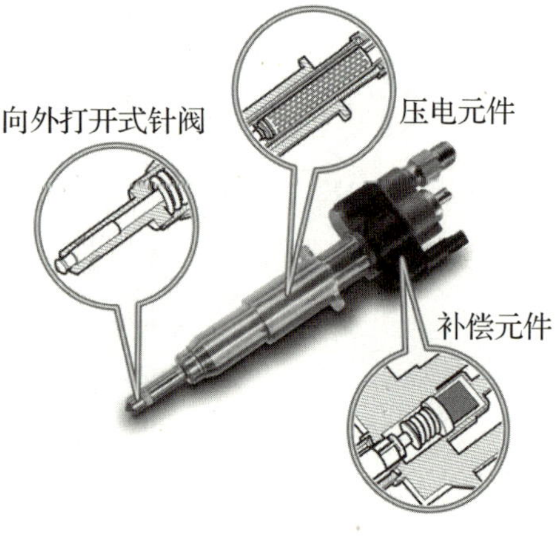

图 6－15 压电式喷油器

针阀组件由针阀和阀体组成，针阀直接由压电堆操纵，针阀向外开启，形成一个环状间隙，加压后的燃油经过该环状间隙形成空心锥束喷出。

补偿元件也称耦合器，用于阀体与压电堆之间的长度补偿，以调节因温度影响而产生的不同膨胀长度，从而在所有的运行条件下，都能确保恒定不变的针阀升程即喷油量。

3. 高压油轨

高压油轨也称燃油分配管或共轨，高压油轨基本组成如图 6－16 所示。其任务是存储和分配实时运行工况所需的燃油量。储存量取决于其容积和燃油的可压缩性，并且要与发动机实时工况需求量和压力范围相匹配。此外，高压油轨还用于补偿高压范围内的压力波动以及用于喷油器、压力传感器等喷油系统附件的安装。

4. 燃油压力调节电磁阀

燃油压力调节电磁阀通常安装在高压油泵上，其作用是控制油轨内的燃油压力。燃油压力传感器检测油轨内的燃油压力，并将该信号输送给发动机电控单元，当电控单元收到燃油压力过高信号时，则给电磁阀输出电信号，控制燃油压力调节电磁阀打开，燃油则进入低压侧，使泵腔内的油压卸掉，即进行油压调节过程，如图 6-17 所示。

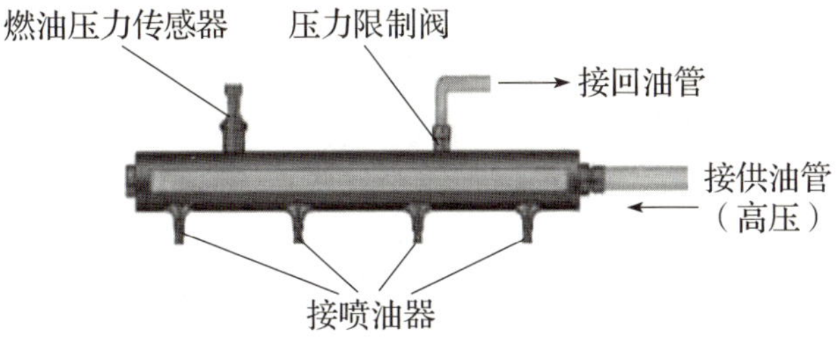

图 6-16 高压油轨基本组成

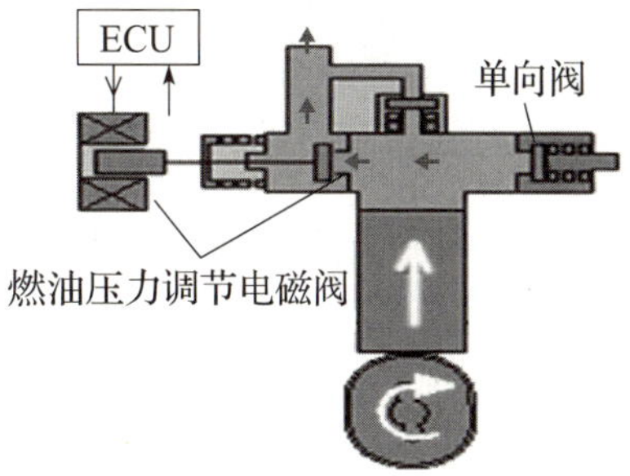

图 6-17 油压调节过程

5. 燃油压力传感器

燃油压力传感器是把高压油轨内的燃油压力转化为电信号传输给发动机电控单元，进而控制燃油压力调节电磁阀的打开或关闭，实现油压的实时控制。其工作原理与其他压力传感器相同。

（三）排放控制系统

根据汽车废气排放限值相关法规要求，汽车的设计和制造必须确保在其使用寿命期内，其废气排放中的 CO、HC、NO_x、PM 等不应超过限值。稀薄燃烧可以降低发动机的燃油消耗，但随着空燃比的提高，空气所占的量增加，工质的绝热指数逐渐接近于空气的绝热指数，也就是在理论上，当空燃比无限大时，热效率达到最大值。稀薄燃烧对排放的改善主要表现在，随着空燃比的增加，能使燃烧更加充分，CO 和 HC 的量减少。但是在稀薄燃烧中，排气中残留很多氧气，NO_x 不能进行还原反应。因此，大众汽油车缸内直喷发动机排放控制系统不同于进气歧管喷射的发动机，增设了 NO_x 催化净化器、宽带氧传感器等后期废气处理系统，以减少尾气排放。其组成如图 6-18 所示。

（四）电控系统

大众车缸内直喷发动机电控系统由传感器给发动机电控单元提供信号，再由发动机电控单元向执行元件输送电信号，使执行元件工作。大众车缸内直喷发动机电控系统基本组成如图 6-19 所示。

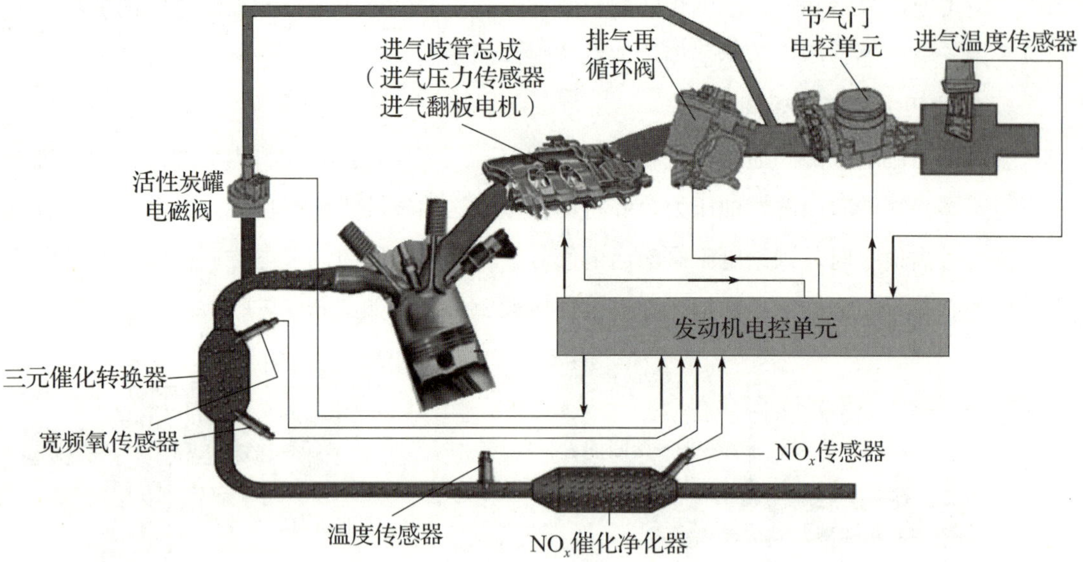

图 6-18　大众汽油车缸内直喷发动机排放控制系统组成

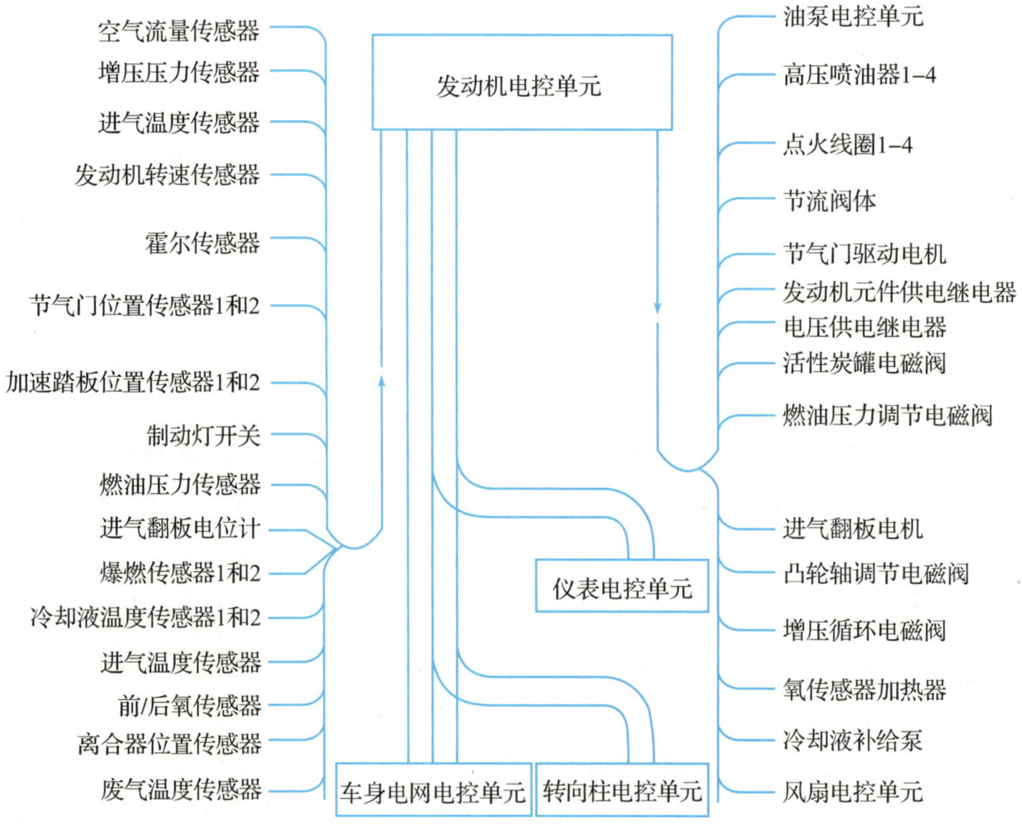

图 6-19　大众车缸内直喷发动机电控系统基本组成

任务二　燃油缸内直喷系统拆装与检测

一、任务描述

燃油缸内直喷系统与普通进气歧管喷射系统有较大的差异，燃油缸内直喷系统高压部分压力非常高，错误的拆装会导致人身伤害。在本学习任务中，要掌握以下知识：

（1）燃油系统的拆装。

（2）燃油缸内直喷系统主要组成元件的检测。

二、相关知识及技能

不同车型缸内直喷汽油发动机，其燃油系统的组成不同，所以拆装顺序及要求也不同，拆装检测时应参照相应车型的维修手册。下面以大众迈腾车燃油系统为例，介绍缸内直喷汽油发动机燃油系统的拆装及检测。大众迈腾车燃油系统组成如图 6－20 所示。

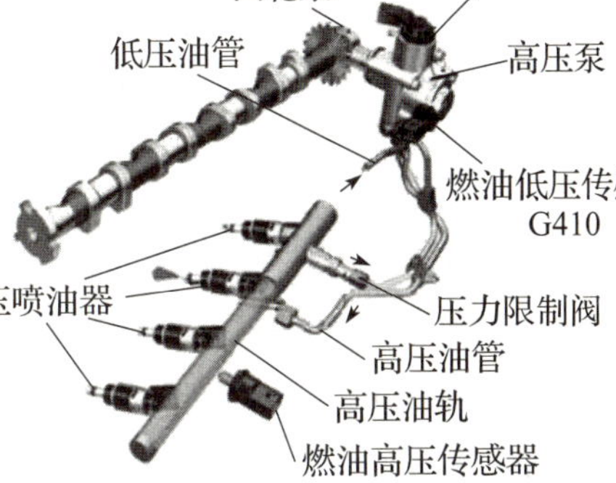

图 6－20　大众迈腾车燃油系统组成

（一）燃油系统的拆装

1. 燃油系统高压卸除

燃油系统的喷射装置由一个高压部件（压力最大约 120bar）和一个低压部件（压力约 6bar）构成。在打开高压区前，例如拆卸燃油压力传感器 G247 前，必须先将高压区内的燃油压力降至约 6bar。

（1）连接车辆故障诊断仪并执行引导型功能“卸除燃油高压”。

（2）关闭点火开关。

（3）将干净的抹布置于连接处周围。接通废气抽吸装置，并将吸油软管置于燃油箱装配口附近。如果没有废气抽吸装置，也可使用输送量超过 15m^3/h 的径流式风扇。

（4）切断燃油泵的电流，方法是：取下燃油泵电控单元 J538 的保险丝或拔出燃油泵电控单元 J538 上的插头。

（5）小心地将软管打开，以便降至约 6bar 的剩余压力，同时要收集流出的燃油。

（6）查询发动机电控单元故障存储器，并删除所有故障记录。

提示：（1）戴上护目镜并穿上防护服，以免受伤。

（2）执行所有装配工作时，不要改变原始的布线和管路走向；所有可移动的或热的部件之间应留有足够的空间。

（3）连接和断开喷射装置和点火装置的导线以及测量仪导线时，必须在点火开关关闭的情况下进行。

（4）检测仪器必须固定在后座椅上，由专人进行操纵。

2. 高压油泵的拆卸和安装

拆卸和安装高压油泵时，首先应断开蓄电池连接，或将燃油泵电控单元 J538 的保险丝拆下，因为燃油输送单元是通过驾驶员车门的接触开关激活的。拆卸和安装流程必须按照相关车型维修手册进行。拆卸过程如下：

（1）拆下发动机盖罩。

（2）将插头从燃油压力调节阀 N276 上拔下，如图 6－21 所示。

（3）依箭头方向松开卡箍，拔下供油软管，再拆下燃油管的锁紧螺母。

（4）拉出高压油泵。

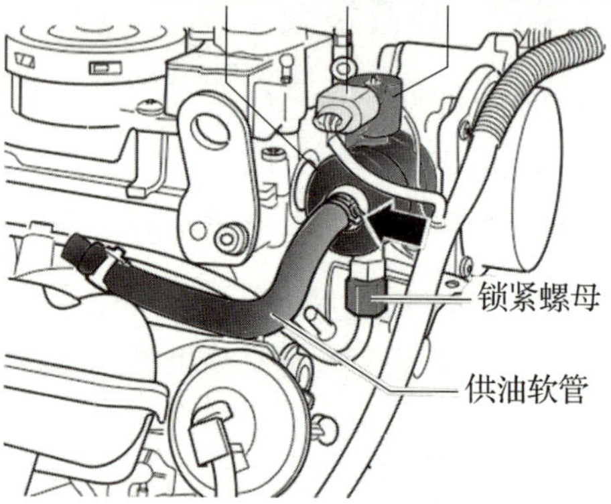

图 6－21　高压油泵的拆卸

安装高压油泵时，高压油泵的“O”形环必须更换，按照与拆卸相反顺序来进行。将滚柱推杆插入气缸盖的开口中之前，应确保轴套无损坏。关于燃油供油管路锁紧螺母的拧紧力矩，请查阅相关车型维修手册。

提示：（1）安装高压油泵时请注意，不要让污物进入燃油系统。

（2）拆卸过程注意用抹布收集流出的燃油。

（3）燃油高压管路的连接和拧紧应在无应力的情况下进行。

3. 高压喷油器的拆卸和安装

大众迈腾 1.8TSI 发动机高压喷油器结构如图 6－22 所示，其中切口用于拆卸喷油阀，限位支撑环可以使喷油器固定在气缸盖内。拆卸和安装流程应遵循维修手册要求进行。拆卸步骤如下：

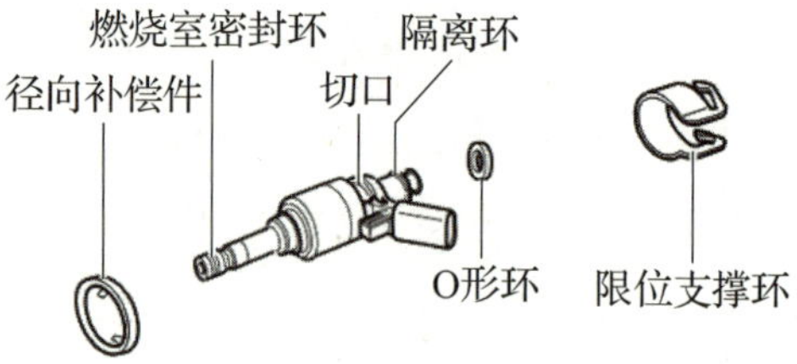

图 6－22　大众迈腾 1.8TSI 发动机高压喷油器结构

（1）将需要拆卸的喷油器上的插头拔下。

（2）将高压喷油器的限位支撑环拆下。

(3) 连接起拔器。先将起拔器的内筒接到喷油器的切口中，再将外筒套在内筒上，并用螺栓固定，如图 6-23 所示。

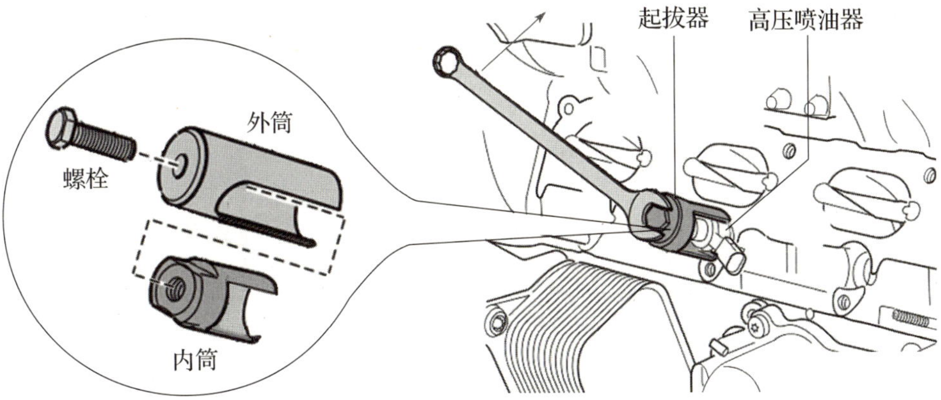

图 6-23 起拔器的连接与使用

(4) 用扳手沿箭头方向轻轻旋转螺栓，直至拉出喷油器。

安装步骤大体按照拆卸步骤的倒序进行。先在喷油器上安装支撑环，并将径向补偿件卡在喷油器上。再用芯棒将喷油器推至气缸盖指定安装孔内，确保气缸盖内喷油器的位置正确。

提示：安装高压喷油器之前应彻底清洁喷油阀的安装孔；检查径向补偿件是否完好，如果损坏应更换；在重新安装高压喷油器时需要更换燃烧室密封环（安装时不得给环上油或用其他的润滑剂进行处理）；“O”形环需要更换（安装时用干净的机油浸润）。

（二）燃油缸内直喷系统主要组成元件的检测

1. 燃油压力传感器

大众车缸内直喷发动机燃油压力传感器（G247）安装在高压油轨上，属于高压传感器，其结构原理与其他压力传感器类似。高压油轨（燃油分配器）上燃油压力信号输送给发动机电控单元（J623），J623 控制着燃油压力调节阀（N276）的接通或断开。燃油压力传感器的实物外形及控制电路如图 6-24 所示。

大众车缸内直喷发动机燃油压力传感器（G247）的检测方法和步骤如下：

(1) 按维修手册要求，将燃油压力传感器从燃油分配器上拆下（见图 6-25 中 A 位置）。

(2) 将燃油压力传感器测试仪拧入燃油分配器。

(3) 将燃油压力传感器连接接到油压测试仪上（见图 6-25 中 B 位置）。

(4) 按要求开启油压测试仪。

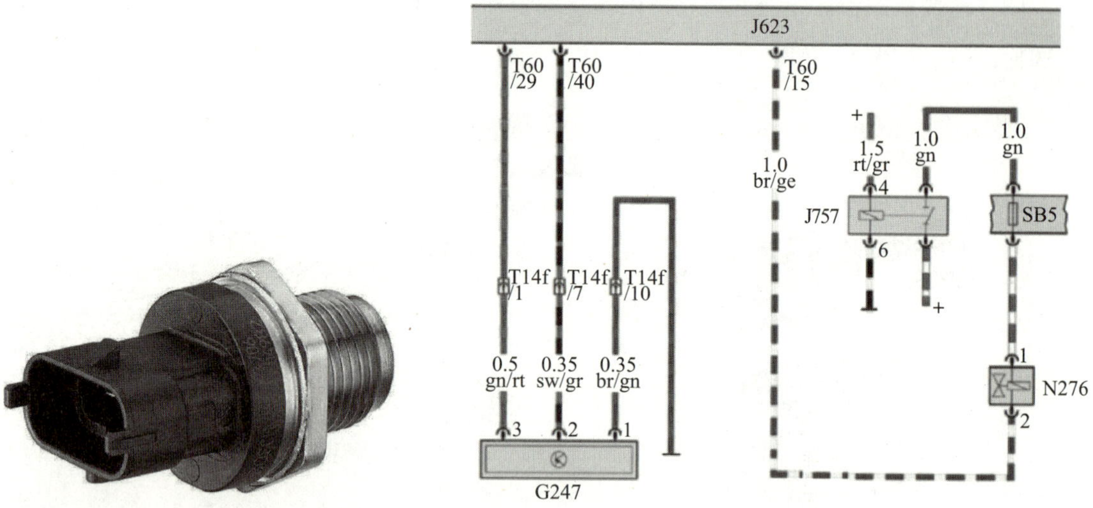

（a）燃油压力传感器实物外形　　（b）控制电路

图 6-24　燃油压力传感器及控制电路

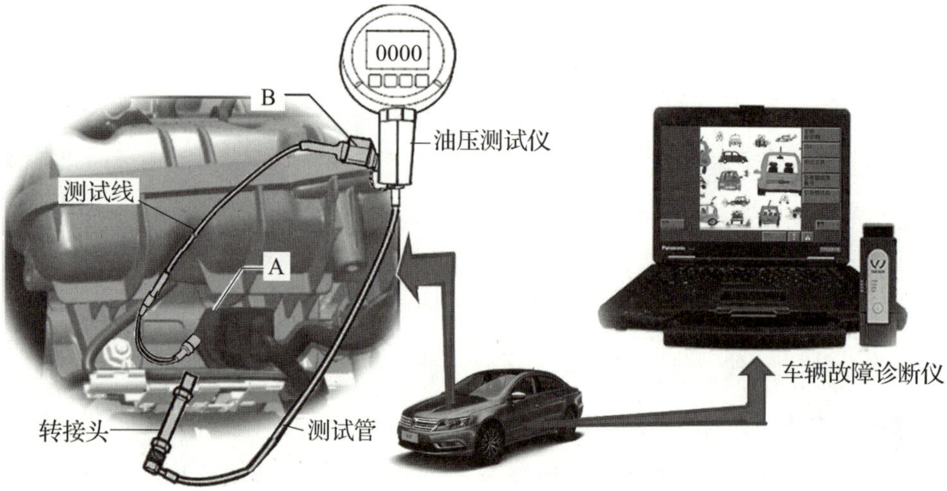

图 6-25　燃油压力传感器与检测仪器的连线

（5）将车辆故障诊断仪连接到诊断接口上。

（6）打开点火开关，操作车辆故障诊断仪。

（7）分别读取油压测试仪和车辆故障诊断仪上燃油压力值。

车辆故障诊断仪显示值是高压油管中的实际值，当压力传感器测试值与实际值不符时，如果偏差大于 5bar，就要更换燃油压力传感器 G247。

提示：测试仪内的燃油压力较高，因此要在发动机运转过程中拔下燃油压力传感器 G247 的插头。这样，燃油压力降低至 6bar 左右。关闭点火开关，在燃油压力传感器 G247 周围放一块抹布，接着小心地松开燃油压力传感器 G247 以释放出剩余压力。

2. 进气歧管翻板转换装置检查

大众车缸内直喷发动机进气歧管翻板转换装置主要由进气翻板、翻板转换阀（N316）、翻板电位计（G336）等组成。大众车缸内直喷发动机进气歧管翻板转换装置的组成如图 6－26 所示。

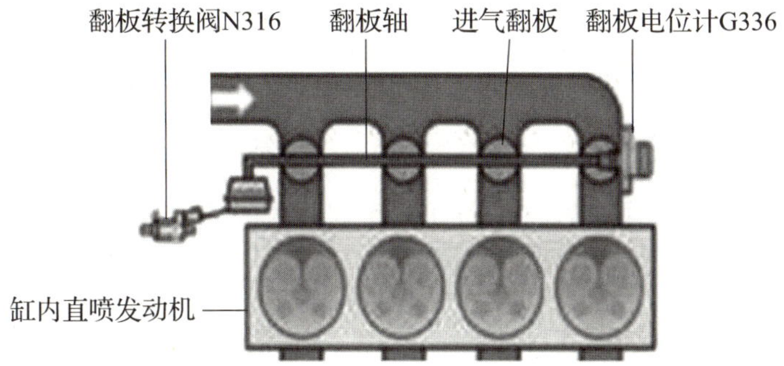

图 6－26　进气歧管翻板转换装置组成

当发动机输出扭矩不足时，需要对进气歧管翻板转换装置进行检测，检测方法和步骤如下：

（1）进气歧管翻板转换装置漏气检查。

将进气歧管翻板转换阀端的真空软管拔下，并与真空泵连接，如图 6－27 所示。反复操纵手动真空泵，如果真空执行元件不运动，则更换真空执行元件。

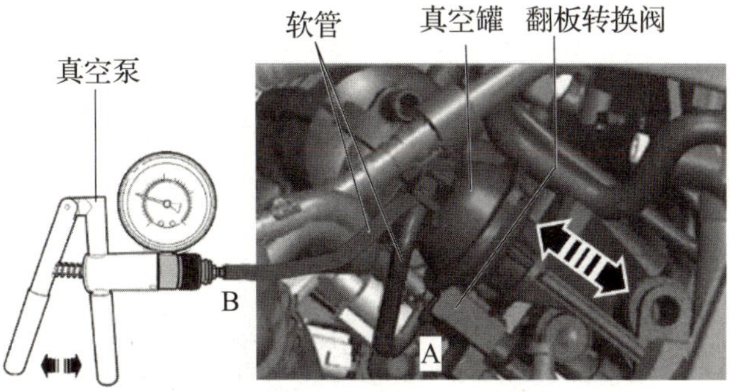

图 6－27　进气歧管翻板转换装置漏气检查

（2）翻板电磁阀检测。

翻板电磁阀结构如图 6－28 所示，其检测内容包括线圈电阻测试及蓄电池供电驱动测试。检测步骤如下：

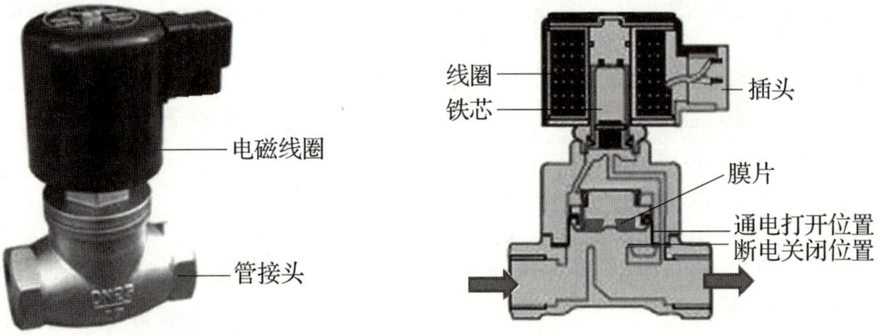

图 6－28　翻板电磁阀检测

1）拔下翻板电磁阀 N316 插头，用万用表测量电磁阀触点之间的电阻，标准值为 20～30Ω（不同车型略有不同，请参照车辆维修手册）。若测量值未达到标准值，应更换进气歧管翻板电磁阀。

2）用蓄电池给电磁阀供电，将手动气泵连接到管接头一端，按压气泵时能通气，否则应更换进气歧管翻板电磁阀。

（3）翻板电位计检测。

翻板电位计 G336 控制电路如图 6－29 所示，G336 有三个端子，1 号端子为 5V 电源，2 号端子为进气翻板的开度信号，3 号端子为搭铁。首先检查 1 号端子是否为 5V 电压，3 号端子搭铁是否正常，最后驱动翻板检查 2 号端子进气翻板的开度信号电压是否连续变化。否则应更换翻板电位计 G336。

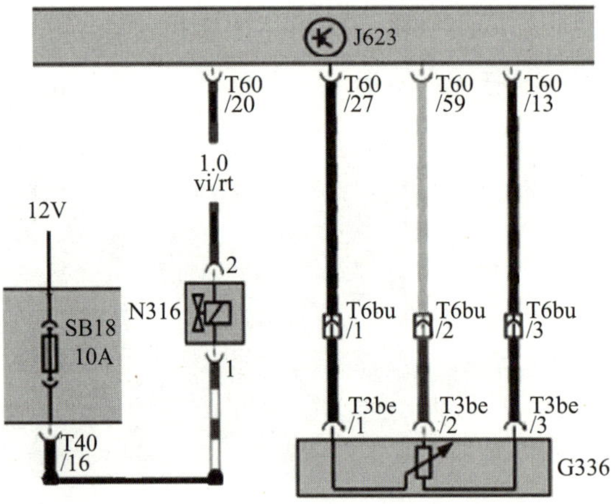

图 6－29　翻板电位计控制电路

3. 燃油泵控制电路检测

迈腾发动机电控燃油喷射系统采用缸内直喷技术，其燃油泵控制电路如图 6－30 所示。燃油泵电控单元 J538 采集发动机电控单元 J623 的脉宽调制信号，控制燃油泵工作，使燃油压力保持在 50kPa～500kPa。发动机起动时低压燃油压力保持在 600kPa 左右，以保证发动机顺利起动。燃油泵电控单元 J538 与车载电网电控单元 J519 相连，打开车门时对燃油泵进行短时间预油压控制。燃油泵电控单元 J538 与仪表电控单元相连，实现燃油量的显示。

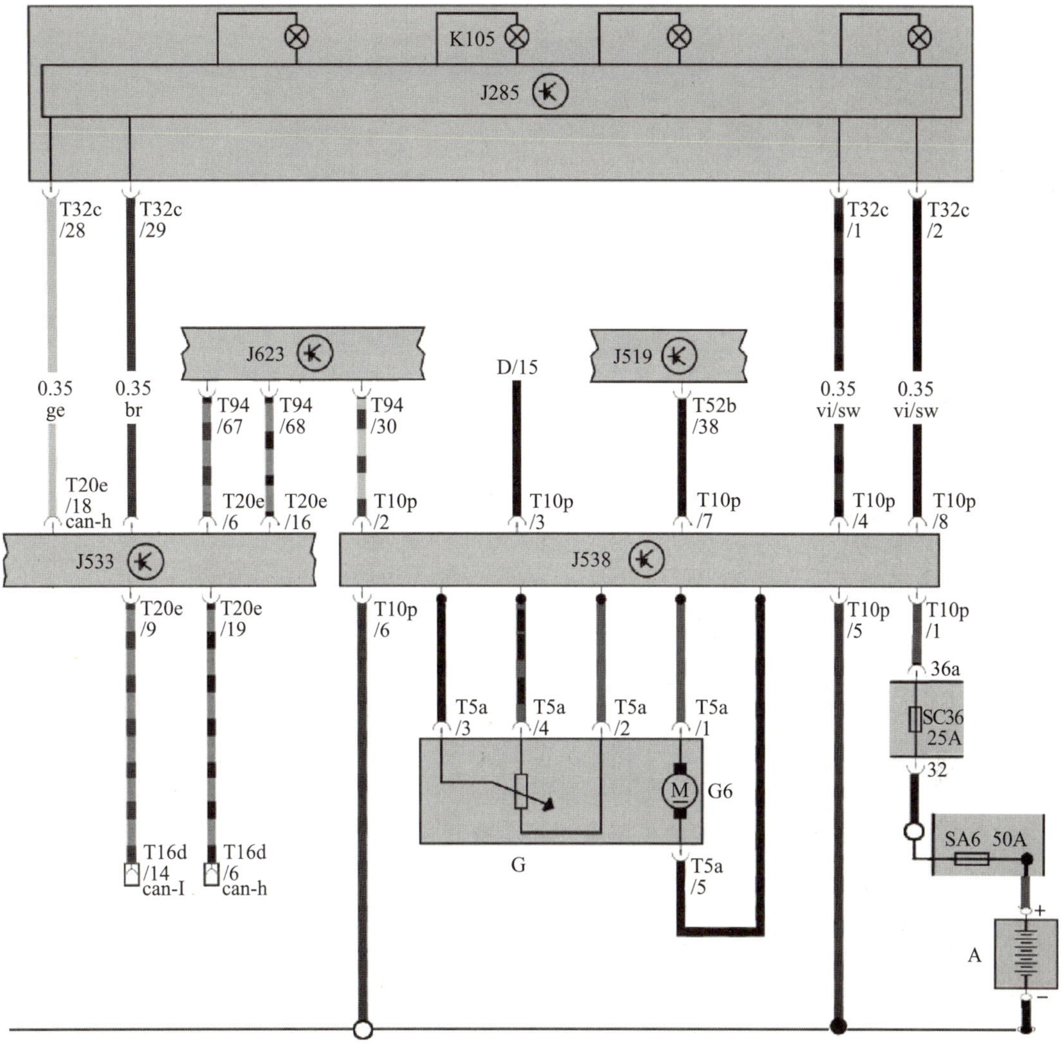

图 6-30 迈腾车燃油泵控制电路

（1）通过执行元件诊断检测燃油泵。

1）连接车辆故障诊断仪。

2）将诊断线的插头插到驾驶员脚部空间内的诊断接口上。

3）打开点火开关。

4）依次按下显示屏上的车辆自诊断、发动机电子装置和执行元件诊断按钮。

5）观察燃油泵运转情况。正常情况下燃油泵应工作，且慢慢加速，并能达到最高转速。

⚠ **提示**：执行元件诊断检测燃油泵的前提条件是蓄电池电压在 11.5V 以上，保险丝 SC36 正常，燃油泵电控单元正常。

（2）燃油泵不运转时故障诊断。

1）拔下燃油泵电控单元 J538 的插头，如图 6－31 所示。

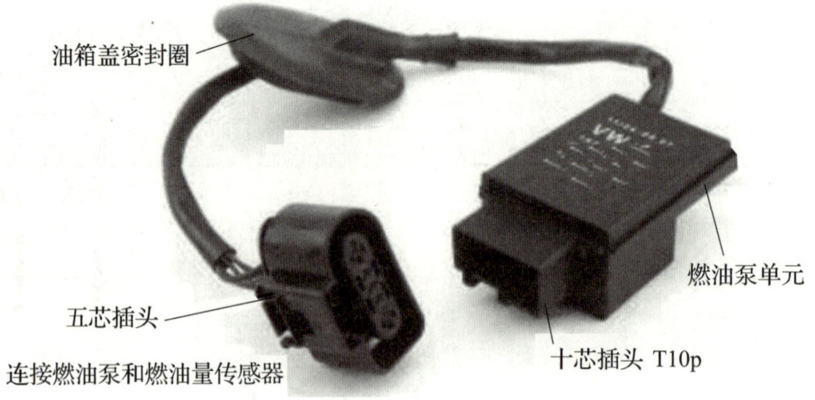

图 6－31　燃油泵电控单元及燃油泵插头

2）用万用表检测端子 1 和 6 之间的电压，标准为蓄电池电压。

3）如果供电电压不正常，则检查 SC36 保险丝的相应线路及接地点相应线路。

4）如果供电电压正常，检查连接燃油泵和燃油量传感器的五芯插头与带有燃油滤清器的法兰连接是否牢固，如果连接可靠确定未断路；检查燃油泵输送单元电机的电阻，如果断路更换燃油泵输送单元。

（3）燃油泵电控单元 J538 端子 T10p 的检测。

1）拔下燃油泵电控单元 J538 的插头，将点火开关调到 ON 挡。

2）用万用表检测端子 T10p/3 和搭铁之间的电压，标准为蓄电池电压。

3）用万用表检测端子 T10p/2 和搭铁之间的电压，正常情况是瞬间为 6V 左右，然后逐渐变小。

4）首先连接好万用表，检测端子 T10p/7 和搭铁，等待发动机电控单元休眠，正常情况是打开车门瞬间为蓄电池电压，以提供开车门时的燃油泵预置油压。

5）起动发动机，用万用表检测端子 T10p/2 和搭铁之间的电压，发动机加速，端子 T10p/2 的控制电压从 6V 左右逐渐变大，以实现燃油泵的转速控制。

三、实训内容

1. 实训准备

（1）准备好试验用缸内直喷发动机、万用表、示波器、故障诊断仪、真空泵及其他常用工具。

（2）掌握本次实训课所用仪器及设备的使用方法。

（3）强调实训中的安全注意事项。

2. 实训流程

（1）根据维修手册提供的信息查找缸内直喷发动机相关元件安装位置。

（2）利用故障诊断仪的部件驱动功能诊断相关元件，并记录诊断结果。

（3）利用万用表测量相关元件的控制电路。

3. 实训记录

实训工单见附录Ⅱ中的实训任务 6－2。

项目总结

1. 缸内直喷汽油发动机通过一个高压油泵将汽油加压，供给汽缸内的高压喷油器，由 ECU 控制高压喷油器将燃油直接喷入燃烧室。

2. 缸内直喷汽油发动机能实现超稀薄混合气，增加发动机的绝热指数，减少传热损失，提高燃油经济性，增加发动机的动力性。

3. 缸内直喷汽油发动机可燃混合气的控制与燃烧方式有油束控制燃烧、壁面控制燃烧和气流控制燃烧三种类型。

4. 大众汽车缸内直喷系统混合气燃烧模式有分层燃烧模式、均质稀燃模式和均质燃烧模式三种。

5. 不同车型缸内直喷汽油发动机，其燃油系统的组成不同，拆装顺序及要求也不同，拆装检测时应参照相应车型的维修手册。

思考与练习

1. 单选题

（1）缸内直喷油束控制燃烧系统，是通过 ECU 调节高压油泵（　　），改变油束贯穿深度，以满足发动机低负荷的分层燃烧，实现良好的燃油经济性。

A. 流量　　B. 压力　　C. 角度　　D. 间隙

（2）可变进气管进气系统是在发动机不同工况时，使进气歧管（　　）不同，进而提高发动机各个工况的进气量。

A. 角度　　B. 形状　　C. 截面积　　D. 间隙

（3）为了提高空气运动速度，增加充气量，缸内直喷发动机在低速运转时采用（　　）。

A. 分层充气模式　　　　B. 均质稀混合气模式

C. 均质混合气模式　　　　D. 以上都有

（4）压电式喷油器喷嘴针的移动是由压电晶体的膨胀偏移驱动的，压电晶体的偏移程度取决于所施加的电压，当电压越高时，（　　）。

A. 偏移程度越大　B. 偏移程度越小　C. 偏移程度不变　D. 以上都有可能

（5）大众车缸内直喷汽油发动机排放控制系统不仅设有宽带氧传感器等后期废气处理系统，还增设了（　　）。

A. CO_2 催化净化器　　　　B. CO 催化净化器

C. CH 催化净化器　　　　D. NO_x 催化净化器

2. 多选题

（1）按照可燃混合气的控制方式，缸内直喷方式分为（　　）三类。

A. 油束控制燃烧　B. 壁面控制燃烧　C. 气流控制燃烧　D. 分层控制燃烧

（2）下列零件中，属于进气歧管翻板位置的执行元件有（　　）。

A. 电动机　B. 电磁阀　C. 点火器　D. 火花塞

（3）下列零件中，（　　）属于缸内直喷发动机燃油供给低压系统。

A. 电动燃油泵　B. 燃油滤清器　C. 低压油管　D. 高压泵

（4）以图 6-30 为例，如果燃油泵不运转，检测端子 T5a/1 和搭铁之间的电压为蓄电池电压，故障原因可能有（　　）。

A. 燃油泵电动机本身故障

B. 燃油泵线束插头腐蚀或松动

C. 端子 T5a/5 和 J538 之间的线路断路

D. 发动机电控单元 J623 故障

（5）以图 6-30 为例，若发动机不起动，检测端子 T10p/2 和搭铁之间的电压为 0V，故障原因可能有（　　）。

A. 端子 T10p/2 与 J623 之间的线路故障

B. 发动机电控单元 J623 故障

C. 端子 T5a/5 和 J538 之间的线路断路

D. 燃油泵电控单元 J538 故障

3. 判断题

（1）检测时连接和断开喷油器及火花塞的连接导线，或测量仪导线时，必须在点火开关关闭的情况下进行。（　　）

（2）检修时连接和拧紧燃油高压管路，应在无应力情况下进行。（　　）

(3) 拆装高压油泵时，首先应断开蓄电池连接，或将燃油泵电控单元的保险拆下。(　　)

(4) 用故障诊断仪检测迈腾车缸内直喷发动机，若读取高压燃油压力值为 7bar，说明油箱内的预置燃油泵工作正常。(　　)

(5) 迈腾车缸内直喷发动机正常工作，节气门全开时，最高转速可达 6 000r/min。(　　)

4. 问答题

(1) 简述燃油缸内直喷发动机的特点。

(2) 简述大众车燃油缸内直喷发动机的基本组成。

(3) 以大众车燃油缸内直喷发动机为例，简述燃油泵控制模块的控制原理。

(4) 以大众车燃油缸内直喷发动机为例，简述燃油压力传感器的检测方法。

(5) 以大众车燃油缸内直喷发动机为例，简述燃油压力调节电磁阀的检测方法。

项目七

汽油机故障诊断方法及流程

目标及要求

教学目标	能力要求
(1) 掌握汽油机不能起动的故障现象及原因； (2) 掌握汽油机怠速不良的故障现象及原因； (3) 掌握汽油机加速不良的故障现象及原因。	(1) 学会用仪器诊断汽油机不能起动故障的方法； (2) 学会用仪器诊断汽油机怠速不良故障的方法； (3) 学会用仪器诊断汽油机加速不良故障的方法。

项目概述

电控发动机的常见故障有起动困难、怠速不稳、加速无力等，通过发动机典型故障的学习，进一步理解电控发动机的工作原理，为此本项目设置两个学习任务，任务内容如下：

汽油机故障诊断方法及流程
- 故障诊断原理与诊断方法
- 发动机典型故障诊断流程

任务一　故障诊断原理与诊断方法

一、任务描述

发动机电控系统越来越复杂，其故障诊断也越来越困难。电控发动机故障自诊断系统能将异常的运行数据以故障码、数据流的方式加以显示，这样为维修人员提供了科学的诊断依据。故障码是如何形成的？故障自诊断系统的功能、组成有哪些？在本任务中主要掌握以下内容：

(1) 故障自诊断系统的组成、功能。

(2) 故障自诊断系统的工作原理。

（3）OBD－Ⅱ的特点及功能。

（4）汽车故障诊断原则及方法。

二、相关知识及技能

（一）故障自诊断系统概述

1. 故障自诊断系统组成

故障自诊断系统主要由ECU中的部分软件和故障指示灯等组成，不需要专门的传感器。电控系统工作时，自诊断系统对电控系统的各种输入、输出信号进行监测，并运用程序进行推理、判断，将结果迅速反馈到主控系统，改变控制状态；同时，自诊断结果控制故障指示灯工作，若自诊断系统检测到故障，仪表盘上的故障指示灯“CHECK ENGINE”点亮，以警示驾驶员或维修人员。在车辆使用过程中，点火开关接通，发动机没有起动或起动后的短时间内，故障指示灯应点亮3～5s，然后故障指示灯应熄灭，如图7－1所示。

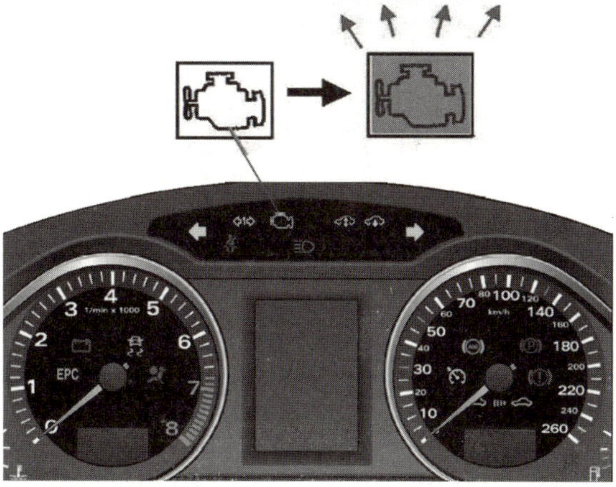

图7－1　仪表盘上的故障指示灯“CHECK ENGINE”

2. 故障自诊断系统功能

（1）发动机工作过程中，当自诊断系统检测到故障时，就会接通故障指示灯控制电路，点亮故障指示灯，发出报警信号，并将诊断结果以故障码的形式进行存储。

（2）通过故障诊断仪能准确读取故障码，以便维修人员迅速、准确地判定故障的性质和部位；故障排除后，还能将存储的故障码清除掉。

（3）当某传感器或执行器发生故障时，ECU将无法得到准确信号而不能输出控制指令，此时会自动启动保护系统，以预先设定的参数取代故障传感器或执行器工作，以保证发动机能继续运转，或强制中断燃油喷射，使发动机停止运转。

（4）在发动机工作过程中，若某些重要传感器或ECU内部的微处理器发生故障导致车辆无法继续行驶，自诊断系统会自动启动ECU内部的备用IC电路系统，以保证汽车能继续行驶，从而使汽车能行驶到维修站或安全地方，因此此系统又称“回家”系统。

（二）故障自诊断系统的工作原理

电控系统工作时，自诊断系统随时监测各个传感器、执行器的工作情况，一旦监测系统发现某个传感器输入信号或执行器反馈信号异常时，自诊断系统立即采取相应措施，以保证发动机继续工作或停止工作。

1. 传感器自诊断

当传感器或其电路接触不良、断路或短路时，会导致故障信号的产生。当自诊断系统监测某传感器输入 ECU 的信号超出正常范围，或在一定时间内 ECU 收不到该传感器信号，或该传感器输入 ECU 的信号在一定时间内不发生变化，自诊断系统均判定为故障信号。若故障信号持续出现超过一定时间或多次出现，自诊断系统判定有故障，并将此故障以故障码的形式输入 ECU 的存储器，同时点亮故障指示灯警示驾驶员。

（1）冷却液温度信号。

当冷却液温度传感器或其电路发生故障时，ECU 可能会收到低于 0.3V 或高于 4.7V 的信号，此时自诊断系统就会判定此信号为故障信号，并按冷却液温度 80℃的状态控制喷油。同时自诊断系统点亮故障指示灯，并将该故障信息以故障码形式存储在 RAM 中。

（2）进气温度传感器信号。

当进气温度传感器或其电路发生故障时，ECU 可能会收到超过正常范围的温度信号，此时自诊断系统就会判定此信号为故障信号，并按进气温度为 20℃的状态控制喷油。同时自诊断系统点亮故障指示灯，并将该故障信息以故障码形式存储在 RAM 中。

（3）节气门位置传感器信号。

当节气门位置传感器或其电路出现故障时，若 ECU 始终收到节气门处于全开或全关状态信号，自诊断系统就会判定此信号为故障信号，并按节气门开度为 0°或 25°的状态控制喷油。同时自诊断系统点亮故障指示灯，并将该故障信息以故障码形式存储在 RAM 中。

（4）爆燃传感器信号。

爆燃传感器或其电路发生故障时，ECU 不能收到爆燃传感器信号，无法对点火提前角进行闭环控制，此时自诊断系统就会判定为故障信号，并将点火提前角固定在一个适当值。同时自诊断系统点亮故障指示灯，并将该故障信息以故障码形式存储在 RAM 中。

（5）氧传感器信号。

氧传感器或其电路发生故障时，ECU 不能收到氧传感器电压信号或收到一个电压不变的信号，或收到的电压信号的变化频率每 10 秒小于 8 次，自诊断系统就会判定为故障信号，则 ECU 取消反馈控制，并以开环方式控制喷油。

（6）曲轴/凸轮轴位置传感器信号。

当 ECU 不能收到曲轴位置传感器信号时，自诊断系统就会判定为故障信号，此时发动机立即熄火且无法再次起动。同时自诊断系统点亮故障指示灯，并将该故障信息以故障码形式存储在 RAM 中。

当 ECU 不能收到霍尔式凸轮轴位置传感器信号时，自诊断系统就会判定为故障信号，此时发动机能继续行驶，也能再次起动，但喷油时间增长。同时自诊断系统点亮故障指示灯，并将该故障信息以故障码形式存储在 RAM 中。

（7）空气流量传感器信号。

空气流量传感器或其电路发生故障时，ECU 不能收到空气流量传感器信号或收到一个电压不变的信号，这将引起发动机失速，自诊断系统就会判定为故障信号。此时，ECU 根据起动信号和节气门位置传感器信号按固定的喷射时间控制发动机工作：当起动开关断开、怠速触点闭合时，以怠速喷油量喷油；当起动开关断开、节气门开度较小时，以小负荷喷油量喷油；当起动开关断开、节气门接近全开或全开时，以大负荷喷油量喷油。同时将该故障信息以故障码形式存储在 RAM 中。

（8）进气管绝对压力传感器信号。

进气管绝对压力传感器或其电路发生故障（D 型）时，ECU 不能收到进气管绝对压力传感器信号或收到一个电压不变的信号，这将引起发动机失速或不能起动，自诊断系统就会判定为故障信号。此时 ECU 按设定的固定值控制喷油量，来起动发动机或维持运转，并将该故障信息以故障码形式存储在 RAM 中。

2. 执行器自诊断

执行器由 ECU 输出指令信号控制工作。当执行器电路接触不良、断路或短路时，也会导致故障信号的产生。在没有反馈信号的系统中，自诊断系统只能根据 ECU 输出的指令信号来判断执行器或其电路是否有故障。在有反馈信号的系统中，自诊断系统根据反馈信号来判断执行器或其电路是否有故障。当自诊断系统判定有故障时，会将此故障以故障码的形式输入 ECU 的存储器，同时点亮故障指示灯警示驾驶员。

（1）点火确认信号。

当 ECU 连续发出 3～5 个点火脉冲信号，而接收不到点火反馈信号时，自诊断系统就会判定点火系统有故障，为避免燃油浪费和造成排放污染，会立即发出控制指令使喷油器停止喷油。同时自诊断系统点亮故障指示灯，并将该故障信息以故障码形式存储在 RAM 中。

（2）喷油器电路确认信号。

喷油器控制电路没有反馈信号，自诊断系统对输出的信号电压进行监测，从而判断该电路是否出现断路或短路的故障。当判断该喷油器控制电路出现故障时，自诊断系统将此故障以故障码的形式输入 ECU 的存储器。

（三）车载诊断系统（OBD）

1. OBD 的形式

OBD－Ⅰ型称为第一代车载诊断装置，主要特点是不同汽车的诊断插座的规格及故障码的含义不相同，对于综合性维修厂来说，用通用仪器来读取故障码是不可能的。

OBD－Ⅱ型称为第二代车载自诊断系统，是由美国汽车工程师协会（SAE）制定的，它统一了汽车故障自诊断的各项技术指标。OBD－Ⅱ接口主要允许五种协议：SAE J1850 PWM；SAE J1850 VPW；ISO 9141-2；ISO 14239（KWP2000）；ISO 15765。目前，OBD－Ⅱ故障自诊断规范已被世界上的大多数国家接受。其主要特点是能大范围监测发动机电控系统工作情况，尤其对可能造成环境污染的故障的监测。当 OBD－Ⅱ系统监测到发动机的排放污染超过该车允许值时，就会点亮故障指示灯。

OBD－Ⅱ系统技术先进，对探测排放问题十分有效。但对驾驶员是否接受警告，OBD－Ⅱ是无能为力的。为此，比 OBD－Ⅱ更为先进的 OBD－Ⅲ系统产生了。OBD－Ⅲ主要目的是使汽车的检测、维护和管理合为一体，以满足环境保护的要求。目前，OBD－Ⅲ系统还在发展当中。

2. OBD－Ⅱ系统的具体要求

（1）汽车按标准装用统一的 16 端子诊断座，如图 7－2 所示，并将诊断座统一安装在驾驶室仪表盘下方，方便驾驶座上的人使用。

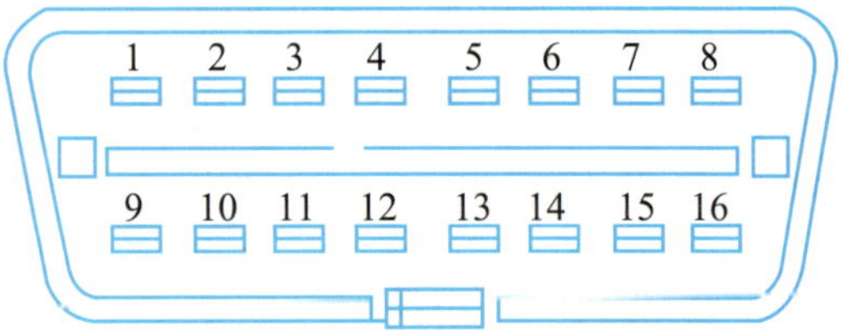

图 7－2　OBD－Ⅱ诊断座

（2）OBD－Ⅱ具有数据传输功能，并规定了两个传输线标准：欧洲标准和美国标准。

（3）OBD－Ⅱ具有行车记录功能，能记录车辆行驶过程的有关数据资料，能记忆和重新显示故障码，并可利用仪器方便、快速地调取或清除故障码。

（4）所有汽车 OBD－Ⅱ检测引脚的选用各不相同，但电源、搭铁等重要引脚的选用是相同的。OBD－Ⅱ诊断座各端子功能见表 7－1。

表 7－1　OBD－Ⅱ诊断座各端子功能

<table>
<tr><th>端子</th><th>功能</th><th>端子</th><th>功能</th></tr>
<tr><td>1</td><td>供制造厂使用</td><td>9</td><td>供制造厂使用</td></tr>
<tr><td>2</td><td>SAE J1850 资料传输</td><td>10</td><td>SAE J1850 资料传输</td></tr>
<tr><td>3</td><td>供制造厂使用</td><td>11</td><td rowspan="4">供制造厂使用</td></tr>
<tr><td>4</td><td>车身直接搭铁</td><td>12</td></tr>
<tr><td>5</td><td>信号回路搭铁</td><td>13</td></tr>
<tr><td>6</td><td>供制造厂使用</td><td>14</td></tr>
</table>

续表

端子	功能	端子	功能
7	ISO 9141－2 资料传输 K	15	ISO 9141－2 资料传输 L
8	供制造厂使用	16	接蓄电池正极

（四）故障诊断原则及方法

1. 故障诊断维修注意事项

发动机电控燃油喷射系统的全部工况都在 ECU 的监控下运行，为防止由于使用方法不当、维修不正确而造成损坏，使用人员必须熟读汽车使用说明书，掌握电控燃油喷射和电控点火的基础知识，此外还应注意以下几点：

（1）应掌握仪表盘上各开关、显示灯、仪表等的作用和功能，并尽量弄清仪表盘上各英文缩写含义，熟练掌握操作要领，避免误操作。

（2）应经常检查各线束插接器是否有油污、潮湿、松动等情况，特别要避免电子元件的受潮、油污和剧烈振动。

（3）在使用过程中不要随意断开蓄电池负极，以免丢失已存的故障信息。

（4）打开点火开关后，故障指示灯点亮或均匀闪烁几秒钟后熄灭或发动机起动后熄灭，这些为正常现象，而在其他情况下故障指示灯点亮说明电控系统出现故障，应及时诊断维修。

（5）对汽车加装额外大功率电器设备时要谨慎，如必须加装时，一定要考虑电波干扰问题。

（6）在点火开关接通时，不允许拆开任何 12V 电器装置（如蓄电池、怠速控制阀、喷油器、点火装置等）的连接线路，以防止电器装置中的线圈自感作用产生的瞬时电压损坏 ECU 或传感器。

（7）在维修过程中，需拆开线束插接器时，应注意各车型线束插接器的锁扣型式，不可盲目用力硬拉。安装时应注意将插接器插接到位，并将锁扣锁住。

（8）在对燃油系统进行拆卸作业前，应拆开蓄电池负极线，再释放燃油系统残余压力。

（9）对电控系统电路或元件进行检查时，要正确使用工具、仪器等，万用表必须使用高阻抗数字型表。

2. 故障诊断原则

电控发动机的电子控制系统是一个精密而又复杂的系统，其故障的诊断也较为困难。而电控发动机不工作或工作不正常的原因可能是电子控制系统或电子控制系统外其他部分的问题。故障检查的难易程度也不一样。如果我们能够遵循故障诊断的一些基本原则，就可以用较为简单的方法迅速找出故障所在，电控发动机故障诊断排除的基本原则可概括为以下几个方面。

（1）先外后内。

在发动机出现故障时，先对电子控制系统以外的可能故障部位予以检查。这样可避免本来是一个与电子控制系统无关的故障，却对系统的传感器、ECU、执行器及线路等进行复杂且又费时费力的检查，即真正的故障可能是较容易查找到却未能找到。

（2）先简后繁。

能以简单方法检查的可能故障部位应先予以检查。直观检查最为简单，我们可以用看、摸、听等直观检查方法将一些较为明显的故障迅速地找出来。例如，用眼睛观察线路是否松脱、断裂，油路是否漏油，进气管路有无破损漏气等；用手摸可疑线路插接器连接有无松动，摸火花塞的温度、喷油器的振动来判断火花塞、喷油器是否工作，摸线路连接处有无不正常的高温以判断该处是否接触不良，等等；用耳朵或借助于起子、听诊器等听有无漏气声、发动机有无异响、喷油器有无规律的“咔嗒”声等。

直观检查未找出故障，需借助仪器仪表或其他专用工具来进行检查时，也应对较容易检查的先予以检查，对能就车检查的项目先进行检查。

（3）先熟后生。

由于结构和使用环境等原因，引起发动机某一故障现象的原因以某些总成或部件的故障最为常见，先对这些常见故障部位进行检查，若未找出故障，再对其他不常见的可能故障部位予以检查，这样做，往往可以迅速找到故障，省时省力。

（4）代码优先。

电子控制系统一般都有故障自诊断功能，当电子控制系统出现某种故障时，故障自诊断系统就会立刻监测到故障并通过“检测发动机”等警告灯向驾驶员示警，与此同时以故障码的形式储存该故障的信息。但是对于有些故障，故障自诊断系统只储存该故障码，并不报警。因此，在对发动机进行系统检查前，应先按制造厂提供的方法，读取故障码，并检查和排除故障码所指的故障部位。待故障码所指的故障消除后，如果发动机故障现象还未消除，或者开始就无故障码输出，再对发动机可能的故障部位进行检查。

（5）先思后行。

对发动机的故障现象先进行故障分析，在了解了可能的故障原因有哪些的基础上再进行故障检查。这样可避免故障检查的盲目性，既不会对与故障现象无关的部位作无效的检查，又可避免漏检一些有关部位而不能迅速排除故障。

（6）先备后用。

电子控制系统的一些部件性能好坏，电气线路正常与否，常以其电压或电阻等参数来判断。如果没有这些数据资料，系统的故障诊断将会很困难，往往只能采取新件替换的方法，这种方法有时会造成维修费用猛增且费工时。先备后用原则是指在检修该型号车辆时，应准备好维修车型的有关检修数据资料。除了从维修手册、专业书刊上收集整理这些检修数据资料外，另一有效的途径是对无故障车辆系统的有关参数进行测量，并记录下来，作为日后检修同类型车辆的检测比较参数。平时注意做好这项工作，会给系统的故障检查带来便利。

总之，电控发动机是比较复杂的系统，其故障远比普通发动机复杂得多，在诊断故障时需要掌握系统的检修步骤和方法。从原则上讲，在对电控发动机进行故障诊断时，需要首先系统全面地掌握电子控制系统的结构、原理和线路连接方法，明确电控系统中各部分可能产生的故障以及对整个系统的影响；其次，运用科学的故障诊断方法对系统故障现象进行综合分析、判断，确定故障的性质和可能产生此类故障的原因和范围；最后，制定合理的诊断程序进行深入诊断和检查，直到圆满解决，使汽车恢复应有的性能和技术指标。

装用电控发动机的汽车，其 ECU 通常都具有故障自诊断功能，当电控系统出现故障时，它能将故障信息以故障码的形式储存起来，并可以向驾驶员和汽车维修人员提供电控系统有关故障码，这对于诊断电控发动机故障有一定的帮助，维修电控发动机时，要充分利用 ECU 的这一功能。但是 ECU 只能对与控制系统有关的部分进行故障自诊断，并不是对所有的故障（包括电控系统的非电性故障）都可以进行自诊断，另外，自诊断系统的诊断结果往往还需要对故障原因进行深入诊断与检查，因此在对电控发动机进行故障排除时，仅仅依靠故障自诊断系统是不能完全解决电控发动机所有问题的。

3. 故障诊断方法

故障诊断是故障排除的前提条件，汽车故障诊断的方法很多，但要“快而准”地诊断汽车故障，需要专业人员具有丰富的经验、扎实的专业知识，同时还必须选择正确的诊断方法。汽车故障诊断按采用的手段不同分为直观诊断、利用自诊断系统诊断、简单仪器诊断和专用诊断仪器诊断等。

（1）直观诊断。

直观诊断就是通过人的感觉器官对汽车故障现象进行看、问、听、试、嗅等，了解和掌握故障现象的特点，通过人的大脑进行分析、判断，从而得出结论的诊断方法。

直观诊断方法要求维修人员掌握被诊断系统的结构和工作原理，对其可能产生故障的现象、原因有一定的了解，并能掌握关键部件的检查方法。对于电控发动机，当发动机工作不正常，而自诊断系统没有故障码输出时，尤其需要操作人员以直观诊断法进行检查、判断，以确定故障的性质和产生的部位。直观诊断方法根据诊断者的经验和对诊断车辆的熟悉程度，在运用的范围上有极大的差别。经验丰富的诊断专家，可以利用直观诊断方法诊断出发动机可能出现的绝大多数故障，包括确定故障性质的初步诊断和确定具体故障原因的深入诊断。主要内容有：

1）看：即目测检查，其目的是了解车型、电控发动机的电控系统类型，在进入更为细致的测试和诊断之前，能消除一些一般性的故障原因。

2）问：为了迅速地检查故障源，首先必须了解出现故障时的情形、条件及是否已检修过等与故障相关的信息。为此，必须认真听客户对故障现象的描述，然后对车辆故障做出初步诊断，同时认真填写客户调查表，见表7-2。

表7-2　客户调查表

<table>
<tr><td colspan="2" rowspan="3">客户姓名</td><td rowspan="3"></td><td>登记号</td><td></td></tr>
<tr><td>登记日期</td><td>/　/</td></tr>
<tr><td>车身代号</td><td></td></tr>
<tr><td colspan="2">接车日期</td><td>/　/</td><td>里程表读数</td><td>km</td></tr>
<tr><td colspan="2">故障发生日期</td><td colspan="3">/　/</td></tr>
<tr><td colspan="2">故障发生频次</td><td colspan="3">□经常　□有时　□仅一次　□其他</td></tr>
<tr><td rowspan="5">故障发生的条件</td><td>天气</td><td colspan="3">□晴天　□阴天　□雨天　□雪天　□其他</td></tr>
<tr><td>气温</td><td colspan="3">□炎热天　□热天　□冷天　□寒冷天（大约　℃）</td></tr>
<tr><td>地点</td><td colspan="3">□高速公路　□一般公路　□市内　□上坡　□下坡　□粗糙路面　□其他</td></tr>
<tr><td>发动机水温</td><td colspan="3">□冷机　□暖机时　□暖机后　□任何温度　□其他</td></tr>
<tr><td>发动机工况</td><td colspan="3">□起动　□起动后　□怠速　□无负载　□行驶（□匀速　□加速　□减速）　□其他</td></tr>
<tr><td rowspan="6">故障现象</td><td>发动机不能起动</td><td colspan="3">□不能起动　□无起动征兆　□有起动征兆</td></tr>
<tr><td>起动困难</td><td colspan="3">□起动时运转转速低　□其他</td></tr>
<tr><td>怠速不良</td><td colspan="3">□怠速不稳　□怠速高　□怠速低　□怠速粗暴　□其他</td></tr>
<tr><td>动力不足</td><td colspan="3">□加速迟缓　□回火　□放炮　□喘振　□敲缸　□其他</td></tr>
<tr><td>发动机熄火</td><td colspan="3">□起动后立即熄火　□踩加速踏板后　□松加速踏板后　□空调工作时　□挂挡时　□其他</td></tr>
<tr><td>其他</td><td colspan="3"></td></tr>
<tr><td colspan="2">故障指灯状态</td><td colspan="3">□常亮　□有时亮　□不亮</td></tr>
</table>

3）听：主要是听发动机工作时的声音，包括有无爆燃、有无敲缸、有无失速、有无进气管或排气管放炮等。

4）试：主要是维修人员根据前述检查，有针对性地试车，以便进一步确认故障。

（2）利用随车故障自诊断系统诊断。

即利用汽车上电控系统所提供的故障自诊断功能，调取发动机电控系统的有关故障码，然后根据故障码的故障提示，找出故障原因。

故障自诊断系统通常只能提供与电控系统有关的电气装置或线路故障的故障码，一般只能进行初步诊断，具体故障原因还需要通过直观诊断和简单仪器诊断进行深入检查。其诊断的范围和深度远远满足不了实际使用中对故障诊断的要求，常常出现发动机运行不正常而故障自诊断系统却又不能诊断出故障原因的情况。因此，在汽车故障诊断中不能完全依赖故障自诊断系统。

（3）利用仪器和设备诊断。

利用仪器和设备诊断就是利用常见的仪器和设备，对电控发动机故障进行诊断的方法。这种诊断方法虽然简单，但要求维修人员对系统的结构、线路及工作原理有相当详细的了解，才可能取得满意的诊断效果。常用的设备包括试灯、万用表、测温计、电流钳表、示波器、发动机综合分析仪、燃油压力表、真空表、气缸压力表等。

燃油压力表、真空表、气缸压力表等用于判断机械方面的故障，由于需要进行拆装操作，一般在确定电控系统正常，而且最常见的可能性原因已经排除时才使用。示波器用于测量传感器波形、喷油波形、点火波形、其他电磁阀波形、发电机电压波形、ECU 信号波形等。通常情况下，只有在汽车出现了疑难故障，而且依靠常规的方法无法解决才选择使用示波器。

（4）利用专用诊断仪器诊断。

随着汽车电子化进程的加快，各种汽车专用诊断仪器应运而生。这些专用诊断仪器大多数为带有微处理器的电子计算机系统，对汽车故障的诊断十分有效。

当汽车故障超出常规范围，且经验法又无能为力时，用读取故障码或数据流的方法是最佳选择，利用原车 ECU 信息来判断故障最具有科学性和准确性。

1）故障灯亮或存在故障码。

这种情况下，一般依照故障码直接排除故障。在诊断时，还要借助万用表、试灯等工具进行辅助检测，来准确分析故障是由故障码所指的元件本身引起的，还是由相关线路或者 ECU 引起的。比如显示混合气浓（稀）或混合比失常、氧传感器调节超限等故障码，甚至同时出现混合气浓和混合气稀两个故障码，在这种情况下，应分析故障码产生的原因，并制定最佳的诊断方案。就混合比失常而言，故障诊断需考虑机械方面故障和电控系统方面故障。机械方面故障包括油压失常、燃油滴漏、漏气、氧传感器污染、失火、压缩压力不足等；电控系统方面故障包括空气流量传感器损坏、温度传感器失准、氧传感器损坏、ECU 损坏等。只有这样，才能准确分析出故障原因，彻底排除故障。

2）故障灯不亮或没有故障码。

当发动机有明显故障现象，但没有故障码时，要根据发动机故障现象对相应传感器进行检查。一般需要读取相关数据流，有时需要做匹配、编码之类的操作。然后根据故障现象选择相关的数据，如出现怠速不稳、动力不足的故障时，相关数据有喷油脉宽、空气流量、温度、节气门开度等，最后进行综合分析，找出数据产生偏差的原因。只有这样，才能准确分析出故障原因，彻底排除故障。

（5）零部件置换法。

零部件置换法就是将认为损坏的零部件从系统中拆下，换上一个质量合格的零部件进行工作，以此来判断机件是否有故障，如果故障现象消失，则认为原零部件有故障。这种方法要求维修人员具有丰富的维修经验和准确诊断故障的能力，否则，会直接影响汽车故障维修的时间和经济效益。

（6）模拟试验方法。

在故障诊断中，对间歇性故障的诊断是比较困难的。间歇性故障是受外界因素影响时而出现，时而又消失的故障。因此诊断间歇性故障时，可以通过振动、高温和渗水（受潮）等方法，模拟故障产生时的外界因素，使故障再现，然后根据故障码及故障现象进行诊断。

任务二　发动机典型故障诊断流程

一、任务描述

当电控发动机出现不能起动、怠速不良或加速不良故障时，维修人员应首先向车主了解故障发生的时间、故障现象、故障发生前后的情况、近期检修情况等，对车主提供的信息认真分析。维修人员要对故障现象进行分析，将引起故障的原因查找出来，然后才能利用检测工具和诊断仪器，按照正确的诊断流程来排除故障。在本任务中，应掌握以下知识：

（1）发动机不能起动故障的现象及诊断流程。

（2）发动机怠速不良故障的现象及诊断流程。

（3）发动机加速不良故障的现象及诊断流程。

二、相关知识及技能

（一）发动机不能起动故障

1. 故障现象

（1）发动机有着火征兆，但不能起动。

（2）起动发动机时，发动机无着火征兆。

2. 故障原因

（1）燃油箱油量不足。

（2）管路、滤网或燃油滤清器堵塞、渗漏等。

（3）电动燃油泵或燃油泵继电器故障。

（4）燃油压力调节器故障。

（5）喷油器故障。

（6）进、排气系统阻塞。

（7）冷却液温度传感器故障。

（8）节气门、节气门位置传感器故障。

（9）发动机转速、凸轮轴位置传感器故障。

（10）怠速控制装置故障。

（11）电控单元故障。

（12）点火系统故障。

（13）起动系统故障。

（14）其他机械故障。

3. 故障诊断流程

供油系统故障引起的不起动故障的诊断流程如图 7－3 所示。

电控系统故障引起的不起动故障的诊断流程如图 7－4 所示。

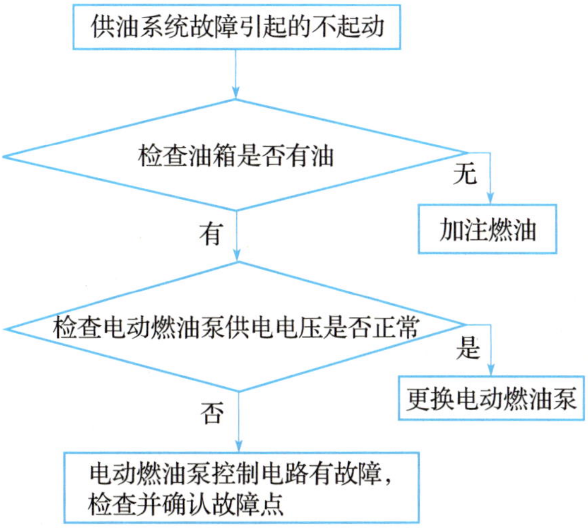

图 7－3　供油系统故障引起的不起动故障的诊断流程

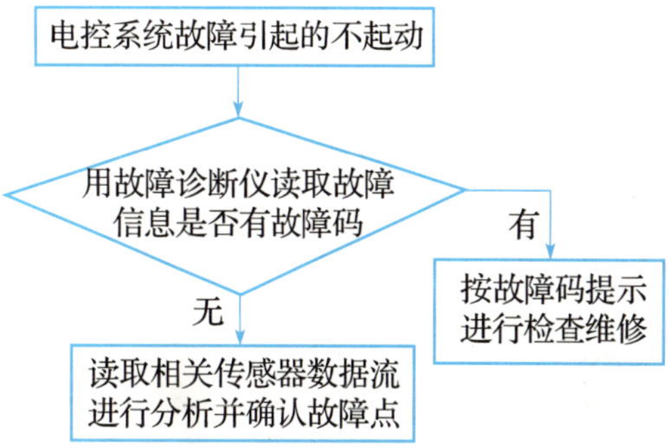

图 7－4　电控系统故障引起的不起动故障的诊断流程

机械系统故障引起的不起动故障诊断流程如图 7－5 所示。

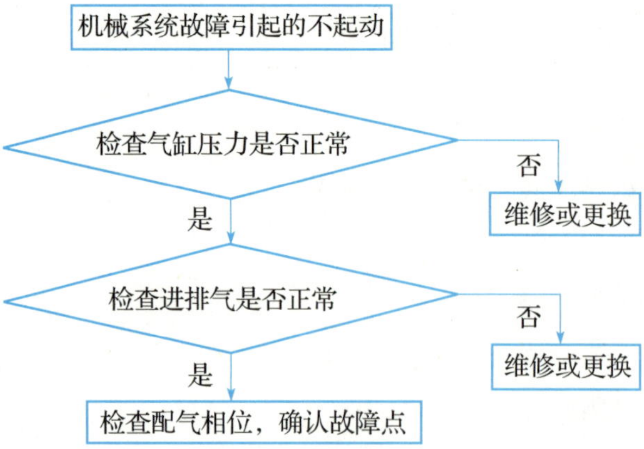

图 7-5　机械系统故障引起的不起动故障的诊断流程

4. 案例分析

(1) 一辆迈腾 B7 车突然出现发动机无法起动故障，进厂后，技师首先用故障诊断仪进行电控系统故障码诊断，如图 7-6 所示，经诊断系统报故障码 P0343，含义是凸轮轴位置传感器信号过大故障。

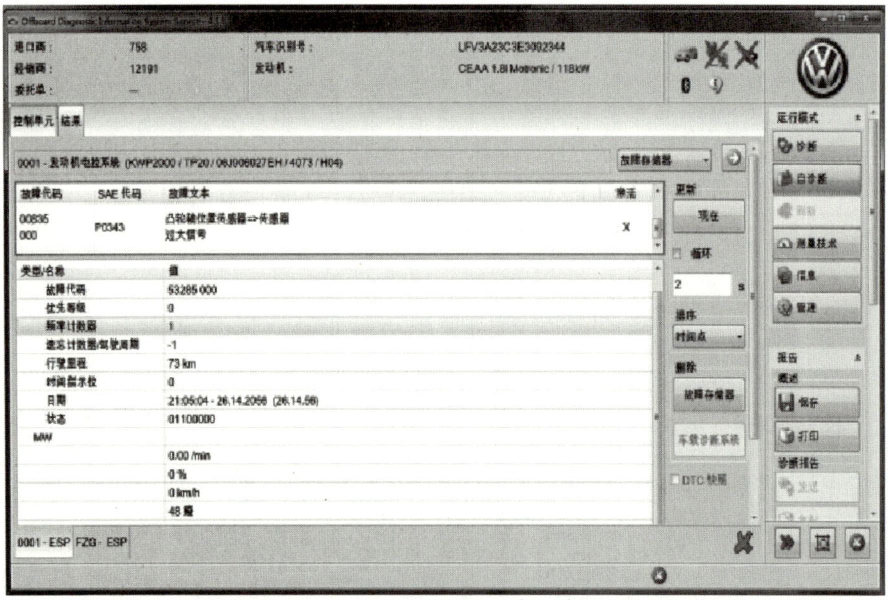

图 7-6　故障诊断仪查询电控系统故障码

(2) 查询该车电路图，如图 7-7 所示，图中霍尔传感器为凸轮轴位置传感器，有三个端子。

(3) 进行线路检测，测试结果：该车凸轮轴位置传感器的 1 号端子供电正常，2、3 号端子与发动机电控单元 J623 的线路正常，示波器测试 2 号端子信号触发波形不正常。更换凸轮轴位置传感器即可解除故障。

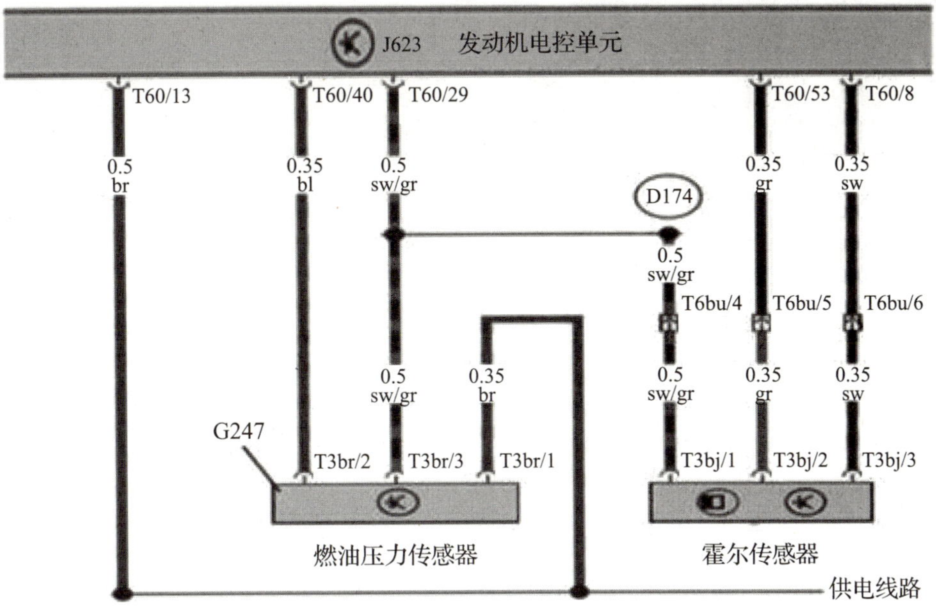

图 7-7　迈腾 B7 车凸轮轴位置传感器电路图

（二）发动机怠速不良故障

1. 故障现象

（1）怠速不稳易熄火，指发动机能正常起动，但怠速不稳定、发抖甚至熄火。

（2）怠速过高，指发动机起动后，正常怠速稳定转速过高。

2. 故障原因

（1）进气系统漏气。

（2）冷却液温度传感器故障。

（3）空气流量传感器或进气压力传感器故障。

（4）节气门、节气门位置传感器故障。

（5）怠速控制装置故障。

（6）燃油压力过低。

（7）个别喷油器不工作。

（8）高压线漏电或火花塞有油污、积炭等。

（9）气缸压力过低。

（10）电控单元故障。

3. 故障诊断流程

（1）发动机怠速不稳易熄火故障的诊断流程如图 7-8 所示。

（2）发动机怠速过高故障的诊断流程如图 7-9 所示。

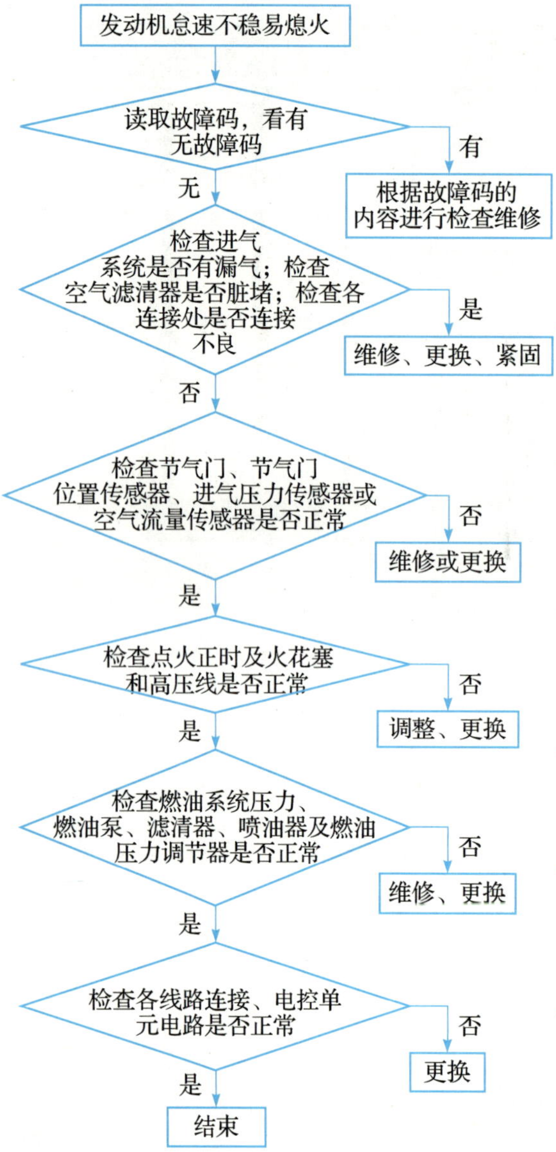

图 7－8　发动机怠速不稳易熄火故障的诊断流程

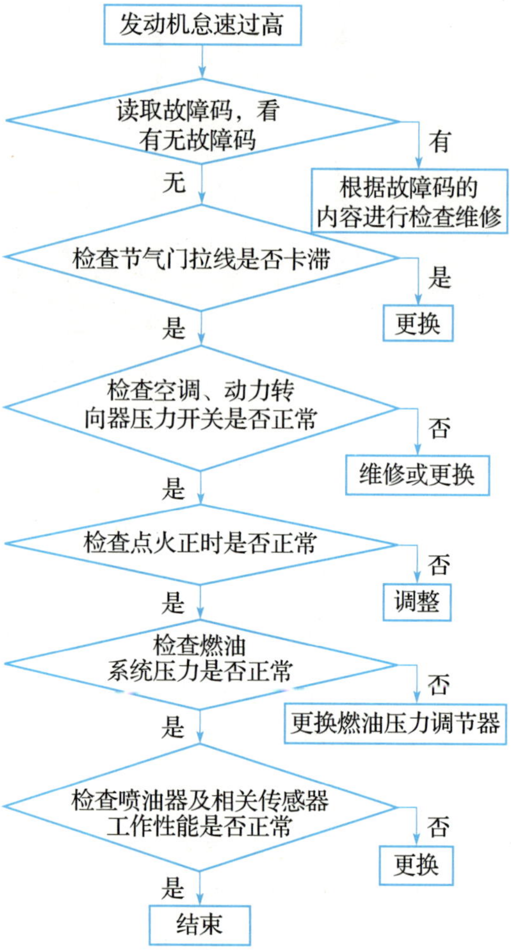

图 7－9　发动机怠速过高故障的诊断流程

4. 案例分析

（1）一辆迈腾 B7 车突然出现发动机怠速抖动故障，进厂后，技师首先进行电控系统故障码诊断，如图 7－10 所示，经诊断系统报故障码 P0352，含义是二缸点火促动失效。综合分析该车二缸点火促动失效的原因有线路故障、点火线圈故障、火花塞故障。

（2）查询该车电路图如图 7－11 所示，根据电路图进行线路检测。

该车二缸点火线圈 N127 有 5 个端子，1 号端子供电，2、4 号端子接地，依电路图可知四个缸点火线圈供电和搭铁均通过共用电路完成，只有 3 号端子的线路是独立的，由发动机电控单元 J623 对其输出驱动信号。

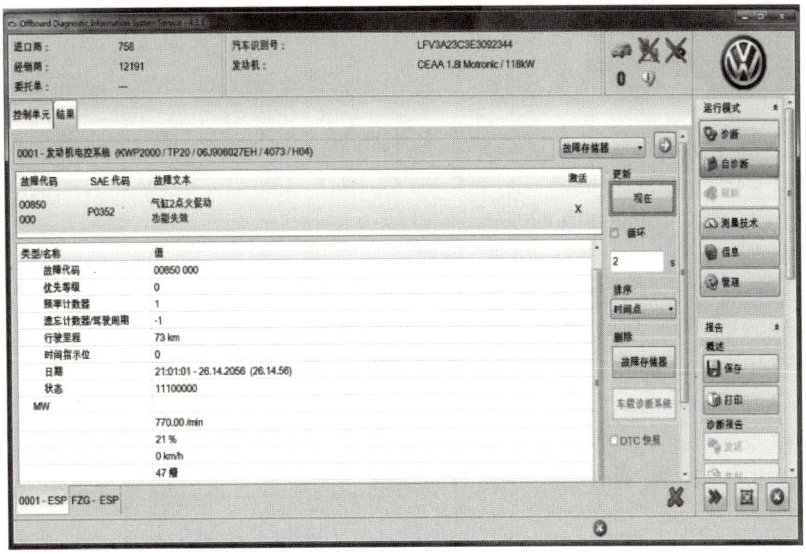

图 7－10　故障诊断仪查询电控系统故障码

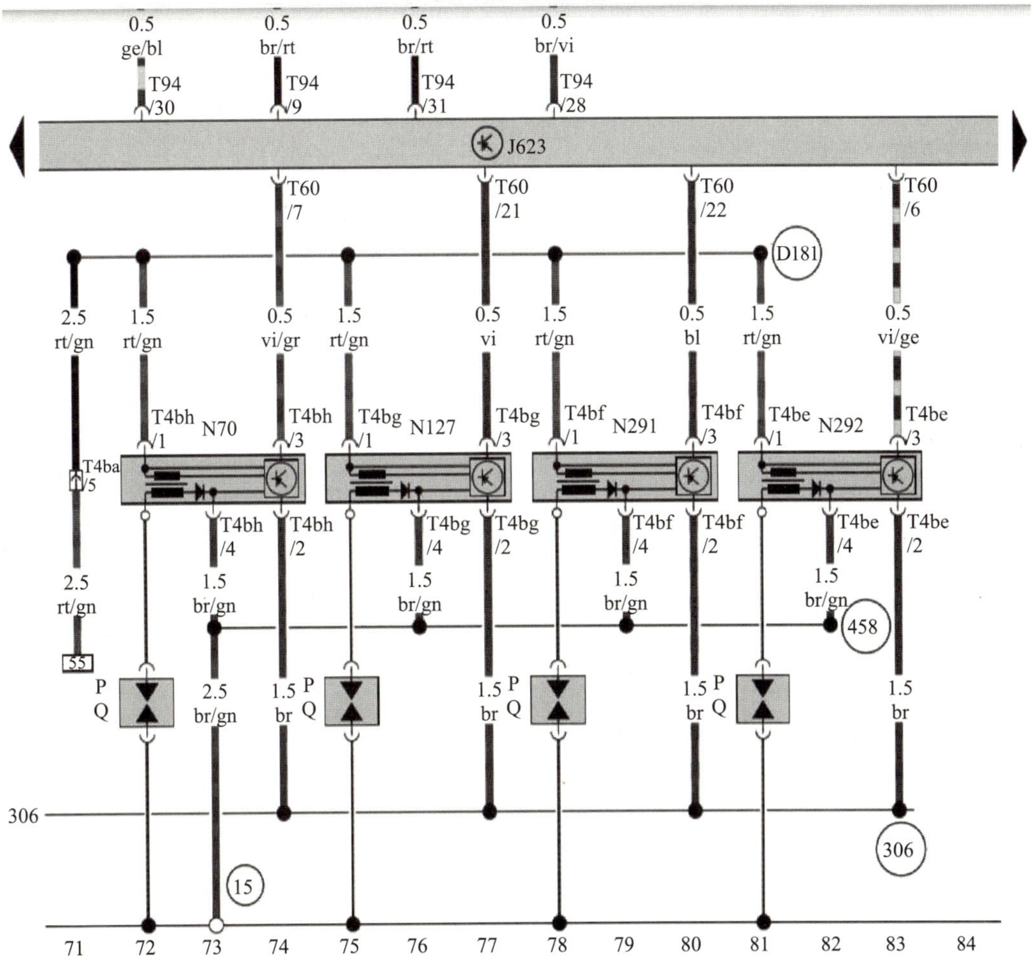

图 7－11　迈腾 B7 车点火系统控制电路

（3）用万用表检测 T60/21 与 T4bg/3 之间的线路正常，用示波器测试线路 T4bg/3 端信号触发正常。

（4）拆卸二缸火花塞，进行台架测试，结果发火正常。

（5）将一缸点火线圈与二缸点火线圈互换，故障转移到一缸，说明二缸点火线圈有故障。更换点火线圈即可解除故障。

（三）发动机加速不良故障

1. 故障现象

（1）排气冒黑烟或进气管回火，伴随发动机加速无力，发动机故障灯亮起（混合气过浓或过稀）。

（2）发动机电控、点火系统正常，但发动机加速无力故障（机械故障）。

（3）加速时伴随失火顿车，或引起发动机敲缸，伴随发动机加速无力（点火系统故障）。

2. 故障原因

（1）空燃比控制故障。

1）发动机电控系统故障会导致空燃比控制异常，使混合气过浓或过稀，这均会导致发动机动力下降。

2）供油系统故障。

常见情况有：油压控制故障导致油压过低，从而导致空燃比控制异常，过稀的空燃比会导致发动机动力下降；燃油泵及控制电路故障导致油压过低，从而导致空燃比控制异常，过稀的空燃比会导致发动机动力下降；喷油器故障导致供油量下降，从而导致混合气过稀，引起发动机动力下降。

（2）机械故障。

空气滤清器堵塞或进气系统漏气、排气系统不畅、气缸压力过低等机械故障均会导致发动机动力下降。

（3）点火系统故障。

常见情况有点火系统失火、点火不正时、爆燃等。

3. 故障诊断流程

（1）空燃比异常故障诊断流程如图 7 - 12 所示。

（2）机械故障诊断流程如图 7 - 13 所示。

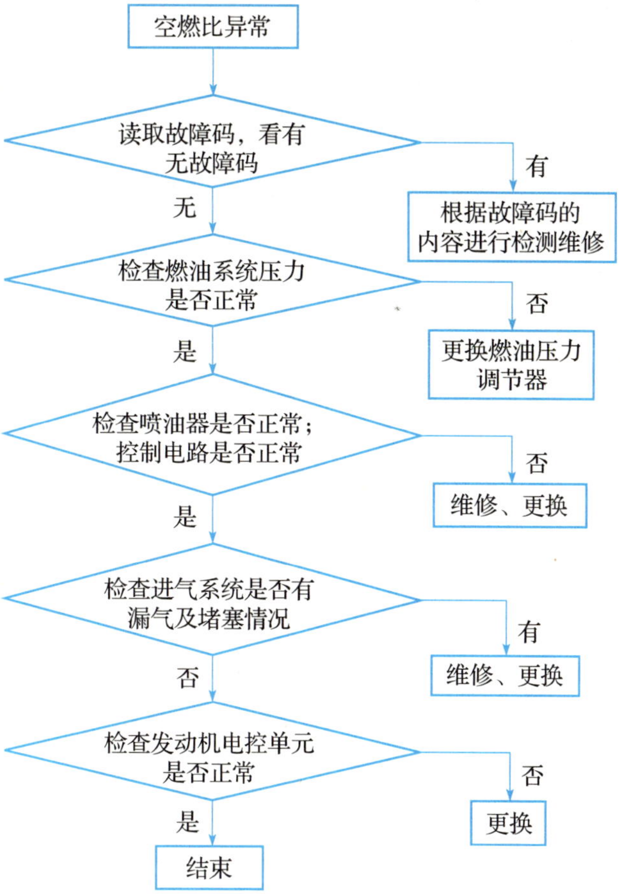

图 7-12　空燃比控制故障诊断流程

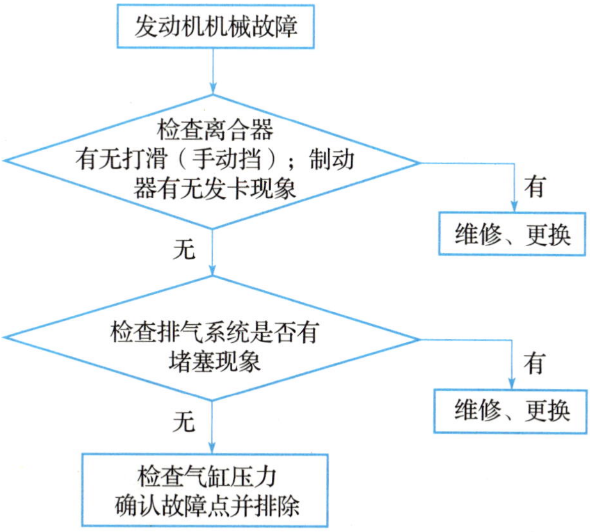

图 7-13　机械故障诊断流程

（3）点火系统故障诊断流程如图 7 - 14 所示。

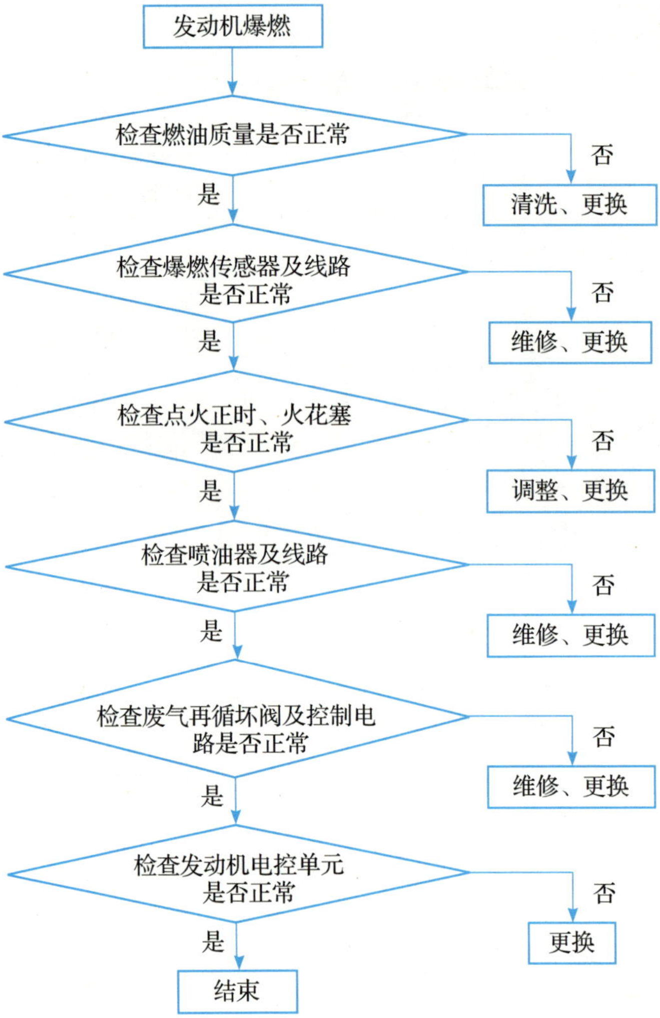

图 7 - 14　点火系统故障诊断流程

4. 案例分析

（1）一辆迈腾 B7 车突然出现发动机加速无力故障，进厂后，技师首先进行电控系统故障码诊断，如图 7 - 15 所示，经诊断系统报故障码 P0100，含义是空气质量计电路故障。

（2）查询该车电路图如图 7 - 16 所示，并进行线路检测。

（3）测试空气质量计 G70 的 3 号端子供电正常、2 号端子与 J623 连接线路正常，1 号端子与发动机电控单元 J623 连接线路正常，示波器测试信号波形，波形不正常。更换空气流量计即可解除故障。

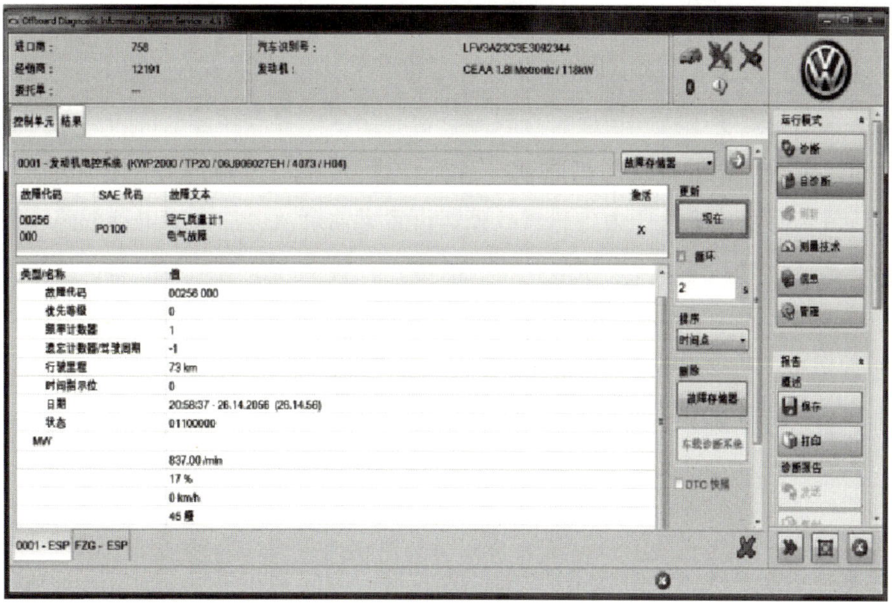

图 7－15　故障诊断仪查询电控系统故障码

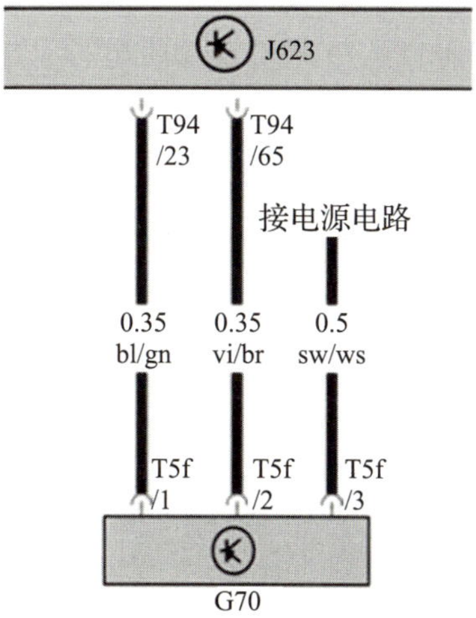

图 7－16　迈腾 B7 车空气质量计 G70 电路图

三、实训内容

1. 实训准备

（1）准备好试验用发动机、万用表、真空表、故障诊断仪、示波器及其他常用工具。

（2）掌握本次实训课所用仪器及设备的使用方法。

（3）强调实训中的安全注意事项。

2. 实训流程

（1）根据故障现象，分析故障原因。

（2）设计故障诊断流程。

（3）确定最佳方案，并排除故障。

根据实训条件及学校实际情况设置故障，检验学生综合故障诊断能力。例如：设置冷却液温度传感器故障；设置发动机曲轴/凸轮轴位置传感器故障；设置怠速控制阀故障；设置空气流量传感器或进气压力传感器故障；设置燃油泵及燃油泵继电器故障；设置点火系统与起动系统故障；设置发动机电控单元故障；设置空气供给系统故障；设置机械系统故障等。

3. 实训记录

实训工单见附录Ⅱ中实训任务 7-2。

项目总结

1. 故障自诊断系统主要由 ECU 中的部分软件和故障指示灯（CHECK ENGINE）等组成。电控系统工作时，若自诊断系统检测到故障，仪表盘上的故障指示灯自动点亮。

2. 故障自诊断系统能自动监测发动机电控系统工作情况。

3. 发动机无法起动或起动困难的故障与发动机电控系统、进气系统、排气系统、供油系统、机械系统等有关。

4. 怠速不稳易熄火或怠速过高等故障与发动机电控系统、进气系统及机械系统等有关。

5. 发动机加速不良故障与发动机电控系统、进气系统、排气系统、供油系统及机械系统等有关。

思考与练习

1. 单选题

（1）某电控发动机有轻微的怠速不稳，且加速时经常熄火。学生甲说：“可能是排气再循环阀（EGR 阀）卡在关闭状态。”学生乙说：“可能是排气再循环阀（EGR 阀）的膜片回位弹簧弹力不足或损坏。”正确结论是（　　）。

A. 甲正确　　B. 乙正确　　C. 两人均正确　　D. 两人均不正确

（2）学生甲说：“进气歧管真空泄漏对电子燃油喷射系统的影响很小，因为它不依靠真空压力信号去控制喷油量。”学生乙说：“进气歧管真空泄漏对由真空控制的排放控制装置影响很大。”正确结论是（　　）。

A. 甲正确　　B. 乙正确　　C. 两人均正确　　D. 两人均不正确

（3）关于发动机加速无力故障，学生甲说汽油压力过低会引起发动机加速无力；学生乙说排气系统阻塞会引起发动机加速无力。正确结论是（　　）。

A. 甲正确　　B. 乙正确　　C. 两人均正确　　D. 两人均不正确

(4) 学生甲说："点火故障可使废气分析仪上 HC 的读数增大。"学生乙说："燃油压力低可使废气分析仪上 HC 的读数增大。"正确结论是（　　）。

A. 甲正确　　B. 乙正确　　C. 两人均正确　　D. 两人均不正确

(5) 对发动机电控系统进行检测时，检测到一个氧传感器有故障码。学生甲在测试氧传感器之前检查发动机和它的点火系统以及空气/燃油系统的情况；学生乙更换氧传感器后清除存储器内的故障码，然后再起动发动机观察故障码是否重现。正确结论是（　　）。

A. 甲正确　　B. 乙正确　　C. 两人均正确　　D. 两人均不正确

(6) 学生甲在发动机运转时，通过观察进气歧管真空度来确定排气管是否受阻；学生乙用燃油压力测试仪测试排气歧管的压力来确定排气管是否受阻。正确结论是（　　）。

A. 甲正确　　B. 乙正确　　C. 两人均正确　　D. 两人均不正确

(7) 在讨论装有无分电器点火系统（DIS）的发动机不能起动的可能原因时，学生甲说失去曲轴或凸轮轴位置信号会引起此现象；学生乙说可能是点火线圈有故障。正确结论是（　　）。

A. 甲正确　　B. 乙正确　　C. 两人均正确　　D. 两人均不正确

(8) 装有电子燃油喷射系统的发动机在冷车时怠速不稳。学生甲说："氧传感器损坏可引起此现象。"学生乙说："可能是怠速空气控制系统有故障。"正确结论是（　　）。

A. 甲正确　　B. 乙正确　　C. 两人均正确　　D. 两人均不正确

(9) 当 EGR 阀被卡在打开位置时，学生甲说发动机将熄火或怠速不稳；学生乙说发动机热车后中等负荷时动力性会下降。正确结论是（　　）。

A. 甲正确　　B. 乙正确　　C. 两人均正确　　D. 两人均不正确

(10) 关于活性炭罐电磁阀出现故障，学生甲说会影响怠速；学生乙说会影响油箱内的气压。正确结论是（　　）。

A. 甲正确　　B. 乙正确　　C. 两人均正确　　D. 两人均不正确

2. 多选题

(1) 下列原因中，会引起发动机怠速不稳的有（　　）。

A. 个别喷油器阻塞　　B. 节气门位置传感器故障

C. 喷油器滴漏　　D. 进气歧管真空泄漏

(2) 电控燃油喷射系统的发动机，热车时很难起动的原因有（　　）。

A. 冷却液温度传感器有故障　　B. 喷油器滴漏

C. 氧传感器有故障　　D. 气缸压力过低

（3）下列原因中，可能导致发动机在开空调时熄火的有（　　）。

A. 空调开关输送给 ECU 的信号出现故障

B. 电子节气门故障

C. 燃油压力调节器有故障

D. 燃油回油管扭结

（4）下列原因中，可能会使发动机在加速时出现爆燃的有（　　）。

A. 混合气太浓　　B. 发动机过热

C. 点火正时过早　　D. 汽油标号过低

（5）下列原因中，会造成发动机不能起动或起动困难的有（　　）。

A. 电子节气门故障　　B. 冷却液温度传感器故障

C. 电动燃油泵故障　　D. 节气门位置传感器故障

3. 判断题

（1）电控发动机怠速不稳，一定是电控系统有故障。（　　）

（2）氧传感器损坏可引起电子燃油喷射系统的发动机在冷车时怠速不稳。（　　）

（3）怠速空气控制系统有故障可引起发动机在冷车时怠速不稳。（　　）

（4）当 EGR 阀被卡在打开位置时，将导致发动机熄火或怠速不稳。（　　）

（5）冷却液温度传感器损坏会造成发动机冷车或热车不易起动。（　　）

4. 问答题

（1）发动机有着火征兆，但不能起动的故障原因有哪些？如何诊断？

（2）发动机无着火征兆的故障原因有哪些？如何诊断？

（3）发动机怠速不稳易熄火的故障原因有哪些？如何诊断？

（4）发动机怠速过高的故障原因有哪些？如何诊断？

（5）发动机加速发抖的故障原因有哪些？如何诊断？

参考文献

[1] 明光星，李晗. 汽车发动机电控系统原理与检修一体化教程. 2版. 北京：机械工业出版社，2022.

[2] 曹晶. 汽车电控发动机：构造·原理·分析·诊断·维修. 北京：化学工业出版社，2021.

[3] 杨保成，杨海鹏，林玲. 汽车发动机电控技术. 北京：清华大学出版社，2018.

[4] 张俊. 汽车发动机电控技术. 2版. 北京：北京大学出版社，2017.

附录 I　大众新宝来1.6L发动机电控系统电路图

大众新宝来1.6L发动机电控系统电路图

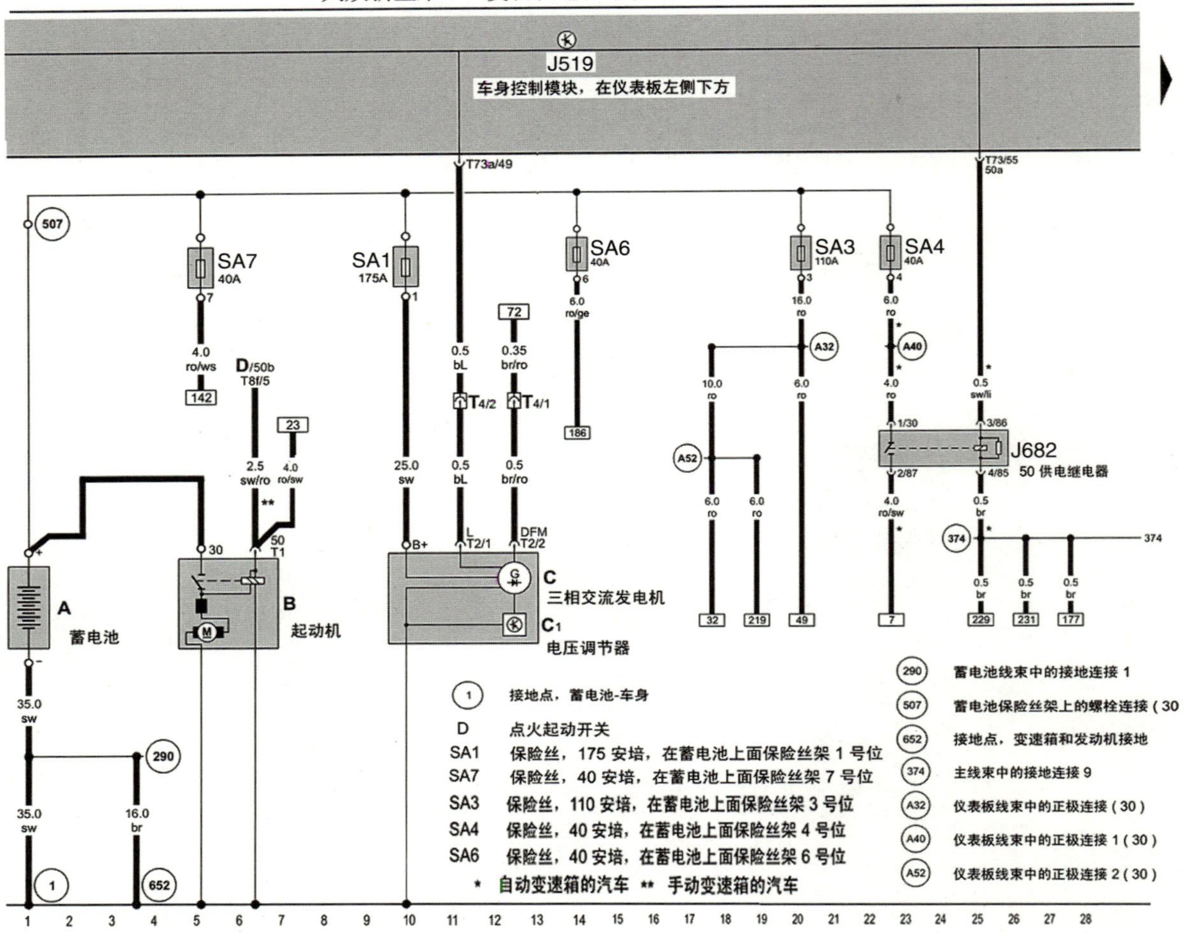

大众新宝来1.6L发动机电控系统电路图

续

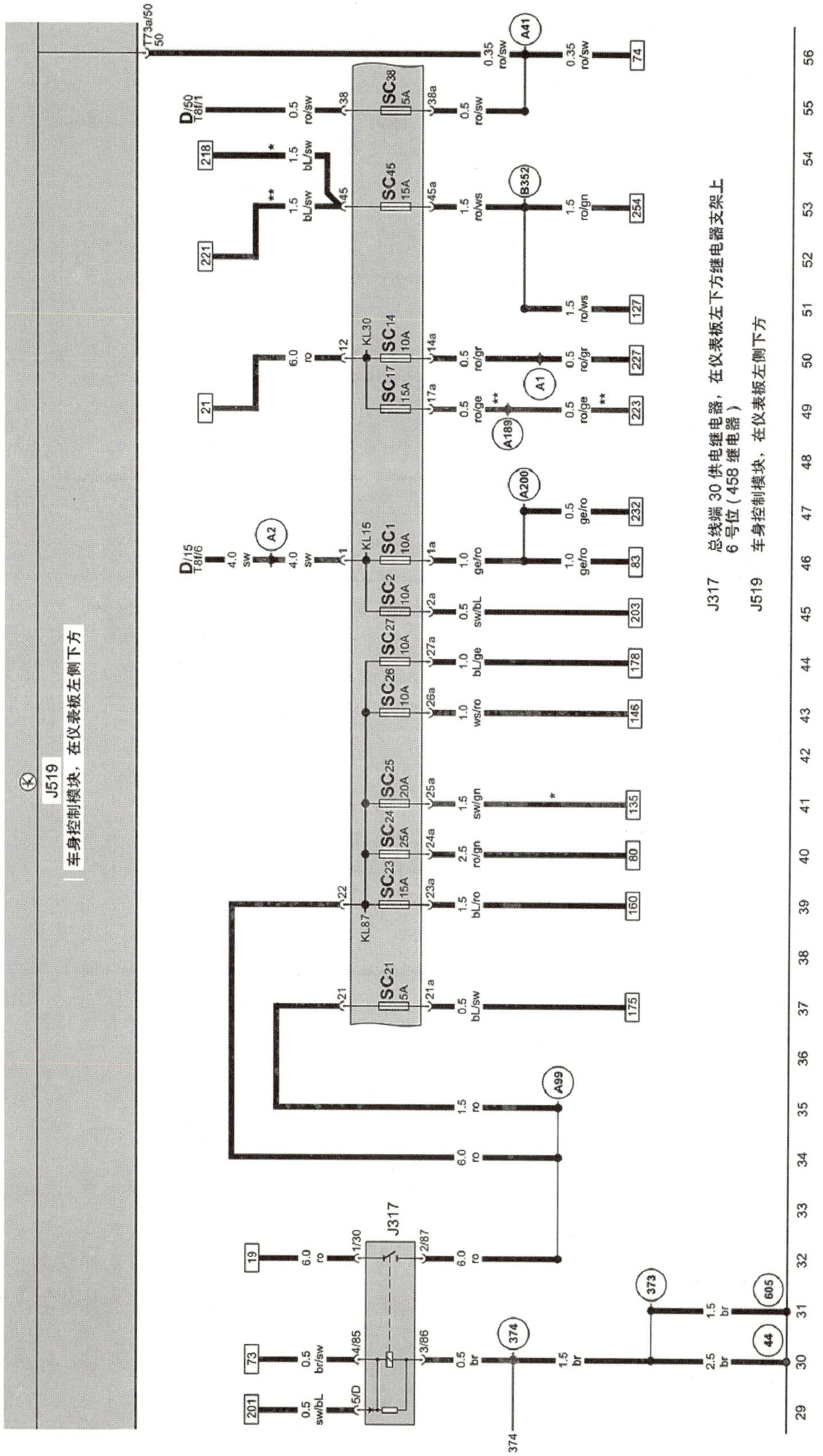

大众新宝来1.6L发动机电控系统电路图

续

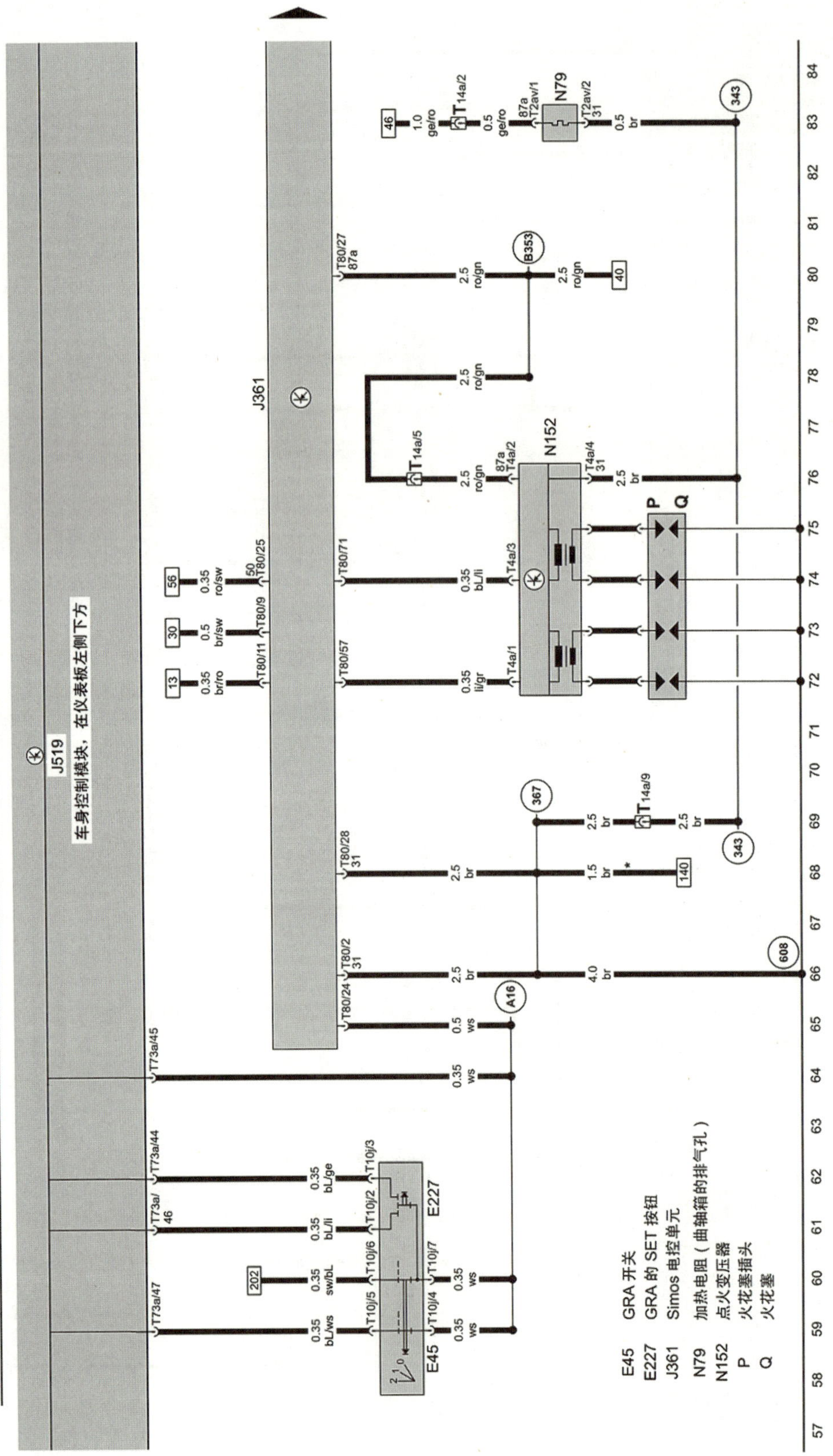

大众新宝来1.6L发动机电控系统电路图

续

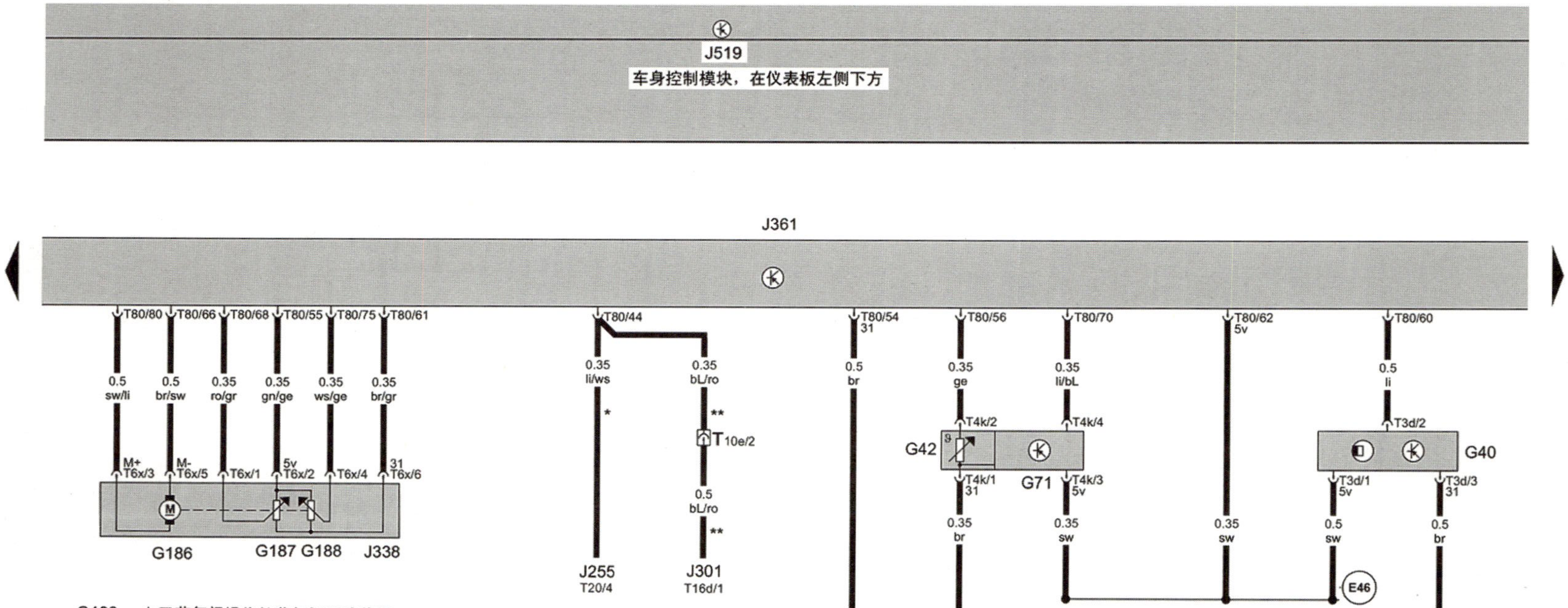

G186	电子节气门操作的节气门驱动装置
G187	在电子节气门操作中节气门驱动装置的角度传感器 1
G188	在电子节气门操作中节气门驱动装置的角度传感器 2
J361	Simos 电控单元
J255	Climatronic 电控单元
J301	空调器电控单元
J338	节气门电控单元
G40	霍尔传感器
G42	进气空气温度传感器
G71	进气压力传感器

85 86 87 88 89 90 91 92 93 94 95 96 97 98 99 100 101 102 103 104 105 106 107 108 109 110 111 112

大众新宝来1.6L发动机电控系统电路图

续

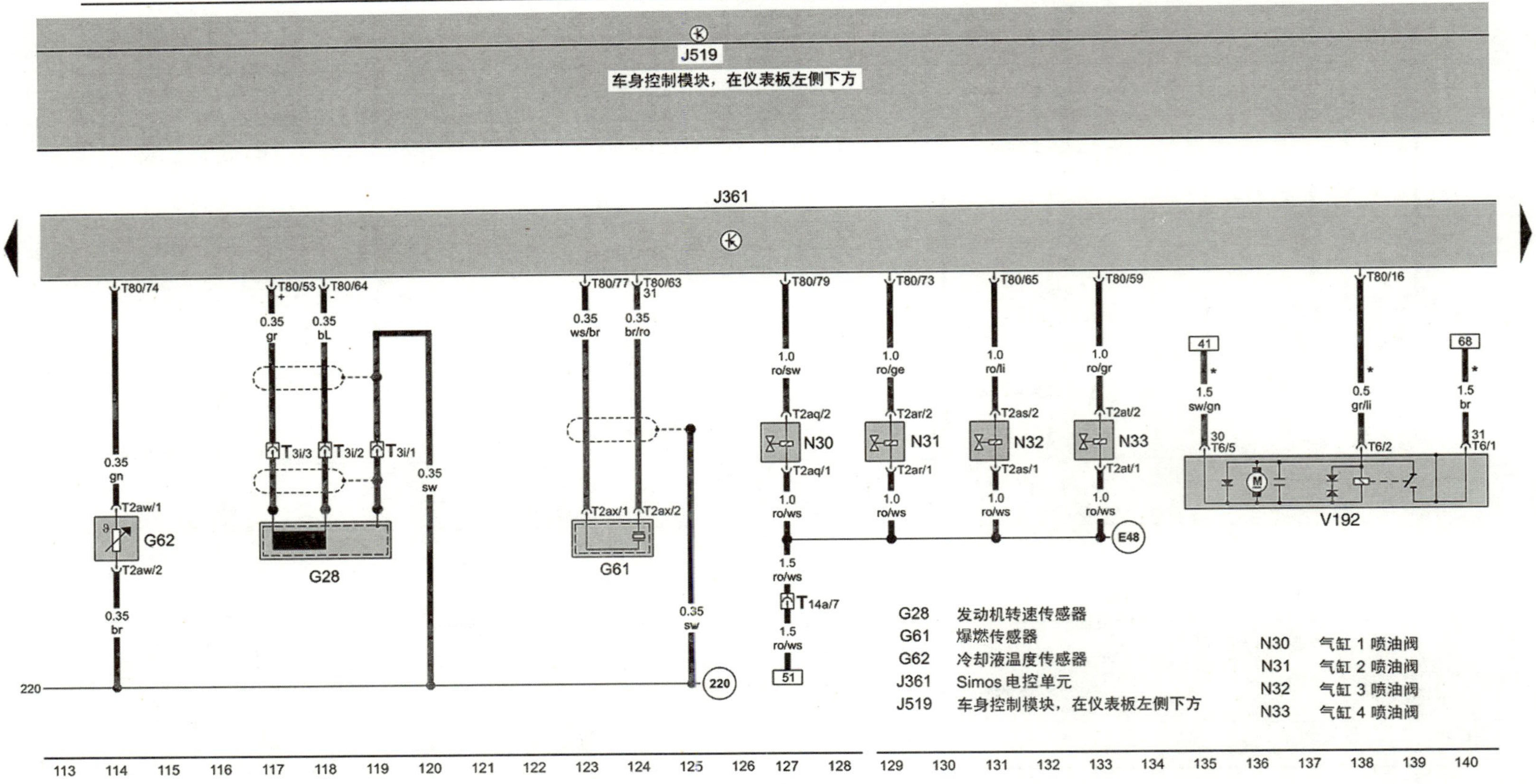

G28 发动机转速传感器
G61 爆燃传感器
G62 冷却液温度传感器
J361 Simos 电控单元
J519 车身控制模块，在仪表板左侧下方

N30 气缸 1 喷油阀
N31 气缸 2 喷油阀
N32 气缸 3 喷油阀
N33 气缸 4 喷油阀

大众新宝来1.6L发动机电控系统电路图 续

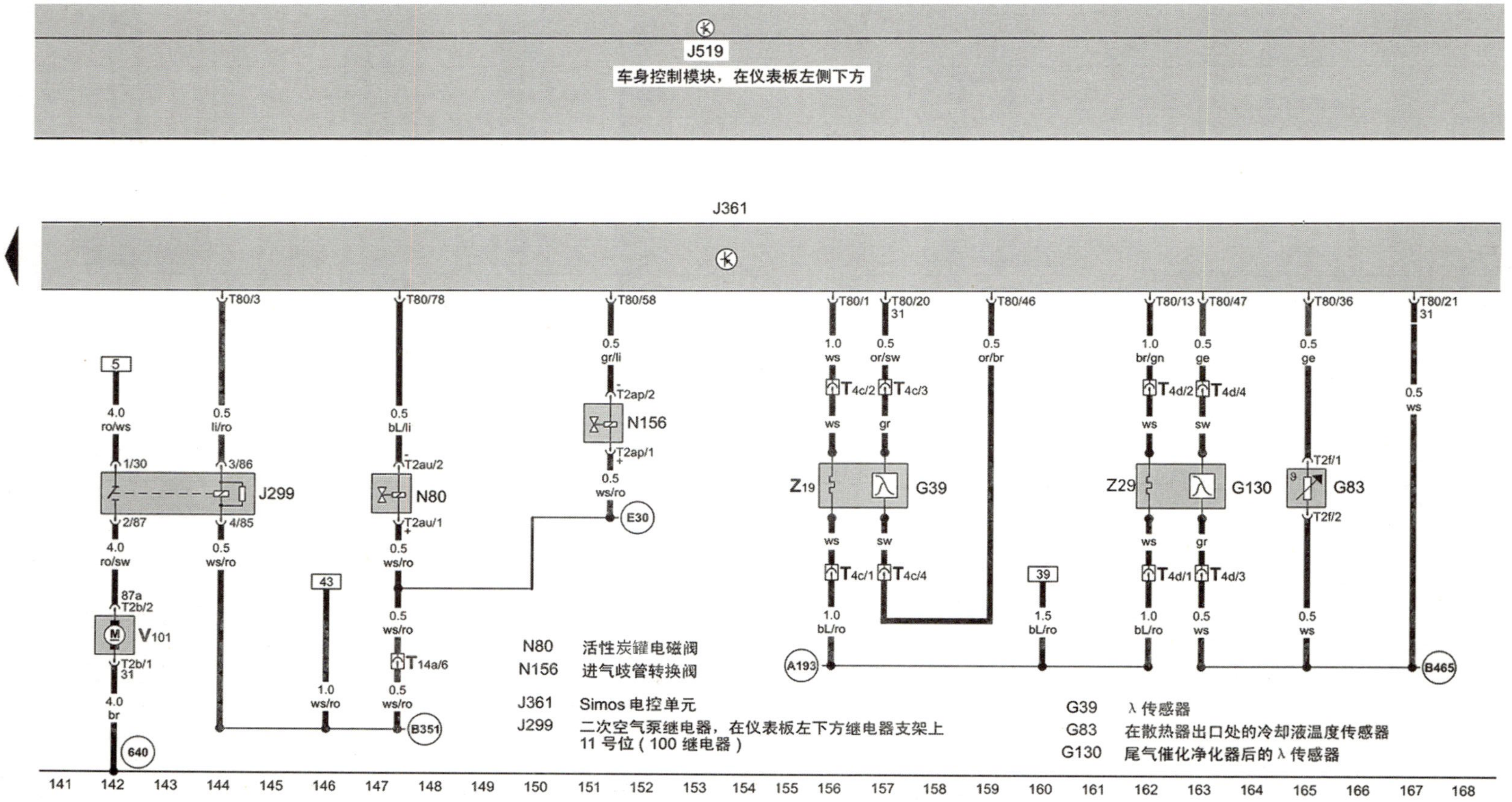

大众新宝来1.6L发动机电控系统电路图

续

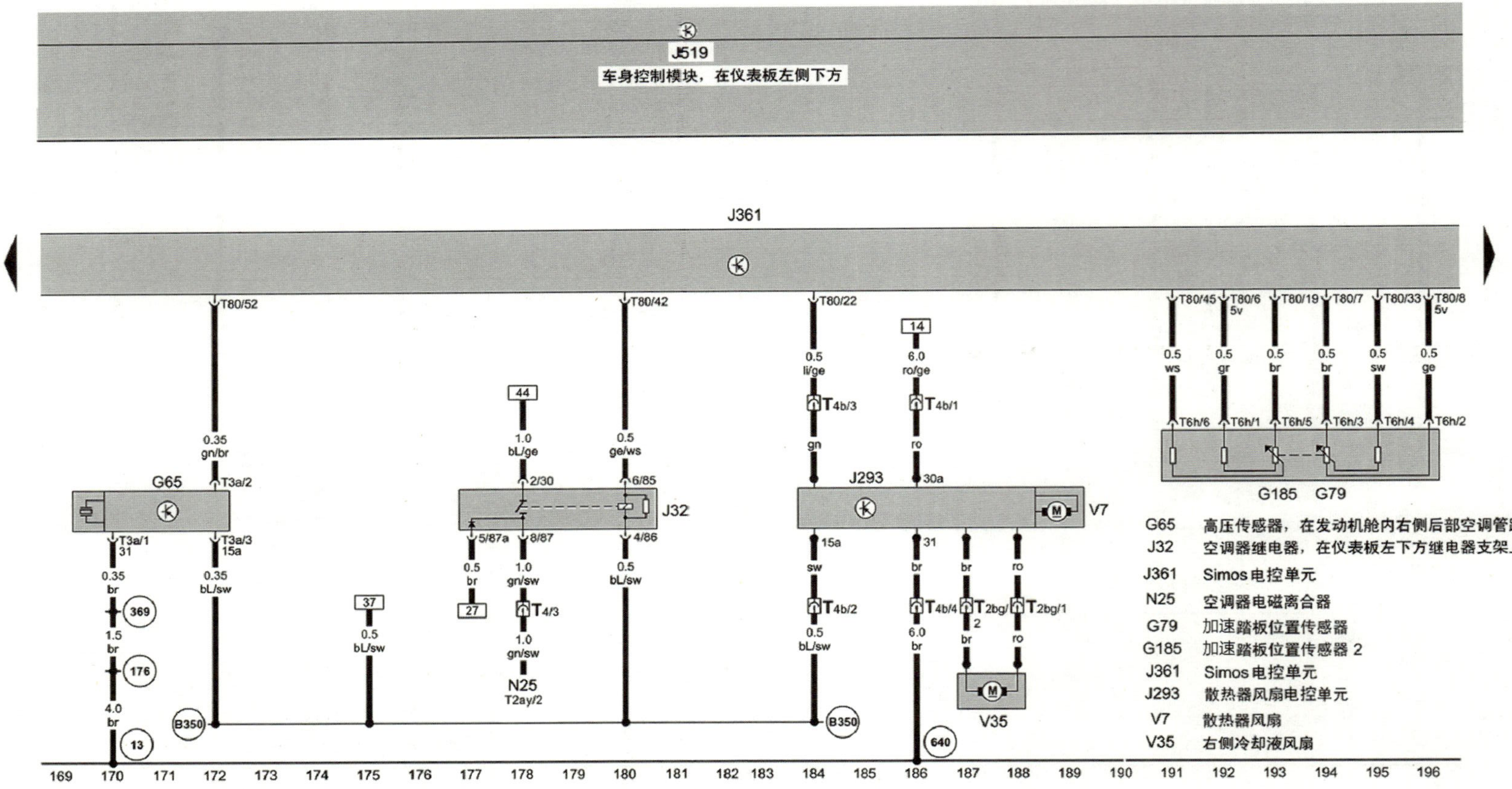

G65　高压传感器，在发动机舱内右侧后部空调管路上
J32　空调器继电器，在仪表板左下方继电器支架上
J361　Simos电控单元
N25　空调器电磁离合器
G79　加速踏板位置传感器
G185　加速踏板位置传感器 2
J361　Simos电控单元
J293　散热器风扇电控单元
V7　散热器风扇
V35　右侧冷却液风扇

大众新宝来1.6L发动机电控系统电路图

续

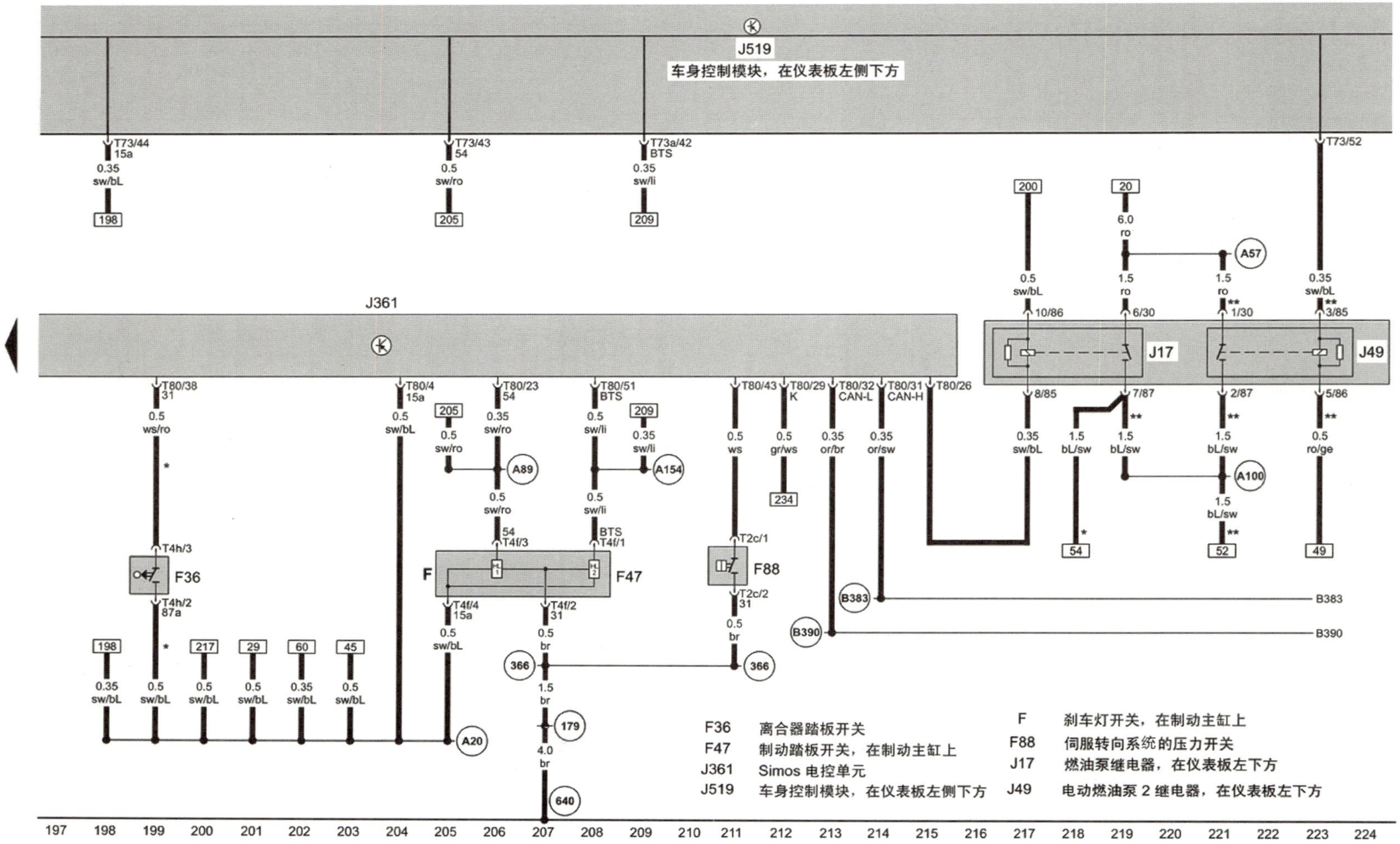

F36	离合器踏板开关	F	刹车灯开关，在制动主缸上
F47	制动踏板开关，在制动主缸上	F88	伺服转向系统的压力开关
J361	Simos 电控单元	J17	燃油泵继电器，在仪表板左下方
J519	车身控制模块，在仪表板左侧下方	J49	电动燃油泵 2 继电器，在仪表板左下方

大众新宝来1.6L发动机电控系统电路图

续

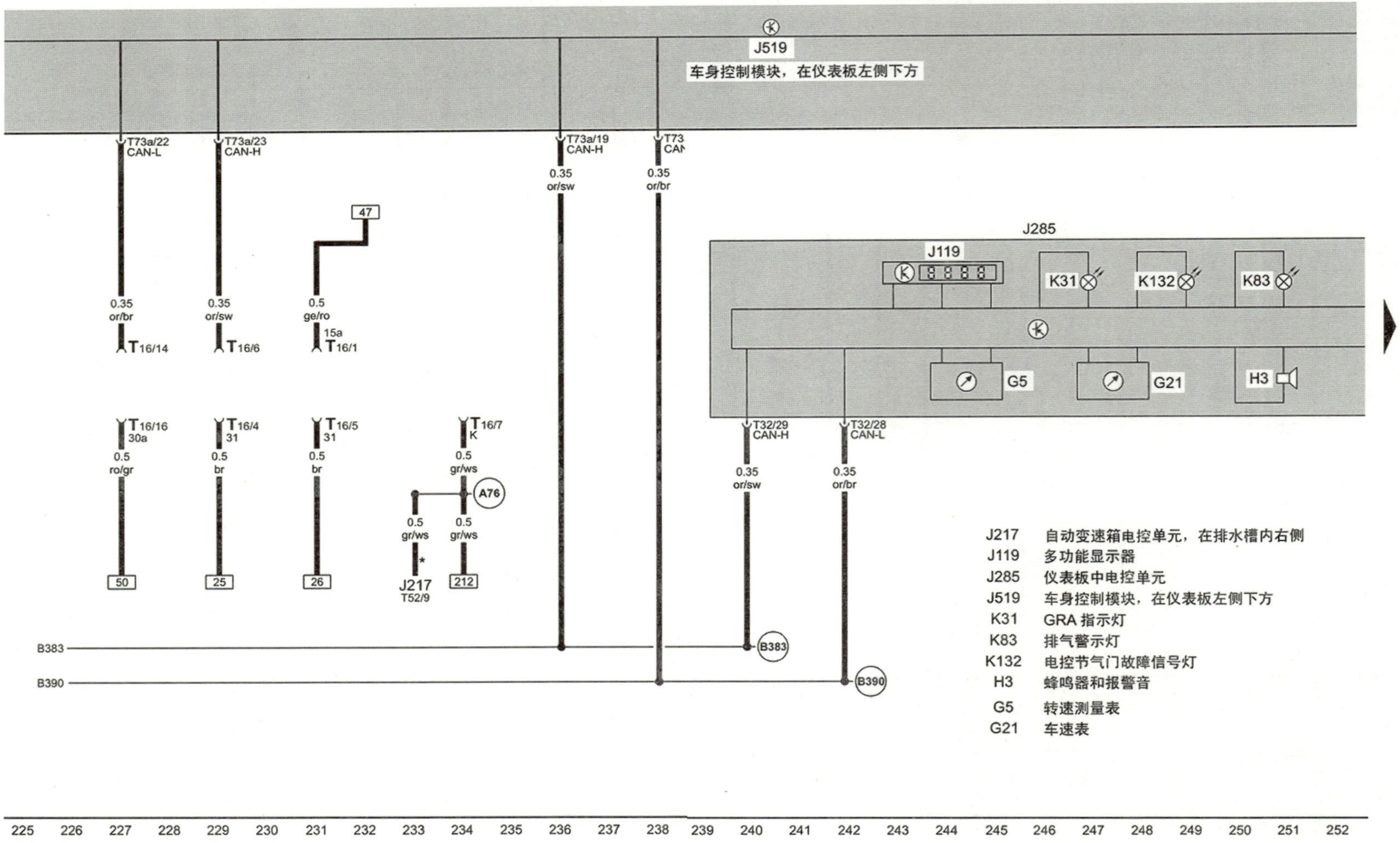

J217	自动变速箱电控单元，在排水槽内右侧
J119	多功能显示器
J285	仪表板中电控单元
J519	车身控制模块，在仪表板左侧下方
K31	GRA 指示灯
K83	排气警示灯
K132	电控节气门故障信号灯
H3	蜂鸣器和报警音
G5	转速测量表
G21	车速表

大众新宝来1.6L发动机电控系统电路图

续

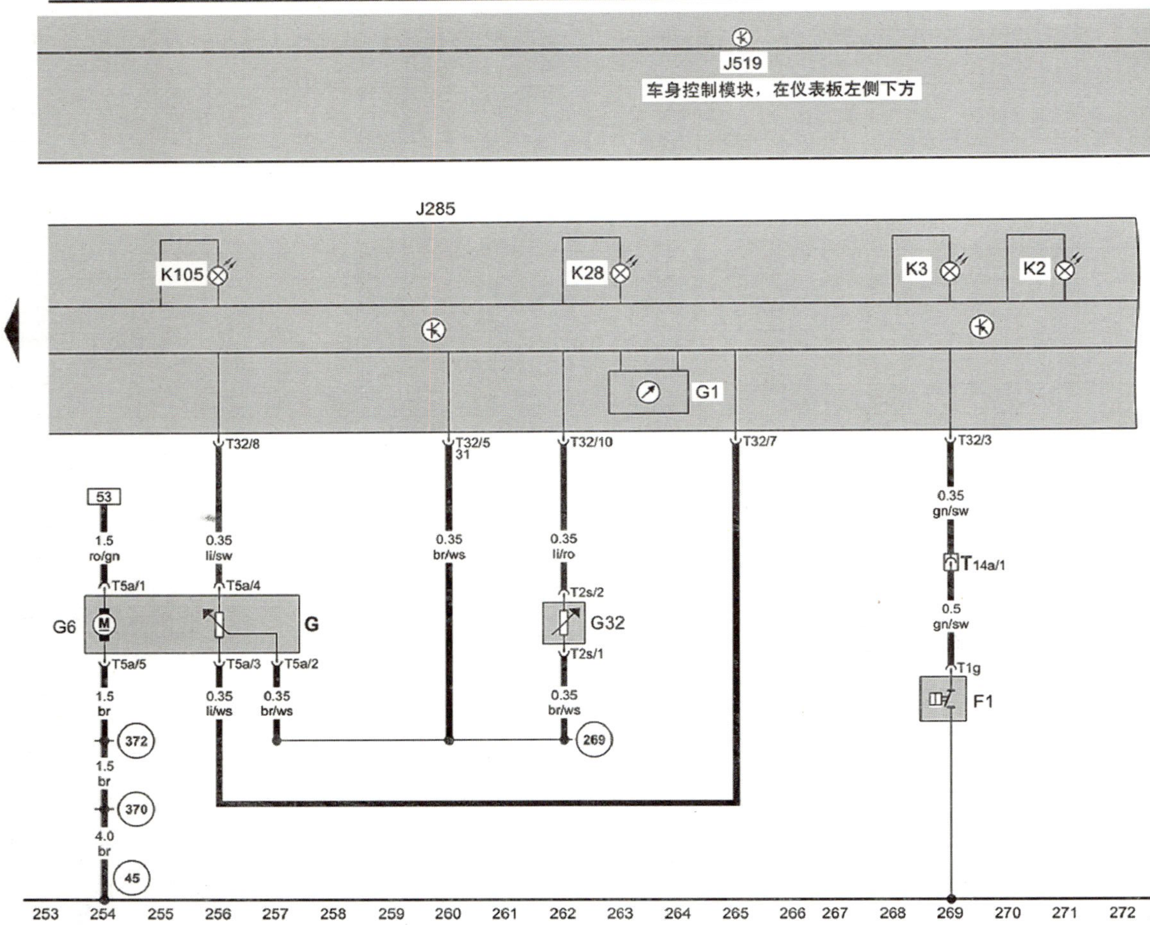

G　燃油存量显示传感器
G1　燃油存量显示
G6　燃油泵
G32　冷却液不足显示传感器
J285　仪表板中电控单元
J519　车身控制模块，在仪表板左侧下方
K28　冷却液温度和冷却液不足显示的指示灯
K105　燃油储备指示灯
F1　油压开关
J285　仪表板中电控单元
J519　车身控制模块，在仪表板左侧下方
K2　发电机指示灯
K3　油压指示灯

ws = 白色
sw = 黑色
ro = 红色
br = 褐色
gn = 绿色
bl = 蓝色
gr = 灰色
li = 淡紫色
ge = 黄色
or = 橘黄色
rs = 粉红色

附录Ⅱ　汽车发动机电控技术实训工单

NO：01

实训任务 1-2——常见工具的使用		
姓名：	班级：	学号：
实训车型：	VIN 码：	

（1）用万用表测试电路时应注意的事项：

____

____

描述一个用万用表检测的故障流程：

____

____

（2）用故障诊断仪测试电控系统时应注意的事项：

____

____

____

描述一个用故障诊断仪检测的故障流程：

____

____

____

（3）用示波器测试电器波形时应注意的事项：

____

____

记录一个被检波形：

____

____

（4）本次实训中存在的疑问有哪些？最大的难点是什么？

____

实训教师评语：

____

____

实训成绩：______________

实训教师签名：　　　　年　月　日

NO：02

实训任务 1-3——了解电控发动机常见故障现象		
姓名：	班级：	学号：
实训车型：	VIN 码：	

(1) 实训教师设计并演示发动机不能起动过程，学生描述看到的故障现象：

____

____

(2) 实训教师设计并演示发动机怠速不良过程，学生描述看到的故障现象：

____

____

(3) 实训教师设计并演示发动机加速不良过程，学生描述看到的故障现象：

____

____

____

(4) 实训教师设计并演示发动机高温过程，学生描述看到的故障现象：

____

____

(5) 实训教师设计并演示发动机排放异常过程，学生描述看到的故障现象：

____

____

(6) 本次实训中存在的疑问有哪些？最大的难点是什么？

____

实训教师评语：

____

____

实训成绩： ______________

实训教师签名：　　　　　　年　月　日

NO：03

实训任务 2－1——电控燃油喷射系统认识		
姓名：	班级：	学号：
实训车型：	VIN 码：	

（1）写出下列零件或总成的作用，并描述其安装位置。

1）进气压力传感器的作用：＿＿＿＿＿＿＿＿

描述安装位置：＿＿＿＿＿＿＿＿

2）空气流量传感器的作用：＿＿＿＿＿＿＿＿

描述安装位置：＿＿＿＿＿＿＿＿

3）进气温度传感器的作用：＿＿＿＿＿＿＿＿

描述安装位置：＿＿＿＿＿＿＿＿

4）节气门位置传感器的作用：＿＿＿＿＿＿＿＿

描述安装位置：＿＿＿＿＿＿＿＿

5）凸轮轴位置传感器的作用：＿＿＿＿＿＿＿＿

描述安装位置：＿＿＿＿＿＿＿＿

6）曲轴位置传感器的作用：＿＿＿＿＿＿＿＿

描述安装位置：＿＿＿＿＿＿＿＿

7）氧传感器的作用：＿＿＿＿＿＿＿＿

描述安装位置：＿＿＿＿＿＿＿＿

8）爆燃传感器的作用：＿＿＿＿＿＿＿＿

描述安装位置：＿＿＿＿＿＿＿＿

9）电动燃油泵的作用：＿＿＿＿＿＿＿＿

描述安装位置：＿＿＿＿＿＿＿＿

10）怠速控制阀的作用：＿＿＿＿＿＿＿＿

描述安装位置：＿＿＿＿＿＿＿＿

（2）本次实训中存在的疑问有哪些？最大的难点是什么？

实训教师评语：

实训成绩：＿＿＿＿＿＿

实训教师签名：　　　　　　年　月　日

NO：04

实训任务 2-2——空气流量传感器的检测		
姓名：	班级：	学号：
实训车型：	VIN 码：	

（1）利用万用表检查空气流量传感器，并记录相关数据。

1）描述试验车空气流量传感器的安装位置________________

该车空气流量传感器类型是________，插头端子数是________。

2）测量传感器的供电电压为________V，是否正常？ 是□ 否□

3）起动发动机，使节气门由怠速开始，缓慢达到全开位置，用万用表测量空气流量传感器的信号电压为________V；节气门回到怠速位置，再突然达到全开位置，测量空气流量传感器的信号电压为________V，并判断测量数值是否满足要求。 是□ 否□

4）关闭点火开关，拔下 ECU 及传感器上的插头，测量导线两端之间电阻为________，并判断传感器线束是否符合要求。 是□ 否□

（2）利用故障诊断仪检查空气流量传感器，并记录相关数据。

1）用故障诊断仪是否读取到与空气流量传感器相关的故障码？ 是□ 否□

若有故障码时，应检查相关线束连接、连接导线电阻是否正常。 是□ 否□

请判断故障是否在空气流量传感器本身。 是□ 否□

2）节气门在怠速位置，读取到的空气流量传感器的数据为________________

3）节气门突然到全开位置，读取到的空气流量传感器的数据变化为________________

____

（3）利用示波器检查热线式空气流量传感器，并记录相关数据。

1）节气门在怠速位置，观察并画出空气流量传感器输出的波形：

____

____

2）突然加大节气门开度到全开，2s 后将节气门快速关闭，再稳定怠速 5s，观察并画出空气流量传感器输出的波形：

____

____

3）根据波形，分析该空气流量传感器性能：

____

（4）本次实训中存在的疑问有哪些？最大的难点是什么？

____

实训教师评语：

____

____

实训成绩：________________

实训教师签名： 年 月 日

NO：05

实训任务 2-3——进气压力传感器的检测		
姓名：	班级：	学号：
实训车型：	VIN 码：	

（1）利用万用表检测进气压力传感器，并记录相关数据。

1）该车进气压力传感器类型是________，插头端子数是________。

2）测量进气压力传感器的供电电压为________，是否正常？　是□　否□

3）起动发动机，使节气门由怠速开始，缓慢达到全开位置，测量其信号电压为________；将节气门关闭，再突然使节气门达到全开位置，测量其信号电压为________。

分析并判断测量的数据是否符合要求。　是□　否□

4）关闭点火开关，拔下 ECU 及传感器上的插头，测量导线两端之间电阻为________，请判断传感器线束是否正常。　是□　否□

（2）利用故障诊断仪检查进气压力传感器，并记录相关数据。

1）用故障诊断仪调取故障码，是否有与进气压力传感器相关的故障码？　是□　否□

判断传感器本身是否有故障。　是□　否□

2）当节气门在怠速位置，用故障诊断仪读取到的进气压力传感器数据流为________________

3）当节气门突然打开到全开位置，用故障诊断仪读取到的压力传感器数据流为____________

4）根据上面的检查，分析并判断该进气压力传感器性能是否良好。　是□　否□

理由是：____

（3）用示波器测试进气压力传感器的波形，并记录相关数据。

1）节气门在怠速位置时，观察并画出进气压力传感器输出的波形：

____

2）突然加大节气门开度到全开，2s 后将节气门快速关闭，再稳定怠速 5s，观察并画出进气压力传感器输出的波形：

____

3）根据波形，分析该进气压力传感器性能是否良好。　是□　否□

理由是：____

____

（4）本次实训中存在的疑问有哪些？最大的难点是什么？

____

实训教师评语：

____

____

实训成绩：________________

实训教师签名：　　　　　　　　　　　　年　月　日

NO：06

实训任务 2-4——节气门位置传感器的检测		
姓名：	班级：	学号：
实训车型：	VIN 码：	

(1) 描述试验车节气门位置传感器的安装位置：________

该车节气门位置传感器类型是________

(2) 将传感器插接器拔下，点火开关打到 ON 位置，测量线束端各端子的对地电压，根据检测情况写出各端子的含义。

1：______　2：______　3：______　4：______

(3) 用故障诊断仪读取节气门位置传感器故障码。

写出节气门位置传感器故障码及含义________

(4) 用故障诊断仪读取节气门位置传感器数据流。

当加速踏板在怠速位置时，节气门开度为________；

当加速踏板在全开位置时，节气门开度为________。

当加速踏板缓慢踩下时，节气门开度是否逐渐加大________

当加速踏板缓慢踩下时，节气门开度有无跳跃变化________

(5) 用万用表检测节气门位置传感器端子间电阻值：________

____

与标准电阻对比，分析检测结果：________。

(6) 利用示波器测试节气门位置传感器信号波形。

1) 逐渐加大节气门开度，观察并画出波形：

____

____

____

2) 根据波形分析传感器性能：

____

____

(7) 本次实训中存在的疑问有哪些？最大的难点是什么？

____

实训教师评语：

____

____

实训成绩：________

实训教师签名：　　　　年　月　日

NO：07

实训任务 2-5——温度传感器的检测		
姓名：	班级：	学号：
实训车型：	VIN 码：	

（1）冷却液温度传感器的检测。

1）描述冷却液温度传感器在车上的安装位置______；

冷却液温度传感器的作用______。

2）记录被测冷却液温度传感器的电阻值，并分析工作状态。

温度（℃）	阻值（Ω）	温度（℃）	阻值（Ω）
−20		40	
0		60	
10		80	
20		100	

（2）进气温度传感器的检测。

1）描述进气温度传感器在车上的安装位置______；

进气温度传感器的作用______。

2）记录被测进气温度传感器的信号电压，并分析工作状态。

温度（℃）	电压（V）	温度（℃）	电压（V）
−20		40	
0		60	
20		80	

（3）冷车时，将冷却液温度传感器插头断开，观察发动机是否顺利起动。　是□　否□

写出故障现象______

（4）热车时，将冷却液温度传感器插头断开，观察发动机是否顺利起动。　是□　否□

写出故障现象______

如果不能顺利起动，此时将节气门开度加大，再起动发动机，若能起动，请写出原因。

______

（5）本次实训中存在的疑问有哪些？最大的难点是什么？

______

实训教师评语：

______

______

实训成绩：______

实训教师签名：　　　　年　月　日

NO：08

实训任务 2-6——曲轴/凸轮轴位置传感器的检测		
姓名：	班级：	学号：
实训车型：	VIN 码：	

(1) 磁电感应式曲轴位置传感器的检测。

1) 描述磁电感应式曲轴位置传感器安装位置：________

描述其作用：________

2) 检测磁电感应式曲轴位置传感器电阻为________Ω，标准值________V。

分析是否正常________

3) 检测传感器磁头与信号盘凸齿间隙为________mm，标准值________mm。

分析是否正常________

4) 断开磁电感应式曲轴位置传感器插接器，发动机是否正常运转？　是□　否□

分析结果：________

5) 用示波器测出磁电感应式曲轴位置传感器信号波形，并画出波形。

分析磁电感应式曲轴位置传感器的工作状态是________

(2) 霍尔式凸轮轴位置传感器的检测。

1) 描述霍尔式凸轮轴位置传感器安装位置：________

描述其作用：________

2) 检测霍尔式凸轮轴位置传感器供电电压为________V，标准值________V。

分析是否正常________

3) 断开霍尔式凸轮轴位置传感器的插接器，发动机是否正常运转？　是□　否□

分析结果：________

4) 用万用表测出霍尔式凸轮轴位置传感器的信号电压，描述电压变化。

5) 用示波器测出霍尔式凸轮轴位置传感器的信号波形，并画出波形。

分析霍尔式凸轮轴位置传感器的工作状态是________。

6) 用指示灯测出霍尔式凸轮轴位置传感器的信号电压变化，描述亮度变化。

(3) 本次实训中存在的疑问有哪些？最大的难点是什么？

实训教师评语：

实训成绩：________

实训教师签名：　　　　年　月　日

NO：09

实训任务 2－7——氧传感器的检测		
姓名：	班级：	学号：
实训车型：	VIN 码：	

（1）描述氧传感器的安装位置：________

氧传感器的作用是________

____

（2）氧传感器外观检查。

1）该车氧传感器类型是________，插头端子数是________。

2）将传感器从排气管上拆下，观察端部颜色：________

判断其技术状况：________

____

（3）用万用表测试。

1）氧传感器加热电阻检测结果为________Ω，标准值是________Ω。

分析是否正常________

2）氧传感器加热电阻供电电压检测结果为________V，标准值是________V。

分析是否正常________

3）氧传感器信号电压检测结果为________V，标准值是________V。

分析是否正常________

（4）用示波器测出氧传感器信号波形，并画出波形。

____

____

____

根据波形分析氧传感器的工作状态是________

（5）连接故障诊断仪，起动发动机，读取怠速喷油量，记录喷油量是________

进气口喷入适量汽油，观察怠速喷油量变化，记录喷油量是________

请分析喷油量变化的原因：

____

____

（6）本次实训中存在的疑问有哪些？最大的难点是什么？

____

实训教师评语：

____

____

实训成绩：________

实训教师签名：　　　　年　月　日

NO：10

实训任务 2-8——电动燃油泵及喷油器的检测		
姓名：	班级：	学号：
实训车型：	VIN 码：	

（1）电动燃油泵及控制电路检测。

1）描述电动燃油泵端子数及各个端子含义：

____

2）打开点火开关，是否听见燃油泵运转声？　是□　否□

为何大约 2 秒后消失？______________________________

3）用手握紧发动机供油管，打开点火开关，是否有燃油泵供油的脉动感？　是□　否□

若有脉动感，说明：______________________________

若无脉动感，说明：______________________________

4）打开点火开关，是否听见燃油泵继电器吸合声？　是□　否□

为何大约 2 秒后消失？______________________________

5）描述用万用表检测燃油泵继电器的过程：

____

6）断开燃油泵插接器，启动发动机，检测燃油泵供电端子电压________，标准为________

分析供电是否正常：

____

7）检测燃油泵电阻是________，标准为________Ω。

根据测量电阻分析燃油泵电机情况______________________________

（2）喷油器及控制电路检测。

1）发动机怠速运转时，用听诊器测试各缸喷油器工作声音是否正常。

若某缸喷油器工作声音不正常，如何确定故障在喷油器，还是在驱动电路？

写出思路：______________________________

2）用万用表测量喷油器两端子之间的电阻为________Ω，标准值是________Ω，

分析是否正常：______________________________

3）用一个已损坏的密封圈安装到喷油器上，起动发动机，观察发动机怠速工作是否平稳。

若不平稳，则将化油器清洗剂喷到漏气的喷油器附近，再观察发动机怠速情况有无变化。

分析观察结果：______________________________

（3）本次实训中存在的疑问有哪些？最大的难点是什么？

____

实训教师评语：

____

____

实训成绩：________________

实训教师签名：　　　　　　　　　　年　月　日

NO：11

实训任务 2-9——燃油系统压力的检测		
姓名：	班级：	学号：
实训车型：	VIN 码：	

（1）描述燃油压力调节器的安装位置：________

燃油压力调节器的作用是________

____

（2）为释放燃油压力，应拔下燃油泵保险丝。

燃油泵保险丝编号为________，限制电流为________A。

如果无法找到燃油泵保险丝，如何释放燃油压力？请写出你的方法：

____

____

____

（3）在拆装油箱部件时，燃油箱内燃油量不可超过总容积的________

原因是：________

____

（4）发动机怠速运转时，燃油压力表压力显示值为________kPa；

突然加大节气门开度时，燃油压力表压力为________kPa，

是否符合要求？ 是□ 否□

请写出油压变化规律：

____

____

（5）当燃油系统压力过低时，夹住回油软管，观察油压是否恢复正常？ 是□ 否□

若恢复正常，故障可能原因有：________

若没有恢复正常，故障可能原因有：________

（6）检查燃油压力调节器上的真空软管是否良好？ 是□ 否□

请写出检查的方法：________

____

（7）若残余压力低于 200kPa，故障可能原因有：________

____

（8）本次实训中存在的疑问有哪些？最大的难点是什么？

____

实训教师评语：

____

____

实训成绩：________

实训教师签名： 年 月 日

NO：12

实训任务 2-10——发动机电控单元的检测		
姓名：	班级：	学号：
实训车型：	VIN 码：	

(1) 发动机电控单元供电、接地检测。

关闭点火开关，断开发动机电控单元插接器，连接适配器（或采用背针），根据电路图测量相应供电端子的供电电压、接地端子的对地电阻。

供电端子测量				
点火开关 OFF				
点火开关 ON				
接地端子测量				
点火开关 OFF				

根据测量数值给出结论：

(2) 发动机电控单元通信线路检测。

关闭点火开关，断开发动机电控单元插接器，连接适配器（或采用背针），根据电路图测量相应 CAN 通信端子的信号波形并记录。

端子号		
波形记录		

根据测量波形给出结论：

(3) 发动机电控单元性能确认。

利用故障诊断仪的执行元件驱动功能，确认发动机电控单元是否正常，以发动机电控单元控制的喷油器电路为例，描述诊断过程：

(4) 本次实训中存在的疑问有哪些？最大的难点是什么？

实训教师评语：

实训成绩：

实训教师签名：　　　　年　月　日

NO：13

实训任务 3-1——爆燃传感器及控制电路的检测		
姓名：	班级：	学号：
实训车型：	VIN 码：	

(1) 描述爆燃传感器的安装位置：________________

描述爆燃传感器的作用：________________

____

(2) 拔下爆燃传感器线束插头，确认各端子的含义________________

____

(3) 对照电路图，检测端子之间阻值为________Ω，标准值应为________Ω；

检测各线路上阻值为________Ω，标准值应为________Ω。

根据测量结果，进行分析：________________

____

(4) 连接故障诊断仪，起动发动机并怠速，用榔头敲击爆燃传感器附近的缸体，观察并描述发动机点火提前角的变化情况：________________

____

根据观察的情况进行分析：________________

____

(5) 连接示波器，打开点火开关，但不要起动发动机，用榔头轻轻敲击爆燃传感器附近的缸体，观察并画出爆燃传感器的输出信号波形：

____

____

(6) 连接故障诊断仪，起动发动机，读取发动机转速在 1 000r/min、2 000r/min、3 000r/min 时的点火提前角：________________

分析测试结果：________________

(7) 连接示波器，起动发动机，读取发动机转速在 1 000r/min、2 000r/min、3 000r/min 时的点火初级波形：________________

____

记录不同转速下初级线圈通电时间：________________

____

(8) 本次实训中存在的疑问有哪些？最大的难点是什么？

____

实训教师评语：

____

____

实训成绩：________________

实训教师签名：　　　　　　　　　　年　月　日

NO：14

实训任务 3-2——点火波形及点火正时的检测		
姓名：	班级：	学号：
实训车型：	VIN 码：	

（1）电控点火系统点火波形检查。

1）把示波器的引线连接到汽车上，注意事项有：

______

______

2）把示波器设置为并列波形方式，描述各缸点火波形：

______

______

描述每个气缸火花线的长度、高度与形状：

1 缸	2 缸	3 缸	4 缸

3）通过对每个气缸波形的整个形状的观察，可以得出什么结论？

______

（2）该车若无分电器，点火正时由 ECU 控制，当出现点火正时异常时，检查方法：

1）读取故障码：______

2）读点火正时的数据流：______

3）检查曲轴位置传感器（霍尔式传感器）、爆燃传感器、冷却液温度传感器等是否正常：

______

4）检查 ECU，写出检测过程：______

（3）结论：______

______

（4）本次实训中存在的疑问有哪些？最大的难点是什么？

______

实训教师评语：

______

______

实训成绩：______

实训教师签名：　　　　　　　　年　月　日

NO：15

实训任务 4-1——电子节气门控制系统的检测		
姓名：	班级：	学号：
实训车型：	VIN 码：	

（1）加速踏板位置传感器。

1）描述安装位置：______

2）描述加速踏板位置传感器的作用：______

3）画出实训车所用加速踏板位置传感器控制电路：

4）测量加速踏板不同位置时，加速踏板位置传感器输出信号值：

加速踏板位置 1：	加速踏板位置 2：	加速踏板位置 3：
传感器输出信号：	传感器输出信号：	传感器输出信号：

（2）节气门位置传感器。

1）描述安装位置：______

2）描述节气门位置传感器的作用：______

3）画出实训车所用节气门位置传感器控制电路：

4）测量节气门不同位置时，加速踏板位置传感器输出信号值：

节气门位置 1：	节气门位置 2：	节气门位置 3：
传感器输出信号：	传感器输出信号：	传感器输出信号：

（3）节气门驱动电机。

1）描述安装位置：______

2）描述节气门驱动电机的作用：______

3）画出节气门驱动电机控制电路：

4）描述节气门驱动电机检测过程：

______

（4）本次实训中存在的疑问有哪些？最大的难点是什么？

______

实训教师评语：

______

______

实训成绩：______

实训教师签名：　　　　年　月　日

NO：16

实训任务 4－2——涡轮增压系统的检测		
姓名：	班级：	学号：
实训车型：	VIN 码：	

(1) 描述涡轮增压器安装位置：____________________

(2) 起动发动机逐渐加速，用听诊器观察涡轮增压器运转声音的变化：____________________

____

当发动机加速至 2 500r/min，突然关闭点火开关，描述涡轮增压器运转声音：____________________

____

(3) 检查涡轮增压器润滑油管（包括增压器进、回油管）是否漏油：____________________

如果漏油，请写出漏油部位和原因：____________________

____

(4) 检查涡轮增压器废气排出口是否有机油：____________________

如有机油，分析并写出其原因：____________________

____

(5) 检查压气机的出气口或发动机进气软管处是否黏附机油：________。如有，请检查涡轮增压器回油管是否畅通：________，其原因是：____________________

____

(6) 用手动真空泵检查增压压力调节单元（要求是压力调节单元的连杆应在压力约 300mbar 以上运动并在约 700mbar 时停止，行程约为 10mm）。记录本次检查情况并分析。

____

(7) 检查增压压力限制电磁阀、增压压力传感器。

1）利用故障诊断仪部件驱动功能驱动，观察驱动结果：____________________

2）用万用表测量电磁阀电阻：____________________

3）读取不同发动机转速下的增压压力传感器数据流并记录：____________________

根据测试数据给出结论：____________________

____

对波形进行分析：____________________

____

(8) 本次实训中存在的疑问有哪些？最大的难点是什么？

____

实训教师评语：

____

____

实训成绩：____________

实训教师签名：　　　　　　　　年　月　日

NO：17

实训任务 5－1——燃油蒸发控制系统的检测		
姓名：	班级：	学号：
实训车型：	VIN 码：	

(1) 描述汽油蒸气吸附装置安装位置：________________

描述其作用：________________

____

(2) 起动发动机，怠速运转到正常工作温度，拔下吸附活性炭罐上的软管，检查软管内有无真空吸力：________；若有吸力，分析其原因________________

若无吸力，分析其原因________________

(3) 将加速踏板踩下，使发动机转速达到 2 000r/min，检查吸附活性炭罐上的软管有无吸力：______；

若有吸力，分析其原因________________

若无吸力，分析其原因________________

(4) 拔下炭罐电磁阀线束插头，向电磁阀内吹气，电磁阀是否通气：________。

分析说明：________________

(5) 将线束插头接上，给电磁阀通电，并向电磁阀内吹气，电磁阀是否通气：________。

分析说明：________________

(6) 本次实训中存在的疑问有哪些？最大的难点是什么？

____

实训教师评语：

____

____

实训成绩：________

实训教师签名：　　　　年　月　日

NO：18

实训任务 5－2——排气再循环系统的检测		
姓名：	班级：	学号：
实训车型：	VIN 码：	

（1）检查真空软管与 EGR 阀的连接方式是否正确：________；

如果不正确，请恢复正确的连接方式。

（2）起动发动机，观察怠速运转是否正常：________；

如果不正常，其原因是：____

（3）把一只转速表接到发动机上，起动发动机并运转至正常工作温度；

脱开通往 EGR 阀的真空软管，在其接头处插入手动真空泵软管，向 EGR 阀施加 4kPa 左右的真空度，观察发动机转速表读数：________。

（4）当真空度增加时，观察发动机转速表读数：________。

结论：____

（5）起动发动机，转速保持在 2 500r/min 下运行 2～3min，直至发动机完全暖机，系统进入闭环控制。连接示波器和真空电磁阀，踩下加速踏板，ECU 输出脉冲信号，使真空电磁阀控制 EGR 阀的开和关。观察并描述输出波形：

____

对波形进行分析：____

____

（6）本次实训中存在的疑问有哪些？最大的难点是什么？

____

实训教师评语：

____

____

实训成绩：________

实训教师签名：　　　　　　　　　　年　月　日

NO：19

实训任务 5-3——三元催化转换器的检测		
姓名：	班级：	学号：
实训车型：	VIN 码：	

（1）三元催化转换器外观检查。

有无裂纹现象：________；有无损坏现象：________；

连接是否牢固：________；用手晃动三元催化转换器，是否能听到内部有脱落声音：________。

当外观检查确认三元催化转换器没有故障时，才能进行下一步的测试。

（2）起动发动机，怠速运转到正常工作温度，测量三元催化转换器两端的温度情况。

根据测得的温度进行分析：____

标准温度应为：________。

（3）在三元催化转换器的两端各有一个氧传感器，分别测量两个氧传感器的输出信号情况：前氧传感器________，后氧传感器________；

根据输出信号分析三元催化转换器：________________________________

（4）本次实训中存在的疑问有哪些？最大的难点是什么？

____

实训教师评语：

____

____

实训成绩：____________

实训教师签名：　　　　　　　　年　月　日

NO：20

实训任务 5-4——二次空气喷射系统的检测		
姓名：	班级：	学号：
实训车型：	VIN 码：	

(1) 目测检查各连接管路（或软管）有无破损或漏气情况：　有□　无□

(2) 电控脉冲型二次空气喷射系统常规检查。

1) 发动机低温起动后，拆下空气滤清器盖，有无舌簧阀发出的“嗡嗡”声。　有□　无□

2) 拆下二次空气供给软管，用手指盖住软管口检查，使发动机怠速运转，手指应感到有真空吸力；70s 后，且发动机温度在 63℃以上时，应无真空吸力；发动机转速从 4 000r/min 急减速时，应有真空吸力。有无上述描述的现象？　有□　无□

3) 拆下二次空气控制阀，从空气滤清器一侧软管吹入空气应不通；用手动真空泵从空气滤清器侧施加 20kPa 真空度，吹入空气应畅通；若不符合上述要求，说明膜片阀工作不良，应检修或更换。有无上述描述的现象？　有□　无□

4) 测量二次空气电磁阀的电阻，一般应为 36～44Ω；记录测量结果：________Ω。

5) 给电磁阀接通蓄电池电源时，从进气管侧软管接头吹入空气应畅通，从通大气的滤网处吹入空气应不畅通；当电磁阀不通电时，从进气管侧软管接头吹入空气应不通，从通大气的滤网处吹入空气应畅通。有无上述描述的现象？　有□　无□

(3) 电控空气泵式二次空气喷射系统故障诊断仪检查。

以大众车电控空气泵式二次空气喷射系统为例，介绍其各元件的检测方法。

1) 设置一个大众车电控空气泵式二次空气喷射系统故障，用 VAS6150D 故障诊断仪读取故障码及故障信息，读取到的故障信息是________________________________

2) 检查二次空气泵继电器线圈电阻，测试结果是________________________________

3) 利用故障诊断仪元件驱动二次空气泵，二次空气泵应有间歇性出风情况，否则二次空气泵损坏。有无上述描述的现象？　有□　无□

4) 利用废气分析仪监控排气管内的废气含量情况，对比二次空气喷射系统工作前后的数据，并记录结果________________________________

(4) 本次实训中存在的疑问有哪些？最大的难点是什么？

____

实训教师评语：

____

____

实训成绩：________

实训教师签名：　　　　　　　　年　月　日

NO：21

实训任务 6-2——汽油机缸内直喷系统的检测		
姓名：	班级：	学号：
实训车型：	VIN 码：	

（1）描述燃油压力调节电磁阀、燃油压力传感器、喷油器安装位置：________________

____

（2）连接故障诊断仪，读取油轨压力并记录。

____

（3）检查燃油压力调节电磁阀。

1）用万用表测量线圈电阻值并记录：________________

2）用故障诊断仪驱动燃油压力调节电磁阀并记录：________________

给出检查结果并分析原因：________________

（4）检查燃油压力传感器。

用万用表测量其供电、接地、信号线电压值并记录：________________

给出检查结果并分析原因：________________

（5）检查喷油器电磁阀。

1）用万用表测量线圈电阻值并记录：________________

2）用故障诊断仪驱动喷油器电磁阀并记录：________________

3）用示波器测量喷油器电磁阀波形并记录：________________

给出检查结果并分析原因：________________

（6）拆装高压油泵、燃油压力传感器、喷油器。

记录拆装步骤及要求：________________

____

____

（7）本次实训中存在的疑问有哪些？最大的难点是什么？

____

实训教师评语：

____

____

实训成绩：________________

实训教师签名：　　　　年　月　日

NO：22

实训任务 7-2——电控发动机故障诊断		
姓名：	班级：	学号：
实训车型：	VIN 码：	

(1) 发动机不能起动故障诊断。

1) 描述试验用车的故障现象：

____

2) 根据故障现象，写出可能的故障原因：

____

____

3) 根据故障现象设计诊断流程：

____

____

4) 写出检测过程及重要数据。

步骤 1：______________________________

步骤 2：______________________________

步骤 3：______________________________

步骤 4：______________________________

5) 故障是否排除？　是□　否□

故障点是：______________________________

(2) 发动机怠速不稳故障诊断。

1) 描述试验用车的故障现象：

____

2) 根据故障现象，写出可能的故障原因：

____

____

3) 根据故障现象设计诊断流程：

____

____

4) 写出检测过程及重要数据。

步骤 1：______________________________

步骤 2：______________________________

步骤 3：______________________________

步骤 4：______________________________

5) 故障是否排除？　是□　否□

故障点是：______________________________

续表

(3) 发动机加速不良故障诊断。

1) 描述试验用车的故障现象：

____

2) 根据故障现象，写出可能的故障原因：

____

____

3) 根据故障现象设计诊断流程：

____

____

4) 写出检测过程及重要数据。

步骤 1：______________________________

步骤 2：______________________________

步骤 3：______________________________

步骤 4：______________________________

5) 故障是否排除？　是□　否□

故障点是：______________________________

(4) 本次实训中存在的疑问有哪些？最大的难点是什么？

____

实训教师评语：

____

____

实训成绩：______________

实训教师签名：　　　　年　月　日